访谈录

查建英

生活·讀書·新知 三联书店

Copyright ⓒ 2006 by SDX Joint Publishing Company.
All Rights Reserved.
本作品版权由生活·读书·新知三联书店所有。
未经许可，不得翻印。

图书在版编目（CIP）数据

 八十年代：访谈录／查建英主编．—北京：生活·读书·
新知三联书店，2006.5 （2024.8 重印）
 ISBN 978 – 7 – 108 – 02412 – 1

 Ⅰ.八… Ⅱ.查… Ⅲ.名人－访谈录－中国－现代
Ⅳ.K820.7

中国版本图书馆 CIP 数据核字（2006）第 008214 号

责任编辑	吴　彬
装帧设计	蔡立国
责任印制	李思佳
出版发行	生活·讀書·新知 三联书店
	（北京市东城区美术馆东街 22 号）
邮　　编	100010
网　　址	www.sdxjpc.com
经　　销	新华书店
印　　刷	北京隆昌伟业印刷有限公司
版　　次	2006 年 5 月北京第 1 版
	2024 年 8 月北京第 15 次印刷
开　　本	720 毫米 × 965 毫米 1/16 印张 28.875
印　　数	107,501 – 110,500 册
字　　数	290 千字
定　　价	68.00 元

八十年代——访谈录

一九八〇年八月十八日《人民日报》发表邓小平《党和国家领导制度的改革》一文。图片引自《图片中国百年史》（山东画报出版社一九九四年版）

一九八〇年十一月二十五日,中华人民共和国最高人民法院特别法庭依法审判林彪、江青集团的十名主犯。此为江青在审判庭上。图片引自《图片中国百年史》

一九八一年六月二十七日至二十九日,中共十一届六中全会在北京举行,会议一致通过《关于建国以来党的若干历史问题的决议》。决议对建国以来党的若干历史问题和毛泽东的历史地位做了总结和评价。全会一致同意华国锋辞去中共中央主席和中央军委主席职务的请求;改选和增选了中央主要领导成员:胡耀邦为中共中央主席,赵紫阳、华国锋为副主席,邓小平为中共中央军委主席。此为陈云、邓小平、胡耀邦、李先念等在全会休息厅交谈。图片引自《图片中国百年史》

八十年代——访谈录

胡耀邦代表中国共产党第十一届中央委员会作《全面开创社会主义现代化建设新局面》的报告。一九八二年九月十二日至十三日，十二届一中全会举行，全会选举胡耀邦为中央委员会总书记。图片引自《图片中国百年史》

一九八四年十月一日，北京大学生国庆游行队伍通过天安门城楼时，突然亮出"小平您好"的横幅标语。图片引自《图片中国百年史》

一九八四年十月二十日中共十二届三中全会通过《中共中央关于经济体制改革的决定》。图片引自《图片中国百年史》

一九八七年一月十六日，中共中央召开政治局扩大会议，胡耀邦在会上请求辞去中共中央总书记的职务。会议同意了他的请求。一月十七日的《人民日报》发表了会议公报。此前，在一九八七年一月一日的《人民日报》上，发表了元旦社论《旗帜鲜明地反对资产阶级自由化》。 图片引自《图片中国百年史》

八十年代——访谈录

退居二线的邓小平。晚年的邓小平被誉为"中国改革开放总设计师"。在一九八七年十月召开的中共第十三次全国代表大会上,他和一些中共老一代领导人退出了中共中央委员会。图片引自《图片中国百年史》

中共十三届四中全会主席台。左起：宋平、乔石、江泽民、李鹏、姚依林、李瑞环。江泽民当选为中共中央委员会总书记。图片引自《图片中国百年史》

八十年代——访谈录

一九九〇年一月十日,国务院总理李鹏发表电视讲话宣布国务院命令,解除自一九八九年五月二十日在北京部分地区实施的戒严。这是一九九〇年一月十一日《人民日报》的报道。图片引自《图片中国百年史》

一九九二年一月十八日至二月二十三日，邓小平南巡武昌、深圳、珠海、上海等地，发表了重要讲话。邓小平的南巡谈话对中国九十年代的经济改革与社会进步起到了关键性的推动作用。图片引自《图片中国百年史》

目录

八十年代 访谈录

写在前面　查建英　003

1　阿城　012
2　北岛　066
3　陈丹青　082
4　陈平原　116
5　崔健　148
6　甘阳　166
7　李陀　246
8　栗宪庭　288
9　林旭东　338
10　刘索拉　374
11　田壮壮　400

图片摄影：李晓斌　433

Alexander Zolli 摄于二〇〇五年

查建英
Zhajianying

　　查建英（笔名：扎西多）：北京人，曾就读于北京大学、美国南卡罗来纳大学、哥伦比亚大学，一九八七年回国，九十年代返美国。二〇〇三年获美国古根汉姆写作基金，再回中国。曾为《万象》《读书》《纽约客》《纽约时报》等撰稿。已出版非小说类英文著作 China Pop，杂文集《说东道西》，小说集《丛林下的冰河》等。其中 China Pop 被美国 Village Voice Literary Supplement 杂志评选为"一九九五年度二十五本最佳书籍之一"。

写在前面

查建英

我一直认为二十世纪八十年代是当代中国历史上一个短暂、脆弱却颇具特质、令人心动的浪漫年代。随着岁月流逝,当年发生的那一切是不是正在被人淡忘?中国人的经济生活这十几年来一直处在令人晕眩的急速变化之中,大家对"现在"尚且应对不暇,又能有多少精力去认真清理"过去"?再说,"历史"作为消遣、娱乐是一回事,如果真正直面反省,可能马上就显得沉重起来,甚至成为烦人的包袱。经历了太多动荡、挫折,中国人今天比任何时候都更想告别过去、瞄准未来、轻装前进。这种对于"过去"的疲劳我理解,有时也有同感。但我们也都知道,"过去"既是包袱也是财富,无论以它为荣还是为耻,我们既不可能躺在上面靠它吃饭也不可能将它扫地出门、驱除出境,因为它就深藏在我们每个人的身体里,遗留在我们传给后代的基因里。人体犹如房子,需要定期开窗、通风、洒扫、清理,否则,无论把外表装修得多么堂皇漂亮,久而久之,那尘封的幽室是有可能闹鬼的。回避历史、回避思考可以是一时权宜之计,却绝非长治久安之道。

我讲这一番"以史为鉴"的常识大道理，倒不是暗示八十年代已经成了无人理会的孤魂野鬼，恰恰相反，近年每每在饭桌旁、朋友间听到有关那个年代种种人事的即兴回忆，而且永远伴随着生动的细节和风趣的评论。至少在过来人当中，大家并没有忘掉那段历史。欢喜之余，我有时候会想，历史学家不是说过吗：没有被叙述的历史不能算历史。讲故事、说段子自然也是一种叙述，但茶余饭后的闲谈毕竟零散随意，哪说哪了，难有深入的追究和细致的梳理。这么多人物、事件、看法，如果能比"说段子"再进一步，不惮反躬自省，做事后诸葛亮，进行一点时过境迁的追述分析，遇有心人记录编攒成书，一定有趣，至少可以为过来人和后来人留下些关于那段生活的回忆思考。一晃十几年过去了，也该有人来做一本关于八十年代的书了。

却没想到自己有一天会弄起这件事来。原因很简单：尽管我身边好友多数是"八十年代人"，尽管我对八十年代心存偏爱，但二十世纪八十年代里，我自己实际上只有四年住在中国，其余的时间是在美国留学。我哪有资格来对中国的八十年代说三道四？

不想，我不找八十年代，八十年代找到我头上来了。此事说来还和洪晃有关：回顾八十年

八十年代——访谈录　　│写在前面

代的想法正是在她出版的《乐》杂志召开的一次编辑部选题会上提出的，而我去《乐》"瞎掺和"也是被晃拉去"一块儿玩玩"。当时大家是在讨论怎么做"面对面"这个人物栏目的事，选了几个人由我分别去访谈，记得有人便玩笑说：把这几位放一起应该叫"悲壮"系列。我当时惊异道：啊？阿城悲壮吗？我怎么看不出他悲壮呢。后来，因为这几位"人物"都是八十年代出道的文艺家，一来二去，这想法便改成了回顾八十年代。从"乐"到"悲壮系列"再到"八十年代"……事情就是这样偶然。由此我也知道了：在那些八十年代才出生、傍着插科打诨的娱乐节目长大的"新人类"眼里，二十世纪八十年代的人原来是这样一副尊容：悲壮系列——的确有些吓人呵。

　　悲壮年代也好，悲情世界也好，选题最后定下来那天，洪晃忽然大发感慨道，"嗨，其实现在哪有什么真正的文化，要说文化还得说八十年代。"老实说我当时大吃一惊，因为我总觉得晃虽然与我年纪相仿，心态却比我年轻得多，是典型九十年代以至二十一世纪的"时尚"人物，她怎么竟会这样看？！后来又有一回，也是在《乐》开会，谈起现在市面上形形色色的消费期刊、娱乐杂志，晃说，"其实在如今办期刊的人里头啊，我就算是悲壮的"。又把我说得一怔。过后想想，也对啊：别看她成天嘻嘻哈哈摇来晃去，满口"牛掰牛掰"的新名词，老是声言要接受年轻一代的"再教育"，其实骨子里她也有"八十年代人"的成分，不然还接受什么"再教育"呢？这样看来，八十年代的"流毒"其实很深，并不是那么容易就可以肃清的。实际上，八十年代人不仅健在，而且大都活得挺好、挺实在，只是随着中国社会这十几年的巨变，这个群体也经历了堪称戏剧化的调整、分化、流变，以致人们今天已不大容易辨认得出一个能够被称为"八十年代人"的群体了，在近年近于鼎沸的媒体喧哗中，也很难听得出一个可以被称为"八十年代人"的群体声音。

开始只打算找几个人聊聊，写一篇关于八十年代的文章，再选登几段人物访谈。其实我早该知道，八十年代这题目岂是一篇文章和几段摘录能够驾驭的？果然很快发现，真的坐下来谈话，这些八十年代人，经过十几年的沉淀、积累、云游世界，人人一脑袋见识，个个一肚子干货，让我无法忍心丢掉那么多珍贵的材料，随便给读者端上一盘速成的杂碎，那样做，对不起这些老朋友，对不起读者，也对不起八十年代。于是，决定增加访谈人数，拓宽角度，索性把它集成一本书，而且不仅请他们回顾过去，也听他们谈论现

| 八十年代——访谈录 | 写在前面 |

在。这样一来,自然花费了比预想要多得多的时间与精力,以致我手边已经写到半路的另一本书反被束之高阁。但我庆幸自己做了这个决定。

有几件事得略做说明。首先,由于女儿年纪尚小需要照顾,我平时的原则是尽量少出远门,受此限制,本书挑选的访谈对象基本上都是我可以在北京见得到的人。这种以北京为中心的选择,缺憾当然非常明显,但拘于现实,只好如此。第二,八十年代的中国是一个人文风气浓郁、文艺家和人文知识分子引领潮流的时期,而我自己的教育和工作背景也恰好使得我对这些领域的人与事比较熟悉,所以本书访谈对象大多是当年活跃在这些领域中的杰出人物,其中一半人后来曾在美国或欧洲长期居住,有些人更是我多年的朋友。无疑,八十年代中国远非一场以北京为中心、以知识精英为骨干的"文化热"所能涵括,当时在全国各地、各个层面、各种人群中都发生着许许多多耐人寻味的现象和变化,其中有些也许要比本书着眼的"文化问题"重要得多,我绝无以偏概全之意、扬此抑彼之心。但一本书不可能面面俱到,再说我也完全没有野心和能力去经营那样的宏大工程。所以,此书仅仅是一组八十年代人关于八十年代的谈话,他们是作家、艺术家、学者、批评家,他们分别以个人的身份和角度、从各自从事的工作出发,既回忆反省过去的那个时代,也评论分析现在,甚至包括眺望臆想未来。

在体例上,除北岛一篇外,本书一律采取了访谈录的形式,一来这种形式便于保持一定的随机随意性以及个人风格,二来也比较活泼好读。这十一篇谈话,有人侧重回忆,有人侧重评议,有人谈得极为具体,有人讲的比较宏观。大多数是兼而有之。其中有些篇基本上是问答,另一些更近于对谈。这些谈话在我整理之后都经过访谈者过目,有的基本未做改动,有的则做了程度不同的增删修订。尽管经过整理,但人们日常讲话自然会有不同腔调与神气,斯文者有之,粗放者有之,委婉含蓄者有之,生猛激烈者有之,这里都尽量保存原样,连带乡音与粗口,以便读者能够多少领略谈话人的个性风貌以及谈话时的"气场"。至于篇目次序,索性即按这十一人姓氏拼音的顺序排列而成。

需要特别说明的是,本书原来共有十二篇访谈。第十二位访谈人是电影编导刘奋斗。他谈得很精彩,但由于编辑过程中的种种原因,刘奋斗最终决定撤稿。我完全尊重和理解他的这一决定。在此书即将付梓之际,谨向刘奋斗先生特别致谢并表示歉意。

截稿之日,谁知感慨竟多于满足,种种遗

八十年代——访谈录　　｜写在前面

憾，不足与外人道。也只好自我安慰：且算是尽力而为了吧，且算是为自己的"八十年代情结"做了一个交代。李陀认为：八十年代问题之复杂、之重要，应该有一门"八十年代学"。我不知道是不是这样。若果真如此，而这本书能起一点抛砖引玉的作用，我自然高兴。但此时此刻我最为深切的感受却是，我们需要以开放的心态，来回顾与反省那逝去以及并未逝去的一切。一个不敢面对真实的人，即使物质上再富裕，在精神上却是虚弱和缺少荣誉的。一个民族也同样如此。在这个意义上，这本书不过是一个开端，是一本有待补充的纪念册。

最后想说几句的是，这本书虽然记录了许多珍贵的往事，却并不是一个怀旧项目。一位美国朋友曾问我为什么要花时间编这么一本书，我当时信口说：因为八十年代是中国的浪漫时代啊！我们的八十年代有点像你们的六十年代嘛。他听了一副恍然大悟的表情。二十世纪六十年代在美国无疑是一个有特殊标记的浪漫年代，它意味着理想主义、激进的自我批判，以及向东方思想取经。而中国八十年代的文化主调也是理想主义、激进的自我批判，以及向西方思想取经。从年龄上看，美国的六十年代人与中国的八十年代人相差并不大，反越战的美国大学生与中国的红卫兵/知青基本上是同代人。只是由于政治历史的阴差阳错，中国的"文革青年"先经受了被放逐底层的磨炼，直到八十年代才重获表现机会。

但是，我深知这些只是轮廓上的相似，如此比较其实极不准确，因为中美这两代人的文化营养与政治诉求，这两段历史发生的背景、过程和最终的结果都存在着巨大而深刻的差异。近年许多地方的社会政治皆趋保守，虽然这两代人当中很多人早已成为今日社会精英，但他们青年时代的价值理想实际上都在经受冲击与挑战。他们如何看待自己形成期的历史与追求？如何应对全球化时代里种种复杂的新问题？我相信他们的思考和实践必定会在不同程度上影响到这两个社会的未来。美国有关六十年代的回忆研究汗牛充栋，其中最好的著述都是勇于和敏于反思的，而今日美国的文化政治舞台上布满了"六十年代人"的身影，这并未因成熟而放弃理想的一代人依然扮演着非常重要的角色。

让我高兴的是，这本书中的大多数谈话者都没有简单地将中国的八十年代浪漫化。尽管他们那时年轻气盛、出道成名，尽管与今天这个极为现实和复杂的时代相比，那个"前消费时代"（阿城语）的总体气氛的确颇为浪漫并且相

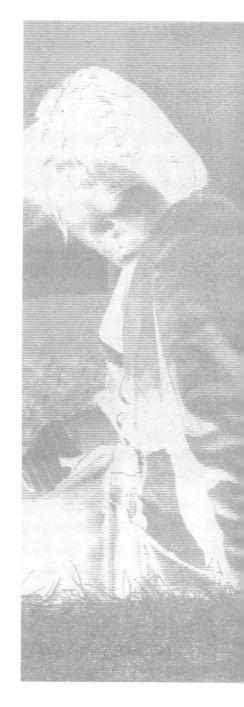

| 写在前面

对简单,这些回忆者的态度却不是一味怀旧或颂扬,相反,他们对于八十年代抱着难得的坦率、客观,甚至苛刻的审视态度,对自我和时代的局限,对不少当年轰动一时的现象、事件和人物及其背后的历史、文化动因做了很多深入的剖析、批评和反省。同样的态度也渗透在他们对九十年代以来中国文化现实的评论之中,他们视野开放但有自己的立足点和准则,他们几乎全都既是批评者也是建设者。真诚,坦率,不回避、不简化问题,尽可能真实地对待历史、现状和自我,这种态度是我在做本书访谈当中最期盼和认同的。

在此再次感谢十二位谈话者(包括谈话未能收入此书的刘奋斗)的慷慨合作。特别致谢阿城。感谢李晓斌为本书提供了二十余张珍贵的八十年代照片——他以图像的方式加入,实际上是书中第十二位回忆者。也感谢本书责任编辑吴彬一如既往的热忱支持与优质工作。当然,由于大家都能理解的原因,有些章节由出版者做了删改。至于书中可能出现的其他种种错误,责任当然全部由我承担。

二〇〇六年二月 北京 芳草地

摄于九十年代

阿城

Acheng

男。二十世纪七十年代以前在北京生活,七十年代在农村生活,八十年代中开始发表小说并移居美国。二十一世纪又开始在北京生活。

发表的作品大致是:《棋王》《孩子王》《树王》《闲话闲说》《常识与通识》《威尼斯日记》《遍地风流》。

【访谈手记】

阿城一如既往昼伏夜作。我第一次给他打电话约访谈的事情是在上午十一点左右，一个毫无表情的声音像是透过午夜大雾飘过来：哎，哎，行，好。估计放下电话他就又睡过去了。阿城习惯夜间工作，而我因女儿太小夜间不便出门，于是约定访谈就在我家做。午夜过后，电话响了，是阿城白天的声音，背景里挤撞着一屋子乱哄哄的人声：我这边刚弄完了，半个小时之内能到你那里。我赶紧烧水、炝锅、下面。等阿城进了门，吃食端上桌，发现面还是下早了，有些坨。我想起《棋王》里那一段煮面、吃面的经典描写，心里不免惭愧。阿城却完全无所谓的样子，见我端上家里安徽阿姨做的羊肉小馅儿饼，笑道：哦，袖珍馅儿饼，咱们还大吃大喝起来了。

夜宵吃毕，换上云南咖啡、茶点，这才开了录音机，准备"聊天"。头一天通电话时，阿城说：还不知说什么呢。我说：随你便吧，反正我可只能给你当个话托儿。那个夜晚阿城操着他一贯不紧不慢的语调，侃侃而谈，说到妙处，两眼在无框镜片背后发光，然后和我一起笑起来。说来也怪，我女儿平素极少起夜，那晚居然前后两次蒙蒙眬眬地从卧室里光着小脚丫走出来，难道她在睡梦中听到了客厅里的笑声？每次待我重新将女儿哄睡，回到客厅里，总看到阿城坐在那里静静地吸着烟斗，一脸的安逸。就这样，谈话多次被打断，又接续下去，关了录音机，意犹未尽，接着聊，直至天明。后来我整理录音时，发现那一夜看似散漫无际的谈话，其实有着极清晰的思路：阿城不仅是有备而来，并且是深思熟虑。整个谈话沿着"知识结构"与"焦虑"这两个主题渐次展开，触动的乃是百年来中国最基本的问题。这样来回顾是把八十年代放到一个更大的历史视野和意识结构中去描述。视野广阔，却并不空疏，因为其中活动着种种世俗和个人的细节，有关阿城的，有关朋友的。我想起阿城当年那些铅笔画，只几笔就勾勒出一个人来，而这人的举止神态又散发着某个时代某个阶层的独特气息。

谁来画阿城呢？朱伟写过两篇阿城印象，峰回路转细致有味，相当传神。朱伟的记性实在好。我有一位女友,早就崇拜阿城小说,今年终于得见阿城本人。那晚是几个朋友吃饭,阿城自然又成了讲故事和神侃的主角,一路妙语不绝直到凌晨,这位女友听得目瞪口呆,彻底迷倒,几周之后提起来还称叹不已。不过我想那样的夜晚和场景是难以复制和描述的。

宁瀛有回和我议论阿城:"应该有人扛一台摄像机每天跟拍阿城,一定是部特棒的片子。"我表示同意。后来想想,像阿城这样的人,恐怕还是属于文字时代,将来流传下去的,一定还是阿城的文字与文字中的阿城。阿城看人情世故这样透彻,他说他不焦虑,我信。他可曾有过危机?我忘了问,不知道。

时间：2004年9月8日
地点：北京芳草地

查建英：你想怎么来讲八十年代这个题目呢？

阿城：我不是太有"十年"这种概念。就像艺术的变化不会随着政治时期的改变而变化，好比我们文学史上，两汉、魏晋，或者隋唐，不会因为有了一个新朝，就会出现新的艺术，政治的、权力的转换决定不了艺术。事情也许早就发生了，也许还没有发生。单从"八十年代"划分，有点儿难说了。

查建英：那个时间其实是人为的计量。比如说，从外部环境看，八九年好像是一个句号，它正好又是八十年代末。九〇年以后，文学上就有了王朔，大家很习惯就把王朔看成一个九十年代的现象。实际上他早在八十年代就开始了，不过那时他不突出，只是舞台上众多的人之一。其实这个年限不见得。

阿城：对，不见得。就像世纪末两千年那个分界点，叫个事给搅和了：到底二〇〇〇年，还是二〇〇一年算是两千年的开始呢？我记得有些国家是二〇〇〇年的时候庆祝，有些国家不认这个，二〇〇一年庆祝。很多人慌了，因为大部分人习惯了以一个十年或者一个时间的量度去决定自己的情绪。"我要跨过这一年，我要有一个新的，我要做什么事情"，突然发现不是，说下一年才是，有挫折感。美国人喜欢搞十年这种东西，decade，搞得有声有色，有好多套丛书，你肯定看到过。台湾前些年搞过七十年代，找了很多人回忆。

查建英：你是说他们回顾过七十年代？

阿城：对，很多人都卷进去了，《中国时报》人间副刊的杨泽主持的吧。
我自己的量度不是这种，而是知识结构，或者文化构成。从知识结构、文化构成来说，一八四〇年是一个坎儿，新的知识撼动中国的知识结构，船坚炮利；一九一九年"五四"是一个坎儿，新的文化撼动中国文化构成，科学民主；一九四九是最大的一个坎儿，从知识结构、文化构成直到权力结构，终于全盘"西化"，也就是惟马列是瞻。中国近、现代史，就是这三个标志，其他就别再分什么十年了。不过既然定的话题是八十年代，总要来说说吧。对一九四九年这个坎儿，我觉得七十年代算是一个活跃的时期，七六年，官方宣布"文革"结束，造成八十年代是一个表现的时期，毕竟出版又被允许了。

查建英：是不是一个从地下转到地上的过程？比如那些诗人。

阿城：也没有全转上来吧。不过确实在八十年代，我们可以看到不少人的七十年代的结果。比如说北岛、芒克，七八年到八〇年的时候，他们有过一次地下刊物的表达机会，但变化并不是在那时才产生的，而是在七十年代甚至六十年代末的白洋淀就产生了。七十年代，大家会认为是"文化革命"的时代，控制很严，可为什么恰恰这时思想活跃呢？因为大人们都忙于权力的争夺和话题，没有人注意城市角落和到乡下的年轻人在想什么。

查建英：对，六六年、六七年是特厉害的，六八年以后就开始下乡了。

阿城：管不着了，这些学生坐在田边炕头了。他们在想什么，传阅一些什么，写什么，权力者不知道。像六十年代末的芒克、根子、多多、严力他们在河北白洋淀形成那样一个诗的区域，尤其根子的《三月的末日》，意象锐利迷茫，与食指的《鱼群三部曲》失望迷茫区别得很开。《三月的末日》在我看是那时的经典，可惜没有人提了。我记得岳重跟我说，他当时提了一桶鱼从白洋淀坐火车回北京，到北京的时候桶里的鱼死得差不多了；春天了，但是，三月是末日。这样，一直贯穿整个七十年代。所以，好像是压制得最厉害的时期，但是因为把他们推到权力、行政力管理相对松散的地方，他们反而有些自由。

查建英：你就是那时候去了云南？

阿城：对。人的成熟其实是很快的。现在讲究超前教育，其实人在十二岁左右

有一次生理的变化，大致与性发育有关，会在一年内，将之前的所有知识一下就掌握了。所以所谓小学，就应该放羊，让他们长身体，防止近视而已。小学为什么要六年？中学为什么要六年？活生生让人混到十八岁！其实是因为规定十八岁以下为儿童，儿童不能到社会上去做工，童工是非法的，于是将他们管制在学校里磨时间，磨到法律的底线。一般一个人在十二到十八岁的时候，思想、感觉最活跃、最直接，二十岁一过，进入成熟了，以后是把成熟的部分进行调理。

查建英：很多部分成熟了，但整体还没揉匀乎呢。

阿城：对，面还没有"醒"透。所以呢，七十年代，正好是这个年纪，摁都摁不住。你想，他走上几十里地，翻过几座大山，来跟你谈一个问题，完了还约定下一次。多数人其实也不会写什么，也就是互相看看日记。当时不少人写日记就是为朋友交流而写的。

查建英：实际上是一种创作。

阿城：思想记录。我觉得那个时候另有一种意思。《中国时报》他们搞七十年代，我就很有兴趣。为什么呢，我要看七十年代他们那边在干什么，我有对比的兴趣。到了美国，我也是这个兴趣。比如，一九六七年吧，那么一九六七年我们在干什么？美国人在干什么？横向看看。有意思。

查建英：对，我也爱这么比。比如在美国结识了很多所谓"六十年代"那一代的美国人，他们讲他们六十年代的故事，我就会回想我们在六十年代做的、想的那些事，这样就更明白为什么现在他们和我们这么不同。当年就不同！成长的大环境、社会体制都不一样，受的教育也不一样。有人相信地球上有一个场，六十年代很多国家都在发生所谓的社会革命，青年人都在游行。比如说一九六八年，好像冥冥之中有一个什么场，在那里起作用，西欧、东欧、美国、中国，都有所谓的社会动荡，青年人到处骚动不安，都在造反。但实际上这些造反是不是一回事呢？你再仔细一比较，发现骚动背后那个动因其实很不一样，动机、目的都不一样，闹事只是表面的相似。比如我刚到美国那些年，身边有几个要好的法国朋友，大家一起处得很融洽，但就是不能谈六十年代，一谈就变成他们集体跟我辩论。他们几个法国布尔乔亚青年，一齐来捍卫毛泽东思想，把中国的"文革"说得浪漫极了！想想也好笑，其实这是一个中国人和几个法国人共同回顾六十年代造成的误会。

阿城：对，像萨特，"文革"时跑来中国，还上了天安门观礼台。福柯，法国新左，做教授时直接参与街头抗争，在房顶上扔石头，还小心不能脏了丝绒外衣。

查建英：那你说说，台湾的七十年代，和你那个知青的七十年代，比较起来感觉怎么样？

阿城：台湾的七十年代呢，比较感性。大陆的七十年代呢，就我接触到的，比较理性。因为我们在大陆碰到安身立命的急迫的东西，你在这个地方怎么安身立命。虽然台湾处在戒严时期，比较起来，台湾还是有活动的自由。有自由，又是很多人的青春期，更多的是感性的东西，所以他们回忆起来更多的是感叹。

查建英：嗯，不过，我想中年人回头看青春期，多少都有点这种感叹吧。先是纯情时代，后来就有了挫折有了城府，油滑了，感情也不太纯粹了，你能说这是台湾的特殊现象吗？还是一个生理现象？不过，也许这和台湾处在转变期有关。七十年代他们经济起飞，从乡土转向市场，转向那种做贸易做买卖的城市经济，生活方式变了。

阿城：对，就是陈映真写的那个时代。我记得八十年代末吧，我在美国见到陈映真，他那时在台湾编《人间》，《人间》杂志的百姓生活照片拍得很好，过了十年，大陆才开始有很多人拍类似的照片了。我记得陈映真问我作为一个知识分子，怎么看人民，也就是工人农民？这正是我七十年代在乡下想过的问题，所以随口就说，我就是人民，我就是农民啊。陈映真不说话，我觉出气氛尴尬，就离开了。当时在场的朋友后来告诉我，我离开后陈映真大怒。陈映真是我尊重的作家，他怒什么呢？写字的人，将自己精英化，无可无不可，但人民是什么？在我看来人民就是所有的人啊，等于没说啊。不过在精英看来，也许人民应该是除自己之外的所有人吧，所以才会有"你怎么看人民"的问题。所有的人，都是暂时处在有权或者没权的位置，随时会变化，一个小科员，在单位里没权，可是回到家里有父权，可以决定或者干涉一下儿女的命运。你今天看这个人可怜，属于弱势群体，可是你给他点权力试试，他马上也会有模有样地刁难欺负别人。这是人性，也是动物性，从灵长类的社会性动物就是这样。在我看来"人民"是一个伪概念，所以在它前面加上任何美好的修饰，都显出矫情。

查建英：我见到陈映真是在山东威海的一个会上，那都九几年了。他可能真是台湾七十年代构成的一种性格，强烈的社会主义倾向、精英意识、怀旧，特别严肃、认真、纯粹。但是他在上头发言，底下那些大陆人就在那里交换眼光。你想那满场的老运动员啊。陈映真不管，他很忧虑啊，对年轻一代，对时事。那个会讨论的是环境与文化，然后就上来一个张贤亮发言，上来就调侃，说：我呼吁全世界的投资商赶快上我们宁夏来搞污染，你们来污染我们才能脱贫哇！后来听说陈映真会下去找张贤亮交流探讨，可是张贤亮说：唉呀，两个男人到一起不谈女人，谈什么国家命运民族前途，多晦气啊！这也变成段子了。其实张贤亮和陈映真年纪大概也差不多。

阿城：所以形成不同。人民就像水中的悬浮物，上上下下变化着，我们不都是其中一粒吗？谁能代表其他的粒呢？你想要代表，一般来说你就有了权力之心了，人民很可能就成了你的真理的牺牲品了。我们见得还少吗？

再说"文革"一结束，一九七七、一九七八年可以考大学了。我遇到不少那个时候在大学里做教师的人，他们都说刚开始很讨厌这批插队考回来的人，太难教了！但是，这批人毕业走了，开始正常了，高中毕业就可以上大学了，他们又很怀念这批人，说上课没劲了！就是因为插队那批人已经是社会油子，经验多得很。你不要跟我讲马列教条，不要，我有一大堆东西等着为难你呢。做一个教师就会觉得挺烦的。过了这个时候，他们又觉得，哎呀，没有这种人了。

查建英：后来都是"三门学生"了，上课猛记笔记的那种了。我知道这个情形，因为我赶上了"文革"后恢复高考那第一批。我们班上净是老三届，我在小学跳了两级才算赶上在郊区插了一年队，可是在班里年纪最小，特自卑，因为没什么故事可讲,只有听讲的份儿。这批返城知青,真的人人一肚子故事,都有经历,追着老师讨论,什么都不怵。那真是挺特别的一个时期。

阿城:一个非常特别的时期。七六年以后,一下子,大专院校进了一大批社会油子!

查建英:(笑)中国历史出现了一个非常现象。

阿城:(笑)其实我觉得,孔子跟他三千弟子就是这个关系。孔子这个人很有意思,他的学生啊,我看都是社会油子,除了颜回。颜回就是从高中上来的。

查建英:最老实巴交的一个。

阿城:对,最老实巴交。所以他学习最认真,做笔记最勤。子路这些家伙呢,子路只比孔子小几岁啊!子贡已经是春秋晚期国际间的大商人了。这批学生怎么教啊!所以你看《论语》里面很多都是这些学生刁难老师。

查建英:老爱提问!(笑)我想孔子有时候也不免叹口气:这帮刺儿头、油子!还是颜回好啊!至少我还有这么一个特乖的学生,就说:"回,回——"怎么说的来着?反正就是只有颜回才懂得仁的真义。

阿城:(笑)对。孔子有弟子三千、七十二贤人,多是一大帮社会油子!他们想,在这儿混一混,完了就走了,就去给贵族服务了。有这么一个老师,刁难刁难他,提刁钻的问题,常常说:哎,你跟那个谁说仁是那个,你怎么现在又说仁是这个了呢,怎么回事?

查建英:对,课堂气氛挺活泼的,不光是老夫子坐而论道。其实倒有点像美国研究生院的seminar,大家散坐,七嘴八舌跟老师讨论,甚至抬杠。

八十年代——访谈录　　┃阿城

阿城：对。你赶上了北大最好的时期，十年前老的一拨儿造反，十年后新的一拨儿质疑。所以，思想活跃，这一代人在七十年代都已经完成了，八十年代就是表现期。要从政治上说呢，我是比较清楚地感觉到，八十年代是一个想要弥补信用的年代，但到八十年代末仍没有见效。

查建英：是啊，那些年老是一会儿放，一会儿收，老摇摆，你刚觉得有点不错了，他又开始了！

阿城：对呀，反复说我是有信用的，完了以后又失信，我是有信用的，又失信，就一直在这么摇摆、摇摆、摇摆，这样就进入了九十年代。九十年代是没有信用的社会，一直延续到现在，没有信用。如果权力没有信用，就非常非常恶劣。

查建英：是，经济方面从九十年代起中国也算在搞资本、市场了，但因为这个信用问题，这资本、市场成了个怪胎，就是老沈（沈昌文）归纳的"恶劣市场"。从政治上讲，八十年代末真是一个分水岭。知识构成不能这样分。

阿城：知识构成呢，比如说我个人，我是歪打误撞。六十年代我已经开始上到初中了，因为我父亲在政治上的变故，好比说到长安街去欢迎一个什么亚非拉总统，班上我们出身不好的就不能去了。尤其六五年，这与当时疯狂强调阶级斗争有关。要去之前，老师会念三十几个学生的名字，之后说：没有念到名字的同学回家吧！我有一回跟老师说：您就念我们几个人，就说这几个念到名字的回家就完了，为什么要念那么多名字？老师回答得非常好：念到的，是有尊严的。意思是：不是我要费这个事，这么念，是一个尊严。念到名字的那些人，是有尊严的。他说的是有道理的。任何朝代，权力的表达，都是这么表达的。

查建英：肯定式。

阿城：权力肯定你。一次一次念到你，你对权力是什么感情！那么回家是什么意思呢？当然是没尊严，边缘。我习惯没有尊严，歪打误撞，另一方面，对我来说，回家就是你可以有自己的时间了。大家都上那个锣鼓喧天的地方去了,那你就得自己策划了,那我上哪儿去?你被边缘化,反而是你有了时间。那时我家在宣武门里,上的小学中学也在宣武门里,琉璃厂就在宣武门外,一溜烟儿就去了。琉璃厂的画店、旧书铺、古玩店很集中,几乎是免费的博物馆。店里的伙计,后来叫服务员,对我很好,也不是我有什么特殊,老规矩就是那样儿,老北京的铺子都是那样儿。所以其实应该说他们对我没有什么不好,对我来说,没有什么不好就是很好了。我在那里学了不少东西,乱七八糟的,看了不少书。我的启蒙是那里。你的知识是从这儿来的,而不是从课堂上,从那个每学期发的课本。这样就开始有了不一样的知识结构了,和你同班同学不一样,和你的同代人不一样,最后是和正统的知识结构不一样了。知识结构会决定你。

查建英:就是说那时你到琉璃厂这种地方去,还能找到和学校正统教育不同的一些书和东西?

阿城:很多,非常多。当然后来越来越少,事后想起来非常清晰,你一步一步看到:什么时候,有几本书没有了,然后你会跟那个店员说:那本书怎么没有了?他就说:收了,不让摆了。一次一次思想运动嘛。逐渐淘汰,真的是一直淘汰到一九六五年底的时候,就几乎全没了。

查建英:一九六五年?真倒霉,正好我也到认字的年龄了。我就没有到外头淘书的经验。家里也被抄过家,还剩下几本经典,《红楼梦》啊,《三国》、《水浒》、《西游记》,其他就没多少可看的。外边也没什么了。再就到后来七十年代那些手抄本了。看来,你从小正因为被边缘化了,又赶上"文革"以前那些年,所以反倒……

阿城:有时间。有时间你就有可能接触到另外的知识,你的知识结构就跟你的同龄人不一样了。八十年代发表了《棋王》,有些评论……其实应该是我的知识结构和时代的知识结构不一样吧。

查建英:对,我记得第一次读《棋王》觉得特别意外,因为跟其他的都不一样。

心想这人从哪儿冒出来的?什么年龄的人呀?

阿城:那个时候你觉得写下来是正常的,可是一发出去真正面对社会的时候,面临的是与读者的知识结构差异。所以,到西方,同样面临的是知识结构跟人家不一样,我觉得这就是最重要的差别。当然还有文化构成。

查建英:对,比如跟你同龄的美国人或欧洲人,他们成长时读的是什么、接触的是什么,直接涉及到你和他们后来能不能交流。也就是说彼此的知识结构有没有可沟通性。

阿城:对,所以呢,我觉得没有代沟,只有知识结构沟。我的知识结构可能跟一个九十九岁的人一致,或者和一个二十岁的人一样,我们谈起话来就没有障碍,没有沟。但是我跟我的同龄人,反而有沟,我们可是年龄上的一代人啊!

查建英:所以有"忘年交"。

阿城:对,忘年交就是这个意思,就是说年龄虽然相差很大,但知识结构大致是一样的,由此产生的默契,让人忘记了年龄的差别。

查建英:如果在一个正常情况下,就是说文化有传承,传统没有断裂的社会常态下,为什么一个七十岁和一个二十五岁的人不能拥有同一类的知识结构呢?应该是可以的。可是中国人经历了三十年的文化断层。

阿城:一九四九年后,整个知识结构改变了。你想,连字都变了,变成简体字。文字的变化,事关重大。一代之后,阅读古籍成了特殊或者专门的技能,实际上被剥夺了阅读传统的权利。

查建英:所以后来的人跟"五四"那个年代教育出来的人,就无法交流了。

阿城:说不上话!成了台湾人、香港人了,成了韩国人、日本人了,他们是汉学家才会读繁体字。一九八六年在纽约,陈丹青介绍我和木心认识。我看他的文章,没有隔的地方,甚至很多译名比如莫札特,现在译作莫扎特,一下子让我想起少年时看过的旧书,那里面还有译作莫差特的。常说的学贯中西,其实就是个知识结构,当然还有个学贯雅俗。中外雅俗,思维材料多了,什么事情就好通了。

有时还不在于你是一个画画儿的,我是搞音乐的,他是搞理工的,大体上来说,你如果是共和国时代,好比是说六五年的,或者七二年的,虽然搞的是不同的艺术语言,但知识结构是一致的。后来,你发现不但知识结构起了变化,连情感模式都一样了。情感本来应该是有点儿个性的,可一看,都是一个情感模式。

查建英:比如说?

阿城:比如说喜欢唱苏联歌,但不知道俄国歌。他们唱的《三套车》,是苏联的,改过的。这有点儿像会唱《东方红》,但不知道《白马调》。

查建英:嗯,这是王蒙他们那一代,五十年代的共青团干部嘛,老得组织唱歌,特别熟。还有《阳光灿烂的日子》里那一拨儿也爱唱。

阿城:对,是五十年代的情感模式。唱歌这个事情,特别能够显露我们的情感模式。我还记得在美国有两次朋友聚会,北岛喝得差不多了就唱《东方红》音乐舞蹈史诗,还朗诵"天是黑沉沉的天,地是黑沉沉的地"。我还以为北岛在开玩笑,后来发现不是。他喝酒了,在抒发真的情绪,但是得唱共和国情感模式的歌才抒得出来。就像有人喜欢样板戏,那是他们成长时期的感情模式,无关是非。

当然,说起来,八十年代几乎是全民进行知识重构的时候,突然允许和海外的亲戚联系了,有翻译了,进来了这个理论,那个理论,这个那个知识。这也造成很多人变化非常快。嗯,这算是八十年代的一个特点吧。

查建英:还记得那时候,我上大一大二的时候,北大书店经常有赶印出来的中国和外国书,印的质量都很差,但都是经典,就是因为"文革"断了十年,什么"三言二拍"、巴尔扎克、狄更斯,一来书同学之间就互相通报,马上全卖光。当时还没

有开架书,图书馆里的外国小说阅览室里就永远坐满人。那真是恶补的一代。所以,你也同意这个"文化断层"的看法?

　　阿城:当然。记得八五年我写过一篇很蹩脚的小文叫《文化制约人类》,题目还好,可是内容吞吞吐吐,那时候还怕牵连我父亲,而且东拉西扯,其中就讲文化的断层。很早我就感觉到这个,大概是在初中的时候。你想,教材是统一的,图书馆的借阅,控制非常严。我还记得西城区图书馆在西华门对着的街上,我当时是初中生,只有资格去这个图书馆,初中生只能借四九年以后出的书,看来看去就是那些。但是琉璃厂旧书店、西单商场旧书店、东安市场旧书店、隆福寺,就有不一样的书,旧书。在那里看了很多莫名其妙的书,当然沈从文的小说很早就被清理了,"反右"以后的右派的作品被清理了。不过后来被称为经典的乔伊斯的《尤利西斯》,当时还有,我记得作者译为乔哀思,归在希腊神话一类,大概不是全译本,不厚。那个时候,喜欢看,小孩儿哪有钱买书啊,就在书店里边看,没看完,就怕放在那儿被谁买走了,就搁在一排书的后面,第二天来呢,往里一捞,接着看。到后来发现,有时候一捞出来,哎,不是我那本书啊!别人也是放那儿,都是怕被买走了。小孩子那时候记东西是最旺盛的时候,因为不能买书,就养成了很快地阅读,速读。

　　除了书,还有就是遗漏下来的生活细节。大凡出身不好的,好像有一个共同点,就是这些人的家庭在一九四九年之后多少留下些不一样的东西。比如一些书啊、画报啊什么的。你会发现共和国之前的一些气息。

　　我记得有个姓宋的同学,邀了我几次去他家里,他家在宣武区,过了琉璃厂还要走。清代的时候,娱乐不可以在内城,你必须出内城到宣武区去。问题是太阳一落山,内城九门咣当关上了,内城里又有满八旗用栅栏划区驻守,说实在的北京在满清近三百年里等同戒严。那么你就会在外城买一个住的地方,方便娱乐,第二天早上开了城门再进来。内城的东城、西城,都是一亩二分地的大四合院,很规矩很体面。一到宣武区,其实不少是别墅,是比较小号的四合院,不是一亩二分地,可能只有半亩地,一进,就一个四合院,不必像在内城那么严肃。门口院里砖雕很细致,走廊上头的梁子也都比较细,你看惯了北京内城的高门大户,说实在宣武区有点儿像南方了,商店多,饭馆儿多,戏园子多,娼妓多,灯红酒绿。我这个同学的家就是这样适合人居住的小四合院儿,他的母亲大概是民国时名气不大,但是在地区上有名气的一个明星。他给我看他母亲和他父亲的一些照片，发在当时那种蓝油墨印的杂志上，他母亲拿个花儿啊什么的。他家里中式的西式的小玩意儿特别多。于是你看到一种生活形态，四九年后这个生活形态因逐次运动而消失，现在又成了时髦了。

还记得有一个同学也是邀我到他家去看他发现的他父母的照片。是他父母在美国留学拍的裸体照片，天体的。

查建英：他父母本人的照片？

阿城：对，还有什么樱桃沟啊，在香山那边拍的裸体照片。用的是那种Kodakchrome反转片，有人说是幻灯片，其实不是。当时拍那种反转片，冲洗相当相当贵。所有这些具体的东西，印刷品啦，家庭私物啦，经过"文革"都没有了，烧了，自己就烧了，你想那还得了！

查建英：马上游街。

阿城：对，游街。山东画报社出的《老照片》，登的差不多都是正式照，当然也不错，但是私人情景照很少。不知不觉中我见过的私人照真是太多太多啦，我有点儿烦正式照。后来再看林徽因、徐志摩他们，都是正经人，不生猛，有点儿呆板小气了。

说回来，你是边缘，跟边缘人在一起的时候，反而会看到他们的生活形态非常不一样。

查建英：这一批人里边有多少人在八十年代特别活跃呢？

阿城：你是说我的那些同学？多年没有联系了，不清楚。不过我的朋友中画画儿的朋友比较多。也有做音乐的，比如有一个周勤儒，跟瞿小松、刘索拉、谭盾、叶小钢他们是一届的。你从他的名字就可以猜到他们家是什么样的。周勤儒是"文革"前的那种天才生，高中可以不上课，他志在学作曲，考音乐学院。结果"文革"了，废除高考。他后来去了京剧院，高考恢复后考上中央音乐学院作曲系，留校，再去美国读了博士。他的知识结构和文化构成我看是最好的，他唱民间的小俗调张

嘴就来,活灵活现,中国的音乐,他是活字典,又是录音带。他后来办了一个学术期刊《中国音乐》,只有他能搞这件事。他的那些同学,你看谭盾他还在当民间音乐是一件新鲜事儿,把自己感动得不行,谈道家吧,也是一股刚听说的兴奋劲儿。因为那些是他的知识结构和文化构成里原来没有的,恐怕与他们在共和国的时候处于主流的状态有关,共和国是不讲什么道家的,道家讲阴柔,共和国是阳刚得邪性。

我们以前所谓的好人家,起码是中等人家,大概起码有两代是念书的,生活状态是自足的,思想上生活上自足。西方那些叫什么,叫玩意儿。哎,这玩意儿有意思,这玩意儿新鲜!可没有这个他也行,有这个呢也不会破坏自足。西方的东西进来的时候,清末,辛亥革命,五四运动,大讲亡国亡种,于是产生焦虑。但绝大部分的两代读书、三代读书的家庭,当时科举废除了,让孩子上个新学堂,学点新东西,可他们的家庭还应该是自足的。这样的家庭是没有焦虑感的家庭。教材里让我们读到的"五四"那些人是焦虑感的。

查建英:是啊,那个视野里是生死存亡的景象,非常紧迫,好像文化脉搏就要中断,甚至亡国亡种。那就没有从容了,每天想的是:怎么办?

阿城:对,焦虑感。就我对生活细节的阅读和经验,我觉得是心理学上讲的群体性心因反应。焦虑是会在心理上传染扩散的。天下兴亡,匹夫有责,匹夫有什么责?责在权力者手上。只有你有权力,弄兴了弄亡了,当然是你的责任,要大家来负责?这就像卖国,我就卖不了国,国家不是我的,我怎么卖?说秦桧卖国,冤枉他了,普天之下莫非王土,他有什么资格卖?大宋是赵家的天下,所以赵构才能卖国,物权在他手上。我有个认识的人住在新泽西,拿了学位,有了工作,贷款买了房,邀我去玩儿。他原来是北京的大学红卫兵,我说现在如果有人进来抄你的家,你怎么办?他说:他敢!当年他就是直接冲进别人家,砸烂别人的东西,把别人赶出家门。那时候的中国,说起来就是混乱国家。当年的流氓呢,到了西方,对私人物权有了切身的体会,所以冲口而出"他敢!"

所以焦虑应该是切身的,不切身,不焦虑。也可能焦虑,如果处在群体性心因反应里。

查建英：这个分野办法有趣。就是说实际上，后来我们接触到的很多东西都是焦虑的人写出来的创作。争论也好，问题的提出也好，都是焦虑心态的产物。结果反而淹没了你说的这种人的声音。

阿城：对。有主人心态的人，是那个时代不焦虑的人。"五四"上街游行，算人头儿，比例上还是少。

查建英：没错，其实"五四"那时候上天安门的也不过就那么几百人吧。

阿城：所以，比如说，在壮壮拍的电影《吴清源》里，我在剧本里提供了我的想法，吴清源的家境就是这样。他父亲到日本学法律，回来在平政院做个科员。家里用着七八个人，典型的北京中产阶级一亩二分地的四合院儿，天棚鱼缸石榴树，肥狗白猫胖丫头，喜欢写字了，买一大堆帖来，好帖当时不便宜啊。又喜欢小说了，哗，去买小说，买很多，成箱的，也不便宜啊。吴清源兄弟三人，私塾在家背四书五经，背不出来打手心板儿，不去外面上新学堂。我们在吴清源的回忆录里看不清晰"五四"的影响，他们家当时就在北京。我们可以想象，父亲在衙门里上班，回来后会说：哎哟，这两天学生挺乱的。嗨，也就这两天，说过去就过去。接着就说别的了。那个东西在他的生活里，不算是主要的，吴清源是在这样的家庭里出来的。后来焦虑了，父亲死了，家败了，穷了，焦虑了，段祺瑞给钱，就去陪段祺瑞下棋吧，日本人给钱，就去日本下棋吧，结果杀得日本人大败，二十五年无敌手，棋圣。

查建英：嗯，这样的家境，就算他读到"五四"时期那批有焦虑感的书，也不一定为之所动。不过确实也有些青年人受到那些书的影响走上革命道路了，或者忧国忧民了。但到底有多少人就难说了。我看过一个统计，其实鲁迅他们的书当时发行量很有限的。

阿城：有限。我不是出过一本《中国世俗与中国小说》吗？

查建英：你是说《闲话闲说》吗？我记得《闲话闲说》里边你讲过一个看法，

就是即便在所谓"五四"时代,当时的文学主流也是鸳鸯蝴蝶派。

阿城:对,应该说是世俗文学,有发行量的统计。市民的东西,在消费上永远会是主流。现在也是这样,时尚类的杂志,就是鸳鸯蝴蝶派啊,销售很好。小资是什么?就是新派市民,就是中产阶级的初级阶段啊。但是当初庸常稳定的主流在后来的文学史里都被回避了。钱锺书的父亲钱基博写过一本中国文学史,讲法就不一样,我以前在旧书店看过,从来没见重印过。史与其说是后人写的,不如说是后来的权力者写的,后来的文学史,像新文学大系,谁写的?是后来掌了权的左翼文人嘛。

查建英:其实呢,"文学史"本身就是从西方进来的概念。就是因为清末觉得不行了,连续战败,得弄点西学了,大概是师夷之长技以制夷那种想法吧,于是朝廷出钱办这么一个学。当时的京师大学堂,也就是后来的北大,都要引进新学,课程表的设置也参照了德国和日本的大学,后来蔡元培当校长时又参照过美国大学。文学史就是那时候开始设立的。原来的书院或者私塾里哪有什么文学史啊,就讲子曰诗云、经史子集。但小说、戏曲之类,虽然不能在精英教育里登大雅之堂,却可以在社会上、在民间广泛流传。可是,如果文学史的设置是当时中国朝野一些精英人士模仿西洋来转变自己的知识样式、教育样式的一个产物,那我想他们在筛选近代作品的时候自然就会有一种态度,比如说更重视某些时代主题的表现。四九年以后当然就更明确了,只有一个主旋律。再一搞普及教育、统一教材,那就全民都只能读这点东西了。而那些你认为是很重要的文学构成,它基本是在这个主流话语之外的。

阿城:在它之外。那么你再看下来,尤其是九十年代,普遍焦虑了。连胡同里的一个人,都焦虑,因为真正影响到他的生活质量了。

查建英:怎么影响他生活质量?

阿城:首先是四九年以后消灭了中产阶级,全国人都成为无产阶级。

查建英:一个普罗大国。

阿城：对。中产阶级可以经受一些物价波动，无产阶级就不能。比如电钱涨了，有家底的呢，还能熬一熬，无产阶级怎么熬得起？普罗大国，经济上有点风吹草动，就是普遍焦虑。

查建英：八十年代也有焦虑，但是还没普及全社会。

阿城：那时候主要是新的知识进来了，冲击原来的知识结构的焦虑。

查建英：那时候老说"赶上"，"补上失去的岁月"，后来就叫"接轨"了。

阿城：八十年代还是国营企业一统天下，工人还好。他们甚至看私营小贩倒卖牛仔裤的笑话：你蹦跶吧你！有俩糟钱儿敢下馆子，你有退休金吗？摔个马趴，你有公费医疗吗你？幸灾乐祸。

查建英：他想：有多少人能穿这种裤子呀！想不到没过几年全国上下都穿了。

阿城：有月工资，有退休金，有医疗保险，有几乎不交钱的房子住着，几毛钱的房租，那算什么，不焦虑。

查建英：那时知识分子、文化人的焦虑也有点奢侈的味道。拿着体制内的工资，周围也没什么人发财，也不用攀比，物质消费上还没多少诱惑，都不用发愁。所以都可以去探索、争论、清谈。

阿城：王蒙说索拉的小说，说那是吃饱了撑的文学。我的看法，工、兵、商、学、士，士是知识分子，都是既得利益集团的，惟独农不是，他们什么都没有。我当知青我知道农民什么都没有，结果国家反而还采取以农业养工业、重工业、核工业的政策。农业税，也就是交公粮，相当重，一交公粮，就是标语：支援国家建设！这是非常残酷的积累，农民维持着非人的日子。"文革"时我父亲去乡下，沙河，离北京不远，房东还是复员军人，穷得只能和子女合盖一条军棉被过冬，我父亲目睹

口呆,走的时候把自己的被子留给房东了。"文革"的时候,延庆县,北京的远郊区,还有农民一家子睡沙子,白天撮出去晒,晚上撮回炕上,图个热乎气儿。

查建英：那你现在回头看八十年代的好多讨论啊、话题啊,其实它是一个特别短暂的现象,有点虚幻,一个更现实的年代已经就在拐角了,但当时没有人预料到。那时大家充满一种解冻期的热情,生活上还有国家给托着,是个有理想也有很多幻想的年代。很多艺术家、作家就觉得没准儿很快就能赶上西方,我们天天在创新嘛。记得黄子平有句俏皮话：小说家们被创新之狗追得连在路边撒泡尿都来不及。王蒙也说作家们"各领风骚三五天"。总之,三五年就把西方作家一个世纪各种流派都给过了一遍,然后不就是拿诺贝尔奖啊,出大师啊、传世之作啊什么的。那时真的气儿挺足的,并没感觉后边有这么多问题呢。

阿城：你这里有迈克（香港作家）的书,你看他所写的,他就很个人化。他反而没有那些感觉,因为他就在那个世界里边,资讯他知道,香港的和西方的。他有很多话很锋利,他关注着商业社会里个人的问题。

查建英：对,这是八十年代的又一个特征。它还是集体主义生活沿袭下来的这么一种艺术形态。所以当时提的问题不太个人化,都挺大的,考虑的都是有关民族的、国家命运的大事。

阿城：他们叫宏大叙述。倒是索拉的《你别无选择》是有个人问题的。我在美国,有人问过我,为什么你的小说里老有个词："众人"？我想想,是啊,众人,稍微近点儿的,我用"大家",感觉上"大家"比"众人"清晰点儿,其实还是面目不清。其实,"众人"和"大家"是中译《圣经》里常用的词。

查建英：你觉得还有哪些作品比较个人化？

阿城：《透明的红萝卜》,《白狗秋千架》。莫言当初写的很多东西都很个人。为什么,因为他在高密,那真的是共和国的一个边缘,所以他没受像北京这种系统教育,他后面有一个文化构成是家乡啊、传说啊、鬼故事啊,对正统文化的不恭啊,等等这些东西。他提出来的是个人的问题。我倒觉得莫言后来慢慢不太个人了。

查建英:我喜欢莫言早期的小说。本来我读农村题材的小说总觉得隔,但那时候对他那种奇特的想象和描写手法印象特别深。可是越到后来越觉得他有一种史诗意识。到《丰乳肥臀》我就基本上读不下去了。就算东北高密乡吧,也变成一个乡土寓言的场景了。不是民族就是种族,反正不个人了。

阿城:大概是"军艺"的影响?军队当然是集体意识,不小心就容易合了道了。

查建英:接了轨了。

阿城:《红高粱》被艺谋改编成电影,恐怕有这个因素?电影里最后一个镜头,算是民族大神话。

查建英:电影《红高粱》不是根据《透明的红萝卜》改编的吧?

阿城:不是,是根据"红高粱家族"改编的。《透明的红萝卜》是讲一个小孩儿挖萝卜,看地的老头认为他是偷萝卜的,就要抓他打他,但是他完全没意识到,就把萝卜拔起来,对着阳光一看,是透明的。这是一个小孩子童年的记忆,个人的强烈经验。《白狗秋千架》也是。不是共和国小说,"红萝卜"也不是共和国写法。

查建英:一到《红高粱》电影,至少后半截已经变成了抗日,民族寓言、集体话语全都进来了。那你回头看八十年代小说,这种个人的东西是不是比集体意识的要少?

阿城:少太多了!第一人称并不就表示是个人性的。

查建英:"我"其实还是"我们"。说说"寻根文学"吧。你一般也被当做"寻根派"的一个主将。那你现在怎么评价它呢?也是一种新的集体寻找一个过去的集

体吗?还是说里面有很多个人的东西?

阿城:"寻根"是韩少功的贡献。我只是对知识构成和文化结构有兴趣。

查建英:韩少功写了一篇宣言似的文章,《文学的根》。然后郑万隆又写了一篇叫做《我的根》。反正就是有几篇文章。你好像从来没说过寻根这种话,但是你的小说《棋王》一出来,大家马上觉得:啊,传统文化!寻根!跟那个就连上了!

阿城:连上了。

查建英:而那时候呢,你讲过文化的重要。你那一篇《文化制约人类》的文章可能也给算做"寻根派"的一个文件了。但实际上你并没有感觉自己是寻根的?

阿城:我的文化构成让我知道根是什么,我不要寻。韩少功有点像突然发现一个新东西。原来整个在共和国的单一构成里,突然发现其实是熟视无睹的东西。包括刚才说的谭盾,美术、诗歌,都有类似的现象。我知道这个根已经断了。在我看来,中国文化已经消失了半个世纪了,原因是产生并且保持中国文化的土壤已经被铲除了。中国文化的事情是中国农业中产阶级的事情,就是所谓的地主、富农、上中农,这些人有财力,就供自己的孩子念书,科举,中了就经济和政治大翻身。他们也可能紧紧巴巴的,但还是有余力。艺术啊文化啊什么的是奢侈的事情,不是阿Q那种人能够承担的。结果狂风暴雨式的土地改革是什么意思?就是扫清这种土壤,扫清了之后,怎么长庄稼?谁有能力产生并且继承中国文化?不可能了嘛。

查建英:就变成工农文化了。延安文艺座谈会已经定下这个方向了。

阿城:无产阶级不产生文化,贫下中农不产生文化。从肉身或从意识形态上把商人、工业中产阶级、乡绅、农业中产阶级消灭,更不要说没有话语权,当然大跃进这种工业农业的愚蠢就会出现。如果这层土壤还在,还有话语权,是会抵制那种鬼话的。这之前,要夺天下,在解放区把这个扫清,没办法。得了天下,还这么扫,还谈什么中国文化?文化产生的那个土壤被清除了。剩下的,其实叫文化知识。

查建英:就是课本上的那些。

阿城:对,《诗经》、《论语》、《道德经》什么这那的,只能是文化知识的意义。可以清谈,做学术,不能安身立命,前人读它是为了安身立命啊。

查建英:文化其实是生活的一部分。

阿城:是生态系统啊。

查建英:是一个方方面面的事情。比如,你除了知道《诗经》是怎么回事,你还赋诗唱和,它是你的感情方式,生活方式。

阿城:对啊。即使是文化知识,后来发现原来我们还不如一些汉学家。好比瑞典高本汉那样的人,他们做得很好。如果文化没有了,连文化知识也放弃的话,是不是也太惨了点儿吧?

查建英:但是四九年以后出生的人就生在这么一个社会里边了。看来你在八十年代闹"文化热"的时候,已经很清楚这件事了。

阿城:清楚。但我是支持"寻根派"的,为什么呢?因为毕竟是要去找不同的知识构成,补齐文化结构,你看世界一定就不同了。我是没办法,被边缘化了,所以只能到旧书铺子里去。那现在松多了,连官方都寻了,祭黄帝陵、祭孔,先别急着笑话,开始不一样了,排列组合多了,就不再是单薄的文化构成了。

查建英:所以你还是肯定寻根,找自己传统文化的根。八十年代另一个方向,就是往外看。这是同时在发生的。像前卫艺术,后来那些"先锋小说",就明显受了很多西方现代艺术、翻译小说的影响。比如:达达派、拉美魔幻现实主义、欧洲现代派

小说,等等,这些东西都进来了,并且很快就有人模仿。

阿城:这些东西旧书店当年很多都有啊。

查建英:翻译小说、西洋画册……

阿城:以前印的那种老铅版的画册,全都有。其实后来想起来,我喜欢那个时期,就因为中国有那么多不焦虑的人,他们在看莫奈、看梵高、看康定斯基,看左翼引进来的麦绥莱勒、柯勒惠支,表现主义的格罗兹,还有鲁迅喜欢的比亚兹莱。

查建英:你说的这个我也可以举个例子佐证,就是我的姥爷,我叫他外公。他家是湖北的乡绅,他很年轻就去了法国,念书工作十年,还娶了法国太太生了个女儿。然后呢,一方面有些"工业救国"的理想,一方面顶不住家里的不断召唤,回来了,把法国太太留在法国,离异了。回来以后呢,又照老式规矩,娶了家里早先订下的门当户对的一个姑娘,然后生儿育女,过得很好。家里边也还是中国式的,只是他带回来不少洋派的习惯和玩意儿,比如说喜欢摄影,还自己有暗室冲洗;爱自己蒸面包,爱吃"垮桑",家里叫它月牙饼。但家常就是面包、馒头什么都在一起,很自然的一种中西合璧。

阿城:他不焦虑。

查建英:不焦虑。他是那种专业人才,理工教授。那时候教授待遇也好,薪水高,生活稳定,住洋房,有仆人,太太也不必工作,一家子过得很舒服。一到周末,他还爱跳跳舞骑骑摩托什么的。虽然我外婆是个裹了小脚的传统女人,可他俩一直感情不错。这就感受不到我们后来在"五四"文学看到的那种东西,比如郁达夫的那种沉沦啊压抑啊,或是左翼文学里那种愤怒啊。也许这就是你说的那种比较自足的中产阶层吧。

阿城:对,一直到抗日战争前。这时候中国的"亚细亚生产方式"并没有在西方文明面前崩溃,在陕北那种穷地方还有李鼎铭先生等等,"毛选"上有记载;由乡

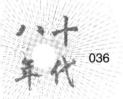

绅和城市商人转向的民族资产阶级,像荣毅仁先生等等,渐渐成了一点民族工业的气候,中产阶级家庭出去留学的子女们回来了七七八八,像侯德榜、熊庆来、陈寅恪等等,还有无数的人正在出去。北京的四合院里中产阶级还是天棚鱼缸石榴树、肥狗白猫胖丫头,像住下面胡同十六号的美国医生马凯大夫更是乐不思美,上海的时髦与巴黎的款式只差着一个星期,好莱坞的新片也是一个星期一部。中产阶级既消费鸳鸯蝴蝶,也消费左翼文学,所以鲁迅的稿费并不低。天灾当然有,人祸当然也有。中国的一个朝向现代化的改良过程被日本人的侵略切断了,这是中国最亏的。抗战之后,中国人自己接着打内战,四九年之后,运动连着运动,"文革",没有一天现代化的工夫。四九年之后的造原子弹,丝毫没有影响中国现代化的进展。

我不记得在哪儿了,偶然看见你那个文章,关于猎奇的,你说:猎奇有什么不好?我同意这个。

查建英:是讲异国情调的吧?那是在《读书》上发的。

阿城:对,就是讲异国情调。

查建英:其实古代中国人更喜欢猎奇啊,因为他底气特别足、自信的时候,心态就开放,不怕外边东西进来。

阿城:他不焦虑。你看美国一般的人,他学一下拉美的歌啊什么的,很正常,没有那种焦虑的猎奇。

查建英:我就老爱想象唐代长安,那时候长安城里住了多少胡人啊!带来那么多胡人的玩意儿,肯定那时候好多中国人喜欢那些,新鲜啊!唐诗里边不就有吗?胡声番乐,胡舞胡女,有什么不好的?现在就得说是崇洋媚外了。

阿城:对。

查建英:大家这么喜欢别人的东西,感到有威胁。

阿城：觉得这会带来新的文化构成，所以也焦虑。

查建英：有一个现象：不少八十年代时非常活跃的人后来消沉了，有些人甚至变成民族主义者或者民粹主义者了。我不知道这么推测对不对？是不是九十年代以后，全球化来了，这个大环境之下，即便你把中国传统文化找出来也不足以依托了，对付不了这个势头了，因为全球化似乎就是西化，而且更加以经济为中心。这个局面比八十年代复杂多了，经济层面、制度层面、文化层面，犬牙交错，中外互动。这对习惯思考大问题，老想捋出一条大辫子，开药方解决大问题的那种人是很要命的。他会产生无能感、失控感。即便他物质生活上小康了，他还是会感到一种失落。而且我看这不是个别现象，有相当一批八十年代的人，尤其所谓的人文知识分子，相对科技知识分子来说，感觉自己在九十年代被边缘化了。这跟你那个边缘化不是一回事。你那时是被正统边缘化了。可在八十年代，这些人文知识分子也好，艺术家也好，实际上在话语权上是很中心很主流的。比如电视剧《河殇》，那口气多雄壮呵！李泽厚《美的历程》当年是大畅销书。再比如刘再复，据说那时候他一演讲，讲文学主体性啊二重性啊，就有上万人去听。你想那恨不得都是现在歌星出场的架势。"朦胧诗人"也有大批的追星族。所以那个时候，当一个人处在主流位置上，他再怎么反思，说赶上、追上，其实那个焦虑也不会很深。

阿城：不是。因为四九年以后，就把大家都变成无产阶级，失控了。中国的知识分子其实是既得利益阶层，因为从经济上他们起码享有福利待遇。刚才说了，这个问题我以前不知道，是我插队以后，从农民身上反过来才知道。农民没有医疗保险，连土地都不是他们的，真的是什么都没有，任由他们生灭。但你是一个城里人的时候，你已经跟利益沾边了，所以大家要争，要多一点。知青后来的返城运动，说起来就是要返回利益集团嘛，起码要回到吃商品粮的那个圈子里去。农民根本没争的，他不在这里头。就说作家吧，中国作协是部一级的单位，往下可以类推，省的，市的，都是利益集团里的，所以中国哪有文坛？只有官场。

查建英：文坛就是官场，基本同构。这个历史上也有过，王朝的时候，谁要是变成了朝廷的诗人，所谓御用文人，比如说李白，不是也有什么高力士给他脱靴，那个作家的地位也就不一样了。

阿城：中国一直是官才能标明价值，官本位。你为什么要读书？为了做官。制度形成了，尤其在科举之后，隋朝以后官本位越来越严重。八十年代初，我父亲的右派身份要改正，要恢复原级别，我跟父亲说：为什么要改？你的人格自己还没建立起来啊？今天可以认可你，明天仍然可以否定你，他手上有否定权嘛。我这样说当然欠通人情，但是我把这样的意思放入《芙蓉镇》的电影剧本里了，秦书田没有去做那个文化馆长了。看完电影，观众还没看清秦书田吗？还需要当官才能让观众明白吗？

查建英：可是他们不行。像丁玲，你想那是写《沙菲女士日记》的人啊！到后来她对上面给她的评价重视到这个程度！唉。

阿城：所以，右派本身没有问题，是国家不可以这样对待一个公民，降低你的生活水平，限制你的自由，等等。现在，你当街说我是右派，谁理你啊！你现在想当右派？多不容易啊！

查建英：现在回忆右派的书都成畅销书了，像章诒和那本。

阿城：这本书写得很好，书名也好，梅志前些年写过一本关于胡风的《往事如烟》，这本书就叫《往事并不如烟》，积极，往事真的并不如烟。但是它也再次证明了就是因为这哥儿几个，才开始了反右运动。

查建英：网上有一个评论挺有意思，说我们本来不知道，从这本书倒看出那时候特权阶层是怎么生活的了。而且呢，这种优越的生活是因为主动接受统战。你为什么说反右是他们几个挑起来的呢？

阿城：这部分的人属于一九四九年前中国内战时期的第三种势力，他们主张和平……一九四九年后虽然他们中很多人得到重用，像章乃器是粮食部长，章伯钧是政协副主席、交通部长，罗隆基是政协常委、森林工业部长等等，但是……结果，

哗——一大批中层和底层的右派……

查建英：倒了血霉了。

阿城：倒了血霉了。邓小平八十年代初不同意改正这几个右派，他承认反右有扩大化，扩大化指的就是这几人以外的人，包括党内党外的高层中层和底层，尤其底层右派，现在来看这本书：唉，"反右"后"文革"前你们活得还不错嘛！我觉得这是这本书的一个反效果。

查建英：还有车呢。那没车的还不觉得冤死了，可他其实还有院子，还有服务员。

阿城：章怡和在成都，觉得有危险，就到机场，坐飞机回北京。这在当时是不得了的事呵！而且有机票钱啊！高尔泰出了本《寻找家园》，描述的就是另类景象，底层右派，有普遍性。

查建英：那时候他们摆个家宴，多少个服务员。下馆子请客吃西餐……你要想那时候的工资是多少啊！

阿城：不得了的。

查建英：所以消灭阶级也不是绝对的，里边还是有等级。啊，咱们还绕回去说八十年代吧。既然那时知识分子的既得利益还没有受到威胁，你觉得他们的焦虑有点滑稽有点虚飘吗？还是他们确实提出了真实的问题？

阿城：问题也是真实的，不能说不真实。但如果他们生活得更真实一点呢，可能同样的问题不会这样提出。

查建英：你知道后来有一个说法，好像是朱学勤文章里写的吧，反正就是九十年代的人回头批评八十年代，说那时是"荆轲刺孔子"。就是说那个"文化热"是个伪命题,荆轲本来应该刺秦王,结果呢,因为不敢刺秦王,怕要了他的命,所以就去刺孔子,去批判传统文化了。"寻根"到后来可不是光把传统拿出来奉为珍宝,而是去批判它了。包括韩少功,也不光是瑰丽的楚文化呵,不是后来就写了《爸爸爸》吗?那可能跟"五四"的批判国民性又有一定的关系了。

阿城:有。

查建英:把中国传统保守愚昧的那一面又给拎出来,作为一个靶子,结论是:因为有这样的传统,所以我们才落后于西方,所以我们后来才有"文革",等等。那个根就变成祸害之根了。结果就不是文化影响或者传承,而是又变成一个自我否定了。

阿城:寻根,造成又回到原来的意识形态,而不是增加知识和文化的构成,是比较烦的。

查建英:所以这寻根呢,在你看来它初衷是好的,找传统,找文化资源,是你赞成的。

阿城:对。你不管是找传统也好,找西方也好,这样你的知识结构和知识构成才会丰富一些,你就会从原来的那个意识形态脱离开,或看得开一些。唉,怎么结果它又回来了!

查建英:是不是因为寻根的这些人,他原来的知识构成和思维方式,在后边影响他看那个传统的态度?结果他可能看到的就比较消极,净是要抛弃的糟粕。那中国还是得重新来过。最后就是《河殇》,又是老大的一种话语形态,把过去那个黄土文明拿出来做个总体批判,从政治到文化,都专制都落后,是我们今天落后的原因。然后呢,西方的海洋文明是我们向往的,要追上的。那大概是一九八八年前后,离八九年不远了。所以咱们要是这么粗略地归结一下,看看八十年代有没有一个内在的发展逻辑,那可能到后来,它就是走到《河殇》了。有没有这么一条线?

阿城：我觉得有。

查建英：我觉得，传统里是有不少糟糕的东西，作为一个现代人很难全盘接受。有些东西呢，是古代农业经济中生发出来的，在当时是智慧的、合理的，但与我们现在工业、信息时代的生活不太匹配了。可是呢，一个民族就像一个人一样，你总得面对和承认你自己的家世，总得有所传承。老是砸烂、批判、自我否定，然后宣称：一张白纸，好画最新最美的图画，那你就老上小学一年级吧！你倒是无知无畏，可你那创新就老是小儿科。要不就只好全抄人家的。人家倒是一路积累上来的。我们老爱说美国人建国短，缺乏文化传统，可是在美国住了这么多年，你知道他们多么注意保护自己的任何一点历史沉积啊。仅仅纽约吧，就有一两百个保护老房子老街区的协会，难怪纽约市景如此的千姿百态，它丰厚啊。再看看我们的北京，七八百年的都城历史，拆来毁去就成了现在这个样子！难道我们要和新加坡比吗？这说远了。总之，我觉得八十年代对待传统态度还是过于简单了，也还是黑白分明的，比较决绝激进的一种态度。就像丹青说的那个"红卫兵文化"。丹青是讲前卫艺术，其实八十年代很多东西，前卫也好，自由主义也好，那种权威的、教训的话语方式挺普遍的。

阿城：对，这就是权力的意识形态。

查建英：那要这么说，你认为八十年代的"文化热"不太成功？

阿城：这我觉得倒没有关系。估摸这事，还真是要来回来去这么反复。"五四"就想一次成功，一锤子买卖。鲁迅后来不是写《在酒楼上》吗？就是写当年的那些人，怎么都这样啦？消沉了。

查建英：因为觉得，本来一次辛亥革命就能解决这些问题了，结果不行，就喝酒，就消沉。是，也许这能解释有一部分人，八十年代气特足，风云人物，到九十年代，瘪了。那气球本来吹得挺胀的，突然泄气了。

阿城：这种人就像酒楼上那个魏连殳。张承志也算是一个寻根的吧？他写过一个《北方的河》,讲到彩陶什么的,小说主人公就是一个研究生,实际上是一个知识者的态度和历程。

查建英:有点自传色彩吧,他自己就是社科院研究生,好像是念民族史的。

阿城:张承志完成的是一次文化构成的更新。

查建英:他的《心灵史》是九十年代写的了。八十年代他作品里边还没有回族这个事儿呢。

阿城:生活状态有了,我记得八十年代他就改变饮食结构了,后来才算是找到真正的根了。

查建英:我印象中,到《黄泥小屋》,回族这件事还不太重要吧?

阿城:《黄泥小屋》就已经开始了,还有一个写清真寺的,题目我忘了。他首先是要区别于汉族。先要做到这一步。接着要皈依,神。进入宗教,知识更新。

查建英:"寻根"的那一拨儿人到后来也有各种各样的走向,各种各样的形态了。

阿城:都没关系,都有松动、晃动,而不是坚如磐石。开始出现可能性。你像现在倡导读经的,我不太了解他们怎么会要求这样一个知识结构,但是提出了,更有的实行了,慢慢地,不一样的知识结构就会出现。所以,寻不寻根,不是重要的,重要的就是要改变你的知识结构。

查建英:改造原来那个铁板一块的盐碱地。

阿城:对,那么多人,十几亿人,知识结构是相同的!

查建英：这是一个缓慢的过程。

阿城：绝对是一个缓慢的过程。那么毕竟八十年代发生了。现在不从成败上去论，只是说，它发生了。

查建英：我也听说北京有私立学校讲孔孟，不过这种学校到底有多普遍？而且，读经和读诗词歌赋、文学经典又不同，它属于明确的德育，培养君子的，精英色彩比较重。这里面涉及一个如何人性化地调和理解古代农耕王朝社会里严格的尊卑等级秩序与现代民主理念之间的张力的问题。也许这方面我们应该借鉴台湾的经验。他们从小学、中学就念《四书》，不也照样弄大选？他们那儿还有激烈的女权活动家呢。

提另一个问题，九十年代商业化加剧，这对你说的文化构成、知识构成的影响怎样？有几乎是相反的两种评价。一种是觉得商业松动了原有的政治意识形态，提供了新的个人空间。七十年代以后出生的人，他们的知识形成期基本是在这样一个相对宽松的大环境里，所以他们比较个人。另一种是持批判态度的，比如说新左派，或者那些搞文化批评的人，他们比较强调商业对文化对教育的冲击，担忧它的腐蚀性，并且认为这是一种新的意识形态，可能消解了旧的政治意识形态，但用"新马"，比如法兰克福学派的那种理论来看，就是资本主义商业文化造出了一种"单向度的人"（one dimensional man），原来你可能是政治单向人，现在你是另一种单向人，比如技术单向人，或者消费单向人，你还是不丰富，还是苍白。你自己怎么看？

阿城：问题其实不是相同的吧。"新马"面对的是成熟的资本主义。尤其在欧洲，贫富悬殊的问题已经大致解决了。环境很不一样。

查建英：语境不一样，西方已经有成熟的市场经济，有个很大的中产阶级。"新左"有这个问题，把某个西方理论横移过来，插到中国一个不同的历史阶段上，大肆分析一番，其实"这鸭头不是那丫头，头上没有桂花油"。这种似是而非的歪打、误用在书斋里谈谈倒也罢了，弄到媒体、社会上就容易把真实的问题以及问题的真正根源给搞混了。

阿城：是。这就像我看中国的有钱人，买了北京最好的房子，在最好的小区，结果，他不能解决小区之外的糟糕环境。他再有钱都解决不了。

查建英：出了豪宅没多远，那个马路上就坑坑洼洼的。

阿城：坑坑洼洼的。他跟穷人呼吸的是同样的恶劣空气。越有钱，越尴尬。人均收入一千美金的时候，再多就有危险。拉美就是人均收入达到五千的时候崩溃，比如阿根廷。在人均收入一千的时候你起码要开始着手社会的福利系统，或者由税收达成回馈社会，或者等等。没有做好这个的话，接着往前走，到五千的时候⋯⋯拉美就是按西方的理论做啊，中国现在不是宣布到一千了吗？弄得不好可能到三千就崩溃了。

查建英：可别可别。好，那现在谈过度商业化带来的问题，你觉得是一种错位？等于是没下雨先谈水灾？

阿城：商业化？我们根本没有商业。商业什么意思？起码得有健全的信用制度和健全的金融体系才有商业。没有这个根本不可能有商业，更别说化了，我们现在是抢，是夺。只是有些人抢得多，有些人抢得少，大部分人没能力抢。国有的抢成私有的，股市最后会崩盘的，我没钱炒股，可是看股民被抢也很惊心动魄啊。

查建英：那你不同意这种说法：中国人过去老爱谈精神，因为毛泽东时代的话语是一种精神话语，精神是最重要的。现在呢，就变成物欲横流，精神算什么？不值钱。这是一个流行评判。所以中国人像钟摆一样，原来摆到一个极端，现在又摆到另一个极端。

阿城：商业也有精神的，它有风险，没有精神怎么承担风险？一流的商人有一流的精神素质，但有一流精神素质的人未必成得了一流的商人。有学生问孔子：您老先生的这一套如果有人买，您卖不卖？《论语》里记载他连说了三个"沽之哉"，也就是卖、卖、卖啊。孔子当年的贴身学生子贡是春秋晚期一流的商人，经营国际贸易，以他的实力还摆平过一次国际争端。可是孔子死后，别的学生守三年丧，只

有子贡守六年,六年不经营,谁都明白对一个商人意味着什么。曾子跑去责难子贡,子贡说,我对老师的感情要六年才够。这是中国两千五百年前一个一流商人的精神啊。韦伯不是讲资本主义精神和新教伦理的关系吗?我觉得现在中国还没有商业,只是权力释放出一些资源,谁有能力,谁近水楼台,谁迂回曲折,就去把释放出的资源拿到手。这不是商业。

查建英:就是何清涟那本《现代化的陷阱》讲的,原来的国有资产转移到有权力有关系能够把它拿到手的人那里去了。

阿城:对。这怎么是商业呢?这不是商业。我要去看看你说的这本书。

查建英:是不是中国曾经去海南、去深圳这批人,和美国早期历史上开发西部那种圈地运动有些相像?

阿城:嗯?

查建英:在某种程度上相似。都是在一个管制比较弱的边远地盘上,很多外来人涌入,就抢了!暴力的、强制的,这就是我的了!但连这种相似,它都有一个中国特色,实际上它还是国有资源,土地呀贷款呀,上头都有管制者,还是要和权力发生关系,占着这个部位的人才能抢到手。所以叫"监守自盗"。不像圈地淘金,那是牛仔式的,我厉害那就是我的了!

阿城:如果没有一个最高的权力,那就相当于一种自然状态,哪怕这个自然状态是野蛮的。我们这里不是自然状态。
改革开放讲了这么多年,我所认为的改革开放,就是政治体制改革,开放被集中的资源。各个部成为服务机构和信息机构,资源一级级往下放,攥在手里当然只能计划,放下去才会出现市场。这个事应该在八十年代末妥善处理。

查建英:这方面改革一下子冰冻了十几年。

阿城：耽误的十几年里，有权力的人就开始抢了，腐败和抢夺是亲哥儿俩。所以我看问题不在什么市场，市场小得很，而且不公平。不管是好还是坏，总是到不了位，好像是宿命。什么"辛亥"了，"五四"了，等等，都是。"寻根"也是。

查建英：（笑）回头还找补一下咱们这个话题！命中注定寻不着那个根。

阿城：寻根没有造成新的知识构成。

查建英：可那时候也开了个头了。你觉得这事有人继续在做吗？

阿城：我觉得做得有声有色的是颠覆。我比较看重王朔。王朔是真的有颠覆性。八十年代后期出了一批先锋作家，像残雪、余华等等，可我觉得相对于正统的语言，先锋作家是另开一桌，颠覆不了这边这个大桌。只有王朔，是在原来的这个大桌上，让大家夹起粉条一尝：这不是粉条原来的味儿啊，这是粉条吗？咱们坐错桌儿了吧？这就是颠覆。王朔的语言里头，有毛泽东语录，有政治流行语，听着熟，可这好像不是红烧肉啊！由王朔的作品开始，整个正统的语言发生了变化。包括央视的主持人都开始用这种语气说话，这个颠覆的力量太厉害。但是没有一个主持人会说残雪的话。这就等于没有颠覆，反而没有起到先锋，那个avant-garde的意义。只有王朔做了。

查建英：和语言形式、叙述形式有关。中国文学传统的主干还是写实主义，不管里面加了神怪也好，佛教道教也好，它也还是有故事有人物而且往往是寓教于乐的，你还是要在这个主流里头做实验，你才能……

阿城：才可能做到颠覆。

查建英：如果你真的岔到另一条道上去了，像八十年代好多实验，主要灵感源泉是外来的，比如残雪，可能她就是特别受卡夫卡启发，莫言可能受福克纳、马尔克斯启发，格非、余华，你也都感觉得到背后那个欧美现代主义翻译文学的影子。比如余华的《现实一种》，好像有中国历史啊"文革"啊，但那种叙述方式，不是中

国小说传统里出来的。

阿城:这就是另开一桌。

查建英:这种东西有点像中餐西做,本地材料,西式制作。绝对应该有这样的馆子,有它一席之地,多样化嘛!但它的顾客,也许就限于有这种趣味的小众,比如说大学生啊,文学青年啊。我自己二十多岁时也爱看各种玩文字文体游戏的实验小说,觉得这种专门跟传统阅读习惯较劲的东西新鲜,后来很快看腻了,更爱重读经典,还是那些东西禁得住再看。西方现代文学里,我也觉得还是俄国小说最有后劲儿,最经得起重读。再有就是东欧中欧的一些作家,可能和我们共有的"革命"经验有关吧,涉及到你讲的文化构成问题。说到王朔的影响呢,除了你说的影视,前些时我看过一个小孩儿叫郭敬明的小说,挺有才气的,写了个中篇叫《花落知多少》,我一看这语言感觉不是在模仿王朔吗?就写几个城市青年耍贫嘴啊、调侃啊、浑不吝啊,一口京片子,可是又特纯情,外表是痞子,骨子里都是罗密欧朱丽叶,特别"酸的馒头"(sentimental)。当然他把故事安到几个所谓富家子弟和小白领头上了,杜撰痕迹比较重,时不时还让人联想到日本卡通片。后来我才听说这郭敬明也不是北京人,他愣是活生生地编出了一群又酷又酸的北京小资!就连这样的小孩也学王朔。

阿城:大家现在一听到正统文体就觉得可笑,为什么?是因为王朔把味儿给变了。王朔是颠覆者。我有一个朋友,他哥哥在北大教书,凡是写到王朔的名字,都要打上两个叉。

查建英:这成"文革"了。

阿城:所以呢,我们刚才说的韩少功的寻根,我觉得最起码是在寻找一种新的知识构成,希望能够改变原来的知识结构,但是被后来的先锋淘汰了,因为中国一百多年来一直有一种意识形态叫先进,包括时尚的概念,结果都很快就消散了。反而是王朔,只是把原来主流构成的位置换了,就把它解构了。原来的结构形态就变形了。

查建英：有一种看法，我记得好像是戴晴说的吧，她说王朔做的是一个破坏性的工作，就是把旧的东西拆掉，他没有建设。这建设性的工作由谁来做，不知道。她对这个解构工作是肯定的，但这里没有生出一种新的东西，她很失望。你同意她这个看法吗？

阿城：戴晴有她的道理。像庞德、艾略特他们也引入另外文化的语式，像唐诗，建设成现代诗。有意思的是之后鬼使神差地回来影响了中国诗人，我熟悉的是芒克、北岛、多多、严力他们。王朔是解构，他把正统文体砸变形了。变形就引起一个结果，你再怎么听怎么看原来的话都是可笑的。

查建英：神圣的东西变成滑稽的了。

阿城：对。而且王朔造成了一种文体，一种识别皇帝新衣的文体，心领神会的文体，这应该是一种建设了吧？

查建英：那你自己在八十年代的创作，你就把它看做一个个案吗？

阿城：说个案好一点，我造不成新的文体。我觉得我的形成不是普遍性的，偶然性大，是自修的结果，不具备普遍性。如果我的知识构成和大家的知识结构相同，那我的东西才可能有普遍意义。我的东西没有普遍意义，个案吧。

查建英：九十年代你写了很多文章，我看过你那两本书，《威尼斯日记》和《闲话闲说》，都很喜欢。你后来做得更多的好像是跟电影电视有关的事情，对吗？

阿城：我的经济来源是在体制外做点电影电视的事。你知道，写东西做不到畅销，等于要饭的。噢，我还有个《常识与通识》……

查建英：这是《闲话闲说》之后的吧？

八十年代——访谈录　　　　　Ⅰ阿城

阿城：对，是九十年代后期的一个集子，就是在《收获》上发过的那些文章。其实还是知识结构的问题，就是聊聊现在的常识水平是什么。我这么一说我都觉得很难听，等于说人没常识，等于骂人。我当然出于好心，意思是提高常识水平，你的知识结构必然要变。那本书东拉西扯的废话太多了，我不会写栏目文章，规定要多少字，只好东拉西扯，其实呢，是希望大家知识构成变一变。变了，伪的东西总归会抛弃一些吧。

查建英：明白。你还写了小说，比如在《九十年代》上发表的那些。

阿城：就是筛选以前写的那些，后来他们叫笔记小说。本来这东西有上百篇的，但是多了之后必然有很多是同质的。结果，就二选一或者五选一吧。正好借《九十年代》这个机会就把他筛选出来了。

查建英：你去美国是哪年？

阿城：八五年还是八六年。

查建英：回来呢？

阿城：九八年的时候开始来来往往，主要在上海，我妹妹在上海。大概是二〇〇〇年之后吧，刘小淀帮助我，就基本在北京了。

查建英：那在美国也有十几年了。

阿城：不知不觉就十几年了。

查建英：是啊，我在美国前前后后住了十七八年了。丹青在纽约住了都快二十年了。索拉也有十九年。二十世纪有好多这样的作家，有的是自己选择的移民，像拉什迪、奈保尔；有的是流亡，像纳博科夫、昆德拉，在另一个国度另一种文化里长期生活。这种经历对你有多大影响?

阿城:对我的影响不太大。我从小学就读杂七杂八的书,形成了我对常识的看法。我在世界上走,到美国、到法国、到意大利、到日本等等,哦,原来世界上没变,常识还在。

查建英:好多东西你少年时已经看到了,至少看到了一些痕迹。

阿城:对。所以没有焦虑。

查建英:所以你出国没有经历过一个像索拉他们那样的阶段。

阿城:他们觉得怎么样?

查建英:比如说特失重,因为本来正在一个浪尖上。按说你也一样,你八五年出国时,《棋王》已经大红大紫了。在这边已经很成功的人出国往往有一个心态上的问题:突然变成了一个普通人、外国人,有语言障碍,有文化隔阂。你呢,对好多东西并不觉得意外……

阿城:还高兴,因为发现常识还在,比如说最基本的信用,比如助人。你知道在美国经常碰到有人来问:要帮忙吗?这个中国原来就有,"要搭把手不?""不用,谢谢了,您忙您的",到"文革",尤其是到现在,没有了,以前有啊!这是最起码的教养啊!搞来搞去半个世纪了,我们还没到起点!还在向基准迈进。连这个都没到,咱们就什么都别提了。在美国我有一次深夜开车车坏了,停在路边自己修,一会儿有辆车开过又倒回来,下来个人问我要帮忙吗?我一看是个很瘦小的女人,就说谢谢不用,你一个人下车很危险啊!她居然对我的后半句没听懂!另外,我从小就被推到边缘,习惯了不在主流。八四年发了小说之后,公共生活围过来,感觉像做贼的被人撒网网住了,而且网越收越紧了。到了美国才知道,边缘是正常的啊!没人理你是正常的啊!大家都尊重对方的隐私,这是个常识啊!所以在外国我反而

心里踏实了。

查建英:对西方社会里这种普遍的基本文明教养,很多人出国都会感觉得到,但很少人像你这样强调它。

阿城:我很踏实了嘛,安心了。你只需要跟人家说真话,你做什么不做什么都很安心嘛。不会想到什么建功立业,或者什么打入主流社会。在美国要进入主流的中国人,在中国就是主流里的人。你在中国即使处于边缘,还是有不安全感,出去反而有安全感,而且马上就感受到。我刚去爱荷华,一个黑人学生带我到我住处去,一路上我看那个黑人的眼睛就知道,他根本不怀疑你。一路遇到的人,都是不怀疑你的,只要你按照久违了的常识去做,你就不会出错。安心。所以,我等于出去休息了十几年。能休息就挺好的。

查建英:(笑)那为什么又回来呢?

阿城:回来是因为有可能性了。原来一点可能性都没有。起码现在,你有可能把门关起来,锁上了。以前不是。以前你一插上门,街道的老太太就说:你插上门干什么?你不做坏事你插什么门!我说我要洗澡怕您看见啊。到西方去,你真的可以放心。至于说抢啊偷啊,那是全世界的问题。

查建英:所以一个人出国后的心态和出国前的心态有关。如果原来有这么强烈的边缘感,老是处在被看守的、戒备的状态,那你出国就觉得放心,甚至亲切。

阿城:你说得太对了。在那边你想叫一个人来打扰你,是要给他钱的。你要买他的时间。人家还要挣钱呢。和留学生没问题,那时周勤儒还在UCLA,不过后来你们这批留学生毕业离开学校了,就不能聚堆儿玩儿了,有一种人气不在了。

查建英:但出去十九年,有没有在哪些方面给你增加一个不同的视角来反观中国社会和中国文学?还是觉得以前也全都知道了?

阿城：更多的是验证你的常识，验证你知道的基本线。这个基本线是很具体、很细节、很踏实的。当然还有图书馆。我在国内是没有资格借到某些书的，你如果不是教授，不是副教授，不是研究员，不是什么几级干部，那你是借不到某些书的。突然出国了，那里的图书馆是服务性的。那些图书馆不在于它藏多少书，业绩在于哪怕只有一本书，却借出过一千次。我们是藏了一千万本书，就不给你看！所以，在国外趁这个机会赶紧看书。为看书开车跑来跑去，有个时候老要跑旧金山UCBerkeley东方语文系，那里有许多赵元任在的时候购进的书，陈世骧先生去世后，他的藏书也捐到那里。有意思的是，发现好多书我已经在旧书店里看过了，很亲切，跟我少年的记忆连上了。或者有的书呢，把以前看过的残破本看完整了。这时候赵毅衡已经去英国了，我第一次去伯克利的时候，就住在他家，他在伯克利读博士。他对我帮助很大，我们在北京就认识，他那时就翻译过高罗佩的《狄公案》，译笔好过原文，我觉得。殷罡那时也在，现在成了社科院中东问题专家，我在电视上看他侃侃而谈。

查建英：那有没有这样的感觉——就是出国以前还觉得有很多事情是新的，值得做的，出去一看这么多事情都做过了，而且比我们一辈子努力下来做的水平还要高？

阿城：太有了。

查建英：那做事的动力和创新的热情会不会由此受到挫折？

阿城：不会。反而明确了可以做什么。这个可以放心去做，因为还没人做；这个现在是达到了这个程度，你可以接着去做，反而塌下心来了。这就是为什么我没有集中在小说上。

查建英：为什么呢？

阿城：我写的那些东西本来是私人交流的。但是你知道"文革"是一个没有发表的时代，是手抄的时代，这样的时代里形成的写作习惯是只给知己看，不给不认识的人看，不像现在的写家，出手就是要给不认识的人看的，心理很公共。这之前

八十年代——访谈录　　　｜阿城

我寄过一些插队时写的东西给在纽约的丹青看过,也给美院的一些朋友看过。八五年讲给李陀他们听的时候,李陀他们的鼓励让我明确知道,手抄的可以转成铅印的,可以给不认识的人看,这对我的心理有建设性,我永远感谢李陀他们在这方面给我的帮助。有意思的是八十年代后期的先锋文学的语感反而是私密性的!你知道,隐私是成熟的中产阶级的人权要求之一,由私产的生活方式而来,尊重隐私是教养。北京中产阶级的四合院就是有隐私感,所以西方人很迷它。中产阶级阅读私人心理的东西,已经成为西方的小说大传统了。所以我读中国的先锋小说,像残雪的小说,觉得它确实像卡夫卡那样的中产阶级小说,退入隐私的、无所谓现实对应的小说。这是很超前的,因为中国自四九年后直到现在还没有形成中产社会。中产阶级是非常重视教育的,受过教育等于是一种私产。当代受过教育的结果之一,就是中产阶级有能力消费先锋艺术,这就是先锋艺术的市场由来。本来先锋艺术是颠覆中产阶级的价值观和趣味的。这是个悖论。

　　至于我没有集中在小说上,我要以我在美国得到一次很大的帮助为例。我去哈佛大学,张光直先生给我非常大的帮助。你知道张光直的,平和,学问大没有学问腔。他带我去赵元任的女儿卞赵如兰的家里去,那儿每星期有个粥会,喝粥,熬一大锅粥,其实是不拘一格的讨论会,好像是叫"剑桥新语",是陆惠风发起的。我记得杜维明、陈来、张隆溪都在,叶扬在不在记不清了,还有谁啊?叶扬的学历很少见,他在上海读高中以前是家学,父亲教他,高中才上市里的中学,所以知识结构非常不一样,不料一年就"文革"了只好去插队。我和他一见如故,我有点兴奋。后来他和张隆溪从哈佛去洛杉矶东边的UCRiverside教书,我接到电话就开车赶去聊天。张隆溪开始迷上咖啡,喝得很学术。张隆溪夫妇都是四川人,做的川菜好得痛彻心肺。后来我还去听过叶扬在UCLA讲演《乌托邦与桃花源》,说乌托邦是设计一个不存在的制度,所以桃花源不是乌托邦,最后露了一手古诗吟唱,美国学生高兴的呀,确实精彩。说回来粥会,我记得张光直先生突然问我,说考古遗址里,包括还在的北京故宫,他都没有找到过茅房的位置,你知道北京管厕所叫茅房,公共厕所叫官茅房,他说宫里的人不拉屎吗?这个我正好知道,就说是拉在放了焦枣儿的木桶里,焦枣儿滚动灵便,屎一下就到桶底了,不会散臭,只有焦枣儿的甜香味儿,再由粗使太监拎出宫。他很高兴,嗯嗯嗯,点头儿。我要说的倒不是这个,而是我刚见到他的时候请教他,他很简明清晰地告诉我他做过什么,在这之前,我在八十年代初的时候看过他的《中国青铜时代》。于是，听他谈之后，我一下子知道我还可以做什么了，我的知识构成和文化结构中，有一大块，可以迅速成形了。

查建英：怎么讲？

阿城：张光直先生有他不方便的地方，他不可以去么说。我知道我无足轻重，更不是学术圈子的人，反而可以说。

查建英：你是指考古上的一些事情？

阿城：不算是考古吧，跟人类学有关系。当时说到七十年代我在少数民族地区看到的东西，包括他们的巫术仪式，巫婆神汉吸食致幻物，我对艺术的起源有我自己的看法，于是当面请教张光直先生。当然聊到青铜器的纹样，你知道张光直先生对青铜器美术研究很深，张光直先生问我：你吸过大麻吗？我说：您问这是什么意思？我吸过。他就说：噢，那太好了！

你知道张光直先生是做考古人类学的一流学者，现在在UCLA的罗泰告诉我，他是德国留学生，做过张光直先生的研究生，他说张先生招研究生的时候总要问：你吸过大麻没有？弄得学生左右不是：说吸过吧，是不是就不要我了？所以都说没吸过。

张光直先生在他的《中国青铜时代》里直接提到过巫师用酒用麻致幻，我告诉他中国民间直到现在还是如此。我是认为，起码从彩陶的时候，纹样要在致幻的状态下才知道是什么，青铜时代同样如此。唯物论的讲法是，纹样是从自然当中观察再抽象出来的。我在美院的讲座里说：一直讲写实，讲具象，八十年代可以讲抽象，现在我讲幻象。三大"象"里，其实中国造型的源头在幻象。古人的纹样，在致幻的状态下，产生幻视、幻听，产生飞升感。这一方向很重要，它决定了原始宗教，也就是萨满教的天地原则，神和祖先在天上。

查建英：其实都是吸麻吸高了之后的幻觉。

阿城：对。是整个氏族在巫的暗示引导下的集体幻觉，集体催眠，大家一块儿上去见爷爷奶奶，非常快乐，狂欢。后来逐渐改变成只有巫师一个人上去，他在天地间来回传达。巫先有催眠的能力，后来这种能力转变为权力，远古的酋长同时也是巫，通天地的人。巫又是当时最高的知识系统，所以知识与权力一直是混在一起的，直到现在。这个东西在云南村寨里可以看得很清楚。

查建英：他们一直就是这样吸麻，现在还吸？

阿城：不吸为什么那么简单的节奏他们跳通宵？嘭嘭嘭，傻逼啊？在他们的幻听和幻视里面，声音是美妙的，世界是飞旋的、五彩斑斓的。所以原始人用什么标准去检验造型和音乐呢？就是它们能不能在幻觉当中运动起来，灿烂起来。彩陶，一直到青铜器，都是这样。青铜器新铸好的时候，是明亮的香槟色，没有铜锈或者包浆什么的，是要"子子孙孙永宝用"的，是当宝物来用的，是没有李泽厚先生说的"狞厉的美"的，反而是狂欢之美。狞厉美是阶级斗争的意识形态，可是，青铜器，也就是彝器，藏之高堂，奴隶们没有资格看到啊，看不到，怎么会狞厉着吓唬到他们呢？所以，所谓云纹、水纹、谷纹、蝌蚪纹，都不是具象的抽象，而是旋转纹，导致幻象。另一个是振动纹，由幻听起作用。这两个纹，是幻象艺术的造型原理，直到今天，中国的传统工艺纹样，还是这两个原理。其中旋纹的原理，被道教总结为那个阴阳符。

查建英：学者就不能明说这种事吗？这是一个学术问题啊。

阿城：如果你有幻觉的经验，你就明白，但你承认你吸，就有麻烦。大麻被定为毒品，几乎是昨天的事，而这之前的千万年来，宗教是如此产生的。"耶稣在海面上行走"，在暗示的幻觉中，这是真的，"亲眼"所见。所以，汉武帝通西域，丝绸之路是去，同时也是宗教之路的来，新的致幻剂之路的来，传进来的印度大麻比中国原产的劲儿大，还有就是新的香料之路，是来。有来有往。

查建英：印度的大麻进来了。

阿城：对。香料大致是两类，植物性的和动物性的。植物性的是致幻，动物性的是催情。

查建英：噢，有哪些春药是从动物身上提炼出来的？

阿城：龙涎香啊什么的，据说是鲸的呕吐物。汉到唐，女人们用来入药或洗澡，需求量很大。另外，魏晋时期，名士们谈玄、谈佛，服石散，这石散我怀疑也跟佛教传入有关，阿富汗那边是高原，药里的石类常见，现在藏药里还是有石类的特点，而魏晋的"五石散"里，例如石英，在中国并不好找。记载中说，服石散后要喝酒，要行散，也就是要快走出汗，搞不好会发狂，这与《神农百草经》里说多服大麻会见鬼狂走，久服通神明，有异曲同工之效。印度大麻的麻黄碱含量高，所以六十年代的美国嬉皮们要跑到印度去吸。

查建英：而且印度宗教里 erotic 的东西特多，情欲文化特别发达。

阿城：香料多是兴奋剂和致幻剂。你看屈原的《离骚》里面，所谓的香草、兰、蕙、椒，都有致幻作用，屈原是什么人？他一上来就宣布资格，我是祖传的巫师，国家级的巫师，他可以在天上想到哪儿去就去那儿。佛教传来中国，迅速与儒教、道教、巫教平起平坐，有一个重要原因是同时传来的印度大麻比中国大麻劲儿大。佛经的本质是幻觉，是一种经验与概念的置换。你在幻觉里看到的，不是真的，难道你"清醒"的时候，也就是身处俗世，就不会是另一种幻觉吗？看到的是真的吗？你敢保证？这时候你就恍范儿了。色即是空，空即是色。

查建英：有点像我晚上睡觉之前给我女儿讲庄生梦蝶，小家伙彻底晕菜，完了第二天醒了还直问：到底谁进了谁的梦啊？特逗。

阿城：所以你看部落里的人，会觉得他们生活条件这么低下，苦啊，其实，他在幻觉里比你快乐。而我们呢，只会一厢情愿地想去改善他们的生活品质，错，他们比我们幸福。

查建英：这个是你在云南的时候就知道？

阿城：是啊。那是西南，在东北是一样的。东北的萨满教厉害，跳大神儿，邪性，人类学里专门有Shaman。萨满是阿尔泰语系和通古斯语系，其实也就是西伯利亚的原始宗教，他们的巫师就像屈原说的，是家族传的。萨满在美洲也有，据说是传过去的，在国际上是显学，这些年在中国也有了研究的气象。"文革"时候可不是，是迷信，只能偷偷的。跳大神、癫狂、昏迷，之后附体，它能让你和你死去的长辈通话，能治病。湖北、湘西也有这类——用一种毒蘑菇泡水，降神。南美洲也是用一种蘑菇致幻，我见过那儿的老百姓用来治病的，催眠是可以治病的。河北的太平鼓其实就是萨满教的东西。现在东北"二人转"不是火了吗？"二人转"里就有一种萨满的癫狂。我在东北的时候，"二人转"只能偷偷在炕上，外面冰天雪地，屋里悄悄狂欢。现在还是有正人君子不喜欢，不通人性啊。

查建英：泰国这类东西也多。

阿城：世界性的啊！

查建英：我有个美国朋友，原来是华尔街投资银行的，两年前去泰国，交了一个泰国女朋友，就把他带进一个当地人的圈子，把他引上这条道了。前些时我见到他，他就变成另外一个人了，对这些东西信极了。给我讲他在曼谷的种种经验，怎么怎么一屋子人全变成神神叨叨的了，都见到了什么前世呀祖先呀，各种怪相。他边讲边说：我知道在美国他们都会说我疯了，但这些是真的，是我亲眼看见的。

阿城：你到印度去，只要一下飞机，就弥漫着各种各样的香的味道。它们都有具体功能。

查建英：还有泰国边境金三角那一带，空气里也满是大麻味。青迈有好多西方人，那种目光神态一看就是此道中人，净是背着那种backpack的老嬉皮们。但是有的药，比如摇头丸，就和大麻不同，更厉害。

阿城：摇头丸这样现代科技的东西，是非常准确地作用到你脑子里一个部位去影响你。大麻不是，它不太会产生倚赖。凡是提纯的，像海洛因、可卡因，也就是"粉儿"，千万千万不要去碰，碰了，倾家荡产，万劫不复，死定了。

查建英：咱们怎么说到这儿来了？

阿城：嗨，是说张光直嘛。其实他就没有明说这句话，所以我八五年在爱荷华的时候，可以用写作计划的钱选择到什么地方去，我就想去波士顿，想请教张光直先生，我觉得他知道，他在书里涉及到了。

查建英：你们俩就把这件事谈开了。

阿城：他特别高兴。他还问我是北京哪个小学的，我说是实验二小，他说那我们是前后同学啊，学长和学弟。实验二小在四九年以前是他读书的师大二附小。唉，我要早有这么个大学长就好了，他是先生啊！"文革"前北京学校里管老师都叫先生的。

查建英：后来你在什么场合讲过或写过这个吗？

阿城：在学院里。在社会上讲应该有麻烦，他们还不说我煽动吸麻？其实，在初民时期，人应该比现在快乐。我们是清醒地承受一切苦难。

查建英：没错。现代资本主义其实就是用"效率"这个中心概念把人的每根神经全都绷到最大紧张度，让你最大效率地生产、生活。但在这种高科技社会发展出来的生活方式之下，人实际上失掉了很多，是挺痛苦的事情。

阿城：很痛苦的事情。你只有赶上这个效率，甚至你超过这个效率，你才有成就感。它给你的就是恶性循环。

查建英：这真的是个问题。也许中国还没有到美国那个程度，现在中国人的焦虑和美国人的焦虑有一部分是不同的。但你已经能感觉到有些焦虑是相同的，比如由于效率、成功的压力引起的焦虑。照这样发展下去，如果中国越来越走向规范的资本经济社会，与美国生活的同质性会增高，焦虑度也会增高。所以在现代意义上，美国是全世界的前卫。美国的问题是人类的问题，是我们大家未来的问题。我们在这个现代化的历史过程中，其实已经丧失了不少老文化，老的生活形态。许多简单的生活形态都没了。紧张、疲劳，很多人都有紧迫感，生怕被落下，不仅成年人，青少年也压力越来越大了，而且没有人知道怎么摆脱这个恶性循环。从什么时候开始中国人已经变成这样了？

阿城：从清末，从"五四"那一代就开始了。直到四九年建立了共和国，精英们好像不焦虑了，因为终于找到了马列主义。到跟苏联掰了，还不焦虑，写"九评"：别慌，咱们有这个份儿，能批判，可以拯救这个社会主义。现在呢，什么是新的资源呢？那可不就是飞过一个东西，"叭"一口赶快就叼住，总应该是馅饼吧？

查建英：信仰的问题，你觉得有救吗？

阿城：这个问题呢，也许是我的性格吧，我不焦虑。天地不仁，也就是说我们赋予感情去看待的东西，它自己没有感情，死了就是死了。我们将自己的主观价值外涉出去，但其实，天地不仁。

查建英：看看中国一个世纪的折腾，其实就是一个客观过程。人在这里焦虑，上帝在那里发笑。

阿城：这当然也是人格化的，我们改不了要以人去判断。老子就来提醒我们，老子不是说天地不仁，而是无仁。

查建英：毛泽东有句诗："天若有情天亦老"，意思也是天是无情的。

阿城：对，从李贺的诗里拿来的一句。

查建英：那你悟到天地不仁，对人类的这些焦虑是不是有一种身外感？

阿城：不是身外感，是当你的知识结构扩展改变的时候，问题改变了。这时候你发现，还有东西。你如果盯着蚂蚁，你就会说：如果它碰到热水怎么办？但其实还有好大的地方，有别的东西。

查建英：丹青认为你是一个历史主义者，可能包含了这层意思，就是说你把所有事情都当做一种历史过程，有一种开放的心态，所以你会拥抱各种各样的东西，你的目光不是盯在一个事情上，你也不是认同某一种东西。你觉得你是这么一种历史主义者吗？

阿城：我想我起码不是一个"主义"者，事情一到主义，就封闭了。我喜欢丹青表达的那种可能性。其实西方东方都有建立系统的传统，只是西方力求一个完整的系统，比如马克思。可是，系统一完成，就意味着终结、死亡。为什么？可能性没了。你把这个世界解释完了以后，可能性没有了。这是你自找的呀。这些年他们在否定形而上了。形而上就是最大的系统。老子也讲形而上，但他不是那么肯定地描述，是恍兮忽兮。另外，由于焦虑，我们现在对时间的承受力越来越脆弱，急得就像火烧猴儿屁股：一万年太久！中国这才一百年，到五百年的时候，你再去看。

查建英：现在焦虑的很多事情都会过去。

阿城：都会过去。宗教里面有一个很重要的概念就是"渡"，尤其是佛教。但是我们通常理解为：渡只是一个手段，尽快地到彼岸，彼岸是最重要的。渡的时候，一切皆苦，彼岸才有价值。天啊，渡有渡的好啊！

查建英：现在是过渡期，才好玩呢！过渡期是乱七八糟、生气勃勃的，一切还不定型，就有各种各样好玩的东西。一旦这东西规范了、定型了，可能也就呆板了，不

好玩了。所以就享受过程吧。提另一个问题:回顾八十年代,丹青提出了一个历史真实的问题。就是说我们不要再给年轻一代那么多错误的信息。比如由八十年代过来人或是风云人物讲的八十年代,可能已经不是本来面目了,有"历史失真"的问题。而且这个问题呢,丹青觉得从"五四"一代人就开始,一代比一代严重。你怎么看?

阿城:当历史更长,你绝对会忽略这十年。它不计入计量单位。越长,越不计入计量单位。十九世纪八十年代,因为一八九五年有个中日甲午战争,我们后人还记得,那么七十年代呢?谁记得?才一百年前啊。

查建英:其实我不是特别同意丹青这个看法。再说历史失真也不是中国特色。所有历史在后一代手里都失真。包括丹青特别喜欢的一个意大利人叫维柯,我记得当年赵振开的弟弟还专门写文章介绍过,是那时候《今天》那些人特别推崇的一个人文学者。这维柯有个观点,我就觉得特别有道理,他说其实没有一个客观的、统一的标准来说历史,哪个是更好的,哪个是更坏的,哪个是真的,哪个是假的。他就反对欧洲启蒙的那批人,法国的伏尔泰等等,把文明、文学分成高级低级,莎士比亚就是野蛮的,雅典就是理性的,他就反这个。其实回到原始人的角度,就像你说的巫文化,吸着大麻看到的幻象,对他们来说就是真实的,你不能从一个理性的,比如说科学家、马克思主义者的标准来批判迷信,那你就是在用你的标准裁判历史。从这个角度讲,失真是永远会存在的。另外,历史是不是只有一个真实,都不见得能讲清。所以,八十年代的人怎么说八十年代,也都没有什么太大的关系,每个人都有他的角度他的原因。

阿城:对。丹青大概是看维柯的《新科学》吧,维柯也说过谁创造历史就由谁叙述历史,这样的历史才最有凭据。我怀疑,因为叙述就是很可疑的。

查建英:依照丹青的说法,"文革"这一代人都是从文化断层里走出来的。那就是说大家都有沙漠症。可能说起来特膨胀,说得不客观,但这也挺正常的。拉开点儿距离看就没什么了。下一代人判断八十年代,他们的信息源也不会仅仅是八十年代过来人这么一个。就像历史学家,见证人的口述只是其一,他可能还有很多别的材料与手段。

阿城：我觉得八十年代对某些人，是他最重要的生命历程。对于自己的生命历程很重要的阶段，他不能忘记。有的人恰好在八十年代，有的人可能在七十年代，有的人可能在九十年代。这才是他为什么会重视八十年代，因为重视自己那个最重要的生命阶段。所以在这个意义上，我从来不去跟我父亲说政治信仰。为什么？那是他从青春期一直到他"右派"时期，最重要的人生经历。否定对他是非常痛苦的。

查建英：这和我父亲一样。虽然他后来一直政治上不得志，但他是在年轻的时候信了左翼。本来他是地主兼商人这么一个家庭出来的少爷，结果他自己上学时读了那些左翼的书，又是一个热血青年，他就信了这个了，以后他一辈子没有改变。改变太痛苦了，不如他就别改变了。

阿城：别改变。

查建英：那样他太难受啦，等于把他一辈子的价值、信仰给否定了。

阿城：但是有一点，回顾你的经历，假如这个经历冒犯、侵犯过别人，在这点上你不能回避。如果你还要活下去，就得掂量掂量，虽然你的经历对你很重要。这是一种真，丹青要历史之真，我比较是要人性之真，我想丹青也是要人性之真吧。总是这样，表达不好，容易滑走了，我就常常告诫我自己。

查建英：有一些"文革"当中迫害别人、打人的人，最后回顾起来他把自己全说成受害者了。

阿城：鲁迅有一个大家都知道的说法是"一个都不宽恕"，我一直不知道其中是否包括他自己？如果不包括自己,应该是他的盲点。"文革"后很多人有这个盲点。

查建英：是啊，这就不仅是历史记忆失真的问题了。这是一个体制问题，引起

的对历史的遮蔽是体制性的。我们还是说八十年代吧。

阿城：反正对我个人来说，八十年代我发表过小说，好像很重要，其实对我不重要。最重要的是六十年代。

查建英：就是你去旧书店淘书的那个时期？

阿城：对，你也知道了，对我的影响非常大。

查建英：那你是个例外。八十年代很多人，不论什么岁数的，当年有点像在那里发一种集体青春狂热症——当然这样说挺损的，那种热情其实挺可爱、挺让人怀念的，但你确实不能说它是成熟的。有些像是长期压抑之后迟到的青春期，那种浪漫真是很炽热的。那时候的许多小说读起来也像青春文学，虽然作者也都是中年人了。追溯回去，这与他整个知识构成阶段接触的东西有关，从学校到社会，在很长一段时间里实际上是把大人当小孩儿教，施行简单的意识形态化教育。

阿城：但这有普遍性。

查建英：而你呢，当年我的印象里你特别与众不同。就想：哎，这人怎么一出道就已经很成熟了？咱们第一次见面是哪年？

阿城：是八六年底吧。我在爱荷华写作计划结束后到纽约，到哥大去了。在那个湖南人的家里，听说后来他去台湾，写书了，写了一本《曾国藩》……

查建英：不对，那是唐浩明，他哥哥唐翼明是我在哥大的同学，咱们是在唐翼明家见的面。

阿城：是吗？是姓唐，跟夏志清念研究生的……总之，这么说吧，八十年代对我并不是特别有决定性、有影响的时期。使我的观念或者经验起到非常大转弯的、震荡性的东西，第一次是我到出身资本家、一九四九年前是中产阶级的同学家，之后是七十年代到农村。

查建英：看来这种边缘经历在你身上打下的烙印很深。

阿城：当然。你必须面对你的"右派"家庭出身，才能生存。我还记得我小时候我家的邻居是绿原家，绿原算是当年"胡风反革命集团"分子，抄他们的家，后来才明白那就叫家徒四壁啊，什么都抄走了！我们和绿原的小孩，我记得叫刘柏林，他还有个姐姐和妹妹还是弟弟，我们每天疯跑。抄了他家后，我们不懂事，还觉得他家宽阔了，在他家跑圈儿，什么都没有了，他妈妈坐在地上。邻居中我记得还有一个赵树理家，好多外文书，长大之后，看他的小说文章，丝毫不提外国，厉害。八十年代我发表小说，我父亲从杂志上看到了，批评我在小说里提到巴尔扎克、杰克·伦敦。知道而不显出，是一种修养。就好像写诗，用典，不是好诗。唐诗不太用典，并不表明他们不知道唐以前的典故。你看李白、李贺，直出，有自我的元气。另外还有一个特殊的经历，就是我从十几岁去插队，去的地区的话我都听不太懂或听不懂。内蒙、云南，我都不是太懂。所以我到美国的时候，即使听不懂英语，对我也没有压力。我十多年都是处在别人说什么我听不太懂的环境里。

查建英：都是跟少数民族在一块儿吗？那怎么说话呢？

阿城：说简单的，慢慢复杂起来。先懂骂人的，再学正经的。他们也会说官话，但是与其看着他们那么痛苦地说汉语，还是算了吧。日常用语，也就是那么多。到了美国，也差不多。

查建英：甚至在某种程度上你还有点儿回家的感觉。而这对另一些人，就是从中心到边缘的经历。这个是八十年代一批人出国的感受。

阿城：是啊。他们从一懂事就被告知是祖国的花朵，八九点钟的太阳，未来是他们的。有些人到了美国的反应很有趣：为什么这些好东西不是我的？！他们觉得所有的好的，就应该是我的。有趣，凭什么是你的啊！这是公有制熏出来的一种权力意识，一种共和国的文化构成。这种东西有普遍性。他们到那边去，产生那样的反应，我完全了解。一定是这样的。

查建英：现在这一批"海归"呢，你怎么看？

阿城："海归"的命名其实隐含着出国不易的意思。如果不能建功立业，他们在那边不满意的话，还是回去吧。人生苦短，浪费不起的。除了公派出去的，有责任回来，一般人无非要两边的好的，势利，也健康。我的选择是自由度吧，我以前那些出身不好的朋友到西方，我觉得我们差不多，无所谓建功立业，也无意打入主流什么的。就觉得：没人打搅，这儿歇歇挺好的。这大概趋近于柏林的那种消极自由主义吧，当然这批人都不发言，不会像柏林那样喋喋不休，甚至因此获得皇家爵位。

查建英：是不大听得到他们的声音。我也知道有一批人，在学院里教书的，或者当年家里给整得很惨的那些，他们就留在西方了。而你决定还是回来了，是不是觉得现在的可能性已经到了一个程度，你在这边也可以过一个比较个人的生活了？

阿城：对。以前是你根本不可能有自己的生活，现在是你在一个范围内大致可以有自己的生活。谁知道呢，试试吧。

查建英：好吧，咱们就说到这儿？

阿城：好。

（本文编辑时有所删改）

二〇〇三年秋摄于巴黎郊区

→ 北岛

Beidao

  一九四九年生于北京,做过建筑工人、编辑和自由撰稿人。和朋友于一九七八年在北京创办文学杂志《今天》,一直担任主编至今。自一九八七年起,在欧美多所大学教书或任驻校作家,现住美国加州。其作品被译成三十种文字,并获得多种国际文学奖。近年在国内出版的有:《北岛诗歌集》,散文随笔集《失败之书》和《时间的玫瑰》。

【访谈手记】

本来也想面谈，谁知无论在中国还是在美国居然就是碰不到面。当中有一回北岛回国探亲一个月，我也在北京，但当时甘琦已经怀胎九月，他们的儿子马上就要降生，又要忙着装修刚买的公寓，新生活就在眼前，哪里顾得上聊什么陈年旧事？通了几次电话，北岛不是在出租车里就是在和亲戚喝酒吃饭，匆匆忙忙的声音听上去疲倦而幸福，让人不忍打扰。儿子在平安夜降生，几天后，北岛签证到期，离京返美。他说自己嘴笨，更愿意笔谈。于是就有了这么一篇电脑上传递的问答。

半年之后，我和北岛分别接到邀请去欧洲开同一个会议，在夏季的巴黎见面。当晚在赵越胜夫妇家后院聚会，赵越胜亲自下厨掌勺，良辰美景佳肴，有醇酒数瓶佐餐助兴，众人畅谈直至凌晨。北岛照例喝醉，倒在客厅沙发上沉沉睡去。越胜边斟酒边说：当年读那首《我不相信》，我×，这孙子怎么把我们这一代人的感觉概括得这么准啊！当时哪知道是这么没文化一家伙！说完很体贴地起身去给诗人盖了一条毯子。

这回算起来，我认识北岛竟已二十七年。如今我怕读新诗。偶尔读，往往是麻木，没反应。但前些时偶然读到郭路生在精神病院里写的几行诗，居然心里划过尖锐的疼痛。看来上帝在某个时刻会扶着尘世中某个人的手写下某些文字。"卑鄙是卑鄙者的通行证，高尚是高尚者的墓志铭。"二十世纪八十年代的北岛是一代文学青年心目中的英雄。还有食指，还有芒克。

不会忘记初次读到"我——不——相——信！"那一刻的震撼。只有真正相信过的人才可能感到那样震撼。我相信过。据说现在出了不少校园诗人，但他们当中还有这样的诗、这样的读者吗？我不相信。

北岛访谈（笔谈）

查建英：访谈阿城的时候，他说八十年代是一个"表现期"，各种思潮的酝酿其实贯穿整个七十年代，比如下乡知青当中，各种交流一直相当活跃。能不能请你也先勾勒一下八十年代之前你和你周围朋友的大致生活轮廓？先说你自己吧。你生长在北京，父母是知识分子还是干部？他们在"反右"，"文革"中受过冲击吗？

北岛：我出生在一个普通家庭，父亲是职员，母亲是医生，他们在政治上基本随波逐流，虽在"文化革命"中受过冲击，但还算是幸运的。我同意阿城的说法。如果八十年代是"表现期"，那么七十年代就应该是"潜伏期"，这个"潜伏期"要追溯到六十年代末的上山下乡运动。一九六九年我分配到北京六建，到河北的山区开山放炮，在山洞里建发电厂。而我大部分同学都去插队了。每年冬天农闲期大家纷纷回到北京。那时北京可热闹了，除了打群架、"拍婆子"（即在街上找女朋友）这种青春期的疯狂外，更深的潜流是各种不同文化沙龙的出现。交换书籍把这些沙龙串在一起，当时流行的词叫"跑书"。而地下文学作品应运而生。我和几个中学同学形成自己的小沙龙。

查建英：你曾经在一次访谈中说："自青少年时代起，我就生活在迷失中：信仰的迷失，个人感情的迷失，语言的迷失，等等。"那么，你曾经有过一个虔诚的信仰期吗？是什么经历触发了这种迷失感呢？请谈谈你的少年时代。

北岛：我曾很深地卷入"文化革命"的派系冲突中，这恐怕和我上的学校有关。我在"文化革命"前一年考上北京四中，"文革"开始时我上高一。北京四中是一所高干子弟最集中的学校。我刚进校就感到气氛不对，那是"四清"运动后不久，正提倡阶级路线，校内不少干部子弟开始张狂，自以为高人一等。"文化革命"一开始，批判资产阶级教育路线的公开信就是四中的几个高干子弟写的，后来四中一度成为"联动"（"联合行动委员会"的简称，一个极端的老红卫兵组织）的大本营。我们也组织起来，和这些代表特权利益的高干子弟对着干。我记得王绍光的博士论文专门讨论所谓文革派系冲突背后的群众基础。记得当时那些联动的头头就扬言，

八十年代——访谈录　　❙ 北岛

二十年后见高低。现在他们中许多人果然进入商界政界,成为"栋梁"。除了阶级路线的压力外,由于我数理化不好,"文革"对我是一种解放——我再也不用上学了。那简直是一种狂喜,和革命的热情混在一起了。"虔诚的信仰期"其实是革命理想、青春骚动和对社会不公正的反抗的混合体。由于派系冲突越来越激烈,毛主席先后派军宣队、工宣队进驻学校控制局势。最后他老人家干脆把所有学生都送到乡下去,这一决定,最终改变了一代人——中国底层的现实远比任何宣传都有说服力。我们的迷失是从那时候开始的。

查建英:那时最喜欢读哪类书?有没有对你的人生观和后来写作发生重大影响的书?

北岛:在上山下乡运动以前,我们就开始读书了。那时受周围同学的影响,读的都和政治历史经济有关,准备为革命献身嘛。当建筑工人后,我的兴趣开始转向文学。当时最热门的是一套为高干阅读的内部读物,即"黄皮书"。我最初读到的那几本印象最深,其中包括卡夫卡的《审判及其他》、萨特的《厌恶》和艾伦堡的《人·岁月·生活》等,其中《人·岁月·生活》我读了很多遍,它打开一扇通向世界的窗户,这个世界和我们当时的现实距离太远了。现在看来,艾伦堡的这套书并没那么好,但对一个在暗中摸索的年轻人来说是多么激动人心,那是一种精神上的导游,给予我们梦想的能力。

查建英:你中学毕业以后去当了几年建筑工人?那段经历对你重要吗?

北岛:我从一九六九年起,一共当了十一年的建筑工人,其中五年混凝土工,六年铁匠。除了占用我太多的读书时间外,我得感谢这一经历。首先是我真正交了一些工人朋友,深入中国的底层社会,这些是在学校根本得不到的。再就是毛泽东青年时代所提倡的"劳其筋骨,伤其肌肤"是绝对有道理的,如果没有在体力上对自己极限的挑战,就不太可能在别的方面走得太远。我也正是从当建筑工人起开始写作的。由于我周围的师傅多半不识字,造成了一种封闭的写作空间,一种绝对的孤独状态。这对一个作家的开始是很重要的。

查建英：七十年代，"文革"最激进的高峰已过，社会上流传着很多手抄本小说和一些外国文学书籍，你读到过哪些？请举几本给你震动最大的。那是不是你的现代文学启蒙教育？

北岛：外国文学书籍我前面已经提到了。至于我最早读到的手抄本有毕汝协的《九级浪》，当时对我的震动很大。还有一些较差的，比如《当芙蓉花盛开的时候》、《第二次握手》等，都是些滥情之作。当时的地下写作，特别是小说，处在一个很低的起点。

查建英：你是什么时候开始与"白洋淀"那一圈朋友认识的？请描述一下当时交往的方式、人、话题，等等。

北岛：我是一九七二年冬天通过刘羽认识芒克的。刘羽是一个工厂的钳工，"文化革命"中因"反动言论"入狱三年。他住在北影宿舍的大院。我又是通过我的中学同学唐晓峰（现在是北大历史地理学教授）认识刘羽的。按唐晓峰的说法，刘羽是北京"先锋派"的"联络副官"。所谓"先锋派"，其实就芒克和彭刚（一个地下画家）两个人组成的。他们自封"先锋派"，然后扒火车到武汉等地周游了一圈，最后身无分文，被遣送了回来。后来又通过芒克认识了彭刚。芒克在白洋淀插队，我和当时的女朋友去看过他，以后和彭刚等人又去过好几趟。白洋淀由于特殊的地理位置和水乡风情，吸引了一些当时脱离插队"主流"的异端人物，除了诗人芒克、多多（栗世征）和根子（岳重）以外，还包括地下思想家赵京兴（因写哲学随笔蹲了三年大牢）和他的女朋友陶洛诵，以及周舵等人。

查建英：请说说你第一次听郭路生（食指）朗诵诗的情形。你是那之后开始写诗的吗？

北岛：那大约是一九七〇年春，我和两个好朋友史康成、曹一凡（也是我的中学同学，我们被人称为"三剑客"）在颐和园后湖划船。记得史康成站在船头，突然背诵起几首诗，对我震撼极大。我这才知道郭路生的名字。我们当时几乎都在写离

八十年代——访谈录　　　　■ 北岛

愁赠别的旧体诗，表达的东西有限。而郭路生诗中的迷惘深深地打动了我，让我萌动了写新诗的念头。他虽然受到贺敬之、郭小川的革命诗歌的影响，但本质完全不同——他把个人的声音重新带回到诗歌中。虽然现在看来，他的诗过于受革命诗歌格律及语汇的种种限制，后来又因病未能得到进一步的发展，但作为中国近三十年新诗运动的开创者，他是当之无愧的。

查建英：你创办和主编的《今天》是八十年代现代诗歌运动的象征，几乎所有当时最优秀最有影响的青年诗人都在上面发表过作品。请谈谈它的酝酿过程、最初的构想、联络和运作方式？

北岛：必须放到我刚才提到的"潜伏期"中，才能说明《今天》诞生的可能。从六十年代末，即郭路生出现以后，中国诗歌处于地下状态（潜伏期）长达十年之久，已逐渐形成众多的流派，个人的风格也日趋成熟。一九七六年随着毛、周、朱三巨头的去世和"四人帮"的倒台，中国的政治控制开始松动。特别到了一九七八年进一步出现缝隙，西单民主墙产生。记得那年九月的一天晚上，芒克、黄锐和我像往常那样在黄锐家的小院喝酒聊天，我突然提议说："咱们办个文学刊物，怎么样？"大家先是一愣，继而极度兴奋。后来我们又把周围的朋友聚到一起开会，商量细节。诗歌是现成的，缺的是小说，于是我开始写短篇小说。没有纸张，我们就分别从各单位"顺"出来，芒克是造纸厂的，黄锐在工厂宣传科打杂，为我们的物质准备提供便利。最难的还是找到一台油印机。因为所有的印刷设备都被严格控制起来。记得我还为油印机找到张辛欣，她在什么医学院的团委工作。最后还是黄锐从哪儿弄来一台破旧的油印机。待一切就绪，我们七个人在陆焕兴家开始印刷。他家只有一间六平米的小平房，地处农村与城市的边缘的两不管地区。我们轮流倒班，整整忙乎了三天三夜，终于于一九七八年十二月二十二日印完了。那时已是深更半夜，我们骑车到东四的一家夜间开门的饭馆，为《今天》举杯。当时决定由芒克、陆焕兴和我三个人去张贴。告别时有人掉了眼泪，真有点儿"风萧萧兮易水寒，壮士一去不复返"的悲壮情怀。第二天，即一九七八年十二月二十三日、二十四日接连两天，我们骑车跑遍北京，把《今天》贴到西单民主墙、天安门广场、中南海、文化部以及出版社和大学区。在出发前，我涂改了每个人的自行车牌照，为了避免被跟踪。总的来说还算顺利，只是在人民大学张贴时和校警吵起来，据说我们走后不久就被撕掉了。《今天》第一期出版后，编辑部因是否卷入政治而出现分裂，除了三个发起人，即芒克、黄锐和我以外，都离开了。而更多的朋友加入进来，其中不少人都是在张贴的《今天》创刊号上留下地址姓名。当时那是非常勇敢的行为。自从第二期起，《今天》开始走向正轨：基本保证定期出版，并通过邮寄发行到全国。每期一千本，并先后出版了四本丛书。

查建英：当时《今天》的活动有一种很特别的气氛。我至今还记得第一次去参加《今天》聚会的情景。那是七九年初吧，一个下过雪的寒冷冬夜，我和我的同学王小平一起从北大过来，拐进胡同见前面走着一个男人，也穿着很厚的冬天的棉衣。那人回头看了我们一眼，问：也是去那儿的吧？我们俩点点头，他就不动声色地说：跟着我走吧。三个人就一言不发相跟着走，曲曲弯弯一直走进胡同里头院子最深处的一个人家。然后一推门进去，里边坐了一屋子人，都穿着当年那种灰不溜秋的蓝衣服，特别朴素。记得屋里烧着炉子，上面蹲着一把锡铁大茶壶，旁边一个沙发后背上还卧着一只肥胖的猫，有人抽烟，屋里热气腾腾烟雾蒙蒙的，众人表情都特严肃。然后就有人给做介绍，好像是王捷吧——他是你们那时在北大的联络人——说这是北岛，这是芒克，这两位是北大来的学生。也许当时年轻，《今天》又是地下刊物，去参加你们的活动感觉特神秘，有点像小时候看革命电影里地下党接头：陌生、新鲜、刺激，似乎还有隐隐的危险。当然，事隔二十多年，记忆里的细节也许都不准了，但身历其境的兴奋却是难忘。那时你们好像每月都举行这种聚会，对吗？

北岛：从你的描述来看，你们似乎去的是在东四十四条七十六号的编辑部，那是一条黑糊糊的胡同，而实际上每个月的作品讨论会是在张自忠路四号的赵南家。说不定你先去了编辑部，扑了空，再由王捷把你们带到赵南家来的。所以选中他家，是因为他的房间很大，他母亲又开放，从不干涉。天气暖和的话，屋里坐不下，就坐到院子里。我记得最多的时候有五六十人参加。讨论会是对外开放的，吸引了很多文学爱好者来参加，特别是大学生。

查建英：我的印象中，你们这种聚会介乎于编辑部扩大会与文学讨论会之间，既讨论那些即将在刊物上发表的作品,征求大家意见,又讨论一些文学观创作观之类的问题。比如我记得有一回讨论了万之的小说,还有一回讨论了意大利的维柯,好像还争论了一番?很多具体内容记不清了。但总之永远有一种郑重虔诚的氛围,大家把文学当做天大的事情,慷慨陈词,讨论起来简直就像宗教集会里讨论上帝的真意一样。你能回忆一下这些聚会吗?

北岛:你的印象没错。当时大家对文学很虔诚。讨论会的程序一般是由作者先朗读自己最新的作品,听取大家意见进一步修改,而编辑部也往往参照讨论会的反应来编选下一期的稿件。这多少有点儿民主的味道。讨论会提供了作者与作者之间、作者与读者直接沟通的渠道,也许更重要的是,其中不少读者从此走上了文学道路。除了讨论自己的作品外,也讨论最新介绍进来的西方文学作品。记得万之曾翻译并介绍了狄兰·托马斯的诗,让大家耳目一新。讨论会自一九七九年春天开始,一直持续到《今天》关闭时为止。

查建英:能回忆一下当年在紫竹院公园等处朗诵的情形吗?

北岛:我们只在紫竹院开过一次作者与读者之间的见面会。我想你说的是在玉渊潭公园举办的两次朗诵会。第一次是一九七八年四月八日。我们事先跟有关方面申请,没有答复,我们就当成默认了。玉渊潭公园没有围墙,出入自由,这就成了理想的朗诵地点。我们事先勘查,选中了一块松林环绕的空地,其中有个土坡,正好做舞台。黄锐画了一幅抽象画,绷在两棵树之间做舞台背景。记得那天风特别大,听众有四五百人,还有些外国记者,最外圈是警察。我们请了一些年轻人帮我们朗诵,其中有陈凯歌,他当时还是电影学院的学生。他朗诵了郭路生的《相信未来》和我的《回答》。那是一九四九年以来第一次举办这样的朗诵会。同年秋天,我们又在同一地点举办了第二次朗诵会,听众有近千人。

查建英:《今天》诗歌曾一度被笼统称为"朦胧诗"。如果作为一个群体来回顾,是不是有些可以称为共同倾向的东西?比如:在叙述内容和视角上对个人性的凸现和强调,在语言风格上尤其是意象的运用方面对西方现代诗歌的借鉴。

北岛:"朦胧诗"是官方的标签,那年头我们根本无权为自己申辩。严格地说,《今天》诗歌与其说是艺术流派,不如说是松散的文学团体。如果说有什么共同倾向的话,那就是对一统天下的主流话语的反抗,摆脱意识形态的限制,恢复诗歌的尊严。

查建英:你本人和《今天》诗人们当年对"翻译文体"与民族传统的问题怎么看?在当下"全球化"背景下又怎么看?

北岛:我在十几年前写过一篇文章,谈到"翻译文体"问题。我的主要观点是,一九四九年以后一批重要的诗人与作家被迫停笔,改行搞翻译,从而创造了一种游离于官方话语以外的独特文体,即"翻译文体",六十年代末地下文学的诞生正是以这种文体为基础的。我们早期的作品有其深刻的痕迹,这又是我们后来竭力摆脱的。这些年在海外对传统的确有了新的领悟。传统就像血缘的召唤一样,是你在人生某一刻才会突然领悟到的。传统博大精深与个人的势单力薄,就像大风与孤帆一样,只有懂得风向的帆才能远行。而问题在于传统就像风的形成那样复杂,往往是可望不可即,可感不可知。中国古典诗歌对意象与境界的重视,最终成为我们的财富(有时是通过曲折的方式,比如通过美国意象主义运动)。我在海外朗诵时,有时会觉得李白、杜甫、李煜就站在我后面。当我在听杰尔那蒂·艾基(Gennady Aygi)朗诵时,我似乎看到他背后站着帕斯捷尔那克和曼杰施塔姆,还有普希金和莱蒙托夫,尽管在风格上差异很大。这就是传统。我们要是有能耐,就应加入并丰富这一传统,否则我们就是败家子。

查建英:还有小说,记得当年第一次读你的《波动》和万之的那些小说时也非常兴奋,那种语言和叙述手法对当时的读者非常新鲜。你现在怎么看那些小说?它们与"伤痕文学"以及后来王蒙的意识流小说、"寻根文学"等等其他八十年代文学创作的关系如何?

北岛:现在看来,小说在《今天》虽是弱项,但无疑也是开风气之先的。只要看看当时的"伤痕文学"就知道了,那时中国的小说处在一个多么低的水平上。很可惜,由于老《今天》存在的时间太短,小说没有来得及真正展开,而诗歌毕竟有

十年的"潜伏期"。而八十年代中期出现的"先锋小说",在精神血缘上和《今天》一脉相承。

查建英:当时你本人和《今天》圈子里的朋友与其他的作家、艺术家、学者等来往和交流多吗?

北岛:《今天》的圈子就不用说了,我们几乎整天泡在一起。除了《今天》的人,来往最多的还是"星星画会"的朋友。"星星画会"是从《今天》派生出来的美术团体。另外,还有摄影家团体"四月影会"等,再加上电影学院的哥们儿(后来被称为"第五代")。陈凯歌不仅参加我们的朗诵会,还化名在《今天》上发表小说。有这么一种说法"诗歌扎的根,小说结的果,电影开的花",我看是有道理的。当时形成了一个跨行业跨地域的大氛围,是文学艺术的春秋时代。

查建英:八十年代很多创作和思潮都是对那之前的政治意识形态及其对个人自由的摧残压抑的反叛和质询之声,你本人的诗歌更是被这样看待,有一些诗句早已成了那个时代里程碑式的经典,比如《回答》等等。当时你和你的朋友们有参与创造历史的感觉吗?

北岛:什么叫创造历史?难道我们看到中国历史的恶性循环还不够吗?反叛者的智慧与意志往往最终被消解被取代。这就是为什么我对自己某些早期诗歌,包括《回答》保持警惕的原因。换句话来说,除了怀旧外,我们对八十年代甚至七十年代必须有足够的反省,否则就不可能有什么进步。

查建英:那时《今天》还有其他一些民办刊物一方面很活跃很有影响,一方面生活在半地下状态,常受警方关注,经历过种种压力和麻烦。你当时还很年轻,才三十上下,但性格沉稳,记得在圈子里有人叫你"夫子"。那时你给我的印象也是"深沉"、"不苟言笑",记得有一回不知为什么你还说过自己"一只脚已经在坟墓里了",听得我肃然起敬,觉得你就像一场悲剧里的首领。能谈谈你那些年的个人心态吗?

北岛：当时没人叫我"夫子"，而是叫我"老木头"。其实我从来不是一个勇敢的人。我的勇气和我的个人经历有关。我妹妹赵珊珊一九七六年夏天游泳救人时淹死了。我跟我妹妹的感情很深，当时痛不欲生。记得我在给她的纪念册上写下这样的血书：我愿意迎着什么去死，只要多少有意义（大意）。而不久历史就提供了这样一个契机。我们当时的确承受着很大的压力，不仅是个人风险，还要对每个参与者的命运负责。当时我就有预感，我们注定是要失败的，至于这失败是在什么时候，以何种方式却无法预测。那是一种悲剧，很多人都被这悲剧之光所照亮。

查建英：杂志运作过程中你最鲜明的感受是什么？请通过一些具体事件和人物勾勒一下那时出版的大环境以及同人合作的情况。

北岛：由于印刷条件简陋，需要大量的人力，《今天》实际上分成幕前幕后两部分：第一部分是作者队伍，其中很多后来都出了名；第二部分是真正经营操作的人，很少有人知道他们，比如周楣英、鄂复明、徐晓、刘念春、王捷、桂桂、大春、小英子等。坦率地说，没有这些人的无私奉献，就没有《今天》。其中特别值得一提的是鄂复明，他刚从内蒙迁回北京的第三天就到编辑部干活来了。后来成了大管家，事无巨细，从校对到印刷，从邮寄到管账，几乎什么事都离不开他。那时编辑部设在刘念春家，每天人来人往，来了就干活，开饭的时间一到，由老鄂张罗，做一大锅炸酱面。有时芒克一高兴，就把少男少女拉出去喝酒。我担心有人以"流氓团伙"为由找麻烦，总是设法极力阻止。最可笑的是，我们居然还成立"纪律检查组"，宣布编辑部内部不准谈恋爱。如果你问其中的每个人，我相信都会告诉你那是他们一生中最辉煌的时期。我突然想起马尔克斯小说的名字《革命时期的爱情》。只有在革命时期才可能有那样的"爱情"——超越个人之上的"爱情"。

查建英：杂志是何时，何种情形下停办的？

北岛：一九八〇年九月，我们得到第一次警告，要我们停止一切出版活动。我们决定改头换面，成立"今天文学研究会"，出版了三期内部资料。同年十二月，我们再次接到最后通牒，于是停刊。但我们同时发了一封公开信，寄给文艺界的知名

人物,希望能得到他们道义上的支持。我们一共寄了三百多封信,除了收到萧军的回信,根本没有任何回应。这位老先生稀里糊涂表示支持,待我们找上门去,才知道他什么都不知道。

查建英:谈谈你和《今天》的朋友们八十年代中后期的生活和写作状态。

北岛:《今天》关闭后,大家虽然常有来往,并组织过小规模的作品讨论,但作为一个文学运动毕竟已过去了。接下去可以说是个人写作期。先不说诗歌,只要看看小说就知道了。比如史铁生,他在《今天》之后写出更重要的作品,获得全国性的影响;还有曾在《今天》写评论的阿城,因《棋王》等小说一夜成名。我八七年出国,由芒克、多多等人成立了"幸存者俱乐部",一直坚持到八九年。

查建英:你本人和一些"朦胧诗"的作品后来在官方诗刊上发表了,你觉得这表示这些诗歌逐渐被主流媒体接受了吗?

北岛:我一直对"朦胧诗"这一标签很反感,我认为应该叫"今天派",因为它们是首先出现在《今天》上的。至于官方刊物接受《今天》诗歌的过程非常复杂,与当时"思想解放运动"在文学界的影响有关。比如,邵燕祥读《今天》时看中我的《回答》和舒婷的《致橡树》,于一九七九年春转发在他担任副主编的《诗刊》上,当时《诗刊》发行上百万份,其影响之大可想而知。另外,一九七九年《安徽文学》还专门转载《今天》的诗歌和小说。当然只是凤毛麟角,真正获得主流媒体的接受是在《今天》关闭以后,继而引发了一场全国性的争论。总体来说,那不是什么争论,而是有操纵的大批判,结果适得其反,由于读者普遍的逆反心理,"今天派"诗歌反而更加深入人心。有人说《今天》最后被招安了,这显然是别有用心,故意忽略问题的复杂性。其实那恰好是《今天》从对抗到渗入,而主流媒体从抵制到接受的交互过程,是地下文学浮出地表的必然。

查建英:你本人一九八几年出国,老友们也有的出国,有的淡出文坛,有的转行下海了。是否曾有一刻你明确地感觉到"一个时代终结了"?

北岛：我八七年春天去英国，八八年夏天又从那儿到了美国，八八年底回到北京，正赶上《今天》十周年的纪念活动。我八九年四月下旬到美国开会才真的长住国外。八八年春天我在英国得到我的老朋友赵一凡的死讯，对我的震动极大。我跟赵一凡是七十年代初认识的，他是地下文学的收藏家，被捕入狱两年多，后为《今天》做了大量的幕后工作。就在接到他的死讯那一刻，我才有你所说的"一个时代结束了"的感觉。

查建英：一九九〇年春《今天》在海外复刊。请谈谈九十年代《今天》与八十年代《今天》的异同。

北岛：你也参加了《今天》在海外复刊时的活动，很多情况你是知道的。那是一个特殊时期。在经历最初的震惊后，我们意识到，国内外的中国作家应该有个不受意识形态影响的园地。当然，在海外办刊物困难重重，根本不可能有当年那种"揭竿而起"的效应。从办刊方针来看，新《今天》和老《今天》还是一脉相承的，坚持文学的"先锋性"，抗拒成为任何话语的工具。我们在一九九一年在爱荷华开会后，做了重大调整，办得更开放，使《今天》成为一份独一无二的跨地域的汉语文学刊物。打个比方，如果说老《今天》是在荒地上播种，那么新《今天》就是为了明天的饥荒保存种子。在孤悬海外缺少资金缺少读者群的困境中，我们必须学会忍受寂寞。

查建英：回首八十年代中国，不难看出那是诗歌的黄金时代，人们对诗的激情与热爱达到了一个顶峰，诗真正成为时代心声的载体。但那也是一个短暂的特殊时期：政治上相对开放，经济中心的时代尚未到来。而在后来开始商业化的中国，以及美国这样稳定的商业社会，诗歌和诗人的角色和命运就很不同了。但也有人认为现在才是正常的社会。你怎么看？

北岛：诗歌在中国现代史上两次扮演了重要角色，第一次是五四运动，第二次就是地下文学和《今天》。正是诗歌带动了一个民族的巨大变化。这也说明了中国确实是诗歌古国。但在现代社会中，诗歌只能起到类似扳机的触发作用，不可能也不

八十年代——访谈录　　　　┃　北岛

应该获得持久效应。诗歌就像一股潜流，在喷发后又重返地下。其实无所谓什么是正常的社会，因为历史的参照不同。

查建英：请谈谈你对九十年代以来中国诗歌和各地诗歌群体的看法。有你特别喜欢的年轻诗人吗？

北岛：九十年代我不在中国，没有什么发言权。在我看来，诗歌的尺度是以世纪为衡量单位的，一个世纪能出几个好诗人就很不错了。

查建英：有些年轻诗人曾一度喊出过"打倒北岛"的口号。说它是"影响的焦虑"也好，"弑父情结"也好，反正你看来变成了一座后生们必须翻越的山。你怎么看待这种"代沟"？有没有超越自己的焦虑？

北岛：不想谈这个问题。

查建英：长年生活在西方的经验可能会改变一个人对"西方／异域"的认识，也改变他／她对"东方／故乡"的认识。这十几年的"漂泊"经历和"国际化"视角对你的创作重要吗，给你带来了什么得失？

北岛："漂泊"的好处是超越了这种简单化的二元对立，获得某种更复杂的视角，因而需要调整立场，对任何权力以及话语系统都保持必要的警惕。就这一点而言，对"民族国家"的认同是危险的。我看最好不要用"国际化"这个词，含义混乱，容易造成进一步的误解。

查建英：你曾在散文中反省你早期诗作中的"革命腔调"，认为是自己希望挣脱的那个系统的一个回声，我觉得非常难得，并不是很多人都有这种敏感和坦诚。不过，也有批评者认为你后来的创作因为过于转向"内力"和"个人体验和趣味"失去了原来的冲击力或社会性，不再能引起广泛共鸣。实际上，这似乎也是很多人对当代诗歌的一个常见抱怨，极端者甚至认为今天诗歌已经基本成为诗人小圈子里的互娱。你怎么看这类批评？是诗人变了，社会变了，或者是两者都变了？

北岛：诗人与历史、语言与社会、反叛与激情纵横交错，互相辉映，很难把它们分开来谈。真正的诗人是不会随社会的潮起潮落而沉浮的，他往往越向前走越孤独，因为他深入的是黑暗的中心。现在是个消费的时代，不可能有什么广泛的共鸣。在这个意义上，任何社会偏见根本不值一提。

查建英：如果能够归纳的话，你认为八十年代中国诗歌与今天诗歌各自的特征是什么？最大的不同是什么？

北岛：不想谈这个问题。

查建英：有一种观点认为：八十年代的中国大陆是理想主义的时代，现在是实用主义、物质主义的时代，大部分知识分子和作家、艺术家已被小康生活招安或成为名利之徒，你同意这种判断吗？在描写某个年轻时很叛逆的艺术家后来经商时，你曾写道：商业最终会消解一切。你是否认为商业社会对文学艺术的腐蚀性超过营养和培育？

北岛：这样说似乎太简单了，八十年代有八十年代的问题，九十年代的危机应该追溯到八十年代。按你的说法，其实八十年代的理想主义没有把根扎得很深。那时生长于"文化革命"中的知识分子刚刚立住脚，并没有真正形成自己的传统，自"五四"以来这传统一再被中断。这是一个民族的精神命脉。任何国家在现代化的转型期都经历过商业化的冲击。如何保持以不变应万变的知识分子的传统，是值得我们反省的。

查建英：你怀念八十年代吗？对汉语诗歌的前景有何展望？

北岛：无论如何，八十年代的确让我怀念，尽管有种种危机。每个国家都有值得骄傲的文化高潮，比如俄国二十世纪初的白银时代。八十年代就是中国二十世纪

的文化高潮,此后可能要等很多年才会再出现这样的高潮,我们这代人恐怕赶不上了。八十年代的高潮始于"文化革命"。"地震开辟了新的源泉",没有"文化革命",就不可能有八十年代。而更重要的是,八十年代是在如此悲壮辉煌之中落幕的,让人看到一个古老民族的生命力,就其未来的潜能,就其美学的意义,都是值得我们骄傲的。

二十世纪七十年代末摄于长城上

→ 陈丹青

Chendanqing

　　一九五三年生于上海,一九七〇年至一九七八年辗转赣南与苏北农村插队落户,其间自习绘画。一九七八年以同等学历考入中央美术学院油画系研究生班,一九八〇年毕业留校,一九八二年赴纽约定居,自由职业画家。二〇〇〇年回国,现定居北京。早年作《西藏组画》,近十年作并置系列及书籍景物系列。业余写作,二〇〇〇年出版文集《纽约琐记》,二〇〇二年出版《陈丹青音乐笔记》,二〇〇三年出版杂文集《多余的素材》,二〇〇五年出版《退步集》。

【访谈手记】

　　这个访谈是二〇〇四年七月在曼哈顿城南我的住所做的,当时我和丹青恰好都在纽约各自与家人度夏。平素生活在北京大家都忙,反而到了纽约可以偷得一点清闲,于是约在此间从容聊天。上门那天,丹青除香烟之外,居然还带来一袋干果小吃,也不知是不是临出门前太太小宁放到他衣袋里的。

　　认识丹青是在纽约。大约十五年前吧,具体场合已经记不清了,似乎是华美协进社办的一个活动,大家跑到郊区去吃吃烤肉谈谈天,然后有各种题目的讲座你随便选着听。其中一个讲座是关于中国艺术理论的,只见一位三十几岁仪容俊秀的男子站在众人面前谈古论今,雄辩之至。我站在后面听了一会儿,身边有人悄声指点给我:陈丹青,大陆来的画家。我当时心里暗自称奇:一位用笔作画的人,口才竟如此之好!

　　丹青衣着讲究,偏爱简明主义的黑色,近年见到他,几乎永远一件黑色对襟中式上衣,寸头,冬天一顶黑色棉织小帽,黑色呢大衣,全身上下只有一只褪色的军用书包不是黑色。大概是肖像画家的习惯,丹青逢人先看相,眼光极毒,而且往往出语惊人。当年首次见到我家某位大人,上下左右扫了几眼,立即评论:盛世豪绅。我天,这种评语你自然忘不掉。阿城也有这等功夫,一次见某人之后说:旧社会县衙门里的刀笔吏。从此每遇此兄我脑子里永远立即浮现同一形象。又,丹青评鲁迅之相:如果是大高个,完蛋。极是。丹青给索拉画的肖像,刻骨传神,连索拉自己都不敢在晚上看,说是"我怕那女的"。

　　丹青的文章也漂亮犀利,尤其最近的《退步集》。虽然他一再强调纽约对他的重要——也的确重要,但我总觉得他这样性情的一个人早晚要千锤百炼出深山,在美国再待下去未免英雄无用武之地。果然,前些年丹青迁回祖国,愤世嫉俗、冷嘲热讽，俨然又成了一位"愤青"，但他的口诛笔伐受到各路媒体的热烈欢迎，于是丹青忙得不可开交，元气充沛。回到故土，他的才华又有了施展之地，他的批判也变得有的放矢。

八十年代——访谈录　　　┃陈丹青

时间:2004年7月30日
地点:纽约,曼哈顿,Union Square附近

　　查建英:回顾八十年代,我希望你能谈得个人化一些,我觉得你的角度会比较独特:你比这个系列里其他人都走得早、走得长。你出道很早,但八二年就去了美国,一下子拉开很大距离。能不能先讲一下你作为"后文革绘画"参与者的感觉?当时已经有了明确的反叛意识吗?你去西藏画那些人像,对象已经越出了汉文化,技术上也和普罗浪漫文艺划开。就个人性格讲,你说过自己从小比较敏感细腻,而西藏组画风格粗犷。最后干脆更彻底地出走,到美国去了……借个有点学究气的术语来问你:当时有没有一点寻找"他者"的意思呢?就是说,因为感到自己生活中的残缺,上别处去找补。我觉得这一类个人的轨迹就像一面镜子,照出了那个时代,因为中国八十年代很多人有个从废墟上出来四处张望寻找的过程,有意或无意地:向西方找,再加上寻根——断掉的那个民族传统的根。这些都是往大处讲,你可以从最细的小事说起。

　　陈丹青:还得算流水账。八十年代我在中国只待了两年:八〇、八一年。八二年一月初就走了。那两年其实很平静,我就记得出国前到处喇叭播放那首歌:"属于你、属于我,属于我们八十年代的新一辈"。
　　以后我想起八十年代,就想起这首歌。多得意啊:"八十年代新一辈!"我记得那女声颤巍巍的,比"文革"腔调温柔多了,比后来的流行歌,又还没放开。那时甚至还没"流行"这一说。
　　兴奋的事情都在七十年代末:七八年考上美院,到北京,接着是西单民主墙,邓小平复出,十一届三中全会,中美建交,中越打仗,《今天》创刊,星星画展……
　　其实我出道时是在"文革",七二年后陆续展出或发表作品,油画、连环画、宣传画,文学插图……那时的知青画家出道都很早,当然很幼稚,只要画出来变成印刷品,就很开心。七六年第一次去西藏,画了"泪水洒满丰收田",画那年毛泽东去世,西藏人哭,画完了又回到插队的村子里熬着。那年"四人帮"戏剧性"粉碎","文革"结束了,我那幅画入选七七年全国美展,画展题目很有趣:《双庆画展》:庆祝粉碎"四人帮"、庆祝华国锋担任国家主席。

那几年国家的一系列事变对所有人发生影响，在我这儿，就是一，我画许多人在哭，当时绝对不允许的，但那是哭毛主席，所以全国美展接受了，据说那才是我的成名作；二，八年知青生活结束了，上学了；三，父亲的右派身份平反了，忽然，那几年右派和右派出身变成时髦，我记得到北京后见人，说起彼此家长是右派，好像是荣耀；四，"星星"、"无名"、"同代人"在野画会运动闹起来（后来的八五运动要过将近七年才发生）；五，西单民主墙，我记得一大早有人在食堂里宣布这件事，冬天，嘴里说话冒白气……我们每天骑车去西单看，有一天看见有个人居然举个牌子，说要当时的卡特总统接见他，他要和卡特谈谈人权问题。路人呆呆看他，有根绳子拦着他，不远站个警察。现在想想不可思议：全中国那时就这么一堵破墙角允许公开说话。

查建英：是啊，想起那堵墙，几乎像一场遥远的梦。我最清晰的个人记忆是那堵墙没有了之后，是七九年底吧，我和我父亲发生过一次激烈的争吵。我小时候崇拜我父亲，他对我也属于溺爱，关系特别近，那是记忆里我们第一次这样吵，就是因为对西单民主墙看法不同。我父亲是一个非常书生气的马克思主义信仰者，是认真通读过《资本论》的那种人，当时他就批评我毫无理论和逻辑思维，就是一个感性的文艺青年在那里愤世嫉俗，说国家要让你们这种幼稚狂妄的人到处指手画脚，那不都搞乱了。我那时刚过了二十岁生日，自认为是大人了，但完全辩论不过我父亲，吵完之后独自坐在家里墙角一张旧藤椅上，伤心透顶，突然感到了变为成年人的孤独——我意识到和父亲之间有了"代沟"就是从那天开始。现在回想，那时候生活多么政治化啊，家里饭桌上动不动就会讨论起时事来。你接着讲你的故事吧。

陈丹青：一九八〇年我画了毕业创作，后来被叫做"西藏组画"。不久被评论说成是什么"生活流"。到九十年代回国，人家告诉我那些画影响很大。我听了不知作何反应，回忆中是还没出国时的事情，好像前世的记忆。

我总是怀旧。我感受时代总要慢好几拍——八十年代对我来说太快了，刚刚经历的七十年代还没好好琢磨，怎么就已经是"八十年代新一辈"了？七十年代在我心里还没琢磨够呢，多少灾难、罪恶……仅仅几年前我们还是一群流浪的瘪三、一帮子愤青，我脑门子青春痘还是七十年代的，忽然就"新一代"？我记得到美国第

八十年代——访谈录　　▍陈丹青

二年在《纽约时报》看见一张黑白照片，是报道山东潍坊县举办国际风筝节，一群人挤着、笑着，仰望天空，我一看，几乎要哭出来：他们笑着，一脸苦相，那种长期政治磨难给每个人脸上刻印的苦相——要是我在中国看这照片不知会怎样感受，可那时我是在纽约，天天看见满大街美国人的集体表情，那种自由了好几辈子的集体表情，忽然看见我的同胞！

我不知道是难受还是宽慰，总之心里委屈，为几代人委屈：他妈的中国人不闹运动了，知道玩儿了！放风筝了！

出国时我被看成是个准官方画家。其实我就是个顽固的老知青，在社会上混，要不我不会对星星画展那么认同。他们五个画展领袖被学生会请来学校讲演：马德生、王克平、曲磊磊、黄锐、钟阿城。这帮家伙坐在台上，介于流氓和社会青年之间，我羡慕他们那股子野性，我发现和他们根本就是一类动物嘛！夜里送他们到校门口，曲磊磊——据说他爹就是写《林海雪原》的作者——对我说：我他妈的真羡慕你们啊，你们考上啦！

我听了心里难过，但他说的是真话。

八〇、八一年有什么重要的事情？要说小小美术界，现在讲来讲去就是我们那届美院研究生毕业展，还有"青年美展"，罗中立画了那幅《父亲》……

查建英：他也是你们这一拨研究生同代的？

陈丹青：他好像是本科生，比我大六岁，八〇年左右，"伤痕文学"刚过去，"伤痕绘画"刚开始。高小华、程丛林画四川武斗场面，很刺激，还落选，不能展……后来的所谓"新时期文学"还没发生，只有小说《伤痕》发表了，我不喜欢，当时完全不知道后来会有个王安忆。阿城七九年才回北京，在农村整整十二年，我见他时他还没工作，晃着，哪知道他将来会写小说。再后来出了张承志呀、李陀呀、高行健呀、莫言呀，都不知道……

查建英：电影还没开始，一大批"八十年代"中坚人物那时还没登上舞台呢。

陈丹青：反正这是我走以前的记忆版图，所以我没有资格谈八十年代。

到美国以后的事情，也算流水账吧。比方说，八〇年到八六年，我跟一帮朋友密集通信，多数是画画的，和阿城通信也多——我俩一见如故：都是右派的孩子，都他妈的老知青，我非常喜欢阿城的模样，戴副眼镜，讲话又镇静又清晰，一副书生相，又有江湖气，那阵子阿城隔三差五来美院玩，喝酒、听音乐、玩儿录音机，那会儿刚有卡式盒带录音机，扛过来扛过去——不久我去美国了，一大早阿城到校门口送我，他要上班，不能和大家一起去机场……那时连拥抱都不会，就那么扶着胳膊，流他妈的眼泪。

我到美国的第一封信就是写给阿城的，写在那种蓝色的，写完了可以叠起来直接寄出的便宜信笺上，我记得写了飞机降落看到美国的印象，后来还写在卡内基厅看帕尔曼小提琴演奏的印象，阿城那时迷帕尔曼，关照我要是亲临现场，一定给他写信说说，我就很激动地写，抽筋似的——第二年，一九八三年秋，他忽然给我寄了一篇小说来，写在练习本那种破纸上，写我们这类家伙流浪，夜里在火车站的事。这简直太刺激了：在我们青少年时代，除了"五四"一代小说，就是解放后的革命小说，总之，就是那种印出来在书店里卖的小说书。我从未想象一个我认识的家伙，一个同代人，也写小说，而且写的就是咱们……现在这篇小说捏在我手心里，两张破纸，可那是小说呀！

我看完装在裤袋里。那年正好王安忆和她妈妈还有吴祖光访问美国，安忆通过领事馆找我，说她看过我写的创作谈，说是写得有意思，见见面吧。我也高兴极了：他妈的跟我一样大的知青里居然也有人在写小说——现在大家觉得小说算啥呢？太多了，我们随便就会遇见这种介绍：某某，小说家！可是我已经很难给你还原一九八三年那种情境：你遇见一个人，这个人递过来一篇小说，说是他写的，简直不可思议——那两天我就陪安忆在纽约玩儿，临走她给我一本她的长篇小说《六九届初中生》：我们俩都是六九届，是老三届的末尾，几乎没念过书，最无知的一拨初中生，她在安徽插队，我在江西。你想想，居然我们六九届也有人在写了，写我们在他妈的田埂上瞎走！那时不想到什么文学不文学——人会渴望自己的经历被写出来，变成字词……

当时我就给她拿出阿城那两页小说，我记得是在华尔街市政厅那一带，她就站在马路上看，我在旁边抽烟。

查建英：这是不是《棋王》的开篇？

陈丹青：不是，阿城说是习作。从八三年夏天，我记得此后一年多，阿城陆续寄了好多篇小说给我看，天哪，全是原稿啊！愣用圆珠笔写的那种，写在分行的、有字格的纸上，一篇一篇寄过来。

查建英：你们怎么那么熟啊？也不是一起的……

陈丹青：星星画展时就熟了，我当场在下面用速写本子画他们，然后决定毕业创作就画这五个家伙。事后我请他们到学校教室来，一个一个画，草图都出来了，现在还在。

查建英：想问问你为什么要来美国？同样的问题我曾经问过艾未未，他讲了星星画展当年被打压之后他心里的感受：怎么连这么几个年轻人都容不了？他说觉得到了美国就像回家。你呢，为什么要离开？

陈丹青：噢，非常简单，我说过无数遍，就是为了出来看看美术馆，看原作。我祖籍是广东台山人，旧金山、纽约好多亲戚，办个担保就出来了，当时国内美术界自费留学，陈逸飞走得最早，八〇年，单个儿出去了！这之前谁敢想自费留学呀！所以陈逸飞很有勇气，他带动了很多画家的出国梦。

我现在回来人家老问我，你对成名怎么看的？我哪知道这就叫成名？那会儿想都不想这些，就知道一切刚开始，就觉得《西藏组画》是个习作，试试看，还早呢，先得出去看看，就是这样！

返回去讲王安忆。她回去后我们就一直通信，到九十年代信才逐渐少下来——你看，八十年代过去了，大家彼此通信的方式也消失了，那十年我跟一帮朋友的好几摞信都还留着——我看完《六九届初中生》就给她写信胡说，我说这不是长篇小说，只是一篇写得很长的小说，因为没有结构。十多年后这部长篇再版，安忆居然把我给她的信附印在书后，她来信说：现在大家不谈艺术了，八十年代我们真是在那里互相很诚恳地谈小说，所以她把这信附在后面。可我完全忘了当年说些什么，她就把信复印了寄给我看，我看了真害臊。

八四年阿城忽然成名了，他给我寄了一份杂志，好像是《收获》，《棋王》、《孩子王》、《树王》，都发表了。他直接把杂志寄给我，为了省邮费，把其余书页撕掉——那会儿哥们儿都穷啊——我赶紧躺到床上读！一九八六年，聂华苓邀请阿城出来，我高兴坏了，到肯尼迪机场去接他，他一见我就说：刚才一个美国警察，太胖了，肚子一顶纽扣就绷丢了。一出机场，他就惊叹美国小汽车那么大！阿城在我寓所住了断断续续有半年吧，我们睡在可以摊开的沙发上，天亮醒来看见阿城就在旁边，简直不能相信。我们白天出去乱逛，看博物馆，站马路边吃冰淇淋，他说他不会吃，小时候北京吃不着……台湾作家和电影人都佩服他，侯孝贤、焦雄屏到我家来看他，或者他带着我一起去看人家。

所以八十年代把大陆消息带出来的，对我来说，除了美术界的哥们儿，就是一个王安忆、一个阿城，两个活人出来，告诉我大陆发生了什么事情，譬如阿城说又出来一个莫言，写得比他好多了，寄来给我看：《透明的红萝卜》，还有《红高粱》。我一看，爷爷、奶奶、八路军……我一页都看不下去，阿城说：我操！以后不敢给你推荐作品啦。我听了真不好意思。

查建英：当时有没有感觉中国正在发生一场文艺复兴运动，你错过了参与的机会？

陈丹青：一点没有。我出国前就有好几位乐观分子眉飞色舞，说是大家看吧，中国马上要文艺复兴！我从来不信这类梦话。对中国文艺，我一直和大多数人的意见不一样。

查建英：说说，怎么不一样呢？

陈丹青：我画《西藏组画》之类，我所谓的创作思想，都是往回走，不是要往前走，我没想过我们这帮"文革"过来的家伙会怎么样。

查建英：从来也没想过，所以来美国也并不是来找另外一个系统？

陈丹青：没有！绝对没想过！就诚心诚意出来留学。我很早就意识到我们根本是个巨大的断层，"文革"后我的选择是绕过苏联影响，回到欧洲十九世纪之前的大传统，就是说，再去接续徐悲鸿他们被中断的一切。到了美国，看美术馆，也是这样，因为总算有条件认识西方绘画的根脉了。

查建英：你来这儿以后，是有选择地看你要看的那些，还是你全部都看？

陈丹青：全都看。我的脑袋可能有偏见，但眼睛没有偏见：本来想看传统，一出来，发现那是一个整体：希腊、文艺复兴、印象主义、现代主义，直到当时在SoHo发生的所有当代艺术：连现代主义都早已过时了。我在一九八二年就从我的"十九世纪"假想中被猛地扔到"后现代"……

从那时起，我跟国内同行的语境和立场完全不一样了，整个儿打翻。鲁迅说，人最痛苦是梦醒之后无路可走。我醒了——此后十多年，源源不断国内的哥们儿出来，全在梦中，有的很快醒了，有的继续做梦……国内发生的事，我会觉得好奇，什么八五运动啊、第五代电影啊、新文学啊、摇滚啊——我仍然往回看：我们知道的太少、懂得太少了，我们从来没把西方弄清楚，不论是传统还是现代，从来没有弄清楚。

查建英：我觉得我们有很深的危机感。中国封闭了那么久，但这个村里有天赋很好的一些能人，现在这些能人当中的一些人想要离开这个村子到另外一个地方去看看，比方说到一个城市里去，或者是一个陌生的大地方去，这种人物我们在文学里经常读到，真实生活里也老在发生。除非这个人完全不敏感，一般来说，到了那个地方他会有一种深刻的危机感，因为突然他发现有好多事情完全是在他视野和想象之外的，而他和它的关系是一种很不舒服、甚至极为紧张的关系。

陈丹青：比危机还厉害。

查建英：对，严重的甚至会心理崩溃。不过，危机这个词一般人认为是一个特别负面的东西，其实你仔细想还是有点别的意思的。它在英文里叫Crisis，是一个很消极的东西。

陈丹青：好像"Crisis"另一层意思是"临界点"……

查建英：可是汉语里这个词有至少两个意思：第一个是危险，第二个是机会，就是说实际上它可能给你带来新的机会，但你首先得经受险境。

陈丹青：对，你给我问题，我才说得下去。可以吸烟吗？

查建英：当然。我也吸——所以呢，这个危机不见得是一个死胡同。

陈丹青：NO，NO，我觉得不是危机——你有危机，说明你还有一套，只是遇到危机，可能玩儿不下去了——我觉得是失落，猛然发现我什么都不是。整个中国都不是。八十年代初，中国文艺在西方根本没有位置。人家根本不知道中国还有文学，还有绘画。

查建英：我觉得如果没有这样深刻的失落感你那个新的机会大概也不可能有了。危机和失落都是讲人陷入了一个险境，有可能死，也有可能置于死地而后生。我碰到过这样的人，他出国以后基本没什么感觉：我不已经都看见了？就这么回事嘛，没什么新鲜的。另一种人是感到了异样、嗅出了危险：糟糕，我怎么成白痴了？！出于自我保护的本能赶快回避，把自己包在一层壳里，钻进唐人街或者赶快打道回府，这样的人我觉得他倒不会有危机，不会丢脸、摔跤，但是他也难有再生。

陈丹青：他们有福了：别叫醒他。说来多数人会不相信：我在国内时就没以为自己干了什么了不起的事，没有。我清楚我们是断层的一代，既不知道中国的过去，也不知道什么是西方。然后我出来了，发现我们在自己地盘上干的那点事儿就是一小儿科。

我不会不认识我是谁，我看见那么多同行兴奋乐观，走向世界呀，进入主流呀……我很难告诉你八十年代的反差：纽约的一切，西方世界的一切，没有中国的

位置。现在不同了,可二十年前我很自然会惊讶:八十年代中期中国发生的事倒好像暴动成功,一个个都认为自己成了。

查建英:是啊,八十年代中期我在纽约上学,遇到过国内作家代表团的人,的确气派非凡,进出都有翻译、向导,被华人文艺爱好者们簇拥着,好不威风,其实有点像生活在暖水瓶里,走到哪里都是恒温,他完全不知道外面天气如何。你出来早,又是个人身份,心态不一样。后来出国的,特别有些在中国已经干了一番事业成了人物的,他会有民族文化代表的感觉,容易自我膨胀,这个索拉谈了不少,她对这些有很深的反省,现在回头来看那种心态特别滑稽……

陈丹青:我出国时大家摆酒席送行,有哥儿们站起来祝酒:丹青,你出去了!要做李政道杨振宁,要做贝聿铭……我心下吃惊:原来是这思路?!你相信吗?我那时就讨厌中国诺贝尔奖得主,讨厌这类思路。我们有奖主,我们有爱国主义,中国人的意识到了爱国主义,到了"国际承认",就到了顶了——赤裸裸的事功主义,抱大腿,找虎皮,认同权力……我们有萨哈罗夫那样的人物吗?

我想阿城跟我近似。我俩出来前,他写了《棋王》,我画了《西藏组画》,没觉得多了不起,彼此不谈这些。在中国我被告知:操,你牛逼。可我没觉得牛逼,在我记忆中我一直是个愤青,毫无必要地留着长头发……阿城一直很冷静。王安忆也还真实,那回来美国显然对她冲击很大,回去后发表了很长的《旅美日记》,好像在《钟山》杂志连载。

查建英:你是说她一九八三年那次回去?

陈丹青:对。据说访美对她影响非常大,就是 completely lost。

查建英:说明她非常敏感。

陈丹青: 然后很久才缓过来。大约过了一年吧,重新写作,写安徽发大水,《小鲍庄》,她认为又找到一出发点。在我看来,不少敏感的艺术家出国后似乎也选择往回走——不是时间概念,而是空间概念:回到本土。我记得安忆描述她在美国见台湾作家陈映真,陈问她以后打算如何,她说:写中国。陈很嘉许,夸她"好样的"。安忆听了,好像很鼓舞、很受用似的。

多么浅薄啊!为什么"写中国"就是"好样的!"哈维尔绝不会夸昆德拉:好样的!写捷克!屈原杜甫也不会有这类念头……

总之不可能单独谈八十年代。所有八十年代的人都背着七十年代六十年代的遗产,浑身上下都是官样文化的遗传基因。我自己就是这代人,我太了解这代人了!到现在我也这么看。我比较惊讶的就是,八十年代中期、末期,情况变了,美术界的谷文达、徐冰……陆续来纽约了,我一看,好像第二个我、第三个我出来了……

查建英:什么意思?

陈丹青:就是成功了,国内地盘打下来了,出来打纽约了——后来我才知道别人也这么看我:这家伙牛了,出去打天下去了。其实我他妈的一到美国就立刻自动从中国出局了,然后在美国又自动边缘,直到九十年代——我确认这种边缘,我不会寻找国内主流,我也不会寻找美国主流。八五年我写了很长的文章批评中国油画,在纽约我也只做旁观者,近距离的旁观者。

查建英:你和阿城也许要算例外的个案。我觉得阿城当年写作之所以比很多同时代人高出一筹是因为他的基本姿态是"逸出",他的小说有一种冷静而温和的调子,既不是反抗也不是控诉,是写他的主人公如何从精神上飘逸出去,沉浸到另外一个境界里去,比如说棋道,或者老庄式的人生观。也许你们俩都是想往回走,只是你更心仪西方传统,他更心仪中国传统。但总的来看,我觉得八十年代缺乏个人性。当时其实是用一种稍微新一点的小集体话语来反对以前那个更大、更强势的集体话语,但是它的思维方式其实跟它反对的对象相当类似。也许当时刚从"文革"出来不久,个人太弱了,有人说,中国知识分子的屁股都被打烂了……

陈丹青:到九十年代初我忽然发现了刘晓东,他那么直观,直接画他看见的事物,我看见几代人的创作意识形态在年轻人那里不奏效了,我立刻给他写信。他是

八十年代——访谈录　　▌陈丹青

一九九〇年出名的，当时二十七八岁，正是好岁数。

查建英：他们和拍电影的所谓"第六代"差不多同时出来，都比前面一拨人更个人化。

陈丹青：我本能地认同九十年代出道的人。当我知道刘晓东、知道崔健、知道王朔，我很快被吸引。崔健是八十年代出来的，但他预告了九十年代的个人性，虽然他很可能讨厌九十年代。王朔的小说我没怎么读过，我是看连续剧了解他：他完全不相信上一辈文艺家，不相信八十年代那拨人，这是关键。

查建英：是《编辑部的故事》吗？

陈丹青：对，《编辑部的故事》。我发现情形跟八十年代不一样了——可能这就是你说的"个人性"？大家弄错了：八十年代的重要作品看起来是反叛的、新的，其实那不过是内容的反叛，语言和意识还是七十年代的，还是那股味儿，那股腔调，要到九十年代事情才起变化。我非常明白为什么那么多人咒骂王朔，他们受不了那种陌生的腔调，他们受了伤害。

事情总要有个过程。八十年代文艺和无产阶级文艺还是个父子关系叔侄关系，与其说是叛逆，不如说是纠缠，同质的东西太多了，非要到九十年代，一种"祖孙关系"才出现。

你比如英达的情景喜剧《我爱我家》，一百集，其中有个爷爷，退休老干部，语言和思路太经典了，逗极了，所有晚辈都调侃他，这是我见过咱们文艺中第一次以"孙子辈"的角度表述革命前辈，说那是"调侃"、"消解"，其实是老牌意识形态终于被"对象化"了，剧中所有角色，包括那位爷爷，其实全是九十年代对八十年代的"戏仿"。这部喜剧当初出来时一片批评误解，大家仍然停留在"八十年代"——其实就是七十年代——的集体意识中。英达很聪明，他把这种极度政治化的作品弄成喜剧，弄成家庭剧，国事当家事，可是非常准确。"第五代"导演一点都没有这种敏感，因为他们全是"儿子"辈，长得跟"父亲"太像了。

查建英：《我爱我家》其实是梁左写的。梁左是我的北大同学，可惜英年早逝，不然可能会写出更好的作品来。当年他算我们班上年纪小的，但有一种人情世故的透彻，绝顶聪明。他父亲是《人民日报》副主编，专写社论的，没人比他对官样八股更熟悉了；他又在北京大杂院住过很多年，对市井小民、胡同串子那套语言也很熟。他的很多作品都是用后者来戏弄前者。《我爱我家》我只看过两集，还是在梁左家他给我放的录像带，我看过他这类作品里最典型的是一个相声，他在那里头一边贫着嘴一边就把天安门广场变成农贸市场了——那还是八十年代写的呢，多前卫啊！他平常说话就这样，比如九九年"十一"前夕我从香港来北京，五十年庆典那天下午，他打电话来聊天，上来就说："不是我批评你啊，你一个境外人士搞什么爱国主义嘛，这全城封锁咱们也不能出去玩，你在哪儿不是看电视啊，非往这儿扎！"过一会儿又说："唉呀国家领导也真够累的，他们肯定站在城楼上心里正犯嘀咕呢，也想跟咱俩这样在家里待着，穿着家常衣服跷着腿嗑着瓜子聊聊天儿，多舒服！"这是典型的梁左语言。不过我又觉得，在油嘴滑舌的幽默背后，梁左其实有一种掩藏极深的感伤，他有点像个沦落江湖、看破人生的旧文人，对人性极为悲观，这种东西还没有来得及进入到他的作品里就先要了他的命。他是没有太经过西化洗礼的，生活习惯一概中国式，泡茶馆、打麻将、吃夜宵……生前最迷恋的书是《红楼梦》，你跟他聊天会发现他好多句式都是从怡红院搬来的，把清代破落贵族的白话直接和北京后革命时代的调侃很随便很家常地拌在一起，风趣之极。走前七年他一直在积蓄材料写一本小说，想从民国年代直写到现在，为此他去潘家园淘了不少民国人的日记啊文物啊等等，有一回忽然对我叹息：七万字了，还是觉得不行，但是心力不支，写不动了，得放放。那是他的呕心沥血之作，我觉得会和他的相声、电视剧不同。我非常怀念他，他本人的性格要比大家看到的那些搞笑作品复杂得多，他太可惜了……

我这有点儿说跑题了。我的意思是说，就梁左这一个个案来讲，他五七年出生，血统、经历其实是"儿子"辈，表现形式却是"孙子"，所以有点拧巴，有点人格分裂。王朔的好多作品也有这种感觉。你接着说。

陈丹青：《编辑部的故事》更早进入这种"对象化"，在那部连续剧里，"官样文化"的所有表情姿态成为戏仿对象。

只是等我新世纪回来，很快发现"个人"又被融化了，变成一个期待被策划、

八十年代——访谈录　　　▍陈丹青

被消费的状态,譬如"双年展"啊,出版商啊,音乐包装系统啊,一切变成兑换、交易……真正的,在他周围没有支持系统的"个人",又变得稀有、脆弱。同时所有人都关心自己的利益,巴望自己尽快卖出去。

美国的个人主义不是这样的。美国盛产包装,商业化,可是美国青年个人就是个人,纯傻逼。我写过两位纽约艺术家,一个从来没成功,一个很有名,可是他们身上没有半点中国艺术家那种群体性格,那种动不动就意识到自己代表什么什么的集体性格。

查建英:好吧,咱们已经说到九十年代来了,这时候一个新的意识形态出来了:钱、市场、消费,这一套和八十年代比呢?

陈丹青:事情需要对比。当九十年代的性格出来后,返回去想,八十年代那种集体性、那种骚动——如果咱们不追究品质,那十年真的很有激情,很疯狂,很傻,很土——似乎又可爱起来。

查建英:你倒是借着九十年代才又看到了八十年代的好处……

陈丹青:我当时回去已经不可能在中国地面上感受八十年代那种质感,有质感的是九十年代的种种变化,我第一次回去是一九九二年底,就是我离开中国十一年了,第一次回去,那时整个景观跟八十年代差不多,生活方式也差不多,很穷,住房、车、城市状况,都和现在非常不一样,但我模模糊糊地感到些东西,比如见到崔健、刘晓东、王朔等等,这些新人让我感到一种跟我八十年代同龄人不一样的东西……

之后到了一九九五年,我每年回国,直到二〇〇〇年整个儿回国,这时,九十年代的城市景观、文化景观,渐渐成型,大家发生新的交往方式——直到那时,我才慢慢意识到八十年代:那种争论、那种追求真理、启蒙,种种傻逼式的热情,好像消失了。群居生活没有了,个人有了自己的空间,出路多了,生活方式的选择也多,大家相对地明白了、成熟了,也更世故了。似乎有种贯穿王朔作品的,对上一代集体主义文化的厌烦和警觉。你知道,看透爷爷的都是孙子,爷爷们再也管不了

孙子了。你仔细回想，长期政治运动时期的人际关系——那种紧张、侵略性、人我之间没有界限——终于被九十年代的人际关系逐渐替代了。

比较让我沮丧的反而是二〇〇〇年以后，那年我回来定居，进入体制，我对九十年代的幻象又破灭了。

查建英：是啊，那回第一次在北京见到你，感觉你很激愤，怎么回事？

陈丹青：我发现内在的问题根本没变，那种权力关系根本没变，只是权力的形态和八十年代、九十年代各不一样。我说是个幻象，因为九十年代我接触的实际上是一批个体户，一批幸运的、提前塑造自己个人空间的艺术家。可是二〇〇〇年回来一看，体制内的情形甚至比过去更糟糕：过去集体生活的保障和安全感消失了，自由、自主，更谈不上。所谓竞争机制进来了：西方的竞争是无情，中国式的竞争是卑鄙，是关于卑鄙的竞争。那些成功者的脸上都有另一种表情，关起门来才有的表情。他根本不跟你争论，他内心牢牢把握另一种真理，深刻的机会主义的真理。

当然我还接触不少七十年代出生的青年，他们完全没有八十年代情结，那时他们还是孩子，而我能接触的正好是一些优秀的文艺个体户，受惠于九十年代的社会变化，但整体看，二〇〇〇年以后的中国，无论是体制内体制外，八十年代可爱的一面荡然无存。我曾经嘲笑的东西忽然没有了。生活的动机变得非常单面、功利。

查建英：北京已经不是村子了。

陈丹青：但还不是真正的大都会。

查建英：大省会吧，一种杂七麻八、不伦不类的状态。

陈丹青：在文艺创作中，八十年代文化激进主义那种好的一面，已经消散了，我向来讨厌文化激进主义，但那种激情，那种反叛意识、热诚、信念、天真……都他妈的给大家主动掐灭了，活活吞咽下去了。

八十年代——访谈录　　❘ 陈丹青

查建英：为什么？

陈丹青：表层原因大概就是社会结构和生活方式的变化。

查建英：表层和底层是连着的。

陈丹青：社会结构变在哪里呢？八十年代那群人其实全是各种"单位"里的官方艺术家。一切都是体制内的吵闹、撒娇——政治撒娇——这种"单位形态"甚至和"文革"时期没有太多不同，国家单位大大小小的悲剧都透着一股子喜剧性。可是九十年代，即便是体制内的文艺圈也受惠于太多体制外社会空间的好处。就是说，体制更强大了，空间更多，更有钱，它同时既是单位又是公司，既是官员又是老板，当然我指的是体制内把握权力资源的角色……在经济层面你很难划分体制的界限，整个体制整过容了。到了新世纪，所有官家早有了私产，所有官差同时是私活儿……房子、手机、车、宾馆、酒吧、小姐、歌厅，这一切重新塑造了大家，情形却反倒和"文革"初期很像：一大群新面孔，新的权力分配，新的秩序和格局：一群人得道了，一群人出局了，我发现许多八十年代的正宗左派失落了……总之，牌理牌局全变了。

查建英：嗯，老树开新花，有时候会给人一种奇怪的妖艳感。老左失落，新左脱颖而出，带着第二代——或者按你的看法应该是孙子辈——的精明、阴柔，老马变新马，在新牌局上驰骋起来了——我可能有偏见，我总觉得其中有些人的身姿看上去更像甩马蹄袖。实际上，在很多后社会主义或者叫后集权国度里，苏联、东欧，都发生了类似情况：社会转型使得人文知识分子、作家、艺术家有一种普遍的失重感，他们的工作原先在政治化的、社会变革的环境下获得过一种夸张的意义和重要性，他们一度是站在广场中心的社会良心和公众代言人。但在新的技术官僚、消费文化、经济专家的时代里，他们突然感觉靠边站了，不在舞台中心了。这时候，性格的力量凸显了，出现分化，有人会坚持，另一些人会调整，还有人会寻求新的资源，抓过一副新牌来打。整个九十年代你都能看到形形色色的迷惑、变脸、转向，一种具有中国特色的文化生态。

陈丹青：我一点不愿说九十年代不好，真正的变化在九十年代发生了，目前的空间非常珍贵，但这一切对国家、社会，都好，对艺术不好。艺术家的呼吸应该不合实际，不然他会在"实际"中闷死。我在美国、欧洲看见的情形是：人家也经历大变革、大时代，各种形态更替变化，也从理想主义到现实主义（相对美国六七十年代的理想主义，美国称八十年代是他们的现实主义时期），但社会始终会留空间给艺术家继续做梦，会有一小群知识分子贯穿自己的人格，不被闷死，他可能再也不是主流，但不会像中国知识分子这样忽然中断，集体转向，集体抛弃不久前的价值观，接受新的价值观。

我觉得中国常会有这样阶段性的发作：同一群人，忽然颜色变掉了，难以辨认了。在西方，社会留给知识分子的路其实也相当窄，但它会让你延续下去，只要你愿意疯狂、傻逼，你会有空间、有可能。在纽约有很多小众，他们完全是选择自己的方式生活，和时代格格不入，但在中国你跟社会与时代格格不入？你敢吗？你做得到吗？

中国人非常会自动调节，中国人的自我调节、自我蜕变的能力真他妈的厉害，特别会对人对己解释调节的理由。我回去见到的大部分人还是八十年代老相识，都完成了自我蜕变，他们未必自觉到这一点，但变得非常世故，非常认输认赢。有人会变得很消沉、很懒、无所谓，有人蜕变得十分漂亮、彻底：他变成官，变成商人，其中最能干的既从政又经商，名片头衔是双重身份。我在美术界的同龄人或晚辈，凡是八十年代比较聪明的，几乎都是大大小小的官员。没当成官的，要么是年龄到了，要么曾经明里暗里争取过，败下来，郁郁寡欢，看得很破。

查建英：正是这种潮起潮落之时，最能见出一个人的真性情。就像古代贵族养士，一大群门人、侠客，快马轻裘花团锦簇时大家一个样，可一旦这家族倒了血霉，立刻你就看得出谁是忠义之辈、谁是投机分子。我在《乐》编辑部开会时谈"八十年代"这个选题，有人就说：八十年代的人到现在有两种，一种是悲壮，另一种是得意。

陈丹青：两种我都不认同。为什么不能有第三种——你还是你，你和社会一起蜕变，但值得珍惜的品质你一直带在身上，我得说，很少还能见到这样的人：他在

八十年代——访谈录　　｜ 陈丹青

成长、变化，但不会到了一个不可辨认的地步。你说的悲壮、得意，都属于不可辨认：用不着这么消沉，用不着这么得意。人格健全，起码的品质是"宠辱不惊"，悲壮、得意，都是"惊"。

还是整体人文水准的问题。我的师尊木心先生在八十年代初就写过中国文艺的病根，一是才华的贫困，一是品性的贫困。

这样来谈八十年代，问题可能比较清晰。看"八十年代"，你得返回去审视六十、七十年代，八十年代的知识分子——其实就是五十年代出生的"婴儿潮"一代——跟"五四"那代人比，根本差异是出身和成长的差异。"五四"一代的知识背景和人格成因其实是晚清的，道统没有断，他们闹文化革命，制造后来的断层，但他们经历改朝换代革命洗礼，却不是断层。我们这拨儿八十年代的家伙，没有洗礼，没有知识准备。"文革"不是洗礼，根本就是灾难。从那里过来的人格，再优秀也是短命的，注定先天不足后天失调。

我看《走向共和》，看章诒和的书，你想想，八十年代的文化英雄和反思者，无论是体制内体制外，跟那几位老右派的见解怎么比？人家几句话就把中国问题说透了。可是这些老右派跟清末体制内体制外的人物，李鸿章、袁世凯、康、梁、杨度，又怎么比？道理还是那点道理，命题还是老命题，可是八十年代学者几本书都讲不清楚，民国一代、清一代、几句话讲透。

查建英：还有严复，也是几句话就道破天机的高人。严复在英国留学时和伊藤博文同班，成绩比伊藤更优秀。伊藤博文回日本当了两届总理大臣，严复呢，就翻译了一本《天演论》。中国的问题不是没有高人、智者，是成熟过度、自我封闭的制度、环境把这些高人、智者一代代闷死、放逐、边缘化，就像老虎没有青山，猴子没有丛林，再大的本事也没用。"五四"的文化激进主义的确有问题，那道长长的影子覆盖了中国整个二十世纪，但我也不同意现在有些人那种把账都算到"五四"头上的看法，"五四"精神中那种对自由、民主、科学等基本普世价值的坚定认同和热烈追求，是我们至今都应该感谢的宝贵遗产。整个社会没有能力消化和承受这种追求，不能进行理性的制度转化，而是从一个极端走向另一个极端，那是后人犯的错误，一股脑儿把屎盆子扣到先人头上是不公平的。退一步讲，就算"五四"生下了一个怪胎，你也不能得出结论说生孩子这件事本身是错的。是你的体质不行，接生婆不行，没生好。"五四"之后，如果制度、环境不是优化而是劣化，山里的老虎、猴子随之进一步退化是必然的，这是整个民族的悲剧。

陈丹青：八十年代是暴病初愈，国家民族半醒过来，文化圈恢复一点点残破走样的记忆，如此而已。刘晓波大谈叔本华尼采，那是王国维鲁迅清末民初的话题。我记得八十年代初《傅雷家书》大轰动，可怜啊，傅雷是五四运动尾巴那端的小青年，可是八十年代傅雷成了指引，直到前两年，我看见三联书店排行榜还有《傅雷家书》。说明什么？说明这样的家，这样的家长，这样的家书，绝了种了……这种断层历史上没有过，怎么估量都不过分——可在八十年代，能谈谈尼采真算是了不得了。

很惨。八十年代的可怜就是不知道自己有多惨，还说什么文艺复兴！那是瘫痪病人下床给扶着走走，以为蹦迪啊！

你给我看哈维尔。我真羡慕。他固然了不起，但他周围前后一群人都是好汉，才华、品性，都过硬，经得起折腾，包括波兰工运的一帮书生……说起来他们的年龄、经历相当于我们的右派，等于储安平那批人，可是哈维尔他们成了正果，你瞧储安平什么下场？从捷克归入苏东集团一直到一九八九年，整整四五十年，他们的知识精英，人格基本上是贯穿的，它被压抑，但没有枯萎，没有扭曲。我们呢，六十年代老大学生，七十年代知青，到八十年代这批人，他妈的，你说说看，谁能和哈维尔之流平起平坐聊聊？人格不在一个水准上。你很难看到这五十年来哪个家伙能在个人身上一路贯穿他的信仰、热情，稳定地燃烧……

查建英：烧也往往是一种自我否定的燃烧。这种自我否定倒确实可以追踪到"五四"那代人，他们当中最激进的人矫枉过正，彻底否定本民族的传统，甚至否定汉字，但后来又有一大批人，包括整理国故那些学者，已经认识到文化激进主义的危险和问题，转而强调文化的传承和接续，转向保守。但四九年以后呢，实际上是接续了"五四"的激烈一面，再把文化激进主义和政治激进主义统一到一起，一方面继续自我否定，打倒和抛弃传统，把反智主义推向极致，一方面对西方封闭，结果形成了你说的那种新的历史断层。我们不幸就是这种两边封闭的结构里生长出来的一代。对这代人你也就很难有太高的文化期待。可能是因为身在其中吧，我又觉得有一种很深的同情。已经很不容易了，就从这么贫瘠的土壤上生出来的几根草。

八十年代——访谈录　　❙ 陈丹青

而且现在中国面临的问题又已经是另外一种了。九十年代以后全球化的浪潮席卷而来，新一代人又是另一个话题了。

陈丹青：生态给灭了，再生机制给灭了。现在讲经济建设的"可持续发展"，过去五十多年、一百多年，是一阶段一阶段把文化上"可持续发展"的生态给灭掉。

所以八十年代知识分子跟社会的关系，九十年代知识分子跟社会的关系，都不正常：八十年代他们对社会有那么大影响，现在他们那么没影响。这种不正常，反过来误导了知识分子：八十年代他们以为自己真的那么有作用，真的代表正确的价值观；现在又发现没用，赶紧当官，赶紧挣钱。

小时候读鲁迅，他说五四英雄当官的当官，消沉的消沉，下野的下野，不明白他在说什么，现在明白了。

查建英：资中筠先生你知道吗？就是原来社科院美国所的所长。她有篇文章，题目叫"怎么就没有正好过？"讲的就是我们中国人这种两边走极端的倾向，包括现在对美国大众文化的追风，专追最低俗的那些。知识分子也是，摇摆，总是找不到balance，一个正常的自我定位。要么自我膨胀，要么我什么也不是了，就是个经济人。

陈丹青：我听《三联生活周刊》的编辑说，他们的主编，八十年代文化热时期是个弄潮儿，现在每次开会就是关照市场、市场。八十年代知识分子自以为正确，现在自以为错了，那时他们非常想引领时代，现在又惟恐跟不上时代。

我只能有保留地肯定七十年代出生的孩子。我不愿意说他们。他们是最自私的一代，最个人，他们也很茫然，但至少在目前的空间里，只要将来不出现大的灾难，我想看看他们会怎么样。

查建英：那就是你对他们还是抱着希望的？

陈丹青：没办法。你说对谁抱希望？我接触到几位年轻人，几句话就把现状说得清清楚楚，他不经过思考，全是直觉，他们年纪小，没有权力，所以看得特清楚。

查建英：对，有时不在年纪。比如我和做摇滚乐评论的颜峻聊过一次，他那个犀利，表述之清晰直接，我真是惊讶。他那时也就二十八九岁吧。而且我很佩服他们那种独立精神，就在体制边缘上坚持做自己认为值得做的事情，可是心态又挺开放挺明朗，还浪漫，活得有滋有味儿的。见颜峻之前有人跟我说：那是个愤青。可是之后我想：这个愤青多阳光啊！当然那只是私下聊，后来在刊物上读到他的文章，感觉就打了折扣。谁知道，也许咱们这谈话等发表出来也都打了折扣。

陈丹青：我能看清我们自己，许多是从年轻人那儿听来的。他们说我们这两代人，不是像我们这样讲理分析，他简单几句话，非常清楚，就是孩子看爹妈，太清楚了。

查建英：可也有一种看法，认为：以前我们也许看重老年人和上一代人的教诲，在商业文化下塑造的这一代人，他们看重的是时尚，模仿的是那些被推出的偶像，这是另一种意识形态出来了，实际上也没有自我。你不这么看？

陈丹青：不错，是这样。可是你想，除了种种时尚，还有其他什么值得让他们看重？商业文化一定是奏效的，在西方也一样。但至少这代人摆脱了前几代人的一个模式，就是集体思维。他们的生活环境相对理性，相对真实，不太给你一个幻觉，虽然有消费文化的欺骗性，但比起我们这代曾经被愚弄的骗局、大虚伪，毕竟真实多了。如果这一代青年有人追求文化的价值，他会比较清楚自己的位置，不至于太夸张……不过也许我在胡说，现在还看不清这代人。

查建英：那历史记忆呢？你不觉得是个严重的问题吗？

陈丹青：当然严重。他们这代人缺乏的就是历史记忆，但不能怪他们，是历史造的孽：他们连体制灌输的那种历史都不知道，也不想知道。而我们的历史记忆太多，又严重失实，数不清的盲点。

查建英：对，包袱很沉，内耗大。现在人强调的是活在现在，看到的是眼前的

八十年代——访谈录　　┃陈丹青

开心、抓得住的利益……

陈丹青："在我出生前发生过什么事？" 这是孩子的天性。我和学生接触，他们渴望历史记忆，他们很想了解知青时代，了解"文革"，甚至有关八十年代……我今年写一文章回忆"文革"期间我们在上海怎样学画，一位学生看了居然大哭，说为什么他没经历这些人事。他们被如今的学院生活熬得太乏味了，不能想象"文革"中学艺术可以这么活泼传奇。

查建英：我也不止一次遇到过七十年代末出生的年轻人向我打听关于八十年代的人和事，那种热切和好奇，好像他们错过了一个文学艺术的黄金时代……

陈丹青：问题是我们能不能比较不扭曲地告诉他们，比较真实地呈现给他们。不要再给他们那么多错误的信息了！

从"五四"到现在，我们的历史记忆非常失真，一代比一代失真。到我们这一代，根本就是失忆。八十年代的哲学热、寻根热、文化热、都是"五四"老命题，而"五四"的命题，又是斯拉夫主义、日耳曼主义的老命题……周国平读尼采，和王国维当年读尼采，语境非常不一样了。我们再读沈从文、张爱玲，和沈从文、张爱玲那时读"五四"一代，又已经很不一样了。

当然，一代人自有一代人的解读，我指的是：八十年代这种解读，基于失忆，王国维那代人读尼采没有失忆的问题。而八十年代读尼采，不但失忆，而且解读者脑子里其实预先塞满了已有的意识形态，这是怎样一种解读？

查建英：失真恐怕哪个国家哪个时代都存在。你说喜欢以赛亚·柏林的那本《反潮流》，柏林推崇的意大利人维柯就强调重构历史记忆特别艰难。 在柏林看来，十八世纪欧洲那些大启蒙家，比如伏尔泰脑袋里那些前人的历史其实全是失真的，因为他们带着自己那个科学理性的完美标准和普世框架去衡量历史。当时欧洲还有个"中国热"，可是那批欧洲哲人眼里的中国文明其实也是失真的吧，是隔着距离的理想化想象。维柯也许是文化相对主义的鼻祖，但我觉得他强调重构历史非常难是挺有道理的，那需要优秀历史学家的耐心和功力，还需要你尽量避免用今天的许多立场、意见对昨天的人做裁判。昨天的人在他们那个跟今天不同的环境里的所思所为，往往有它自己的合理性或至少是某种命中注定的不可避免。这就像从沙漠里生活过来的人有沙漠症一样自然。一个人长期饥渴又与世隔绝，他可能就爱发烧，容易有幻象和臆想，他讲出来的沙漠传奇恐怕既变形又离谱，他打量别人的目光恐怕也是有些古怪的。那你很难用生活在绿洲的人的标准去要求他。从这个角度讲，没有什么大家都会公认的"历史真实"。当然，这种当事人不自觉的扭曲与那种出于政治考虑，用政权机器强制歪曲和遮蔽历史是两回事。

陈丹青：对！发烧、幻象、臆想……我经常发现八十年代知识分子在解释西方思想时过于热情、主观，很像无产阶级学说刚闹起来那样。你知道，感受是有模式的，我们这代人都有一种共同的感受模式，等到面对新事物，感受模式还是老一套。

到六十年代出生的这批人，他们再看解放前，比如说像崔永元看解放前、看"文革"，他的感受模式又跟我们不一样。我正在看他那个重看老电影的《电影传奇》，很有意思。我不觉得他真在回忆：所有老电影在他那里都变成"现在时"文本。我想知道他为什么这样看，我不知道他是否明白他怀念的这些东西有很多问题。

查建英：五十年代或更早出生的人会怀革命年代的旧，但会提出疑问。

陈丹青：我跟他一样怀旧，但我比他清楚在他怀的这个旧后面有多少罪恶，多少虚伪，多么幼稚。他知不知道？他知道，去怀旧，是一回事；不知道，去怀旧，又是另一回事。

查建英：他其实没有那么小，也就是六三、六四年出生的吧。但"文革"是他的童年，是模糊记忆，也许有种朦胧美。一个人激烈地反对或赞美一个东西，往往是因为他对他最清楚的那些东西不满，就去别处他不太清楚的地方寻找，这个时候往往就不容易客观。崔永元的怀旧，我觉得是因为他对现在的很多东西不满。他不像我们，他一出道就在最主流的商业文化里头，就是电视脱口秀主持人，他对这个东西好像看得比较透，对它里面的种种问题不满，于是他就把过去的一些东西浪漫化了，想把过去的好东西拿来反对现在这些坏东西。出发点不大一样。就像有些美

国人（比如左翼人士）讲起中国的好，有时能把你吓一跳，因为你知道其实里头根本不是那么回事。

陈丹青：崔永元这个例子，正好和八十年代不一样。八十年代那代人绝对不会那么想要怀五六十年代的旧。人对刚过去的十年会比较反叛，对三十年前的事物反而会亲切，会神往。

像"第五代"电影导演，他们在八十年代散布的意识是反六十年代的电影，开始批谢晋。如果谢晋可以作为一个代表的话，那崔永元正是想回到谢晋代表的那种电影去，（笑）现在他有理由说：谢晋比后来的人做得好。

查建英：我还是觉得崔永元可能想把过去一些好的东西拎出来，以一种激烈夸张的方式来批评今天。比如他可能不满意今天那种急功近利，那种迎合市场的投机、算计、油滑、低俗。

陈丹青：我不知道是不是这样。我了解我的同代人，他了解他的同代人，但是当我看他的电影系列时，再次感到我们的文艺资源太贫乏了。他可能弄错了，以为他怀念的是革命一代，可是真正的文艺革命一代是三四十年代人，他怀旧的电影统统是左翼电影人的遗产，什么是左翼电影？左翼青年？根本就是那时的人事嘛！

到五六十年代，左翼们刚到中年，从民国的在野处境变成共和国官方文艺正脉。是"文革"中断了他们的创作生命。至于解放后成长的电影人，一开始就是断层。

谢晋出道早呀，四十年代末他就做场记，身边全是三十年代最优秀的一帮电影人。

查建英：崔永元有情绪，也的确有点把历史浪漫化了，但他面对今天中国电影现状，面对种种问题，我觉得他还是非常敏锐的。就是你，说起今天你满意的中国电影，不也就是一个贾樟柯吗？

陈丹青：小崔是对的，我尊敬他的怀旧。但他和好莱坞的怀旧不一样。好莱坞每一届颁奖都怀旧，但前提是：咱好莱坞今天仍然牛逼，仍然有活力，新人辈出，然后大家坐到一起来怀旧。崔永元凭个人的绝望在怀旧,他看出我们今天不行了,于是他叫:看看那会儿吧,多牛逼啊!他抱着一种悔恨、抱怨的心理在怀旧。好莱坞和欧洲不是这样,他们回首自己的黄金时代,怀抱敬意,同时并未丧失自信。他们三四十年代是个高峰,六七十年代又是高峰,但他们觉得今天"we can still do something",他们的电影新秀不像崔永元那样,崔永元怀旧是为了诅咒今天。

查建英:他觉得是走下坡路,越来越糟,马上要断掉了,痛心疾首。我倒是没觉得有那么糟,但确实存在严重问题。比如大家都骂电视剧如何如何烂,好像你要是不骂你简直就没品位没文化,我倒是觉得大陆电视剧这十几年,就这么个环境,算进步够大的了。当然我看电视少,也许净挑最好的那些看了,比方说《空镜子》,还有《冬至》。电影除了《小武》,不是也还有《鬼子来了》,《十七岁的单车》,还有宁瀛拍的一个纪录片《希望之路》,都是挺强的东西,放哪里都不弱。

陈丹青:对了,要不我怎么看几千集电视连续剧!最近我正和安忆大谈电视连续剧,在《上海文学》上连载。我们都喜欢连续剧。

查建英:说到怀革命之旧,想问问你怎么看九十年代后期大陆出现的"新左"现象。且不讲学界,就说艺术界吧,有些人一面批判资本主义,一面重返毛泽东时代寻找灵感,像搞《格瓦拉》话剧的张广天他们那批人。美术界像徐冰,记得前些年他跟我讲过,觉得回头看从前很多东西,像江青的京剧改革,其中有些东西很现代;毛泽东的"艺术为人民"的观念也很对,艺术应该与普通人的生活发生关系,如果仅仅摆在博物馆和画廊成为布尔乔亚和富人的享受,那就走进了死胡同。果然后来他把毛泽东的口号"艺术为人民"做成一面旗子:"Art for the people"挂在了纽约现代艺术博物馆门前,仰望那红旗在MOMA楼上高高飘扬,感觉真是挺反讽的。

陈丹青:那是文化策略。这策略有它真实的一面。全世界,包括美国的左翼文化,始终主张艺术必须重新建立与社会大众的关系,从美术馆解放出来。当代艺术有很大一支是在追求、标榜这种信念。问题是中国左翼文化发展到"文革"变成灾难,哪里管什么人民?所以到八十年代有个反动,左翼传统被排斥。可是替代物不是文化保守主义、理性主义,而仍然是文化激进主义,骨子里仍然是左翼,是毛泽东批判过的"左派幼稚病"。现在徐冰他们重新捡起老牌左翼的信条,从延安文艺座谈会那里找资源。其实这个文化策略的根不在中国,而是世界范围的左翼文化。西方当代艺术的一群主流人物,根本就是各式各样的新老左派。

其实,整个中国实验艺术就是世界性左翼文化在中国的一个分支,又是在九十年代的本土延续。

查建英:你指的是从八十年代起……

陈丹青:对,直到今天,它是中国三四十年代左翼文艺的隔代延续。问题是左翼那种激进用在年轻一代身上,正好。这也是为什么中国前卫艺术能起来得那么快,快得让西方人、台湾人都惊讶——前卫艺术实际上就是红卫兵文化。

查建英:(笑)你到底说出来了!我就希望你干脆把话说到底。也就是说你认为中国的前卫艺术其实是新的红卫兵艺术。

陈丹青:就是红卫兵文化嘛!造反的、破坏的、激进的、反文化、反历史的,它真的假想一种泛社会化运动,打的招牌是艺术跟人民的关系,跟大众的关系。

查建英:你对它很怀疑?

陈丹青:不,我很理解。

查建英:理解,但不同意?

陈丹青:不能这样说,我同意的,我欣赏左翼精神,所有现代艺术都是激进的,不安分的,捣乱的……毕加索是老共产党员,意大利牛逼导演全是共产党员。我从星星画展就一直站在在野一边,因为我明白建国后的文艺不是真左翼,八九十年代有点真左翼的意思了。只是我站在边上瞧,不会去做,我会警惕:牛皮不要吹得太过了。文化一讲策略,就是追求权力,追求正确,真的左翼是边缘的、疯狂的、冒险的。文化策略相反,它不冒险,它要保险。

查建英:就徐冰这个个案讲,其实他比你更能代表八十年代美术,因为他不仅一直在国内,八十年代末才到美国,而且他的"天书"是八九年初那个现代艺术展上最轰动的作品。

陈丹青:噢,是的,我一点不代表八十年代。

查建英:但徐冰来美国时,等于是八十年代中国前卫艺术高峰的一个代表人物出国了。那你看他后来的一些作品也很有意思。最初他有个猪交配的行为艺术——就是一只满身英文的公猪去强暴一只满身汉字的母猪。我这可能是一种简单解读,我觉得里面有种情绪,非常upset,挺不高兴挺愤怒的,原来"天书"那种不动声色的幽默,那种优雅精致的质疑忽然没了,好像一下子斯文扫地……

陈丹青:那是他来到纽约以后……猪与猪是他和艾未未一起商量的。艾未未是个真左翼。

查建英:面临西方文化突然感到一种暴力,很动物性的反应,把它符号化以后变成那两只猪……

陈丹青:被西方惹恼了,同时生自己的气。所有刚出来的人都会upset,我也一样。我们以为可以跟西方交流,结果发现人家没意思要跟你交流,除非凑上去跟人家交流,用人家的那套话语交流——我们出国时的语言准备太不一样了,就像小时候刚入伙一帮街头混混儿,人家的切口是什么?你不知道,窘啊!着急啊!我的语言是传统的,早过时了。但我很早就接受了这个事实。

查建英:好像你也没有特别愤怒。

陈丹青：干吗愤怒？出国前我就知道我捡的是西方旧货。前卫艺术家不同。出来头几年他们会发现我他妈的不行，但很快他们会沉下来，立刻调整。我小学中学的同学，还有知青伙伴，凡是积极分子都很会调整。这是左翼文化的另一种性格基因。左翼文化的一脉，非常机会主义。以前老听说毛主席在苏区动不动批判"机会主义"，我不懂，现在懂了。

查建英：哎，你这观点有意思，而且我脑子里马上闪出一串熟人的面孔来……算啦，不说吧。

陈丹青：因为他们要成功，要正确。他们最怕事情白做了。

查建英：张广天胸前别着毛主席像章，新左派中很多骨干人物是共产党员……嘿，今天把这个脉络理出来了，有趣。

陈丹青：理没理出来，是不是这样，我不知道。我只知道我是保守主义，激进的保守主义，我是右派基因。我从来都想往回走。走不回去，我会退回个人。

查建英：你和我已经谈过的其他几个人都不太一样，公然自称右派、保守。

陈丹青：阿城也是右派。他的技术观非常"先进"，拥抱现代文明，弄电脑、弄电影、弄车，很懂流行文化、媒体文化。可他有历史知识、历史见解。他在文化立场上——我不敢说他是文化保守主义——肯定是历史主义者。我从小右翼，不知为什么。索拉喜欢摇滚乐，早期的陈凯歌喜欢实验电影，谭盾喜欢摩登音乐，我的许多同行都喜欢现代艺术，努力进入那个系统，我在大的立场上和他们不一样。

查建英：今天把这个东西又谈出来了！

陈丹青：我身边的左翼太多了。

查建英：再看你说的那些调整啊。比如徐冰，猪以后一系列作品心态就调整过来啦。

陈丹青：珠圆玉润！

查建英：是，smooth，机智，把中西书法什么的都糅一起了，很讨好呀，很多美国观众都喜欢。我觉得他现在的作品挺积极的，不是中西冲突而是中西交汇了，那种对你眨巴一下眼睛和你开个文化玩笑的从容又回来了。

陈丹青：他很努力。最近他的作品"本来无一物，何处惹尘埃"，实在做得很好，只有持续做，思路才会到那一步。

查建英：那就你自己的创作讲，从《西藏组画》到现在，是不是走到了另外一个阶段了？

陈丹青：是另外一个阶段。我画书。

查建英：就是八九年前后那些 triptych？

陈丹青：对，先是那些三联画，juxtaposition。后来很自然过渡到画书，我想：既然我在画照片，干脆画这些书，画画册，就是 book as still life。这是我九七年以后做的事，差不多一直做到现在。这些画两边都不认。喜欢传统的朋友非常失望，前卫那边又认为我太温和，法国那位去世的前卫艺术家陈箴就请人转告我：丹青你革命不彻底。这就是典型的左翼思路。

但 somehow 又有一批七十年代出生的年轻人居然喜欢我这些玩意儿，还有个别理论家。但我不想多谈自己。我们还是谈八十年代。八十年代出国时，我可没想过要走向世界，要"打入"人家的什么部位。我嫌太累，太闹。

查建英：这样说下来，其实你的心态倒和我挺接近的，不是走向世界而是看世界。我从来更喜欢静观、写作、三五知己臭味相投的私人生活，站到舞台上吆吆喝喝的多闹腾啊。再说我出国那时才二十一二岁，就是来上学，当然就是要学习的，挺普通的，没什么。一直在一个地方待着，都不知道外边世界是什么样儿，我好奇，要出来看看，一个人，走得越远越好。我觉得出来上学的人很多都是这种心态。

陈丹青：对对对，就是那样！可我回去这么写，他们没法相信。他们觉得《西藏组画》就是你弄的，太牛逼了，你出去就是一代人的希望，有位长辈甚至写信给我说：丹青，你责任很重，你在外面是在代我们看世界……我很惊讶：我只有两只眼睛，怎么能代别人看世界。

查建英：我也没想到，一直觉得你也应该是那种人，和我们出来上学的不一样……

陈丹青：我很久以后才明白他们问我的那些话是什么意思。我在美国也老在办展什么的，但我不说这些。他们让我谈成功观，我说：中国人出国就已经失败了，谈什么成功。哪有美国人大批到中国去的？中国人从晚清到现在，好几代人出国，谈什么成功啊！我们能不失败，就是大成功啊。

查建英：是啊，不像大唐那会儿胡人全奔长安来了，外国精英争送子弟来上中国的太学，想跟咱们接轨呢。晚清以后咱们衰弱了，反过来了，只好出去跟人家接轨。胡适当年也有你这种感慨，在留学生刊物上发了一篇文章叫"非留学篇"，说"留学为吾国大耻"，留学只是新旧过渡期的"救急之上策，过渡之舟楫"，还说"留学当以不留学为目的"。 可惜后来的历史，怎么说呢，咱们不幸接了个歪轨，现在又得再重接，折腾来折腾去这个过渡期就弄得很漫长很扭曲，大家也都活得挺颠簸。唉。那你在外边和美国的艺术家等等也都有接触吧？

陈丹青：有。

查建英：不过这些接触好像更加强了你个人化的倾向。

陈丹青：对。我所认识的美国艺术家都很单纯、个人，是他们教会我做自己，然后什么都看。我不是鸵鸟主义——很多人是这样的，他们出来完全不想看西方——我爱看，多好看呀。在国内我一直帮前卫艺术说话，什么吃死婴、脱光，我都帮他们说话，我说：吃死婴也就摧残一个死婴，顶多恶心几个围观者，可是体制摧残多少活人！我操！

我一直站在当代艺术这一边。艺术家应该左翼，左翼弄政治，弄不好危险，可是弄弄艺术，正好。

查建英：只是你不身在其中。

陈丹青：不在其中，但我自己的艺术也一直在变化，我也有左翼基因，文艺的所谓"左"，我的定义就是做人、弄艺术，要"不切实际"，不随俗、不安分。我后来的创作绝对不能想象没有纽约。这变化的过程很难和没有在外边生活过的人说清楚。

查建英：对啊，你想要是发一个中篇、拍一部片子就"打响了"，就一直被无数崇拜者簇拥着当山大王……

陈丹青：这是我回国最难跟人说的一个情结。最好不说。昆德拉说，国外有些感受永远不要和老朋友说，不然伤感情。

查建英：是个软处。膨胀底下往往是脆弱。点破了又能怎样，早些摔跤还能爬起来，晚了真可能站不起来了，废了。在温室里待久了，出来肯定要死，再生的可能性几乎没有。怎么办呢，别动窝了，认命吧，反正岁数也大了。当然如果大家能以比较正常、放松的态度来看这类境况，最好。也有这样的。

陈丹青：孙甘露身上这种毛病一点没有。他跟你坐下来，不谈自己，如果有个什么话题，他就谈这个话题，他在感觉中，不在自我意识中。

查建英：他非常开放，没有那些什么民族啊外国啊，我代表个什么。别说民族，他连上海也不想代表,中央电视台找他拍了个讲上海的纪录片,完全可以弄成牛烘烘的代言人,但他讲得相当个人化。平常聊起来,他对上海评价之客观之冷静,常常让我这个北京人又钦佩又惭愧——我对北京似乎不容易这么客观,有故乡情结,离开这么多年了,还是免不了为感情左右,对上海也不自觉地带有某些北方人的偏见。甘露似乎没有这种问题。比如,要是有人骂北京,又骂上海,最先憋不住生气的肯定是我,甘露大概坐那里笑。

陈丹青:他显然不全是靠修养做成这样子,他天性就是这样。

查建英:他真的很特别,一点都不僵硬。我见到有些国内朋友常有一种感觉:你不是在跟一个人说话……

陈丹青:他背后有一群人。

查建英:有一个阵营!

陈丹青:(大笑)

查建英:也不光中国人这样。我就认识一个美国人,特雄辩,什么话题他都一套一套的,可跟他谈话你老觉得他不是对着你一个人在说,好像你身后还有好多人,他就是看着你眼球也不聚焦。后来我发现他父亲是牧师。难怪他讲话那么不个人,原来代表上帝,对着整个牧区的会众在布道!他要八十年代来咱们这边肯定能成风云人物。不过,凡会众和群体就有戒律,有某种神圣性,它不是开放性的,防卫意识特强。个人不会这样,个人是谁,就是你自己嘛。甘露是个难得的例外。

(本文编辑时有所删改)

④ → 陈平原

Chenpingyuan

　　男，一九五四年生于广东潮州。在粤东山乡插队八年，其间利用"右倾回潮"之机，补读了两年高中。恢复高考制度后，重返校园。一九八二年毕业于中山大学，获文学学士学位；一九八四年毕业于中山大学研究生院，获文学硕士学位；一九八七年毕业于北京大学研究生院，获文学博士学位。此后历任北大中文系讲师（一九八七年起）、副教授（一九九〇年起）、教授（一九九二年起）。曾在日本东京大学和京都大学、美国哥伦比亚大学、德国海德堡大学、英国伦敦大学、法国东方语言文化学院以及台湾大学任客座教授。有著述三十余种，曾被国家教委和国务院学位委员会评为"作出突出贡献的中国博士学位获得者"（一九九一），获全国高校第一、二、三届人文社会科学研究优秀著作奖（一九九五、一九九八、二〇〇三）等。近年关注的课题包括：二十世纪中国文学、中国小说与中国散文、现代中国教育及学术、图像研究等。

【访谈手记】

到底是北大教授，陈平原采访录几乎就像一篇精心准备的讲稿，思路清晰、表述准确、从容稳健、学养沛然。他对中国八十年代学术风气以及九十年代学术转型的描述评价，我觉得相当客观中肯，是没有门户之见的持平之论。当然，在这类问题上，学者们判断殊异，其实并未形成共识。比如另一位北大教授就对我表述过极为不同的看法，他认为中国知识分子九十年代以来几乎整体放弃了八十年代的理想而堕落为一个利益群体，其形态可以用"消费主义、犬儒主义、机会主义"来概括。平原显然不作如是观。经历了八十年代的激越，九十年代以来平原特别强调以平常心处世，以平常心治学，避免好为人师、大言欺世。重视学者的成熟素质和学术的职业化之外，他又一再提到保持"温润的人间情怀"的重要，并且对这种"理与情的温和平衡原则"身体力行。平原一向著述极丰，数月不见，定有新书相赠，既撰立论严谨的学术专著，也写大量情趣怡然、笔调醇厚的散文、随笔、游记。

访谈是在陈平原和夏晓虹的西郊新居做的。中午谈话完毕，晓虹居然做出了三菜一汤招待，令我大为惊奇。当年在北大读书时我和晓虹同班同宿舍，晓虹戴副黑边眼镜，一米七几的个子，瘦得要飘起来，美号"瘦瘦"，古文功底在女生中最好，酒量在全班最大，穿衣永远灰、白两色，神态基本不食人间烟火。宿舍里的女生们曾颇为晓虹的男友问题挠头，直到不知哪一天校园里忽然冒出一个广东潮州来的陈平原，大家才齐称"天作之合"。后来两人双双留校教书，几乎形影不离，著述中互称"平原君""夏君"，住所则永远是铺天盖地的书。

日期：2005年1月3日
地点：北京圆明园花园小区

查建英：咱们这个回顾，还是先从个人讲起吧。你是广东中山大学中文系七七级，直接从插队的地方考上来的，对吧？

陈平原：对。我插队八年多，在广东潮安，是回乡知青。就是说，不去东北或海南岛，而是回老家插队务农，接受贫下中农再教育。我是从那粤东小山村考出来的。今年是恢复高考多少多少周年，中央电视台做节目，让我去谈，目的是追问高考作文的事。

查建英：是吗，你还记得高考作文题目吗？

陈平原：当然记得，那年每个省的作文题目都不一样，北京叫《我在这战斗的一年里》，广东的题目则是《大治之年气象新》。电视台找我，是因为广州出版社出了一本书，叫《八二届毕业生》，其中有一篇关于我的采访记。那是二〇〇二年春天，大学毕业二十周年，中山大学七七、七八级学生回母校聚会，媒体也跟上了。记者采访时，希望我谈谈。因为，七七、七八级大学生现在大都成了社会中坚，从政界、商界到学界，都有出色的表现，于是，产生了不少美好的神话。我说：八二届毕业生没你们想象的那么好，真的，没那么"伟大"，人到中年，有很多尴尬的地方。之所以浪得虚名，是因为在此之前，有一个低谷，所以，我们很容易得到社会的承认。

查建英：你说的低谷就是六七十年代。

陈平原："文化大革命"中，中国的大学，十年没有正式招生；是有几届工农兵学员，但水平不高。所以，七七、七八级大学生进校，被寄予很大的希望。毕业时，恰逢国家推行改革开放政策，干部需要年轻化；所以，这批大学生很快占据了好的位子。即便下海经商，也是"春江水暖鸭先知"。这批人中，从政的与经商的，大都比较顺利。但在学术界，却很吃力。我们知道，这两届大学生，大部分人基础不好，

生长在一个青黄不接的时代,没有受过很好的学术训练,想法多,能力小。每代人都有自己的局限性,那是没办法的事情,追悔莫及。但有的人知道自己的局限性,有的人不知道。像七七、七八级大学生,因大都走得比较顺,现在又颇为辉煌,很容易忘记自家内在的缺陷。所以,我主要谈这个问题。在某种意义上说,我们最大的好处,是见证了这个国家二十多年来的巨大进步。看我们当年那么差劲,今天能走到这儿,已经很不容易了。要我谈毕业二十周年感想,我就谈这些。没想到出书时,编者竟然找到了我当年的高考作文,缩印在下面,弄得我很狼狈。我不喜欢这样,因为,有点卖弄的意味。

查建英:现在回头看,觉得不好意思。

陈平原:对。看我们当年的文章,比现在的大学生或高中毕业生,差得太远了。那个时候,八股腔还没有摆脱,惟一的好处是文从字顺、结构完整。大概也就只能这么评价了。我这篇作文,是登在《人民日报》上的,当时名声很大。可拿来跟今天好的高考作文比,真是自惭形秽。所以说,这二十多年,包括我们自己、包括这个国家,还是很有点进步的。大家都说"改革开放二十多年",似乎那是一个整体,其实头尾之间差别很大。我们刚进大学那阵子,校园里的学术氛围很差,教学水平也很低。这很容易理解,"文革"刚刚结束,百废待举,校园也不例外。惟一美好的记忆,是同学们读书很认真,很刻苦。

查建英:特别珍惜失去的岁月。

陈平原:对,特别珍惜。好不容易捡回来的读书机会,能不珍惜吗?在中大,我们六点钟起床,听广播,做体操,跑步啊,读书啊,每天都这样。偶尔到市中心的新华书店去买书,挤公共汽车时还在背英语单词。晚上,学校十一点熄灯,还有不少学生蹲在过道里,或在水房里看书。

查建英:是啊,那时北大校园里也是这种气氛,我们班就有几个著名的楼道用功家。

陈平原：对，就那种状态。我相信，这是全国性的现象。现在不同了，现在的大学生，不会再像我们那样苦读，他们比我们会享受，也比我们聪明。机遇比我们好，但不见得成绩就一定大。每年新生入学，都需要有教师代表去发言，别人都是鼓励，说长江后浪推前浪，世上新人胜旧人，你们今天学习条件这么好，将来肯定比我们有出息。我就不这么说。因为，这些"劝学文"，我已经听了很多年，多少看出了些破绽——不见得一代真的就比一代强。其实，每代人都有自己的困惑，都有自己很难绕过的陷阱。我说，我们的难题是选择太少，你们则是歧路亡羊。可能性很多，如何选择，成了很大的精神负担。东看看，西摸摸，不知道怎么做才是最佳方案。我们当年的想法很简单：好不容易回到大学校园，那就一心一意读书吧。按照当时的思想潮流，补各种必修的课，读各种时髦的书，尽量往前赶。就这些，很单纯。至于毕业以后的工作安排，根本用不着操心，因为，那个时候，我们是"天之骄子"。

查建英：被全国人民捧在手心上。

陈平原：社会上确实对七七、七八级寄予很大的希望。我们呢，也觉得未来很美好，前途一片光明，根本不用考虑毕业后的出路。现在的学生不一样，比我们当年紧张多了。刚进大学，就开始盘算将来毕业后月薪多少，能不能换一个更有"钱途"的专业。进了大学以后，着意经营自家的文化资本，比如说斤斤计较每门课的分数，选课的时候，首先考虑哪个老师给的分数高；不是渴求知识，而是关注毕业证书。还有些热衷于校园政治，争当学生干部，包括争取入党，都有很明确的计算——为了将来好找工作，考虑得很实在。而我们当时，很少有人这么想，都希望抓紧时间读书，把失去的时间抢回来。所以，相对来说，那两届大学生虽然年纪大，比现在的学生要单纯得多。得承认，我们起点很低，学习条件也不好。现在很难想象，我们上古代文学史课，老师可以拿游国恩等编著的《中国文学史》，照本宣科。因为我们手头没书，这书是等我们修完这门课后才开始重印的。文学理论课更惨，老师居然以毛泽东的《在延安文艺座谈会上的讲话》为中心，来展开论述。上了一个学期，同学们提出抗议，希望多了解一点西方文论或古代中国文论，你猜任课老师怎么说？"谁敢说毛泽东文艺思想不是文艺理论？"考试的题目更刁钻："对于文艺工作者来说，第一位的工作是什么？"要是不熟读《讲话》，你怎么论述都是错的。

查建英：起码在校头一两年都这样，原来"文革"教材还没来得及淘汰掉。

陈平原：对。还是"文革"中给工农兵学员讲的那一套，还没有转过来。大概是中共十一届三中全会前后，才有了明显的变化。老师们讲课逐渐放松，学生也有点独立性了。其中一个标志，就是创办大学生刊物。比如，我们中大中文系学生的《红豆》，就是一九七九年创办的。

查建英：哦，这是当年著名的大学生刊物呢。

陈平原：对，编到一九八〇年底，总共出了七期。《红豆》是铅印的，很正规的样子。那时，各大学都有类似的文学社团，主编某一文学刊物，比如北大的《早晨》，武大的《珞珈山》，人民大学的《大学生》，吉林大学的《红叶》等。

查建英：我还办过北大的《未名湖》呢，和黄子平、王小平一起，就参与了最后一期，弄了个全部漆黑的封面，很愤青的感觉，记得里边有史铁生、刘震云的小说，结果一印出来就给停办了，有人打小报告把我们告到校党委那里去了。

陈平原：《未名湖》我看过，但没有收藏。一九七九年十一月，全国十三个大学生刊物，联合办起了《这一代》。不过，总共出了一期，就给查封了。《这一代》的创刊号，是在武大编印的，因一出来就被查封，传世的不多。在这么多大学生文学刊物中，中大的《红豆》实力不算强，但印刷得最好。大概是因为吴晓南或苏炜的关系，他们的父亲跟广州政界及文化界很熟。还有，学校很支持，给了钱。杂志印出来，还可以自己上街去卖。争着买的，主要不是学生，而是市民。

查建英：你还记得那个时候是印多少本，一本卖多少钱吗？

陈平原：印数不清楚，至于价格，我查了，是三角五分。那时没经验，大伙出去卖书，回来一结账，总是亏了。

查建英：没有经济头脑。

陈平原：我之所以关注这些学生刊物，因为它们是思想解放的象征。像我们《红豆》，几乎跟《读书》同时创刊。这些天看电视，中央台的"记忆"栏目，刚好在讲述一九七八、一九七九年《中国青年》以及《读书》杂志创刊的故事。这就是我们所熟知的"思想解放"。从那个时候起，大学校园里才有一个比较好的氛围。当然有很多曲折，但坚冰已经打破。大学四年，不如意事很多，但办学生刊物，还是很有意思的。

查建英：很多重印的、新印的经典作品也是从大二那年开始的。

陈平原：对，有了重印经典，大家开始拼命读十九世纪西方文学名著。至于读萨特、卡缪等存在主义者的书，那是稍后的事。我自己的感觉是，先补十九世纪的课，然后才进入二十世纪。大学阶段，对我影响最大的，有三批东西，一是存在主义的著作，那和我们当时的心境有关系；二是马克思的《1844年经济学哲学手稿》，以及中国学界关于"异化"问题的讨论；三是契诃夫、易卜生、斯特林堡等人的剧本，以及雨果、托尔斯泰、屠格涅夫、罗曼·罗兰等人的小说。别人不知道，我和我中大的朋友受罗曼·罗兰的《约翰·克利斯朵夫》影响很深。

查建英：好像很多人读得如痴如醉。

陈平原：对，很多人喜欢。

查建英：这书我并没有读过。

陈平原：你那时年纪比较小。

查建英：为什么那本书那时候有那么大的影响呢？

陈平原：对于七七、七八级大学生来说，同是十九世纪欧洲文学，现实主义作品不如浪漫主义文学激动人心。罗曼·罗兰的英雄主义情怀，说实在的，很对七七、七八级大学生的胃口。因为，这一代人，普遍有一点理想主义。即便到今天，我们看陈凯歌的电影，都有这种状态。使命感，英雄主义，浪漫激情，还有一点"时不我待"，或者"知其不可而为之"，挺悲壮的。这种感觉，既源于现实生活，又与浪漫主义文学互相激荡。

查建英：跟这之前的毛泽东时代也有关系。

陈平原：对。这与六十年代的教育有关。不只容易跟"雷锋叔叔"接轨，也有《红岩》、《青春之歌》、《红旗谱》等红色经典的影子。这种理想与激情，"文化大革命"中备受打击，经历这么多挫折后，竟然在十九世纪欧洲文学，尤其是罗曼·罗兰那里得到某种程度的复活，不容易。当然，现实生活中越来越强烈的无奈与荒谬的感觉，以及刚刚引进的各种时髦理论，让我们很快迷上了存在主义。而中国学界之关注"异化"问题，则是为我们的思考增加了深度和广度。当时出于深入反省"文革"的需要，也出于对国际学术潮流的敏感，在阐释社会主义制度及发展道路时，引入马克思《1844年经济学哲学手稿》，思考异化劳动、人的解放，以及人道主义问题。念大学四年级时，我和同学杨煦生合作，撰写了第一篇稍微像样的论文：《论西方异化文学》。文章寄给当时很有影响的杂志《未定稿》，主编王若水回了信，大加肯定，还提了些修改意见。这篇文章后来发在《中山大学研究生学刊》上，发表后经历了一系列戏剧性变化，先是被学校勒令检查，后又获得广东省社科联的奖励。那真是个"东边日出西边雨，道是无情却有情"的时代。这是后话，不说了。你看看，存在主义、罗曼·罗兰、马克思手稿，这三个不同性质的东西，搅和在一起，构成了我的思想启蒙。从"文革"阴影中走出来，远不只是补课，还得清洗很多思想垃圾。不知道别人是怎么走的，像我这样步履蹒跚，先上吐下泻，然后再慢慢进补，真的很不容易。

查建英："文革"中的教育，是一种负教育，等于给你脑子里铺了一层硬壳。结果你就像一块盐碱地，板结了，直接播种都不行，得休养生息，逐渐改善土壤结构。

陈平原：对。我们那代人，不仅仅是好长时间没书读，基础不好，还有一个更大的问题,那就是以前的教育,打下了一个很深的烙印。基础不好,可以补课;旧时代的烙印太深,怎样修剪,如何转化,是个很大的难题。我是读到大学四年级的时候,突然间有一种开窍的感觉。那种感觉,对我来说太重要了。不是每个人都这样的,夏晓虹跟我同届,她是北京知青,原先的教育背景比我好,她进入大学,就没那么多惶惑与挣扎。同是知青,北京的跟外地的不一样;同是恢复高考后第一届大学生,大城市的跟农村来的,也有很大差别。比如"文革"后期,北京知青了如指掌的"上层斗争",我就完全不知道。

查建英:你等于是在化外之地,北京的政治斗争离你的生活很遥远。

陈平原:我在粤东一个小山村插队,只晓得外面乱哄哄的,今天谁上台了,明天谁又被打倒,至于为什么,不知道。什么"不断革命"、"两条路线斗争",还有"卫星上天红旗落地"什么的,离我都很遥远。那时消息封锁得很厉害,大众传媒不像现在这样发达。我猫在山沟沟里,哪知道北京城里发生了什么事?我的好处是,出生于教师之家,家里有不少藏书,可以自己读。父母都教语文,"文革"中被打倒,但藏书没有多少损失,先是被封存,后跟着我们到了乡下。山高皇帝远,不知道谁是忠臣,谁是奸臣;但反过来,思想束缚也比较少。这点,跟大城市来的知青很不一样。农场里的知青,消息灵通,对国家大事有较多的了解,因此,视野开阔;而我是回乡,周围都是贫下中农,就我一个孤零零的知青,只能自己念书。我是初中毕业就下了乡,先是务农,后来当了民办教师。一九七一年到一九七三年,邓小平"右倾回潮"时,我跑到附近的中学补念了两年高中。等到恢复高考制度,我已经在乡下整整待了八年。

查建英:你是五几年出生的?

陈平原:一九五四年出生。比起很多同龄人,我还是幸运的。毛泽东发动的"无产阶级文化大革命",使得很多人彻底改变了人生轨迹,永远荒废了学业。我的好处是,第一,在那个乍暖还寒的时节,抢读了两年高中;第二,由于父老乡亲的照顾,好长时间里当民办教师,也就是阿城小说写的"孩子王"。说句玩笑话,平生最得意的，就是从小学一年级，到大学博士班，我都教过。而且，当我退休时，可以"纪念从教五十周年"。大体上，我的读书生活没有完全间断；只是条件所限，视野小，趣味窄。家里是有不少藏书，但在山沟沟里，没有名师指导，连个"文革"前毕业的老高中生都找不到，只好自己摸索。因此，走了很多弯路。不过，那时候的读书，纯粹出于兴趣，根本没考虑"有用"、"无用"，更不会预料到日后还能上大学、教大学。

查建英：你读的那些书有经典吗？比如"四书"、"老庄"、"红楼"、"三国"、"水浒"这些？

陈平原：因为没人指导，太深奥的，我读不懂。所谓"阅读经典"，也是偏于文学方面。外国文学部分，我父亲喜欢普希金、莱蒙托夫等俄国诗人，趣味偏于古典，现代主义的东西家里基本没有。而这，严重限制了我的知识结构。惟一的好处是，既然没人教，那就乱翻书，于是养成了读杂书的习惯。比起日后众多训练精良的学者，我的惟一优势，就是不太受现有学科边界的限制，也不理会什么古代、现代的隔阂，或者文学、史学的分野。当年求知若渴，拿到什么读什么，好书坏书我都能消化，这种阅读趣味，自然不同于科班训练出来的。对于我们这代人来说，在那么低的地方起步，又曾经受到那么严重的思想禁锢，每个人都是经过一番痛苦挣扎，而后才逐渐走上正轨。这是一种独特体会，无所谓好坏，就这么走过来了。

对我来说，到广州上大学，是一个变化；到北京念博士，又是一个变化。基本的学术训练，我在中山大学已经完成，但说到整个的学术眼光和趣味，是到了北大以后，才发生了翻天覆地的变化。我能上北大念书，其实很偶然。因为，此前北大中文系没有招过博士生，我算是第一批。民国年间，中国的大学没有博士课程，像我和晓虹的导师王瑶先生、季镇淮先生，当年在西南联大，跟着朱自清、闻一多等先生念书，属于研究生课程，但没有正式授予学位。这已经是当年人文学者所能受到的最好的学术训练了。解放后，学习苏联，北大招过副博士班，等于今天的硕士课程。至于建立完整的学位制度，那是二十世纪八十年代以后的事。北大中文系学术实力很强，像文学专业的王瑶、吴组缃、林庚，以及语言专业的王力先生等，都是第一批博士生导师，可一开始他们都不太想招生。倒是北师大的李何林先生胆子大，先招起来了。

我本想硕士毕业后到北京来工作，先是跟中国社科院文学所联系，有点眉目了，于是上京面谈，顺便到燕园看望黄子平。黄子平跟钱理群很熟，于是把我刚完成的《论苏曼殊许地山小说的宗教色彩》转给他看。老钱当天晚上看了，第二天就来跟子平密谋，让我改投北大。多亏老钱热心，说服了王瑶先生，给中文系打了报告，说把这个人弄到北大来教书。中文系也同意了，报到学校；可学校给否了。那时候，北大基本上不从外校要毕业生。

查建英：北大有老大思想，还搞近亲繁殖，不好。

陈平原：是呀。北大校方说，你要觉得他好，就让他来念博士课程；如果真的学得不错，毕业后留校，那才顺理成章。王先生说：那好，今年我开始招博士生。就这样，一九八四年入学，一九八七年毕业，我成了北大第一批文学博士（还有一位是现在也在北大教书的温儒敏）。去年，为纪念中国建立博士学位制度二十周年，国务院"学位办"还专门让我写文章。不过，我的文章不合时宜，追忆往事时，顺带批评目前的教育体制。话说回来，我很幸运，一九八四年进京念书，正好赶上整个文学艺术乃至学术界正酝酿着突变，于是得以"共襄盛举"。我不知道别人怎么说，在我看来，一九八五年是个关键性的年份，对整个当代中国文学艺术，包括美术、音乐、电影等，以及学术研究，都是重要的转捩点。

查建英：为什么？

陈平原：因为，回头看八十年代学术，一九八五年以前和以后，是两回事。我估计，这与整个人文环境和人才培养有关。所谓人文环境，是指经历思想解放运动，整个学术界缓过气来；走过最初的"拨乱反正"，开始思考一些深层次的问题。而"文化大革命"以后培养出来的研究生，也开始走上学术岗位。作家不念大学，也可以写出好小说。但学界不一样，有没有受过良好的学术训练，差别很大。几届研究生出来，整个学界风气大变，这点很明显。在电影界，七七级大学生一九八二年毕业，两三年后，可以独立拍电影了。印象中，似乎音乐和美术走得更快，更急，只是大众不太了解而已。我的感觉是，一九八五年，整个京城文化界，全都"蠢蠢欲动"，不，是"跃跃欲试"。

查建英："文化热"开始了。

陈平原：对，是"文化热"。也是从这个时候起，我的工作才逐渐被大家所关注。这得益于老一辈学者的扶持。先是决定在万寿寺现代文学馆旧址开全国性的"创新座谈会"，而且由年轻人唱主角。创新座谈会上，需要几个专题发言，落实到北大，就由老钱、子平和我三个人，联合作了一个关于"二十世纪中国文学"的报告。当时我还在念博士生，黄子平工作了，钱理群则教了好几年书，他们的资历比我深，专业修养比我好，但因为是"创新座谈会"，要扶植年轻人，于是就推我做代表。发言后，反应很好，《文学评论》准备发表专题论文。文章还没正式出来，恰好我到《读书》编辑部，跟董秀玉她们聊天，谈起这事，她们很感兴趣，说《读书》想介入当代中国的思想文化建设，可以给我们篇幅，让我们再进一步发挥。以前，《读书》杂志的主要工作是介绍新知，没有主动介入当代中国的学术思潮；这是个开头，以后越做越好。

查建英：要不要把你们三人的酝酿过程和思路稍微讲一下？

陈平原："二十世纪中国文学"这个概念，如何酝酿，怎么阐发，我们在《二十世纪中国文学三人谈》里已经说了，没必要再谈。我很佩服董秀玉她们，胆子很大，还没见到正式论文，单凭直觉，就敢让我们放手去做，一连谈了六次。

查建英：六次都是在《读书》上发表的？

陈平原：对，连续发了六期。所以，才会在学术界造成那么大的影响。北大研究生会还召开专门的讨论会，文学的、史学的、哲学的，还包括部分理科的同学，一起讨论这个概念。中文系教师也集体讨论过，赞同的反对的都有，可谓"众声喧哗"。第二年，丸山升、伊藤虎丸、李欧梵他们来北京参加鲁迅会议，顺便到北大跟我们座谈。记得是在临湖轩，就围绕我们提出的"二十世纪中国文学"这个概念。那个座谈记录，因为涉及"社会主义"，当初无法在国内发表，只好先在香港的杂志上登。关于"二十世纪中国文学"这个概念本身,以及相关的背景资料,都收在我们的书里。我想,有几点值得一提。第一,这个概念的提出,顺应了那个时候的学术潮流,在文学史论述中,打通近代、现代与当代。到今天为止,"二十世纪中国文学"这个概念,基本上被学界接受了,包括很多大学的课程,都是这么开。

查建英:这个出来之前,文学史是怎么分段的呢?

陈平原:以前我们追随政治史,分为三段,包括近代文学,从鸦片战争讲到民国初年;现代文学,从"五四"讲到一九四九年。当代文学,从共产党建立政权讲到当下。当然,光打通近代、现代、当代还不够,关键是背后的文化理想。说白了,就是用"现代化叙事"来取代此前一直沿用的阶级斗争眼光。

查建英:它的对应物是革命叙事,以革命作为历史叙述的构架。

陈平原:对,以"革命"、"政治"、"阶级斗争"作为文学叙事的框架,这是有问题的。我们改用现代化进程,以及世界文学背景,来思考并定位近百年来的中国文学。当初颇有新意,今天看来,也都大有问题,你说是不是?

查建英:从后现代的立场看,包括从后殖民理论来看,那当然是有问题的。

陈平原:包括我们的世界文学景观。其实,我们知道多少外国文学?我们的"世界文学想象",不外是从此前的苏俄榜样,转为被长期禁锢的西方现代主义文学。这与那个时候外国文学界的热情拥抱"现代主义",大有关系。只能理解为整个学术界、文化界都在调整,我们因应了这种变化的时代需求,故所论引起很大的关注。

查建英:踩上点儿了。

陈平原:其实,我更看好和《论"二十世纪中国文学"》同时发表的"三人谈",也就是在《读书》杂志上刊出的那个系列。不是说思想有多高深,关键是文体意识,还有酝酿这种文体的文化氛围。以前，我们都是正儿八经写论文，现在改用谈话的方式，发表"思想的草稿"，这个值得注意。

查建英：（笑）就像咱们这回采用半即兴式的系列谈话，哎，倒真是内容与形式一致了：用八十年代开启的文体来回顾、总结八十年代。

陈平原：所谓"思想的草稿"，就是有想法，但不成熟，还没有定型，还在思考过程中。我们把尚不完整的思考说出来，吸引同道，一起来攻关。这是一种新的尝试。也正因此，很多人对《读书》上"三人谈"的印象，远远超过作为主体的《论"二十世纪中国文学"》——那是我们的主打产品。

查建英：那是一本书？

陈平原：不，是一篇长文，主要影响局限于文学专业。外专业的读者，或许听说过，但很少认真阅读。

查建英：公众读者更不大知道。

陈平原：对于公众读者和其他文化人来说，他们记得的，是我们在《读书》上的漫谈。虽说那有点"鸡零狗碎"，但所表达的，很多是同时代人所关注的，因此才会有那么大的影响。我们有很多很多的想法……

查建英：闪光的片段。

陈平原：对。只是片段，不成体系。一方面，我们没有构建体系的能力；另一方面，这种表达方式，让我们以及读者，都很激动。因为是"三人谈"，三个人的思路不一样，我们有意识地保留了我们之间的差异。因此，这不是一篇完整的文章，更不是一个自足的体系，而是你说你的，我说我的。同一篇文章里，并置不同的学术思路，三个人互不相让，这种"对话"方式，有利于激发思考。

查建英：你们真的是坐在一起谈？

陈平原：真的。先是录音，然后每期由一个人负责整理，整理完，再轮流看。会有所修改，但大体不动。当时的想法是，不要把它改成论文，要保留学术生产的"原生态"，也就是那个思想极端活跃、随时准备接受新知放弃旧我的开放姿态。这一点，很能代表八十年代的风气，就是侃大山式的学问。我相信，那个时候，不同专业的学者，包括文学、艺术、史学、哲学等，都流行这种风气。

查建英：后来有人总结，说九十年代和八十年代知识界的区别，是八十年代有思想没学术，九十年代有学术没思想。也许这是调侃，但跟那时候"思想火花"的普遍流行恐怕有些关系。

陈平原：后面我会谈到"思想和学术"这个话题。先把"三人谈"的故事讲完。关于"二十世纪中国文学"这个命题，开始我们想逐步完善，后来决定不改了。为什么？这是历史文本，只有在那个环境下、在那个学术氛围中，才有意义。你再怎么改，都无法弥补其缺失，在我看来，这是个有新意，但不完整且有严重缺陷的论述。

查建英：那时候有什么东西是完整的啊，大家都是在摸索、在切磋，有好多当时的著名言论及作品，现在看根本就是幼稚，或者完全不靠谱。不完整才恰好是当时的状态。

陈平原：对，就因为这些言说适合当时人的趣味，也体现了当时的学术风尚。所以我说，我们关于"二十世纪中国文学"的具体论述，以及怎么酝酿，如何表达，这些都不是很重要；值得关注的是，它作为八十年代学术的一个象征，长短兼备。学生们读这个，很开心，不是因为里面的观点，而是那种真诚的思考，以及那种直白、清爽的表达方式，让他们觉得很亲切。现在的大学校园，很少有这种状态，各人写各人的论文，不太关心别人的思路与命题。除非是朋友，互相捧捧场；否则，让不同专业的学者，来帮你出谋划策，很难。这是八十年代学术和九十年代学术最大的区别。

八十年代——访谈录　　　┃陈平原

查建英：这正好是我下面要问的，就是想请你对比一下这两个年代学者之间的交流、交往方式。

陈平原：八十年代的中国学界，有共同关心的话题；九十年代基本上没有。原因呢，一是学科分化，不同专业的学者很难对话；二是大家只对完成的作品感兴趣，对过程以及思路，不是特别关注。还有就是，很少愿意深入理解别人的思路；只顾自己说，车轱辘般地说，而不太习惯"倾听"与"对话"。

查建英：李陀也谈到这个区别，他甚至说现在我们生活在一个害怕讨论的时代。我感觉确实有这种倾向：炒作多，讨论少。九十年代社科人文学界最激烈的交锋大概就是所谓"自由派"与"新左派"的争论，在二〇〇〇年夏天围绕"长江读书奖"事件达到高峰，彻底吵崩了、吵伤了。然后二〇〇三到二〇〇四年围绕北大教改方案引起的争论可以算一次对教育体制的较大规模的讨论。但总的来说，深入的讨论、争论很少。有些网站上的讨论，也许因为大部分是匿名的，可以谈得比较尖锐，但常常变成一种泄愤，情绪化，不客观，而且也大多是持匕首、投枪的游击战士，正规军似乎不大屑于上去发言。学者公开发表出来的东西，很多也是春秋笔法或者自说自话，大家都有表演欲，但不大有耐心听别人讲话。

陈平原：对，我们只是关心怎么表达，而没学会如何倾听。八十年代不一样，我们提出"二十世纪中国文学"这个概念后，中文系教授们开会，有好多批评，当然，赞扬的也有。包括我的导师王瑶先生，也不同意我们的观点，说我们有"世界主义"的倾向，这让他感到不安。王先生原先研究中古文学，后才转为"五四"新文化运动等，特别关注民族化与国际化之间的关系。还有，那次临湖轩座谈，那几位外国学者，伊藤虎丸、李欧梵、丸山升等，都提了很好的意见。丸山升提的问题还很尖锐。

查建英：丸山升？

陈平原：他原来是东京大学的教授，在日本中国学研究方面，名气很大。他长期研究鲁迅，而且是日本共产党员，他追问我们：你们为什么回避社会主义？谈论二十世纪中国的思想、文化、文学,社会主义是个关键性的问题,绕不过去的。无论是当年的思潮,还是今天的实践,你们都必须认真面对。我们的解释是,条件尚不成熟。以当年的政治环境,确实很难说清楚。不过,王瑶先生和丸山升先生的批评是对的——他们说,我们因对苏联阵营反感,反过来,在拥抱欧美文化时,缺乏认真的审视,带有某种盲目性。为了不直接冲撞意识形态禁忌,放弃左翼文学的讨论,或者回避社会主义问题,不是好办法。在八十年代,我们确实没有能力很好地处理这些问题。现在不一样,应该认真反省当初将婴儿和洗澡水一起泼出去的毛病。那个时候,有批评,有赞赏,大体上都属于学术争辩,没有多少个人意气在里面。单就思想界来说,九十年代确实比八十年代深刻,但八十年代的真诚,现在很难找到。

查建英:几乎所有人的回忆都有这个看法。

陈平原:八十年代的学术界,人与人之间的关系,相对比较单纯。有争论,但很真诚。理论资源有限,学术功力不深,所以,我们的思考,其实比较肤浅。但是,学者间交流很多,没有那么多功利计算。九十年代以后,我们懂得了福柯,动不动往权力、往阴谋、往宰制方面靠,每个人都火眼金睛,看穿你冠冕堂皇的发言背后,肯定蕴藏着见不得人的心思。不看事情对错,先问动机如何,很深刻,但也很无聊。

查建英:法国人那套解构主义理论吧,我也不大懂,尤其是福柯的思路,不是说他不锋利,但我觉得他看世界看人的目光带着一股阴冷、幽暗、怨毒,总提醒你要揭开温情的面纱、丢掉幻想准备斗争,结果让一些本来就压抑的人更压抑了。就像一个掌握了解剖学的外科大夫,再美丽的姑娘,他上来先一眼看到人家一肚子下水。其实有时聪明反被聪明误,这么一来可能走入了另外一个场。

陈平原:走入了另外一种歧途,而且,还自我欣赏。回过头来,思考八十年代我们走过的路,其实也是对九十年代中国学界的反省。

查建英:对。我想请你再谈谈"公共知识分子"的问题。公共知识分子,我理解应该至少有两方面定义,首先是独立性,其实这也是任何一位真正的知识分子都应该

八十年代——访谈录　　┃陈平原

有的:独立的思考,自由的人格;第二,公共知识分子还有一个超越本学科的关怀,就是社会关怀和终极关怀,而且他会把这种关怀对公众表达出来,他不像专家那样仅仅就他的专业发言,对吧。从这两点来讲,你认为八十年代有没有公共知识分子呢?

陈平原:或许可以这么说:八十年代没有所谓的公共知识分子;因为,几乎每个学者都有明显的公共关怀。独立的思考,强烈的社会责任感,超越学科背景的表述,这三者,乃八十年代几乎所有著名学者的共同特点。大家都觉得,知识分子本来就应该是这样,无所谓"没有公共关怀"的"知识分子"。那时候,学科边界尚不明晰,学者发言很大胆,因此才有笼而统之的"文化热"。你知道,"文化"是个很模糊的概念,所有学科的人都能参与对话;也正因此,"文化寻根"可以一转眼就变成了"政治批判"。"文化热"作为契机,或者中介,让所有学科的学者,都能够站出来,表达他的社会关怀。这样一来,没必要再制造"公共知识分子"这样的概念。几乎所有读书认字的人,都敢谈"文化",或借"文化"谈"政治",体现我们的社会责任感。可以这么说,八十年代的中国知识分子,特别像"五四"时期的青年,集合在民主、科学、自由、独立等宽泛而模糊的旗帜下,共同从事先辈未竟的启蒙事业。那个年代的学者,普遍有社会关怀,也尊崇人格独立,想走官场那条路的不是没有,但不多。这也是八十年代学者真诚、单纯、幼稚的地方。当然,那个时候官场的好处也还没有真正体现出来。

查建英:体制中的油水没有后来多。

陈平原:就是。大家都觉得,我们对这个社会有责任,我们还能影响改革的进程,因此,不应该将视野局限于书斋。可以这么说,八十年代京城里新一代的学者,大都有走出本学科、关注社会变革的欲望和举措。必须承认,这跟那个时候学科界限不明晰、学术评估不严格,大有关系。

查建英:那时有很多时间、闲暇。

陈平原:对,有时间来读书、思考、表达。大学没有规定你一年非要发多少篇论文不可,更没指定发表文章的刊物。"文化热"中涌现的许多名文,今天看来,大都不算"论文",只是"评论"而已。此类态度坚决立场鲜明的文章,假设多而论证少,今天送到《历史研究》或《文学评论》,估计都登不了。那个时候,没有什么"核心期刊",没有发表论文的硬性规定,更没有二十个注释以下不算论文的说法。这样一来,制度给了他们自由读书的时间,也给了他们独立思考的空间,别小看这一点,很重要的。那个时候的学者,大都狂放,很多人写文章不做注。记得上海有个著名的文学评论家说过:他本人写文章,无一字有来历,故一个注都不必要。要是现在的学生敢这么说,非被老师敲破脑袋不可。强调独立思考与自由表达,这是典型的八十年代的文风和学风。

查建英:很多人对这个是很怀念的。现在这种强调效率的生活方式,把人推到一条硬性的轨道上,把你的时间精力全塞满,让你永远绷着一根弦,结果呢,你真正想做的事情也许倒没精力做,忙瞎了。北大教改的争论当中,我注意到有一个武汉大学的哲学教授叫邓晓芒,后来听说他是残雪的哥哥,他的文章就讲,八十年代是高校最宽松的时代,各种管理没有健全,也不大管教授,教师们都有空间时间做各种各样的事情。虽然那种制度有它的问题,比如养了一群不学无术混饭吃的人,但你要矫枉过正,走到另一个极端,也很可怕,搞得人人神经质,疲于奔命,哪里还谈得上游刃有余呢。记得林语堂在《生活的艺术》里说过一句话,大意是你只有闲人之所忙,才能忙人之所闲。做探索性、创造性的工作,这种适度的"闲"是非常重要的。

陈平原:"能闲世人之所忙者,方能忙世人之所闲。"这是晚明张潮的话,林语堂借用来表彰中国人这"伟大的悠闲者"。你说的对,这种"悠闲",对于人文学者来说,太可贵了。不敢说所有学科都如此,但对于人文学者来说,没有海阔天空、漫无边际的思考,整天忙于日常事务,是不可能做出大学问的。后面涉及八十年代与九十年代教育制度的比较,再谈这个问题。九十年代有一个很大的变化,那就是学问越来越讲规则,不能乱来,所以有了"野狐禅"、"公共知识分子"与"学院派"的区别。而在八十年代,所有的"文化人"都有"学问",所有的"学问人"也都谈"文化",二者之间没有鸿沟,很容易跨越。九十年代以后,学科边界越来越严格,有些不屑于或不能够撰写专精学术论文的,转而专攻学术随笔或文化评论。这些人,

八十年代——访谈录　　┃ 陈平原

因经常在报纸杂志以及电视上露面，讨论国计民生，被称为公共知识分子。这就涉及第三个我想谈的问题，那就是九十年代以来大众传媒的巨大影响。所谓"公共知识分子"，很大程度上是借助于大众传媒，来表达自己的社会关怀。九十年代中国的另一个变化，就是学术刊物和大众传媒彻底分开。八十年代，即便是学术刊物，也可能发表诗歌，比如《文化：中国与世界》；这在九十年代是不可想象的。但另一方面，电视的作用越来越大，使得学界的声音迅速为公众所了解。同时，学者也可借助于媒体，表达他们对社会现实的关怀，介入到社会变革中去，比如像孙志刚事件，还有艾滋病问题等。所有这些，都不是学院派用论文所能解决的；有时候，电视人的作用更直接。

查建英：比如"焦点访谈"上的那类话题。

陈平原：不只中央电视台的"焦点访谈"，各地的电视台，都有类似的节目，承担大致相同的功能。还有各种专题片、纪录片，以及谈话节目等，多少都有些独立的声音。这是因为，很多志向远大的知识人介入其中。九十年代以后，电视媒体的迅猛发展，对于学者来说，有两种可能性：一是借助大众传媒表达政见、干预社会，这比专业论文有用；一是在大众传媒上经常露脸，出名容易，这也是一种诱惑。所以，经常上电视的学者，有的是出于社会责任感，有的则是为了出名。正因此，好多"学院派"对所谓的"公共知识分子"不大以为然，觉得他们是做不了学问，耐不住寂寞，方才跑到电台、电视台或报纸上，随便发表些高调的玄想。你要对着大众发言，不可能说得很专业、很深入，而且，往往只有态度与立场，没有论证，更谈不上专深的学问。

查建英：即便态度与立场，实际上也得遵从主流传媒的基本游戏规则，不能出轨、犯忌。这样一来，画地为牢、戴镣起舞，你的发言往往会发生不同程度的变形。所以，知识分子不介入大众传媒，等于放弃这个领域；介入呢，你的声音又很容易为之操纵、扭曲。拿不拿这个烫山芋，这是个棘手难题，如何选择、如何处理，很见各人品性。接下来，想问问你八十年代社科人文方面影响最大的三套丛书的情况。你不必说得特别详细，因为甘阳一定会讲这一段。

陈平原：金观涛他们的《走向未来》丛书，我没有参与。我只参加了"文化：中国与世界"编委会。其实，在编委会里，我和老钱、子平，还有陈来、阎步克等，都是配角；因为，当年的主要工作是译介西学。这个编委会的主干力量，是搞西学的；而我们这些做中国学问的，一开始确实只能充当配角。我记得很清楚，在译介西学方面，我惟一做的一件事情，就是推荐Ian Water的《小说的兴起》，并负责审读译稿。其他的事情，都是甘阳他们做的。但到了编辑《文化：中国与世界》丛刊，以及出版学术丛书时，我们这些做中国学问的，可就有了用武之地了。比如，我的《中国小说叙事模式的转变》，便是放在编委会主持的"人文研究丛书"第一辑。把目光放远，这个编委会的成绩，很难说是西学贡献大，还是中学成绩突出。因为，最初的震撼消失后，介绍西学的工作，逐渐稳定下来了，我们还是必须回到本土，面对我们自己的历史文化，或者对现实发言。不过，这个题目，应该是甘阳来谈比较合适。

查建英：那谈谈对八十年代文学的看法吧。这个问题我问了阿城、北岛、索拉这些作家，也问了李陀这样的评论家，但你作为大学里的文学教授怎么看？而且你的研究专题之一是小说叙事模式，应该有另一种角度。

陈平原：我觉得八十年代的文学、学术、艺术等，是一个整体。包括寻根文学呀，第五代导演呀，还有文化热什么的，在精神上有共通性。做的是不同的事情，但互相呼应，同气相求。一定要说有什么特点，我想，就是一种理想主义的情怀，一种开放的胸襟，既面对本土，也面对西方，还有就是有很明确的社会关怀与问题意识。

查建英：对，当时大家没有完全挑明讲，但心里明白：一个时代终结了，一场乌托邦大梦之后，你会问：到底发生了什么？为什么？怎么办？往哪走？比如，田壮壮这次在访谈中讲起他的《猎场札撒》、《盗马贼》，当时被认为很隐晦，主要是电影语言实验，观众都不知道他在描写什么，他自己也拒绝解释，结果他这次说出来：他就是在用一个曲折的方式去表达他对"文革"经验的感受和疑问。你说的这个社会关怀，更多的也是指对共和国历史的关怀吧？

陈平原：每个人的情况不一样。比如说在现代文学界，延续的是"五四"新文化人对于国民性的批判。但不管学科背景如何，都是力图解释当代中国的一系列问题。换句话说，学术论述背后有明显的现实关怀。这点，跟九十年代以后不一样。

查建英：怎么讲？

陈平原：九十年代以后，我们会更关注论题本身，不见得非跟现实生活挂上钩不可。好的方面是学科大为发展，学术日渐独立，不再"借经术文饰其政论"；不好的呢，学界越来越远离现实生活，好多学者钻进书斋，不愿再抬头观看窗外的风景。当然，也有些始终在书斋和社会的边缘徘徊。我是被人划为"学院派"的，即便如此，我也认定，写书时，必须有"压在纸背的心情"，否则，只是熟练操作，意义不大。八十年代的学术，有点像清初，虽然没有出现顾炎武、黄宗羲那样的大学者。当年梁启超在《清代学术概论》中有这么一句，说清初的学问，"在淆乱粗糙之中，自有一种元气淋漓之象"。我觉得，八十年代也是这样，有点空疏，但气魄雄大，不该一味抹杀。或者用王国维《沈乙庵先生七十寿序》中那句话："国初之学大，乾、嘉之学精，道、咸以降之学新。"一个求气魄与规模，一个求专精，一个求新求变。这是我对八十年代中国学术的基本看法。当然，我们可以说，这种"生气淋漓"，是因为整个社会在改革，整个文化在转型，在确立新规范的过程中，你有驰骋想象力的足够空间。等到规范确定了，你有再大的才气，也无法特立独行。所以我说，我们其实是生逢其时的。在一个稳定的社会里，各种规则都已经建立起来，而且牢不可破，即使你有心反抗，也没有实现的可能性。

查建英：你讲的是九十年代以来的状况。

陈平原：九十年代初，我第一次去日本，日本教授告诉我，七十年代以后的日本，知识分子已经无力对社会产生真正的影响。

查建英：我觉得美国学者也是，七十年代以后，学院越来越如此，尤其人文学界，自成一统，自说自话。比如前些年时兴的"文化研究"，就有很多美国学者著书撰文褒贬大众文化，评论麦当娜呀、迪斯尼呀，但其实也就是同行、学生们会去看这类东西,大众文化那边根本不理会,你这套符码它不懂、你影响不了它。有时候会有一种荒诞感,似乎美国学院倒成了迪斯尼,里边有"魔术世界"、"高科技中心"等等千奇百怪的游戏和表演,表演者就是教授,游客就是学生,但它和外面的世界没什么关系,外面的人把它当做一群智力高超的大小孩儿的游戏场:把你们圈起来,你们在里头爱怎么玩怎么玩吧!美国大学最后一次闹社会运动还是六十年代反越战那时候了,现在哪里搞得起来?出了"九·一一"、打伊拉克这么大的事,也没见引发什么社会运动,校园抗议都很少,除了在加州少数特别左翼的校园。美国知识界领袖很多是犹太人,在中东问题上他们自己就有着深刻的分歧,学生呢,也和整个美国社会一样,趋向保守。换个角度看,这也是美国社会总体非常稳定的一个表现。

陈平原:日本的转折,大概是在一九六八年;那次学潮,是最后一次知识分子力量的展现。进入七十年代,大学教授基本上就只能当一个……

查建英:教书匠或是象牙塔里的专家。

陈平原:对。在中国,八十年代的知识分子,还能影响社会,影响社会的发展方向与具体进程。所以,中国的八十年代,其实很值得怀念。那个时候,社会规范尚未真正确立,学者们一只脚留在课堂,一只脚踏进社会,将学理探究与社会实践相结合。说话有人听,而且实实在在地感觉到,这个社会的变化跟你的努力有关,这是很幸福的事情。在专业领域里,整个学术范式在转变,你的工作,很可能直接间接地促成了这一转变的完成。所以,那一代学者,其工作虽有很多不尽如人意处,但你从远处看,再过几十年、一两百年后来看,他们基本上完成了学术转型。在这个意义上说,他们其实是在创造历史。所以,尽管有这样那样的毛病,但没关系,历史就是这么走过来的。以后你的专业研究,会比他们深刻,你的著作也比他们的精彩,但他们影响社会的能力,以及对于学术转型的贡献,还是很让人羡慕的。

我说八十年代的文化氛围值得我们怀念,但我同时承认,那代人明显的精英意识、启蒙意识,没有得到很好的反省。还有一个问题,八十年代的学人,因急于影响社会进程,多少养成了"借经术文饰其政论"的习惯。这个说法文绉绉的,那是从《清代学术概论》借来的。梁启超说到他自己和他的老师康有为,早年为了变法

八十年代——访谈录　　　■陈平原

维新，不屑于为学问而学问，而是借经术文饰其政论。换句话说，表面上在讨论学术问题，其实是在做政论，真正的意图在当代中国政治。这一方面体现了我们的现实关怀，但另一方面，也会导致专业研究中习惯性的曲解和挪用。有好多人，八十年代出名的人，一辈子也改不了这个毛病。在专业研究中，过多地掺杂了自家的政治立场和社会关怀，对研究对象缺乏必要的体贴、理解与同情，无论谈什么，都像在发宣言、做政论，这不好。

查建英：能举一个例子吗？

陈平原：（笑）我不想说。

查建英：啊，那好，但是很多学科里都有这个情形？

陈平原：是的。八十年代当红的学人，有的年龄不算大，身体也还好，可没办法继续前进了。因为，已经形成固定的思维以及表述方式，老在专业论文中，慷慨激昂地表达他的社会关怀，而不管所论是否贴切。有点可惜。

查建英：这是八十年代遗风。抽鸦片能上瘾，革命、批判也能上瘾，瘾来了得不到满足会很憋闷的。还有一种情形，现在社会生活比较多样了，宣泄渠道比以前多了，公众注意力比以前短了，因为各种各样的大嗓门都在吆喝，都在找卖点，所以有时候有些人会为了引人注目而故作惊人之论，把复杂的问题作简化、煽情的表述，包括有些学者的文章和发言。不过，你再慷慨激昂、再语不惊人死不休，如果没有成熟的思索和准确、恰当的表述，就算一时产生炸锅效应，其实于事无补，反倒可能助长那种浮浅、焦躁而不理性的风气。

陈平原：回到八十年代和九十年代学界的差别。先从学术和思想之争说起，这是理解八十、九十年代学术转折的一个很好的突破口。你知道，这说法，最早源于李泽厚。李泽厚是很敏感的人，他看到，进入九十年代，很多人谈王国维、陈寅恪，而不谈陈独秀、李大钊，于是，他概括出一个学问家凸现、思想家淡出的公式。再进一步引申,那就是随着学问家的日渐辉煌,学界不谈主义,只谈问题;学者躲进书斋,远离社会。这个说法流传甚广,影响很大。王元化不同意,希望兼及学问与思想,提倡"有学问的思想"与"有思想的学问"。

查建英:这是在九十年代初。

陈平原:对。关于"学问家凸现、思想家淡出",好多人回应,但我始终没表态。因为,在我看来,这是个伪命题,基本上是新闻界弄出来的。为什么呢?第一,某个特定时期,学问家很风光,但不可能长久,原因是大众根本听不懂。古往今来,大出风头的,都偏于思想型,而不可能是学问型。举一个例子:问你赞成还是反对自由主义,很多人踊跃发言;让你讨论自由主义这个概念的形成及其演进的理路,没几个人跟得上。谈思想,表达政治立场,谁都敢说,说好说坏是另一回事。谈学问,条分缕析,那需要读书,更需要思考,只能局限在很小的范围内。我记得,甘阳说过一句很经典的话,大意是:我敢跟第一流的学者对话,而不敢跟第二流的学者讨论问题。因为,第一流的学者谈思想、谈立场,那我们有;第二流学者谈学问,谈学问需要读书,你没读过,就是说不出来。

查建英:甘阳是典型的思想型的知识分子和组织家。他八十年代就说了这话?

陈平原:我想不会记错。这话很符合他的性格,也不无道理。只是关于一流学者二流学者的区分,我不太认同。其实,思想和学问,各有其强项,也各有其局限,没必要入主出奴。而且,我不太相信那些没有学问的思想,也不欣赏没有思想的学问。工作重点不同,学术趣味有异,硬要把思想和学问剖切开来,分而治之,不太合适。其实,挑起这一论争,背后的问题意识是:九十年代的中国学界,更多地关注具体问题,而忽略了作为总体思想的"主义"。可风水轮流转,很快地,"自由主义"与"新左派"的论战,硝烟四起,"思想"重新吸引了大量目光。

第二,我不否认,八十年代末缩小了学者的活动空间。不管是外在限制,还是所谓的"自律",学者们很难就敏感问题公开发言。这个时候,转入书斋与校园,确有退而求其次的因素。告别振臂一呼应者云集的群众场面,改为与古人对话,有的

八十年代——访谈录　　　❙ 陈平原

人是兴趣使然,有的则是不得已而为之。这一转折,也有内在的理路,即九十年代以后,好多学者抛弃大字眼,转而讨论具体问题,或者说,希望把对"主义"的理解和坚持,落实到具体"问题"的讨论中。

查建英:这是那时候"国学热"的外在背景:不是主动转向,是给逼到墙角了,只好面壁,但一旦面壁之后发现里头有另外一个天地。

陈平原:还必须考虑第三个因素,九十年代的学术转型,跟社会科学在中国的迅速崛起有关。以前的"文化热",基本上是人文学者在折腾;人文学有悠久的传统,其社会关怀与表达方式,比较容易得到认可。而进入九十年代,一度被扼杀的社会科学,比如政治学、法学、社会学、经济学等,重新得到发展,而且发展的势头很猛。这些学科,直接面对社会现状,长袖善舞,发挥得很好,影响越来越大。这跟以前基本上是人文学者包打天下,大不相同。

查建英:回头看,八十年代学界几乎完全是人文学者的天下。

陈平原:活跃在"文化热"中的人物,学术背景大都属于人文。人文学者上谈日月星辰,下管国计民生,胆子大,什么都敢评说。九十年代以后,社会科学家起来了,他们各有各的理论背景,各有各的工作方法,各有各的学科积累,再来讨论社会问题,明显深入得多。比如说宪法问题,还有言论自由、社会分层、城乡矛盾等等,八十年代我们也都谈了,但因缺乏必要的理论资源和实际调查,谈得很浅。社会科学的兴起,使得人文学者那种理想主义的、文人气很浓的、比较空疏的表达,受到了压抑。所以说,八九十年代的变化,包含着人文学者和社会科学家的各领风骚。八十年代那种活跃的文化氛围,以及相对开放的活动空间,都已经不存在了,你还坚持那套启蒙话语,甚至"广场语言",政府不允许,学界也不认可。整个中国学界,面临巨大的转型,众多训练良好的法学家、经济学家、社会学家,他们讨论具体的社会问题,明显比你人文学者专业、有效,而且深入。对于人文学者的喜欢使用"大字眼",动辄"主义",还有"理想"什么的,社会科学家并不买账。学界普遍质疑"宏大叙事",有后现代主义思潮的影响,但也牵涉社会科学对人文学术的挑战。我们所说的"思想和学问"之争，跟这个有直接联系。

另外，对于当下的中国，八十年代学者更多地持批判立场，而九十年代则讲究介入与协调。这似乎与人文、社科各自的特性有关。人文学者注重精神性，坚守自家的信仰与立场，甚至不惜当一个"永远的反对派"；社会科学家不是这样，更愿意采取建设者的姿态，注重现实性与可操作性，主动与政府、企业合作，以获得大量研究经费，并实实在在地影响社会进程。说夸张点，八十年代中国学界的擅长"批判"，与九十年代中国学界的关注"建设"，其实是人文、社科的"此起彼伏"所决定的。

查建英：以前的人文学者写杂文，是匕首和投枪——但匕首后面，往往他并没有大刀，投枪后面也没有迫击炮，他时常抱有速战速决的心态，偏爱"打一枪换一个地方"的游击术。但中国的现代化，无论政治、社会还是学术，绝对是一场持久战。真正的常规战争还得由正规军来打。

陈平原：会打仗的，讲究"寸铁杀人"，不一定非要摆开阵势不可，更不必卖弄十八般武艺。人文学者的选择匕首和投枪，以及更多地表达自己，更为关注精神与信仰，这一价值立场值得尊重。至于强调实实在在的工作，注重点点滴滴的改良，这是社会科学家的思路。一个经济学家，或者一个法学家，不可能像文学家那样发言。现在的中国，是社会科学家的思路占上风。

查建英：其实，无论在文学家还是在社会科学家当中，永远都会有些人擅打游击战，另一些人擅打阵地战，就像森林里有狐狸也有刺猬，除了学科因素，更是气质、天赋使然吧，这倒很正常。但我同意你对人文、社科在八十、九十年代"此起彼伏"的总体描述，很准确。你觉得这是不是一种进步呢？

陈平原：是一种进步。很多人，尤其是学人文的，不太愿意承认这一点。

查建英：是。前一段北大教改引起的那场轩然大波当中，有些人文学者的文章我看就还是那种风格，文采斐然，高调批判，犀利固然犀利，但缺少建设性的、可操作的意见，也缺少对论敌的尊重和理解。我为了写一篇有关的文章访问了不少人，

八十年代——访谈录　　❙ 陈平原

看了不少东西，发现那些激烈的争辩之中就有这个学界转型的因素在起作用，各种反应背后牵涉了错综复杂的利益关系、体制的死结、旧病新疾，包括所谓的"人文科技之争"、"海龟土鳖之争"，相当混乱。某种程度上，北大教改反映出的问题可以说是中国知识分子九十年代以来状态的一个缩影。那场争论当中，人文学者是反对张维迎改革方案的主力，而社科学者，特别是经济学家们，则是支持的主力。我觉得你的态度在人文学者里比较少见，你始终保持一个温和的调子来讨论问题，你赞成的似乎是一种"保守疗法"，一种稳健的逐步的改革。我想这与你愿意承认学界转型是一种进步这个基本的态度有关系。

陈平原：在一个正常的社会里，两种人同样很需要：一种是建立精神的标杆，纯粹理想性质，不管你社会如何变，我都坚持自己的理念与立场，用我的眼光和趣味来衡量一切。没有这种毫不妥协的追求，社会发展缺乏方向感；但反过来，只有这些，缺乏可操作性，社会没办法正常运作。因此，那些脚踏实地，实实在在地承担起改造中国重任的人物，同样值得尊敬。如果不避以偏概全的话，这大概是人文、社科两类学者所应该承担的不同责任。也正是基于这一点，我才说：九十年代以来中国学界风气的变化，比如转向具体问题，转向社会实践，转向制度性建设等，跟社会科学的崛起有关。

查建英：这就正好接续到我想问的另一相关问题。一种观点认为：现在不仅科技知识分子占据学界话语中心、人文知识分子退居边缘，而且学术腐败猖獗，总体上知识分子已被物质利益招安，很多学者已沦为既无独立立场也无理想精神的名利之徒。你怎么看待这种批评？

陈平原：同是读书人，或者说学者吧，因所学专业相差甚远，发展出不同的立场与趣味。八十年代我们常说，文科如何如何，理科如何如何，这个说法，现在看来必须修正。一定要分，应该是基础学科和实用学科的区别。所谓基础学科，包括人文学和自然科学里面的数学、物理、化学等；实用学科，包括社会科学以及工程技术等。后者更贴近社会，更强调实用性、可操作性，也更容易获得政府和企业的赞助。我之所以在《中国现代学术之建立》里，讨论若干古老的命题：比如"求是与致用"、

"官学与私学"、"专家与通人"等，跟这种现实刺激有关。或者说，当我在面对历史时，压在纸背的心情是：如何理解九十年代以来中国学界发生的巨大变化。

谈到八十、九十年代的区别，很多人从理想主义与物质主义的对决入手，对后者颇多贬抑。我是从八十年代走过来的，但我能理解九十年代的社会及文化思潮，为什么会走到今天这一步。而且，我不觉得有很多人攻击的那么严重。以学界来说，我们会很怀念八十年代的文化氛围，但整个专业水平，九十年代显然有很大的进步。社会科学不用说，法学、经济学、社会学等，八十年代才刚刚重新起步。即使是人文学，其实也还是在发展，只不过"学问人口"太多，著作数量庞大，泥沙俱下，你很容易碰到很烂很烂的东西，看得你很伤心。当我们批评当下学术风气败坏时，往往举出八十年代作为对比，不知不觉中，将其理想化了。作为过来人，我很欣赏八十年代的生气淋漓；但我必须承认，八十年代的专业著述，大都激情有余，功力不足。这也是我常跟学生说的，八十年代出道的人，学养不够，但机遇很好，发挥得相当出色。我想套用胡适谈新诗的一句话，来描述我们这代人的工作，那就是"提倡有心，创造无力"。

很多活跃在八十年代学界及文坛上的人物，也都是这样。所谓"提倡有心"，八十年代出现很多新思潮，比如方法论啊，系统论啊，跨学科，比较文学，等等，还有很多，都是让当时人心驰神往的。那是一个热衷于发明术语及口号的年代，每个人都在"提倡"；至于提倡后有无能力真正落实，那就管不了那么多了。意识到某种历史责任，于是积极提倡，最后成果不在你这里，没关系，"江山代有才人出"，"但开风气不为师"，提倡者已经圆满地完成了自己的任务。你别笑，这也是八十年代可爱的地方。

我还想说一点，那也是理解八十年代学术的一条重要线索。伴随着整个风云激荡的八十年代的是，对于"五四"新文化的思考、追随、反省和超越。关键是，一面追随，一面反省。不信你查查八十年代那些重要的思想文本，"五四"绝对是个关键词。我们不只反省文革，反省共和国的历史，也反省"五四"。"寻根文学"是在跟"五四"新文化对话，《河殇》也是对"五四"精神的一种阐发。对于八十年代的学人来说，一步步溯源，首先回到"五四"，然后，在短短的几年间，将"五四"的这一套思想方法和政治行为迅速地重演一遍。

查建英：再出发。

陈平原：对，再出发。

查建英：比如说文学上的寻根，就是从寻找传统很快变成批判传统，跟"五四"批判国民性接上了。进入九十年代以后，"五四"那种批判的、革命的激情似乎终于挥发殆尽，逐渐转上了改良与建设的轨道。

陈平原：我曾经说过，再过两百年，谈论二十世纪中国，如何命名？不是"启蒙时代"，也不是"革命时代"，很可能是"五四时代"。她的包容性更大些，既是"革命"，也是"启蒙"，有"民主"与"科学"，还有"现代民族国家"等。

查建英：我同意，"五四"思维确实是二十世纪中国的一个主导线索。共和国的思路也可以看做是从"五四"文化中最为激进的一面衍生出来的一个变种，毛泽东当年就是五四青年。

陈平原：关于八十年代，我还想说说学位制度建立的意义。在此之前，中国没有学士、硕士、博士这样完整的学位制度。记得第一批授予博士学位，是在一九八三年。学位制度的建立，第一，意味着我们国家的教育日渐正规化；第二，追求国际化，也就是"与国际接轨"，不再讲传统书院那一套；第三，具体操作时，以美国为榜样。现代中国的大学制度，晚清时追随的是德国和日本，二十世纪二十年代转向美国，五十年代学习苏联，八十年代又回到美国的路子。这条线，一直延续到今天。正规化、国际化和美国化，这三个发展思路，对九十年代中国学界的影响特别深远。你可以想象，国民中接受大学教育的比例迅速提高，这样一来，大学到底怎么办，当然是举足轻重的事了。将来有机会，再好好谈谈大学和大学制度。比起个别天才的创造来，制度性建设更值得我们关注。比如大学里的课程设计、学科建设、论文评估、学位授予等，都不是小问题，都会影响到整个思想文化进程。举个例子，就说学术论文吧。刚才说了，八十年代的学界，规矩没那么多，专业化程度不高，写论文时很容易跨越学科边界，甚至可以闲庭散步般地"谈文化"。九十年代不一样，撰写论文，有严格的形式方面的要求。这种专业化趋势，与学者们从广场退回到书斋，大有关系。

查建英：这个题目太大了。从几十年的革命时代走出来，大概除了搞运动是专业水平，其实我们做什么都不专业，各个领域都这样，不光学院。

陈平原：说到八九十年代学术，我想谈另一个问题，那就是学术上的"隔代遗传"。怎么讲？八十年代的我们，借助于七八十岁的老先生，跳过了五六十年代，直接继承了三十年代的学术传统。比如，我在中大、北大念书时，先后接触了容庚、王季思、黄海章、吴宏聪、王瑶、林庚、吴组缃、季镇淮等一大批老教授，他们大都曾就读于二十世纪三十年代的北京大学、清华大学、中央大学，或抗战中的西南联大。因为历次政治运动的冲击，他们没办法很好地表现，改革开放以后，他们在学术上"重新焕发青春"。这不是比喻，是写实。这些老先生，无论做人还是治学，一下子回到了三四十年代。注意，不是回到强调思想改造的五六十年代，而是回到最初接受学术训练的三十年代。抗战前，中国的大学已经很成样子，数量不多，但质量很好。那个时候活跃在大学校园的诸多人文研究方面的大家，他们的业绩，今天仍然很难企及。学生更是如此，那个时候的大学毕业论文，比今天的硕士论文还好。这就难怪，八十年代的学术，不屑于承继五十、六十、七十年代，而是回到三十年代。

你会发现，当年七七级、七八级大学生，崇拜的都是老教授。每所大学里，都有一批老先生，在学术上起薪火相传的作用。像甘阳他们，说起来就是洪谦、熊伟，陈来则提冯友兰、张岱年；我跟历史系的阎步克、高毅同宿舍，听他们说了好多邓广铭、张芝联的故事。每个大学都一样，都有一批硕果仅存的老先生，他们的人格，他们的风范，还有他们的学术趣味，影响了七七、七八级大学生；然后，再接着往下传。我对自己这个思路很得意，那就是：理解八十年代学术，应该把它与三十年代的大学教育挂钩。这跟一批老先生的言传身教有关。他们没有讲多少大课，但学生们会主动去接触，去品味，去追摹，去传说。更何况还有刚刚建立起来的研究生制度，使得一些入室弟子，有更多亲炙的机会。这批现在大都已经故去的老先生，对于八十年代学术潜移默化的影响，值得我们关注。进入九十年代，好多学界名人喜欢追怀老先生，不知道的人，会觉得这是在拉大旗当虎皮，其实不是的，他们确实影响了历史进程。

查建英：非常有趣，你勾勒了一幅弥补文化断层、接续学术香火的图景。能不

八十年代——访谈录　　｜陈平原

能简要地讲一下这批成长于三十年代的学者？

陈平原：第一，这些人大都受过较好的中学、西学的训练，是正规军，不是游击队，跟日后那些靠大批判起家，或者从大批判入手接受高等教育的，无论学养还是境界，都大不一样。只是由于长期的压抑，他们很可能著述不多，或名气不是很大。第二，由于早年良好的教育，加上长期的生活磨炼，这些人大都有一种睿智，一种人格魅力。这点很重要，从他们身上，年轻一辈学得的，主要不是具体知识，而是治学态度，以及所谓的学术精神。第三，我们接触这些老先生们时，彼此之间不构成竞争，没有利益冲突，因此很容易推心置腹。他们早就成名了，也乐意提携年轻人，当伯乐。老少之间，思想比较接近，学术上也谈得来，没有多少隔阂，这样，一下子就回去了。再说，老先生们年纪大，地位高，碰到风浪时，仗义执言，这点让我很感慨。或许是经历过的事情太多了，加上无所求，"无欲则刚"嘛。

很奇怪，那么多年的思想改造，基本上不起作用。我所说的这批老先生，大都没有真正融入五六十年代的学术思潮。这才可能在"拨乱反正"后，很自然地，一下子就回到了三十年代，接续民国年间已经形成的学术传统。学位制度的建立，使得我们中的好些人，有了跟这些老先生朝夕相处的机会。八十年代的研究生培养，接近于师徒传授，不正规，但学问人生一起来，也自有好处。老先生晚年重新焕发青春，让弟子们得以赓续三十年代学术传统。而这些八十年代的研究生，后来大都成为各个专业领域的顶梁柱。这你就能明白，为什么我们能较快地完成学术转型；还有，为什么进入九十年代，学界有一种相当普遍的怀旧情绪；甚至连学术史研究都成为时尚，也与这有关。

查建英：原来如此，实在可叹。与老先生朝夕相处的经验很珍贵，颇有点中国传统书院里的味道，你们等于是这批融会中西的民国时代学者的关门弟子，我想这是你们的幸运，也是中国学术的幸运。你今天讲出了一个八十年代以来中国学术传统如何复苏、接续、再出发的过程。咱们就谈到这里吧，谢谢。

宋晓辉 摄影

→ 崔健

Cuijian

　　一九八六年北京工体那个沸腾的夜晚，穿长褂、弹吉他的青年，那个高歌"一无所有"的邂逅男人，已经跨过了男人四十的不惑门槛。

　　崔健出生于一个朝鲜族家庭，父亲和母亲都是文艺工作者。从十四岁起，他跟随父亲学习小号演奏。一九八一年，被北京歌舞团招收为小号演奏员，开始了音乐生涯。在北京交响乐团工作的六年当中，开始歌曲的写作，与另外六位乐手成立了"七合板"乐队，这是中国同类乐队中较早的一支。一九八六年，崔健写出第一首摇滚/说唱歌曲《不是我不明白》。

　　一九八六年，在北京举行的为纪念国际和平年百名歌星演唱会上，当他身背一把破吉他，两裤脚一高一低地蹦上北京工人体育馆的舞台时，台下观众还不明白发生了什么事情。音乐起处，他唱出了"我曾经问个不休/你何时跟我走……"时，台下变得静悄悄。十分钟后，歌曲结束时，在热烈的欢呼和掌声中，中国第一位摇滚歌星诞生了！

【访谈手记】

见到崔健之前的几周不断听到他即将获准在北京举行个唱的传闻。虽然小型演出一直未断,崔健已经太久没在北京的大型场地公开露面了——上一次是一九九三年在首体为中国癌症基金会义演。十二年了,这对一个热爱现场演出、在北京有着千万歌迷的摇滚音乐家意味着什么?在二〇〇四年的一次访谈中崔健曾说:"在中国,艺术家几乎处在无粮无水状态,无粮就是几乎拿不到版税,无水就是没有演出机会……艺术家没有演出机会,就像鱼不能游泳一样。"

尽管一直夹在审批限制和商业腐败之间,崔健的锐气似乎并未因环境恶劣而稍减,北京的铁杆歌迷们也没有忘记他。年初崔健在豪运酒吧演出,票价不菲却早早售罄。是夜我挤在散发着汗味酒气的人群里听崔健,所有的老歌都是台上一开口台下就震天动地齐声接唱,一曲又一曲,唱得人肝肠寸断,唱得人眼泪哗哗。如果说流行歌曲是时代的标记,那么崔健的歌当得起八十年代、九十年代的标记,它记录了整整一代中国人的梦想和病痛。还有崔健写的词。我一直认为,那不仅是诗歌,而且是我们那个时代最好的中文诗歌。

不止一次听人说:崔健过了,崔健老了。可是,如果崔健过了,崔健老了,那标记今天这个时代的中国摇滚音乐人又是谁?

当夜崔健在掌声、口哨声和"牛×!牛×!"的高声大叫声中返场七次。

数周之后一个下午,谈话地点选在另一家酒吧。那天崔健已经连续接受了好几个采访,因为新CD即将上市,媒体所有问题聚焦在崔健目前的创作及其市场上。我到的时候崔健显然处于又兴奋又疲倦的状态,谈话无论如何也无法在八十年代这个"古老"的话题上逗留。我与崔健完全不熟,想:也好,就听他谈谈现在吧!谈中国传统、文化政策、流行音乐现状,崔健依然锐利、率真、强烈,批判的激情丝毫未减。在中国当下的环境里,对一个摇滚音乐人来说,还有什么比这激情更宝贵?

二〇〇五年九月二十四日,崔健个唱音乐会终于在北京首都体育馆举行。

日期: 2005年3月24日
地点: 北京, CD爵士酒吧

查建英: 你是什么时候开始接触到摇滚乐的?

崔健: 八十年代初吧。

查建英: 当时你在北京一个乐队里吹小号,是通过什么渠道得到的带子?都听过哪些乐队?

崔健: 当时认识一些老外,是他们带进来的,挺杂的,各种各样的带子。那种听音乐的状态最好。

查建英: 还记得一些乐队的名字吗?

崔健: 很多,像 The Who, Beatles, ABBA……多了。

查建英: 听过 Talking Heads 吗?

崔健: 听过。

查建英: 有没有某一个乐队或者这些音乐里的某一种东西突然打动了你,使你产生创作冲动?

崔健: 做太细的分析也没必要吧。就是摇滚乐的个人性,这个我特别喜欢。

查建英: 你的歌词有诗的韵味,以前写过诗吗?

崔健: 没有。小时候写过一些押韵的东西,像三句半之类的,就是自己感觉好听而已。

查建英：你一般都是先谱曲，再根据音乐来填词，对吗？

崔健：对，音乐就是我写词的老师。

查建英：八十年代初北京处于解冻期，各个文化领域都在兴奋地酝酿新东西，比如文学、戏剧、美术等等，你那时对这些很关心吗？

崔健：没有，我一直在文字方面比较差，是靠着耳朵获取知识的那种人。

查建英：与《今天》诗刊周围那些人有交往吗？

崔健：没什么交往。

查建英：阿城说你很早的时候，是抱着吉他给朋友试唱几首你自己写的歌，对他们的反应完全没有把握，是吗？

崔健：对。那是我写了《新长征路上的摇滚》，给朋友唱了试试。阿城那时候给我拿来一个《江水号子》，我把它谱成曲子。当时有一批乐队在弄各种各样的摇滚。

查建英：但现在大家说起来，好像在"一无所有"之前就记不起还有过什么其他摇滚乐队。

崔健：其实八五年前后有不少乐队。《一无所有》是八六年四月。

查建英：那是你第一次公开演出，在工体。当时大家似乎很意外，没有思想准备……

崔健：但有需求。

查建英：有饥渴，似乎在等待这种音乐。你当时对观众那么热烈的反应感到意外吗？

崔健：意外。现在看来有些东西是当时的一种文化延续，其实如果我当时把它改编成一种商业的东西，也可能就朝着另外一个方向去了。

查建英：比如说改编成什么东西呢？

崔健：那时候有很多啊，像"西北风"。其实《一无所有》没有什么，就是一首情歌嘛。结果成了一个里程碑。

查建英：北岛的那首《回答》，也成了八十年代诗歌的里程碑。"卑鄙是卑鄙者的通行证，高尚是高尚者的墓志铭"，无数人能背诵。他的诗和你的歌，恰好吻合了当时那一代人的情绪，或者说你们表达了那一代人的心声。但北岛后来反省自己早年诗歌，认为没能超越那个时代的意识形态腔调。你现在怎么看自己八十年代写的那些歌曲？

崔健：其实就是当时那段历史的一个坐标，离开了那个情境，很难说它是什么。

查建英：一位英国人曾在BBC电台采访时对我谈到你的音乐，他认为从摇滚乐技术的角度看缺乏创新。你怎么看待这类批评？英国毕竟是摇滚乐的大本营。

崔健：我觉得从音乐形式上来讲，摇滚乐就是西方的东西，这是毫无疑问的。这种批评有道理。我们平常讲"打口的一代"、"打口文化"，就是讲模仿西方，这也包括我自己。但我觉得我们学习西方，一方面是学习他们的技术，一方面是学习他们的创作精神。他们那种追求自由的个性，正是我们东方人缺乏的。如果把这种精神学过来了，那他们爱说什么说什么。再说，我们各个方面都在西化，不只是音乐，也不只是中国，全世界都这样。到处都是英文那二十六个字母。

查建英：这种西化、接轨，你认为是好事还是很成问题？

崔健：我觉得从形式上讲是好事。但是要看你怎么接，因为你并不能把拿来的东西插在跟他们一样的土壤里，那就要看你的人格建立在什么样的土壤上，看你能不能在自己的生存环境、生存压力下找到自己的支撑点，只有这样你才可能有自己的东西。对西方人的看法也不应该抱太多指望。西方人对中国的看法我觉得主要是两点，第一你们是文明古国，第二你们是一党政体。如果你不反这两个东西，那他们不会认为你的音乐有什么创新。

查建英：你自己的音乐在这两方面持什么态度呢？

崔健：我觉得我目前的音乐还是寻找。我从一开始就是寻找，寻找自我。

查建英：从技术上讲则更多的是学习，是吗？

崔健：对，必须学习。

查建英：除了歌词是中文，内容表达的是中国人的情感，你的摇滚乐里还有什么是中国元素？

崔健：我认为音乐里的中国特色其实就是农民性，必须吸取民间的、乡村的东西。除了音乐形式，西方人还发展出一套怎么制作、包装等等流程，一大堆东西。

查建英：制作、包装、宣传的一套方法我们这些年学过来不少，这些在市场经济的今天对音乐的传播很重要，但音乐本身应该是更重要的。而现在媒体上（不只是音乐）有不少包装大于内容的东西。比如刘索拉告诉我，她帮电视台策划了一个关于中国音乐家的纪录片，结果播出一看大失所望，因为她发现电视台和观众真正关心的似乎并不是音乐本身，而是音乐家们的吃喝社交。像这类现象你觉得原因何在？

崔健：我觉得好多事情是因为既得利益，从媒体到唱片公司都是这样。在西方，音乐不仅是商业，它是和一整套生活方式连在一起的。

查建英：这是不是与文化土壤不同有关？像卡拉OK、东北二人转、陕北酸曲这类土生土长的东西，是与亚洲、中国城乡里的生活方式紧密相连的。西洋古典音乐虽然是舶来品，但经过一个多世纪也已从最初的异国情调渐渐融进本地生活里了，比如那么多中国家庭都有钢琴，都听莫扎特、贝多芬。摇滚乐却至今尚未在我们这里真正扎根、普及，是吗？为什么？

崔健：其实中国只有摇滚乐现象，根本没有摇滚乐文化。美国一个普通人每月消费在摇滚乐上的钱，包括去酒吧听音乐、买唱盘、去音乐会，可能是八十元，可能更多。我们呢，也许是一块钱。有钱人都去泡卡拉OK了。你怎么比？我们这里一个摇滚乐队，每周排练好几次，非常辛苦，演出一场，能挣杯啤酒钱就不错了，连回家打车的钱都挣不到！我们有摇滚乐评，因为中国人看杂志上的乐评但不看演出！可是乐评人又为音乐家做了什么？真正的问题，文化政策的问题，他们全都回避掉了！记者们都在拿红包，你不塞钱他就不说你好话。所有的主编都知道有偿新闻的现象，但完全熟视无睹。现在的新人类不是觉得自己很有自我、很有个性吗？但他们敢碰真正的问题吗？整个媒体根本不敢触及体制的问题、文化政策的问题，不敢撞这个南墙！其实南墙后面是一片光明。我认为中国摇滚乐的前途是光明的，我们应该无条件地支持年轻的摇滚音乐人，可是他们不仅一直遭受封杀，而且流行音乐界太腐败了，从媒体、唱片公司、代理人到乐评人，往往是羊毛出在牛身上。

查建英：这些批评很尖锐。九十年代以来在原有的问题之外又加了商业腐败问题。那么，总体看，你认为从八十年代到现在，摇滚乐和摇滚音乐人在中国的生存状况有改善吗，还是更倒退了？

崔健：每次别人问我这个问题，我总要先讲一个前提，谈不满意是在这个前提下。因为从生活方面讲，不能说一点改善没有，国民生产总值增高了，人们也开始买房买车了。从言论空间讲，讲话比以前自由度大了。

查建英：尤其在私下。

崔健：我自己现在已经扩大到私下和面对媒体讲话都基本一样了。

查建英：你应该算特例吧。演出自由等并没有体制化，但从个人层面讲，嘴巴的自由度确实大了，这也是个进步，对吗？

崔健：对。所以我们是从这个角度来谈论问题，有改进，但能不能再好一点？尤其我自己，我个人的经济状况当然是好多了，所以人家可能会说你老崔怎样怎样。

查建英：虽然盗版使你损失了上千万元的版税，但你的生存状况和那些年轻的、挣扎的摇滚乐人很不一样，对吗？

崔健：是啊，我站着说话不腰疼嘛。所以我刚才不是强调嘛，现在社会再不要去批判摇滚乐，应该去支持他们。

查建英：也许更可怕的不是批判，是只许他们待在边缘，持续处在半地下状态，让大众漠视其存在，任其生死。但据说现在仅北京就有二百多个摇滚乐队，你认为这些乐队的品质、水平怎样？他们所处的环境比较八十年代怎样？

崔健：还是有改善。但搞来搞去，又出来很多别的问题，比如腐败的问题。其实中国的这个腐败现象也有它人性的一面。就像一个人闯红灯，但没人制止他，闯到第十九次，突然把他撞死了或者把他抓起来了，那你早没有提醒他啊！

查建英：你的意思是不能光归罪于个人，问题在于没有法制？

崔健：对。而且，整个社会都在参与腐败，比如你也可能参加过一些请客吃饭，因为你在生活中也需要建立各种各样的人际关系和感情关系，当你被感染了的时候，你已经进去了。最后我发现这一切还是因为我们缺乏理性，不能用一种理性的态度去看这所有的问题。西方人有理性精神，从他们制定出的种种法律制度上你可以看出来。我们东方人这方面太弱了。

查建英：这应该算老命题了：我们的逻辑思维能力比较差，习惯混沌、模糊、整体思维，不擅长分类、解析，所以"五四"人要把德先生赛先生请到中国来。但看来你认为今天的中国人经历了一个多世纪战争与革命的洗礼，理性仍然很弱，仍然容易感情用事、走极端，对吗？

崔健：但这种极端又被他的行为中庸化。这种中庸的人格在有话语权的人身上尤其明显，越成功越有权，越不敢多说话，在小范围还可以，回家可以对老婆施加暴力，出去就不敢了。所以到最后，还是一个理性问题。最理性的生活哲学应该是利己利人。其次有几种，第一是损己利人——雷锋式的；第二是损人利己；最糟糕的是损人不利己。我发现我们的生活方式其实是一种宁可玉碎不求瓦全的态度，其实就是损人不利己。

查建英：这是不是过激的道德革命失败之后引起的反弹，像钟摆失了调，甩向一极之后会荡向另一极？过去五十年我们在道德上经历了两个极端：先是雷锋式的极度利他主义，后是极度利己主义。

崔健：对，其实我听到的对这个体制、对现状骂得最狠的都是成功的人。

查建英：成功的人为什么骂？是不是因为他们看到和经历的内幕最多，看透了？

崔健：越是既得利益者越骂，而且他们自己越不相信体制，越要把孩子送到国外去，因为他们知道自己干的那些事不对。这就是我刚才说的心灵与智慧分家。所有人都在赌博，没有人愿意输。实际上这个社会就像一个大赌场，人们把自己生命都给赌进去了。没有人愿意错过，他只是想怎么把握这个游戏，他不再想别的。

查建英：有很多聪明人和成功者，把这场游戏看透了，玩得如鱼得水，但有多少人愿意放弃一些自己的利益去为一个长远的公共利益奋斗、付出呢？现在是聪明人的时代了，但这聪明……

崔健：只有聪明的手段，没有聪明的梦想。

查建英：有不少人认为八十年代的理想精神在八九年画了一个句号。你同意这种看法吗？

崔健：我不同意、也不接受这种看法。我觉得他们是给自己找了一个说法。有些人把犯罪、腐败、自己人性的堕落建立在这种观点上，把窝囊废说成正常人，你要不窝囊你反倒是有问题的，因为理想已经死了，活人可以被尿憋死了，灵魂可以被利益憋死了。

查建英：或者说灵魂成了"阁楼上的疯女人"，被锁起来了。现在大众媒体的热门话题是赚钱、成功、消费、时尚，流行的生活态度是及时行乐、爱怎怎，你对这个潮流怎么看？你九几年写的那首《混子》，似乎在刻画这种人物、这种生活态度。这是不是变成了九十年代以来的主流文化意识？如果是，它会长久延续下去吗？社会里还存在着许多别的空间、别的人物、别的态度吗？

崔健：我不同意这个。我觉得很快就会有一些人出现，他们会有理想，会把智慧和灵魂合为一体。他们没有失去自己的感觉和判断。这种人也可能会在一些商人当中出现，会在那些已经有一些资源的人当中出现。因为当初的大学生中就有很多这种人。

查建英：但大学生和知识分子从八十年代之后发生了明显变化：八十年代文化界似乎有个共同的"场"，大学生、学者、作家、艺术家，有一种精神上的联系和互动，比如当年的"北大崔健后援队"，而现在北大学生中最风靡的似乎是周星驰和"大话西游"。你怎样看待这种变化？这是否与九十年代某些通道被关闭，另一些通道大大敞开有关？

崔健：对，九十年代我觉得最主要的就是两个东西：利益加压力，或者叫胡萝卜加大棒。现在胡萝卜多一点，大棒是很清楚地放在那儿。但是我觉得现在胡萝卜已经被拿得差不多了，剩下的胡萝卜是放在大棒旁边，你要不拿这些就没的可拿了，但你要不解决大棒的问题，你就别想拿到它。或者换句话说：你只有拿到这些胡萝卜才能真正解决一些基础问题。

查建英：明白。但怎样才能拿到这些胡萝卜并解决大棒的问题呢？是靠你刚才提到的那些能把智慧和灵魂合为一体的优秀个人吗？靠体制内改革家、"公民社会"的形成、更广泛的社会运动，或者所有这些？

崔健：或者换个说法，任何一个健全的社会，都应该有商业团体、政治团体、文化团体这三极，任何两级都不够健全。但中国一直就没有一个商业团体，一旦有了就会产生各种各样新的可能性。或者干脆说，中国一直就没有过商业！而文化又一直被控制着。所以，三角架从来就没有张开过，更别提站立住了。任何事、任何人，三点支撑才能真正站平稳。比如在我的生命当中，就是三个基本点：爱情、事业、身体健康。缺一不可，缺了任何一个，你肯定会觉得不对劲。个人和社会是同一个道理。爱情可能相当于艺术，身体相当于政治，事业相当于商业。任何人都会想要这三个，要是缺了其中一个，肯定会感到着急，但你要是找多了这个呢，那两点又会缺，又不平衡。我觉得我们现在到了这样一个阶段：商业方面刚刚受到一定补充，政治方面一直很强大，现在逐渐在减弱，如果能够科学化地看待这个问题的话，应该明白实际上这对自己有好处，因为能够休息啊！否则老自己支撑下去，到一定时候非累死不可。

查建英：文化可以补充、帮助政治，但比如摇滚乐，它的形象一直是叛逆、反正统、反主流，似乎是社会里一种不安定因素，你怎么来解释它的建设性和积极功能呢？

崔健：这么说吧，社会就像一个人，现在我们觉得他有罗锅、鸡胸等种种症状，实际上是因为他脾胃不合，没有自我调整能力。其实批判就是调整。我们每个人都需要自我批判，如果长期没有这种批判，肯定不行，肯定不平衡，要出问题。

查建英：无法发泄的愤怒比发泄出来的愤怒更危险。那是不是他现在体质还比较虚弱，不敢接受批判这一剂猛药呢？

崔健：他不是太虚弱，是太不平衡了。一方面过于强大，一方面神经过敏。现在需要一个法律部门去支撑，让艺术家有限地去进行批判的活动。但没有。应该有反腐败部门，从内部去改革。

查建英：你认为体制内部出现一些有眼光有能力的人士来进行有节制的改革很关键吗？

崔健：对，还是要有理性地改，否则失去理性，改革动作过大，就会变成一头失控的野马。这个应该考虑进去。所以我认为，任何暴力革命都会产生失控的后果。特别是现在，信息社会不需要你诉诸武力。现在是动脑子的时代，干吗偏要动武？一旦动武，必然造成无止境的仇恨。

查建英：往往适得其反、欲速不达。

崔健：对。知识分子应该表述这种态度，就是反对任何暴政，反对任何暴力情绪。比如我们这里的腐败现象，你不能把它非人性化，其实它都是人与人之间关系规律的一个产物。比如，你邻居的一个孩子贪污腐败，你就把他抓起来枪毙了，那一定会造成他周边人的仇恨，然后带来暴力、报复。所以我个人觉得，像这类问题我们应该站在更高的角度来看。只有平衡的人才可能站得更高。实际上走钢丝的人具有高级的平衡能力。这牵涉到一个人体力学的原理。

查建英：实际上中国的传统资源里也有很多这种东西，平衡、互补、调和、缓冲，有一套很高明的哲学……

崔健：对啊，但都被政治给压抑了。中国传统有几样东西一直没变，一个是皇权政治，一个是小农经济，一个是思想专制。尤其到了信息社会，皇权政治成了一个特别大的阻碍。它老是认为：你死才能我活。但信息社会其实是：你越火，我也越火。

查建英：一个是双赢，一个是你死我活。

崔健：是啊，还停留在你死我活的阶段怎么行。这方面西方比较成熟，很多东西会随着全球化带进来，从经济、政治开始，将来很快会把文化的东西掺进去。我觉得，说一千道一万，实际上是一个利益如何科学化分配的问题。政治其实就是一个集权的利益。各国都是，没有例外。都是你拿着权力去处理利益的问题。

查建英：集权还是集团？

崔健：一样，就是一个集团的权力。

查建英：一提集权一般人就联想到专制、极权了，而集团可以分成独裁政体下的集团，或者民主政体下的集团。

崔健：我觉得任何一个集团都是专制。美国的任何一个政党都是专制，和另外一个党抗衡，各自代表一个集团的利益。所以国家机制对政党机制有限制。

查建英：对，不必革命也不怕颠覆，都在内部自我调节了。回到八十年代这个话题，当年知识分子和文化人形成过一个互动的公共场域，但那个场比较幼稚、比较脆弱，你觉得中国发展到现在这个阶段上有可能出现一个新的公共场域吗？

崔健：我觉得可以这样说，任何一场革命，最终都是一次人的革命，要看有没有新人的成长、新的素质的成长。你说现在中国的音乐界是不是没有才华？或者这个民族有没有真正搞音乐的素质？我觉得都不是，是你看到的现在的这帮人不行，但要是换一批人上来，马上就行！都是中国人，都说中文！

查建英：你是说换上一批目前处于被压抑状态的人。

崔健：对。比如音乐教育，中国现在没有音乐教育，是因为没有正确的音乐教育政策，根本就没选对人！谁拍马屁谁上去，没有音乐才华的人才搞音乐教育，没有音乐能力的人去当音乐导演！

查建英：根本上还是体制的问题？

崔健：对啊，换人就完了。所以，这个人平常看着不起眼，也许体制对了他就起眼了。

查建英：体制问题无数人意识到了，但……

崔健：大家都不敢讲，自我恐吓。自我恐吓带来自我阉割，自我阉割之后还要自我欺骗，把一切都说圆了。比如，我要是谈论艺术，我才有自由创造呢，别看我现在做广告，每天睡他妈小老婆，包他妈小姐，但我给你谈论爱情，我这才是真正的爱情呢！所以他诋毁了很多年轻人，让他们从这个角度去看事情、让他们永远没有发言权。这些人，所谓的成功人士，他用这一套获得了成功，然后自己给自己找借口，同时镇压年轻人。比如讲自由创造，他会说：你别跟我谈创作，我那个时候在学校如何如何，那才叫创造呢！你这叫什么呀，你且得跟我学呢！他掌握、控制话语权。

查建英：你讲的是现状？

崔健：就是现状。这样的人很多都是走的这个过程：从自我恐吓，到自我阉割，再变成颓废，然后掌握了话语权，再去对别人实行压制……其实这些话都应该是年轻人说的话，我到这个岁数了还得说这话。比如报社记者拿红包的现象，本来你要给我工资我就不该拿红包，我拿了红包，等于挖你的墙脚。我在报社工作，却在外头拿红包，这不等于是挖报社的墙脚吗？这么简单的事情他们不说，给红包反而变成天经地义的事情，你不给红包你变成不食人间烟火了！

查建英：歪理变成正理了。

崔健：对，他们掌握了话语权。所以现在问题是怎么样才能鼓励年轻人，让他们能掌握话语权。后来我发现，这是中国传统的问题：中国传统里从来就没有给过年轻人话语权！这是东方的东西，必须供着老年人，他们说得再不对，也得听着。

查建英：现在的流行文化，尤其在亚洲市场上，倒是把青年人作为主打对象，年轻即时髦。

崔健：但它强调的是青年人的身体，不是智能。现在亚洲的文化已经走到就剩青春期了。十八岁已经是大姑娘了，太老了。现在二十四五岁都是老太太了！

查建英：是啊，三十几岁的男人也都被称为老头儿了。中国的流行文化看上去像是模仿、跟风，但有些方面绝对走得比欧美邪乎。为什么呢？

崔健：就是产品。你知道现在都围绕着什么消费吗？就是性遐想。到处都是这个，所有人都谈论，但并不是真的性，不是发泄，不是实打实的，就是性遐想。

查建英：这种有壳没芯的时尚文化似乎隐含着这样一种逻辑：如果你敢有脑子、敢有个性，你不满现状，你说话带刺儿，那一定因为你适应不了时代，你太重，你不酷。这逻辑是不是有些阿Q？

崔健：在这一点上，我觉得这是一种亚洲现象，亚洲的文化永远是这样。健康的制度、文化永远鼓励青年人，有很多理想化的东西都是跟年轻人有关系的。

查建英：但很多西方的东西，比如鼓励青年人，比如偶像文化，到我们这边就变了味、掉了包。

崔健：就成了使用你的身体，但绝对要控制你。我们其实从来就没有真正地鼓励过青年人。所有的偶像都是为性遐想塑造的产品，根本不是真正具有生命力的。你越老实、越性感，越好。

查建英：北京街头报摊上很多明星杂志封面就常给人这种感觉，无论男女，一副阴性的乖巧讨好相。美国虽然也到处都有亮光光的偶像杂志，但个人主义、个性文化在社会中是真实存在的。为什么我们总是回避真实、压抑个性？是我们这个民族太怯懦了吗？

崔健：也许应该说传统。要说民族，等于打了一个封条了。而且要说起来，中国是最没有种族主义的了，汉族几乎都没有汉族史。

查建英：有人认为汉族有点像法国人，从官廷到文人士绅发展出了一大套精致的高级文化和官府文化，之后呢，变得比较软性，打仗往往不大行。当然这只是一些极为简单的文化符号。

崔健：我觉得说明不了什么问题。汉族有很多自己的优点，汉族文化是人类的一个财富。老祖宗的财富在被一些后代人无耻地消耗。其实是皇权政治下带来的人性的问题，有一个几千年的惯性。很多封建统治者说：老百姓都是贱民、奴隶，就得这么管他，就得拿大棒盯着。

查建英：看来你不同意那种流行的新权威主义、精英决定论了，他们认为在中国这种地方只能实行威权统治。

崔健：胡说八道。这只能说明你们这些政治家自己没有能建立好更适合这个民族的民主制度。而且你们也别骂祖宗，正是你们在无耻地消耗祖宗，几千年的财富已经让你们给糟蹋得差不多了！

查建英：你指的更多的是文化财富吧。但制度也是传统，皇权也是老祖宗传下来的几千年的遗产。

崔健：对，制度没有良性地发展，停滞了，两千年没有新的东西，直到西方进来了，你才开了眼界，才开始思考怎么样去发展这个制度的问题。以前改朝换代都是换汤不换药，从来就没有想过制度问题。

查建英：到鸦片战争才开始一个大的转折点。

崔健：其实问题是我们没能真正地建立起一套制度，让什么样的部位起什么作用、什么人干什么事。我们一直都是错着位。中国人还老说中国文化取之不尽用之不竭。连宇宙的资源都不是用之不竭的!所以,现在问题是怎么样才能打破这个局面,看到自己的问题,正常地去发展。

查建英:你觉得有希望吗?

崔健:我觉得中国文化需要全部开放。

查建英:你不怕全部开放了出现你说的那种殖民地现象吗?就是中国全部抄西方的,只有模仿没有创造。

崔健:我说的开放不是单向的。

查建英:中国现在仍处在弱势阶段。

崔健:经济上是弱势,但如果在文化上中国变成弱势的话,那是人类资源的浪费。现在都有中国人自己故意按照英文的语法说错话了。如果没有原创,就只有这种夹生饭了。还有就是,所有人都在卖,挖别人的价值来卖,殖民主义就是这样的,光卖,不创造。如果一个民族就满足于这么一个没有创造性的状态,那太可怜了。

查建英:在我们的现状下,建立自我是非常艰难的事情,也许先要从日常小事做起。你发起的"真唱运动"倒是找到了一个很好的切入点。现在不仅成人,小孩子的演出也掺假。比如我女儿的小学举办新年演唱会,结果观众只能听到大喇叭里播的录音带,因为学校认为小孩子在台上的嗓子不够亮、不够好听。

崔健:我觉得这样做犯了两个罪:一个是欺骗观众,一个是诱导儿童。你等于在破坏孩子的心灵。

查建英:对。说到这儿想起了哈维尔,他们捷克知识分子七十年代时联名签署过一个"七七宪章",就是为的捍卫一些摇滚乐手的演出权利。

崔健:这个我们也做过,真唱运动的目的就是这个。

查建英:哈维尔曾写过一篇著名的文章《无能者的力量》(*The Power of the Powerless*),提出了一个著名的口号:活在真实中。对许多普通人来讲,谈体制改革太空泛,离他太遥远,但在日常生活中尽量少撒谎,或许倒更为切实可行。

崔健:对,一个人要能坚持十天不撒谎,本身就是进步。有人算过,现在平均每个人每天要撒六次谎。

查建英:其实各界有多少成功人士啊,企业家、作家、科学家、影视明星,那么多政协委员、人大代表,也都有发言权,每年开两会为什么不去提议、批评呢?

崔健:就是恐惧。多少人都是一个恐惧。

查建英:那你为什么对一些成功商人乐观呢?他们也不敢碰这个啊。

崔健:我的意思是说因为他们成功了,有资本了,压力少一点了,可以稍微放松一点去支持一些艺术活动。

查建英:你指的只是从经济上赞助艺术。

崔健:对,这样至少可以帮政府减减压,不然就像一个大帐篷,全凭一根支柱撑着,撑起来这边顾不了那边,摇摇晃晃歪歪斜斜的。

(本文编辑时有所删节)

⑥ → 甘阳

Ganyang

一九七〇年作为知青从杭州去东北下乡八年。"文革"结束后先后就读于黑龙江大学哲学系、北京大学外国哲学研究所、芝加哥大学社会思想委员会。八十年代中期在北京创办象征中国学术新生代崛起的"文化：中国与世界"编委会，主编出版的《现代西方学术文库》等成为八十年代的文化标志之一。现任香港大学亚洲研究中心专职研究员、兼任香港中文大学历史系和广州中山大学哲学系客座教授。

【访谈手记】

甘阳自一九九九年移居香港之后，极少北上，这个访谈约定之后等了大半年才做成。二〇〇四年冬季我去看苏州昆剧院重排的《牡丹亭》，在世纪剧院门口迎面遇见甘阳和潘洁，夫妇俩衣冠楚楚，特意从香港飞来连看三夜大戏。因为要见的朋友太多，他们的日程排得极满。问起来才知道，那竟是甘阳一九八九年之后首次回京。第二次便是二〇〇五年五月来清华大学开会，晚上照样抽空看戏，散场之后由三联书店的舒炜陪同来我家深夜长谈。

录音之前聊了一会儿天，说起近年香港社会及大学里的种种问题，甘阳大发牢骚，说教课在大学里地位不高，能找来钱做项目才是本事，结果很多教授忙于此道，但用项目经费写出的研究论文反倒没人有工夫看；整个社会的文化趣味越来越幼稚，大人反倒跟在小孩的时尚屁股后面跑。"这样发展下去，像我们这种人简直没法活了！"又说，"感叹人生本来是中国文化里很重要的一个东西，现在连这个都快没有了。"

甘阳在朋友中素有狂傲之名，但他周围一圈"死党"又都承认他对书对学术思潮有着一流的直觉，是天生的策划家、组织家、鼓动家。九十年代初甘阳在以精英倾向著称的芝加哥大学社会思想委员会就读期间，我也恰好住在芝加哥；当时那里有个来往密切的小圈子，黄子平夫妇、李陀夫妇、刘再复夫妇、许子东夫妇以及李欧梵、苏炜等都曾在那里居住，来往密切，加上访客频仍，聚会不断，吃吃喝喝，热闹得很。经历了一九八九年，这些人的思想和生活当时都在剧烈震荡之中，时常交流讨论。即便在这群个性分明的朋友中，甘阳也算得上是最为激烈狂傲的一个，其观点之极端与多变，有时会遭到众人一致抨击或调侃。但朋友们也都欣赏和习惯了他这种剑拔弩张的"高调表演"。李陀讲话：反正喜欢甘阳这个人，不仅喜欢他的优点，连他的缺点也喜欢。

对于甘阳近年的一些言论、观点，我得承认自己并不同意也不"喜欢"，而且当面讲过，讲毕照样一起吃饭、喝茶、谈天。这大概就是仗了在芝加哥那一段八十年代式友谊的老底子，可以直言臧否。但确实喜欢甘阳另一些文章，特别是他介绍西哲的文字，比如前两年香港牛津刊印的《政治哲人施特劳斯》，那是甘阳的拿手好戏。也欣赏他锋利夸张、煽风点火的性格：一个长年过着书斋生活的人，难得他能葆有如此"可恶而又可爱"的顽童个性。

时间：2005年5月13日
地点：北京芳草地

查建英：在谈八十年代之前，我希望你先讲点个人故事，或繁或简，谈谈你的家庭背景，青少年时代读些什么书，为什么后来选择了研究西学。因为这些牵扯到你是怎么样一个人，为什么后来做了那些事。你好像从没有在公开发表的文章里边描述过这些。

甘阳：我一般不谈的。是这样，我父亲是一个大学教师，理工科的，他是解放前夕毕业的。他是大地主家庭出身，所以我们家属于成分不好一类。

查建英：在杭州？

甘阳：地主家在绍兴，但是我爸爸他们读大学就出来了。我父亲当时给我的影响特别大，这是毫无疑问的。我父亲他们那时候理工科和现在理工科很不一样，他们都很喜欢人文方面的东西，但他们是不会去搞文科的，他们那个时代考文科是被看不起的，因为觉得只有考不上理工科的才去读文科。

查建英：那他小时候上过一点私塾吗？

甘阳：我父亲是一九二几年生的，那个时候他们上的应该是洋式学堂了，我都不知道他到底上没上过私塾，但我想他们肯定已经是半新式教育了，后来抗战当然也逃过难啦，战争时期大户人家很怕被绑票……

查建英：是共产党员吗？

甘阳：不是，他那种出身解放后很要命的。

查建英：他没有像那时候的进步青年受"五四"影响？

甘阳：“五四”影响肯定都受，不过像我父亲这种人是很聪明的，从一解放，他就知道这个世界是工人农民的，不是他的世界，所以他不会凑热闹去要求进步。但是他们这种人业务好，就是"文革"前当点什么教研室主任啊、系主任啊之类的，多半是副的吧，正的大概要党员了。我父亲这样的人，按照当时的标准是挺"反动"的。

查建英：也没有被改造？

甘阳：改造当然每个人都得改。但是我父亲这个人他不会像那时很多人那样要求进步要求入党之类的，他有自知之明。"文革"最早揪出来的知识分子一定是和党靠拢比较紧的，不是党员的话，就是那些积极要求入党的。如果根本不是党内的人，又不要求入党的人，这个一般来说周围的群众是不看你的。我觉得共产党五十年代初期在知识分子里面最早吸收的党员肯定是一般人都很佩服的人，不光人品好，而且业务也好。比如说像我父亲一个老同学，他后来是全国人大代表，这种人在大学读书期间就都是很好的，人是非常正派的，同时出身比较贫寒，所以解放后自然是知识分子中的优先发展对象。但我父亲就从来没有要求过入党之类，我觉得像他这样的人大概是很早就自觉靠边站的人。

查建英：这个对你从小有影响吗？

甘阳：那当然是了，因为"文革"时候，我们相伴的这段时间，我父亲这种"反动"的话，他只会跟我说。

查建英：跟家里人说。

甘阳：他不会跟全家说，他会和我说。

查建英：你是家里的长子。

甘阳：长房长孙嘛。

查建英：长房长孙？这就有使命感喽。还有兄弟姐妹？

甘阳：我有三个姐姐，我是第一个儿子，然后还有一个弟弟。因为我们家是很大的地主，所以长房长孙是很有地位的。我小时候有两件事情对我影响很大，一个就是我回绍兴乡下时，能感觉到我这个长房长孙很有地位，我小小年纪坐得高高在上的。乡下和城里是不一样的，乡下很多习俗还是和解放前差不多，例如人家会叫你大少爷，这在城里是绝对不行的，我妈妈第一个会吓得昏过去，找死啊！但乡下从前他们都是叫我父亲大少爷的，因为他是长子。我生在沈阳，因为刚解放的时候，国家在东北办新大学嘛，就把南方的我父亲他们这些年轻教师借调到东北去建大学，我父亲参与了组建大连工学院、东北工学院、哈尔滨工学院。很幸运，"反右"前我爸爸调回杭州了。我父亲一再说：要是"反右"时还在东北就肯定完蛋了。意思就是说他如果在那边，那他肯定要被打成"右派"了。我父亲是南方人，他当时对东北深恶痛绝，讨厌苏联专家，那时是苏联老大哥嘛，苏联专家来指导一切，我父亲他们这些从前学英语的当时都要学俄文，给这些苏联专家做翻译。可以想像他们肯定牢骚很多，但"大鸣大放"的时候我们家正忙于回南方，回到浙大时"反右"已经开始了，而且因为他已经离开很多年了，和这里没有任何人事纠葛，所以他就说，他在最紧张运动当中，他和单位关系很松，逃过去了。

查建英：你就在那边出生的了。

甘阳：我一九五二年生在沈阳，然后一九五七年回到杭州。

查建英："反右"躲过去了。"文革"呢？

甘阳："文革"当然都揪出来了，连我母亲都揪出来了，我母亲是会计。抄家很厉害，说我母亲是漏划地主，我父亲当然就是反动知识分子。抄家当然是都抄过，浙江大学当时一共只有七栋楼是高级知识分子楼，几乎每家都被抄过。有时一天抄几次，因为人家抄完是晚上，然后你点灯在整理东西嘛对不对，但人家以为你在赶紧窝藏什么罪证呢，又来抄你。所以后来你就不要再收拾了。

查建英：这些经历对你重要吗？

甘阳：这个经历，我觉得应该算是很重要，我大概是，按当时的说法，我是很早就很"反动"的，下乡以前就已经是。一般像我这个知青一代或者再上面一点，大概多数人的所谓这个思考啊，是在林彪摔死以后，震动很大，很多人是从那开始怀疑和想问题。但我比那还早，那以前我早就已经是很"反动"的了。这自然和我父亲的影响有关，还有我后来的大姐夫，因为我们家在大学里面，他当时是大学里的学生嘛，他们对我的影响很大。我父亲和我姐夫他们是比较早看透的。"文革"开始我应该是上初一，但是实际上我没有上过中学，我小学刚毕业，就和我的大姐夫他们大学生一起混了。后来所有人都可以参加"文革"，我是很小的一个小孩，但是我跟大学生一起玩的，我姐夫他们都是属于大学生中最早就"逍遥"的，就是"灰"的那批了，他们这个是比较早。

查建英：红卫兵你参加了吗？

甘阳：红卫兵我当然参加过，参加大学里面的红卫兵组织。那时候都是造反派，你也弄不太清楚，一拨一拨的。杭州那个情况也是斗得很厉害的。但是"文化大革命"我觉得有非常双重性的东西。一方面是家庭出事，挨整，但是另外一方面是空前的解放。突然，学校啊，整套的教育，整套的制度，这个一整套的东西都被不但是打破了，突然都成了错误的。

查建英：你原来是一个好学生吗？

甘阳：那个时候还小嘛，我当时是很不好的学生。我读书自然不错，但我是非常捣蛋的学生。人家从小说我有反骨。小学四年级到五年级，父母亲都老要去"四清"什么的，反正父亲老不在家，我就把这个小学搅到课都上不下去，原因是当时看不起老师，觉得这个老师讲的狗屁，然后全班都跟着我瞎闹。当时那个老师非常的狼狈，后来小学就给我一个非常严重的处分，停学一周。因为弄得老师很没有威严。

查建英：那你属于最早的造反派了。

甘阳：就是非常不规矩的。而且那个老师正好是教导主任。当然这里面有很复杂的因素，比如说因为附小的这些老师呢，基本上和这些大学老师都住在一起，都是这些老师的太太，所以都会卷入到家庭的关系，会影响到大人之间的关系，因为人家就说你在捣乱。所以从性格上我想大概我很小就是那种非常的桀骜不驯，很难入方圆的一个人。

查建英：那时你看很多课外书吗？

甘阳：当然是了，那时候能看的都看。我们那时候有一个青少年图书馆，大概我小学四年级的时候把里面所有书都看光了。就是"文化大革命"开始前两年那时候。

查建英：那时候还有很多旧书？

甘阳：一九六四年旧书还是挺多的，但是有些是当时不能给你看到，比如像《金瓶梅》就不可能看到的。

查建英：你印象特别深的是什么书呢？

甘阳：主要是翻译小说。我那时候看得最主要的就是小说。

查建英：英美的还是俄国的？

甘阳：都有。反正就是能看到的、有中译的，不分良莠，狼吞虎咽。我印象特别深的其实是"文革"时期和大学生一块儿。"文革"时期最好玩的事情，就是浙大学生爬到浙江图书馆里去偷书。而且大学生都是连偷东西都有理论的,什么"读书人窃书不是贼"之类。偷出来,很有意思的,就是说大家只有一本,所以就把书拆开,每人抄比如说五十页,都是用那时叫蓝印纸,你抄五十页,他抄五十页,五个人弄出来不就五本了吗,然后流传,流传也就这么传出来的。

所以,"文革"一开始,首先是家里受冲击,很压抑,但是同时一方面呢,这个受冲击并不是只有你一家,这个是不一样的。

查建英: 集体遭殃,比单独遭殃感觉好些。

甘阳: 全面的,然后小学也造反了,小学老师被推翻了,中学老师也被推翻了,那这个时候是彻底的自由,彻底的解放。而且我想我肯定是早熟,但是我想我的解放感那是非常空前的。然后,假如这个时候没有书的话,你当时也不知道干吗,有书看又不同。那个时候印象最深的是普希金和莱蒙托夫。我抄过几本书,我看得比较早,在他们偷书前巴尔扎克我几乎全看过了,那时候比较容易找到巴尔扎克嘛。好像巴尔扎克印量大,后来有一段时间大家换书嘛,你手里边巴尔扎克不值钱的,但是普希金书籍那时候很值钱的,我想可能是与当年印量有关系,但比如莱蒙托夫的《当代英雄》,好像就少些。但是巴尔扎克,很多人早有了。一九六八、一九六九一直到一九七〇年,大家还是换书。

查建英: 为什么你对普希金和莱蒙托夫印象特别深呢?

甘阳: 这个我想是很个人性的感受,未必每个人都是这样。不过当时这样一个社会,一方面非常自由,非常解放,但是另外一方面你是很无所着落的,就是说,你是人家普希金和莱蒙托夫这样一种"多余人"的感觉。这都是当时印象比较深的,尤其是到"文化大革命"后期。"文化大革命"我觉得是前三年真正搞运动,和后几年不一样的。前三年是又兴奋,又思想解放,而且是激烈地想问题。然后从下乡、大学分配开始,就是一九六八和一九七〇年,这个时候,一方面也要把这个运动都收起来了,不让你们群众组织再吵了。大学生要分配了,这个是很大的事情,本来那和我无关,但我和他们大学生是血肉相连的哥们儿啊。大学生这个时候就开始有工作的问题，都有被发配边疆的感觉，比如他们学的是电力，发电厂都在很偏远的山区，这本来可以说是学有所用，本来你是无所谓，但是现在会觉得整个社会这么一个混乱状况，同时，混乱的好处已经开始不大有了。

查建英：你们有没有讨论小组？

甘阳：成天就是散步，成天在西湖边逛来逛去，就是说成天都在谈这些。

查建英：已经对"文革"幻灭了？

甘阳：那早就有，我想像我姐夫他们这些大学生，一九六七年开始就基本幻灭了，他们很早就失去这个革命热情了。我想最一开始他们可能都有一种兴奋，有一种期待感，还有一种新的beginning，新的一种可能性嘛，然后就……但是前三年有很多东西说实话是印象很深的。

查建英：你参加过武斗吗？

甘阳：参加过。非常危险的阶段我没有经过，但是你成天处在武斗的状态当中，就是对峙的处境。比如在一个大楼，最厉害的时候，两派各占一个大楼，这个中间地带就是战斗地带。

查建英：有武器吗？

甘阳：杭州比较厉害，到后来我们就拿枪。一九六七年的时候，一开始比较低级的就是藤帽和铁棍。是轮班的，都是住在那里，完全的集体生活，然后你这个楼梯口都是拿着藤帽铁棍坐在那儿的，因为每天都可能他们要来打我们的，然后有可能你这边要出来一个战斗打他们。我这么小，当然不会叫我出去嘛，但是有两次很惊险的，我父亲很惊，看到我在一个大校门，那时候我们两个排坐在那里，在等待人家过来，但老百姓还是走，我父亲并不知道我在里面，他就觉得一帮人坐在那里，他觉得那边很危险，后来他知道我在里面，我爸爸吓了一跳，就说你怎么夹在人家大学生那个里头！那个大楼里面三班倒，轮班睡觉，因为怕睡觉的时候人家打进来怎么办。但是那个时候说实话还是很刺激，很好玩的。

查建英：你当时对那些事情很认真吗？

甘阳：那时候我做任何事都是很认真的，一九六八年以前我是很认真的。我大姐夫比较嘲笑我，他感觉我是一个小孩嘛，他虽然早就对这些没有兴趣了，但他那时候在追我大姐，所以他就不好退出，跟我们混，其实他们那帮人基本上都退出了。

查建英：那你算是个理想青年吗？

甘阳：那个时候还谈不上，太小，谈不上理想，但当时大家辩论的时候还是很认真的。那时候我觉得是有几件事，一个是"文革"时候的人才，比如说那个漫画水准之高，大字报的毛笔字的漂亮，文章的漂亮！比如说我父亲都很惊讶，说他那时的学生，他以前从来没看出来这些学生有什么文人的才华，好像平时很平常的学生，怎么突然一下都是才华迸发，因为他们本身都是理工科的学生，你看不到他在文科方面有这种表现，比如说他这个漫画。"文革"时候的漫画，很可惜，我觉得那个漫画，真应该是编一个好好的集子，因为有些画是全国流传的嘛，比如说最有名的就是那个《百官升官图》嘛。这个印象很深刻。

查建英：你那个时候写过大字报吗？

甘阳：当然写过了，所以大学生们都知道我文章写得好嘛，水平很高啊。

查建英：你那时候才十五岁。

甘阳：所以我说政治是好事情，政治激发人的才华。平常没有什么本领的，也变成很厉害的，当时都是明星了。学生领袖，多少得有个人魅力的，否则你怎么当？

人家就把你给拱下去了。你要是hold得住两三年,很了不得的事情,而且那要有权术的,要有手腕的。

查建英:但当时你没有当头头儿吧,小萝卜头。

甘阳:那都是大学生里面的。那个时候,我不要和同龄小孩玩。我们当时的小孩呢是对立派的多,所以有一次呢,二十几个和我都是一块长大的嘛,围住我和我辩论,带有武斗的威胁性。很好玩,"文革"前三年说实话很刺激的,我觉得这种刺激非常少有。实际上如果去看"文革"的前三年,我相信对很多人很有意思,就是说一下子所有的都没有了,就只有一个毛主席,那每个人都宣传毛主席,是吧,所以他们辩论的形式变成了:你是不是忠于毛主席?但是每个人下面都是有内容的,并不是没有内容。

查建英:你当时身在其中,年龄又小,觉得特别刺激、特别有才华,但是如果你现在再看这些内容呢?

甘阳:那倒是没有认真回想,因为那个内容已经记得不清楚了。实际上你如果真正去看的话,他这个各个派实际上后来都是发展成有关联的,而且这个关联都是全国性的关联,比如说浙江的是和北京有联系的,但他后面的这个政治网络,大多数人不知道,更不要说我一个小孩。

查建英:实际上有一直通天的政治网络。

甘阳:从各种关系上他都会通起来。这是一开始,你这派如果大的话,你一定要找朋友的嘛,你一定希望你的支持者多嘛,那为什么这一派会和那一派联合,这当然是有原因了。

查建英:我不知道你看过没有,徐友渔写过一本回忆录,讲他当四川红卫兵的事情,他比你大些。

甘阳：他比我大，他是高中生了。

查建英：对，高三，所以他是那时候四川红卫兵里边一派的，然后还变成头头儿了，书里边讲了好多各派之间怎么怎么样，后边就都有网络，一直到中央文革等等。

甘阳：肯定有。那时我们这个组织抓了一个很重要的人，我也看管过这个被抓的俘虏，这个人是北京的，我相信他们大概就是后来所说的"五一六"。不过这些对我不重要。我的早期影响是来自两个方面。我父亲对我的"反动"影响是一方面。另一方面就是一切都打破了，通常小学中学的学校的那个正统教育对我来说没有任何约束了，再加上我很小就已经不规矩，我入少先队是全校最晚的一个，我那个小学当时对我是非常恨的。

查建英：是"文革"、大学红卫兵给你提供了另一种政治营养，使你进入了"正统"的反潮流。

甘阳：怎么说呢，这种本能大概是早就有，那一开始不就有反成分论吗？我们这种出身不好的当然要反成分论了，你就会觉得这事是和你有关的了。反正后来所有的人都可以参加红卫兵了，那这个时候你就有一种极大的兴奋点，然后所有从前的限制都没有了，都没人管了，而且你是广泛地交朋友了，大学生当然对我早熟是很有帮助的。

查建英：串联了吗？

甘阳：串联我没去，我家里边因为我太小了怕出事，那是我当时最大的遗憾。我父亲说，你又不是"红五类"，你凑什么热闹。

查建英：那之后就是下乡了。

甘阳：我下乡比较晚，因为我三个姐姐先下乡，都到东北去了，所以我按政策是可以留城的。而我没有，我当时是绝对不愿意去郊区农场，我宁可当农民，我觉得农场管得很紧。然后呢，我觉得我想走得很远，不想留城，想离家里远一点，所以我自己没有留城，到东北大兴安岭林场去伐木了。但是我被分配到了大兴安岭的建筑部门，就是造房子的。

查建英：哪年去的？

甘阳：一九七〇年，在大兴安岭待了两年。这个知青两年，又非常混乱，那个时候主要都是打架。林场管不了知青，因为只两三个干部，连长、指导员啊，其他都是知青，这整个一个连一百八十个知青啊，是没有办法弄的。那时候我倒是没有打架，但是知青整个生活的基调就是打架。

查建英：互相打，打群架？

甘阳：打死过好多人呢。

查建英：为什么打架，无聊？精神苦闷？还是别的？

甘阳：出风头！任何社会都是有英雄的，对不对，那在"文革"以后，整套正统的没了，那就是社会英雄，就是地痞流氓啊。所以我看王安忆的小说就特别有感觉，虽然她是干部家庭，但干部和大学教师一样的，比如浙江大学这个区，和杭州没有关系，大学里的学生说的是南腔北调的话，也不是当地话，虽然我们小孩都会说杭州话，但是我们这个浙江大学是在杭州郊区的，所以到杭州市中心我们是叫"去城里"。而我下乡的时候，我这个区就我一个，我是和其他区的工人家庭子女一块去的，所以有时候人家嘲笑你是乡下佬。实际上，从红卫兵组织散了以后，就都是城市流氓了。城市流氓是很出风头的啊。那流氓里头有很多女孩，这就是社会英雄啊，所以大家都有混帮派的性质。像我这样的就是无帮无派的人。他们住得都比较近，住在城里市中心那一带，这种子弟都是从小学就开始混江湖的，出道嘛，有派别系统呢，都是从城里带过去。

在去东北的火车上就开始打架，因为谁把谁打出去，那就是争老大，严格说，就是半黑社会。一九七〇年以后为什么上头越来越收紧了呢，实际上就想恢复正常秩序了，否则真的就是黑社会变成很主要的一个道。比如我们小孩以前老说谁谁真的像流氓一样的，下乡后不是"像"，而是他就是一个流氓！而且当时打架是很受崇拜的，要是你打架，你就有群了，人都跟着你。

查建英：你没有在那儿混成一个流氓头儿吧？

甘阳：没有，没有。但我下乡的时候发觉这个中国传统文化很厉害，为什么呢，那个流氓头儿啊，他很尊重读书人，你戴副眼镜他就觉得你很有学问的样子，你是大学教授的儿子啊。

查建英：另眼相看，拜你当军师。

甘阳：他这个江湖啊，就跟从前小说一样，他们整个生活观念基本上就是《三国演义》的这一套，什么礼贤下士，什么三顾茅庐啊，他们都是很熟悉的。他们希望和你是朋友，每方都和你很好，但是有时候你尴尬，因为打起来的时候，两派的头儿都和我是朋友，实际上是比较麻烦的，也很危险。就是说逼着要站队，实际上我是不愿意站队的，因为我并不想加入。老实说呢，你光是膀大腰圆也是没有用的，你要有点charisma，还是要比较聪明嘛。头头儿在草根里面还是有点灵光的一些人，那这些人就喜欢和聪明人一起，听你讲讲故事啊，和你瞎扯。他自己认为很高，他认为和你们没什么可谈的，我要和甘阳谈谈。很有趣。当时下乡的因为很多都是工人家庭的，而且那个时候教育都已经废了嘛，很多人写不了信，我就替人写家信。最好笑的，当时我帮人家写很多情书啊，写完他再老老实实抄一遍，不然人家以为是我写的。所以我们下乡那两年挺好的，很好玩。

那个时候我觉得是半土匪生活，我住的是搭的那种帐篷，臭气冲天，隔三差五地就发生动武的流血事件，所以后来中央就把一部分人调到大庆油田去了，那里有严格的管理。我也去了。所以一九七二年我去了大庆油田，当了六年采油工。油田里是钻井队去开辟油田，而采油工是三班倒，很现代化的，你坐在房间里，按照规定两个小时看一下所有的表,把闸门这里搬一下,那里弄一下,就是不要这个油扑出来,油灌到罐子里面,然后到一定时候换到另外一个地方去。所以到大庆油田是正规多了,因为一个队只有三四个知青,其他的都是老工人,然后三班倒这种生活方式,那时候很难受。不过因为我是坐在井房里的,所以可以带着书去看。

查建英:看什么书呢?

甘阳:大庆是严格一点,理论上只准读他选过的那些,《毛选》什么的,但是没有那么严。但是这个时候有一个妙不可言的事情,就是七几年的时候,上面批了,工农兵必须要学哲学嘛,这个时候我就成了哲学教师了。这是一九七三年,虽然我只有小学毕业,但是人家认为我的文化程度很高。要找人讲这些,那当然就马上发现了我这个人才,然后我就可以看许多书,可以堂而皇之看书了,看黑格尔、康德的书。

查建英:书都是他们给你提供的?

甘阳:是我从杭州带回来的。当时最精读的就是有一本讲康德《纯粹理性批判》的注释本,这么厚,翻译的嘛,很有名的,是英国的一个比较标准的注释。

查建英:这以前你看过的都是小说。

甘阳:都是小说。哲学是这个时候才真正开始看。但是最早的时候,就是下乡前一两年,乱七八糟看历史比较多,包括范文澜的《中国通史》,有些苏联翻译的世界史,吴一廑的《世界通史》,有一段时候看的都是这些历史,乱七八糟。我觉得比较有意思的就是,当时感觉这个书都是看得完的嘛。不像现在。而且后来你到大学以后,实际上你发觉看书的重复率其实是挺高的。

查建英:大家能看到的都是那几套书。

甘阳：因为知青每年都会回去一次，都会待两三个月，这个时候你又会干老勾当，就是大家交换书嘛。各家抄，有些书都偷出来了，那就互通有无，有的时候，一本书你会用各种方法，用什么别的东西借来看看。借书很难的，有些借了书不还的，后来就不借给你了。当时在大庆油田，我交了两个朋友很关键，一个是北京的高干子弟，年纪比我大很多，一个是上海的，他也是老高中，是比较谈得拢的，所以说那个时候就开始有同道了。

查建英：一起讨论吗？

甘阳：一起讨论，而且北京这个家伙的书比较多，我想因为是高干子弟的关系吧。

查建英：不只是你刚才说的那些哲学书吧？

甘阳：那时候有些书会重看，小说会重看，因为大家有兴趣，找到同伴大家都很兴奋，我觉得很多知青都经历过这个，你也不是特意在找，但是你碰到了，就开始来往，就会越来越近。

查建英：而且因为出于共同的精神饥渴走到一起，这种友谊会很纯粹很强烈，不像后来撮饭的朋友、打麻将的朋友、做生意的朋友。

甘阳：而且有些会发生危险，就是说你突然一下找到同道，然后越谈越长，越谈越长……

查建英：然后就成立诗社或者读书会了……

甘阳：到最后被打成反革命了。这个和小单位很有关系，因为如果小单位看不惯你，就经常找你茬儿，他其实并不懂什么东西，但像你这类人，一定是比较奇怪的人，表现和别人是有点不同的，那这个小单位如果对你是比较容忍的，你就一般没事。我们倒是没有出什么事。

查建英：这一段你比较集中看了一些西方哲学书，是吧？

甘阳：主要是他让你教马列嘛。因为教马克思读马克思呢，那黑格尔就变成有正当理由的了，那时官方重印了黑格尔的书，大概是一九七四年左右重印了一批，包括像《小逻辑》，然后是康德的，反正这个时候看这些都很有正当性。我那几个朋友当时也是教哲学的。我们都是给整个的队里讲，因为你所有工人都要讲嘛，其实这个工人怎么讲法嘛，但是讲得反正还是很好吧。（笑）

查建英：（笑）那你是不是读那些书突然一下就进去了？很迷吗？

甘阳：非常迷。因为当时书很少嘛，对吧，然后你就发现这个都比较经看，小说你看完又没了，你看了三遍，就不可能再看下去了。但黑格尔的一本《小逻辑》，看了一年两年，这书到底是什么狗屁意思啊？！

查建英：（笑）有挑战性，反倒把你勾上了！

甘阳：然后你有三五个朋友的时候，大家在一起专门谈这个，那很起劲，那时每个人要标榜自己聪明吧，然后这个时候都很用功，逗你用功嘛。然后你每年回家的时候，就开始都找这个书了嘛，还是找得到的，实际上人家翻译过来的不少呢。卢梭我看得很早。

查建英：卢梭哪一本？

甘阳：《民约论》，我是十四岁"文革"刚开始的时候读的。《民约论》的第一句话我是深入骨髓的。

查建英：背一段。

甘阳：第一句话是：人生而自由，但是却无往而不在枷锁之中。这种东西的震撼性，绝对有冲击力。

查建英：卢梭的文字很感性。

甘阳：而且那个时候觉得中文翻译得非常好，因为那个时候你不懂原文啊，那个中文是朗朗上口的。那时候普希金的诗都是背的。"文革"的时候普希金挺流行的。

查建英：是啊，什么《叶甫根尼·奥涅金》，还有莱蒙托夫的《当代英雄》，我那时也看过。

甘阳：《当代英雄》的那种情调很打动人。"文革"的时候还有一个文本就是瞿秋白的《多余的话》，是在"文革"的时候开始流传的，而它流传的时候实际上就是大批的大学生开始灰心的时候。六七年时候还很起劲的，都辩论啊、武斗啊，然后到一九六八年下半年军宣队、工宣队就进校了，就是你的自由已经受到约束，那这个时候当然就很苦闷了，兴奋劲儿过了，对大学生来说，马上就是分配问题了，这个大学生，很多人家里还供养着，这都是很实际的问题了。所以我想，《多余的话》实际上很值得作为一个案例调查。瞿秋白写《多余的话》，是他临终前，被国民党枪毙之前写了他个人的一个全面的回顾，他实际上讲得很简单，他完全阴差阳错被推到了一个革命领袖的地位，退又没法退，他的真爱是文学，他后来自己深深知道他根本当不了这个领袖，但是已经推上去就很难下来了，那这个内心挣扎呢，因为你又处在这个上面，你很长时间是没有办法表露的，而且大家干革命的时候，不是说你和鲁迅在沙龙里谈天时大家谈谈沙俄的文学作品。但是他被捕的那几个月，写了《多余的话》，用一个个人的角度。

查建英：和"文革"退潮时一些人的心态吻合了。

甘阳：我相信尤其是对老五届大学生那一代。就像《当代英雄》的那个调子，一方面很灰，但是你又不觉得自己是一般人，又不甘心过这种平庸的生活，就是这样一种感觉。

查建英：咱们有点绕回去了，其实你刚才已经说到"文革"末期了。

甘阳：下面就到一九七六年了，毛主席去世了嘛。

查建英：这个事情对你震动大吗？

甘阳：毛泽东的去世还是震动挺大的，老实说我是有极大的解放感，那时候我已经很"反动"了。

查建英：你也没有崇拜过他？

甘阳：没有，我那时候没有崇拜过他。但是那时候有一种期待。

查建英：期待什么？

甘阳：很朦胧，像我下乡时一直很朦胧，我从来不觉得这应该是我的生活。但是你也不知道有什么出路。当时所有人都办回城。但我那个地方，你已经是工人，所以并不属于招工的地区，你也没有理由办回城，但是我那时候三个姐姐可以办回城了。大庆因为有这几个朋友，还是很有收获的。所以到大学，实际上对我是没有太大的震动。那些一般人思想上到大学经历过的什么"解冻"，对我都早就过掉了。他们很多人说好像解放，对我来说那是很早就过了，这些意义上说我觉得不影响我。我"反动"很早。大多数人基本都是一九七一年林彪死以后，相当有一批开始反省，想问题了。当然他们是老高中生，一旦有反省以后，理论上他们比较多。我是跟我家里特殊原因有关，比较例外。然后就是考大学。第一年大庆油田不让我们考，黑龙江是觉得这些人有用，所以卡得很紧，第一年差点没让我考，处理得非常不好。

查建英：你为什么考黑龙江大学呢？

甘阳：他是让你填志愿。一九七七年我们大庆一个都没有考出去，所以有好几个人一九七八年就不考了。

查建英：你一九七八年考到黑龙江大学哲学系，那时候分专业了吗？

甘阳：没有分。而且大多数中国大学的经济系最早都是政治经济学嘛，政治经济学都是哲学系的一部分。本科也不分西方哲学、中国哲学。

查建英：你那时候就是明确地要学哲学了。

甘阳：对，那时候明确了，不过要读哲学那就不光是我了，我想那个七七、七八届的时候哲学是很热的。

查建英：那时候文史哲都很热。那时候哲学系的情况怎么样？

甘阳：好多课，哲学原理就是马克思主义了，然后有什么中国哲学史啊，西方哲学史啊，西方哲学史用的是北大编的课本，中国哲学史我忘了，但是课本还是有好几个，包括北大在"文革"前编的那个选译材料，叫什么"西方哲学批判材料"，但那时候都已经做参考书。大学当然是很好玩的，本科生是很好玩的，到现在想起来都还是很温馨的。我想大学本科是比较单纯，人没有什么机心，而且黑龙江大学基本上主流是北京、上海、南方的知青，而完全从十八岁高中考上来的比较少。哲学系特别明显，都是黑龙江的知青嘛，黑龙江的知青都是外地的知青在那个地方，所以我现在讲起来还是很温馨的，人际关系比较好嘛，想起来都是一些很鸡毛蒜皮的事情。比方说那时候都是八个人一个房间，上下铺的嘛，我们那个班长是北京的一个老知青，每天晚上坐在那儿做八段锦。

查建英：啊？

甘阳：其实就是搓脚，然后每个人就在那儿瞎聊。北京人都是屁话特多，老颠来倒去地说，实际上我现在想那时候成天晚上就是臭气熏天的。（笑）而且那时候大学是晚上十一点拉灯,很讨厌,就是说你找不到地方,睡不着只好忍,我天!很难受。不过我是旷课很多,我那时候是大多数课不去。没那耐性听课,但我每次考试都考得特别好,那不是很容易嘛,然后我在大学里跳了一级,就是不耐烦了。居然批准我跳级,让我考八门,八门就八门,我全部考过去了,当时从来没上过课。说实话那时候老师对我是比较好的,比较纵容我,实际上知道我喜欢睡懒觉,一大早的课哪儿会去嘛。

查建英:都上自习课了。

甘阳:对,自己看。现在不记得当时课是不是有限的,但我觉得黑龙江大学的书肯定是有限的,特别是英文书很有限。我一九七三年自己学了英文,那时也是和尼克松访华有关,进口了英文教材,那时候最流行的是"灵格风"教材。而且一九七三年我从杭州回去的时候,那时候有很多能手的,帮我改制了一台留声机,可以放唱片的,然后朋友给了我很多苏联唱片,所以带到大庆油田,我不是有三个朋友嘛,哇,那个兴奋啊,有那么多唱片呢!俄国芭蕾舞曲,肖斯塔科维奇,交响乐,圆舞曲啦。但是那个玩意儿,说实话很怕上面找茬儿的,因为大庆那个地方管得太严。不过我那个北京知青哥们儿是中学教师,他自己有一个房间,因为他结婚了,所以就到他家去听。那时候已经开始学英文。

黑龙江大学好像最多上了三年,因为跳了一级。我觉得就是玩得很开心。那时候读什么书,我倒是想不起来。不过当然读了很多康德、黑格尔的书,这些书那时候已经很好找了。

查建英:当时国内有翻译本的就是这些古典哲学吗?

甘阳:但比在大庆油田更多一点,包括洛克、休谟。这实际上都是"文革"以前就翻的了,有些当初你买不到,但很多可以借到,这些都已经开放了。大学时候读小说还是挺多的。

查建英:主要是外国小说吗?

甘阳：外国小说。我当时觉得我都读光了，翻译过来的已经差不多了。读英国诗，因为我父亲是特别爱好英诗和莎士比亚的，所以这个我们家是有存的，抄家以后有些给发还了。莎士比亚当然看得很早，看不看得懂是另外一件事情，但因为我父亲是浙江大学的，朱生豪就是他们心目中最大的英雄，这也是一个很大的原因。

查建英：朱生豪是浙江大学的？

甘阳：是，老浙大的人是比较以他为荣的。当时感觉书是读得完的，所以比较牛逼哄哄的，因为读的东西多，而且知青的交往是非常摆谱的，很挑人的，就是知青之间，一开始就想：我看不看得上你啊？你到底行不行啊？做朋友，先要看看你够不够份儿。我觉得我们这一代人，一直到八十年代，基本上都是这种知青的交往方式。这和九十年代不一样，制度化的那种东西，我觉得基本上是九十年代以后了。八十年代的时候，主要交往方式基本上是非正式的。

查建英：知青这一代非常独特。等于一群天之骄子提前流亡了一遭，然后在社会底层沉浮多年再给召回来的时候，或多或少身上都有江湖气。

甘阳：有江湖气，比如说会有一个口耳相传的一个圈子的，会越传越多的，你在这里，别处人家会知道你，很微妙。流传实际上是很广的，可以传得很远。当时大家写东西还比较少嘛，所以这个口耳相传很厉害啊。知青有一个很重要的文化就是讲故事。

查建英：对，知青里出了很多杰出的故事篓子，像阿城，绝了。

甘阳：你能讲几个故事，这是一个很关键的问题啊！那边有一个家伙能讲《梅花党》，还能讲《基督山恩仇记》，哇，把所有人都听愣了！

查建英：那时候信息特有限，但出了一批特有色彩的人物。

甘阳：特别有色彩，而且传得很广嘛，然后这个倒变成自我标榜的一种方式。人总是有三六九等，不管怎么样都在表现，而且民间也会有一个认可方式。这个方式很奇怪，运作不是很容易描述，但你会知道并不是大家都是一样的高低。这个在《棋王》里描写得非常生动，很多人都经历过，当初就是这样的。我觉到八十年代，一直到我们编委会的人交朋友，主要的交往方式还是这个。

查建英：哎，先别跳到编委会，说一下你在北大念研究生那段的事。

甘阳：一九八二年九月份我就到北京了，在北大外国哲学研究所读研究生。我们叫"外哲"，那时候外哲所长是洪谦。这个所是毛泽东要建的，而且是指名让洪谦当所长。"文革"期间建的，那时候并没有招生，但毛泽东说，我们国家应该有点研究外国东西的，而且是找的胡乔木要他找洪谦，都是直接点的名。

查建英：研究生你一共念了几年？

甘阳：研究生当时北大是两年半。

查建英：那就是一九八二年到一九八四年就毕业了吗？

甘阳：没有，没有。

查建英：还是一九八五年。

甘阳：我想还是一九八五年念硕士。

查建英：是念博士，还是念硕士。

甘阳：硕士，但是进去是一九八二年的九月嘛，所以是一九八五年春。

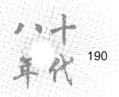

查建英:毕业。

甘阳:然后,到北大第一个最深的印象:这么多英文书!我们外国哲学研究所这个时候就是全部看英文书了,这个感觉就是完全打开一个新的世界。我觉得外哲所这感觉非常好,太自由了!北大外哲所是一个极为自由的地方,基本上我们没有受到任何干扰。

查建英:没有任何意识形态方面的限制吗?

甘阳:没有,我们就是研究现代外国哲学的嘛,所以完全没有的。

查建英:你以前读的都是古典哲学,那时候你读了些什么呢?

甘阳:那时候整个外哲所基本上就集中到海德格尔身上了。

查建英:啊?

甘阳:噢,刚才忘了谈一件事,就是在上大学之前读的书里面,实际上有一本很重要的杂志,我知道很多人都看过的,叫做《古典文艺理论译丛》,我觉得这个东西对我和刘小枫这些人都挺有影响,比如说在上面看的雪莱的《为诗一辩》,席勒和哥德的通信,席勒的《审美书简》和《素朴的诗与感伤的诗》,这些东西实际上当时都是印象很深的。后来,我们编委会的班底基本上就是北大读书时候的同学和北大期间的朋友们了。

查建英:以外哲所为中心。

甘阳:对。比如陈嘉映、王庆节、王炜,这都是北大外哲所的同学,还有哲学系的刘小枫、陈来。

查建英：陈来是做中国哲学的。

甘阳：那时候已经认识。当然最熟的还是北大外哲所的这些人。但是北大外哲所是和当时社科院哲学所的现代外国哲学室熟悉，我后来毕业以后就分到那里去了，在那里有像苏国勋、赵越胜、徐友渔、周国平这些人，都已经先认识了，因为他们那时候已经有全国现代外国哲学会议，所以他们认识更早。我进北大的时候陈嘉映和朱正琳他们都比我高嘛，嘉映是比我高一级，老朱是比我高两年吧，我是第二届研究生，七七年因为我没有考嘛，他们是七七级的，然后王炜、王庆节，然后刘小枫和我都是七八级的。所以北大外哲所是一个小圈子，同时那个圈子和社科院哲学所是一个联络网。实际上基本是在现代外国哲学界的，可以说基本上都认识了：赵越胜、苏国勋、徐友渔、周国平，他们四个是一个研究室的，都是社科院研究生院里的研究生，然后都是搞现代外国哲学的，所以这是最基本的一个群。但小枫和他们认识更早。因为知青文化还有另外一个是通信，我是不参与通信团体的。但比方说张志扬、朱正琳、刘小枫、赵越胜，他们见面以前都已经通过信了。

查建英：刘小枫是哪里考来的？

甘阳：他是四川外语学院的，本科读的德语。陈嘉映也是德语，北大德语系的。

查建英：所以这些人进来的时候外文都挺强的了。

甘阳：对。

查建英：那当时讲课的时候是用中文吗？

甘阳：讲课的时候当然是用中文。

查建英：你是谁的研究生？

甘阳：我是张士英的，张士英的方向是黑格尔和新黑格尔主义。

查建英：那是你那时候的研究方向？

甘阳：对，不过那时读研究生中间大家专业的想法都没有那么强，而是在学整个西方现代哲学。外哲所那时候有新康德主义、新黑格尔主义，然后现象学，然后海德格尔，然后那边就是分析哲学。

查建英：分析哲学是洪谦先生带领？

甘阳：洪谦和陈启伟，他后来是所长。张士英是比洪谦他们要低一辈的，比他们小，但是比中年大，我们进去的时候他应该是六十左右，洪谦已经七十左右了。

查建英：洪谦他们是最后一拨儿老先生。

甘阳：最后一拨儿老先生，他们这一拨儿西南联大的时候已经教书了，他们是海外留学回来的嘛，所以洪谦和熊伟这两个老先生影响大。而且symbolically，洪谦是维也纳学派里面地位很高的，因为他是维也纳学派首领石里克的助教，分析哲学发源于维也纳学派，而维也纳学派的祖师爷是石里克，所以洪谦的辈分比较高，比如说后来西方比较出名的一些人，基本上都比洪谦辈分要低一点。所以八十年代开放以后，洪谦地位很高，经常出国，包括像Richard Rorty这样的都会专门拜访洪谦，都是搞分析哲学嘛，有点像行弟子礼的感觉。比如艾耶尔是当时的学生，后来在牛津大学变成了维也纳学派最主要的一个老前辈了，那洪谦比他还老一点，所以在西方分析哲学界的辈分非常高。

查建英：除了辈分，回来以后他的著述呢？

甘阳：洪谦是不会用中文写作的，他是用英文和德文写，因为他是受严格的科学哲学和分析哲学训练，洪谦认为中文是不适合于哲学的，太诗意。（笑）维也纳学派最主要的一点是做语言分析的嘛，它那个科学语言和你这个诗性语言是不一样的嘛，比如说，你讲得很好，但这不是哲学。维也纳最主要做一个所谓分界问题嘛，哪些是哲学问题，哪些不是，然后说比方尼采那些都不是哲学问题，他们就搞这名堂。洪先生是这样一个学派。洪先生对我特别的好，虽然我不是学这个东西的，我并不喜欢分析哲学。总之呢，我觉得北大那时研究生两年半好像是很经用的，读得很多。

查建英：为什么那时候的重点已经围绕着海德格尔了呢？

甘阳：其实是逐渐转过来的。陈嘉映一进来就是读海德格尔的，我们进来的时候，他在翻译海德格尔。

查建英：这跟他的导师有关系吧？

甘阳：熊伟嘛，熊伟是海德格尔的弟子，三十年代在德国，四十年代回来的。所以外哲所在中国的地位非常不同，所长和副所长，这两个都是和国外的哲学界有非常深的关系啊。所以中国第一个翻译海德格尔是熊伟老先生嘛，然后陈嘉映就是接着他翻，但是老先生们都特别捧我们这些年轻人，比方说，熊伟就说：陈嘉映翻得比我还好。因为那个时候年轻的是不容易上手的，按照中国学术界的老规矩，你是要打熬多少年啊。所以中年那拨儿实际上是挺惨的，他们是被老先生压得很厉害的，多少年你才能熬出头嘛。但是年轻这拨儿上得很快。当时整个外哲所很有学术气氛的，成天都在辩论啊、讨论啊。

查建英：在课上和老师讨论吗？

甘阳：不是老师，主要是同学之间，和老师之间基本上是谈，主要还是日常接触，到家里去聊天嘛，老先生也希望聊天的嘛。不过，洪谦家里我去得比较多，和他聊天比较多。

查建英：不过这都在你后来转向海德格尔之前。

甘阳：是这样，我在外哲所开始翻译了卡西尔的《人论》。

查建英：这是你当时自己的选题吗？

甘阳：卡西尔我很有兴趣，但是当时我并不准备翻全书，其实我只是翻译了其中的一章，就是因为洪先生要编一个语言哲学的集子，我那一章翻译出来以后洪先生他们很满意。我给张士英也做过一些事情，张士英编一个新黑格尔文集，我给他也翻译过一章，不过那个出版得很晚。但是最早这个翻译，那时候不是开始恢复学术了嘛，上海译文出版社来找，那外国哲学当然洪先生是第一把，他是外国哲学会长嘛，洪先生就说应该用些年轻人嘛，然后就推荐我译卡西尔。卡西尔是新康德主义里面的一个主要代表人物，结果我把全书翻译出来，我这书出版很早，一九八四年我完工，一九八五年出版，那么也就是整个全国现代外国哲学界年轻人单独翻书我是出得最早的，以前一般都是会有老先生挂名的，就是帮你把把关，我这个就完全是个人翻译，而且是我个人写序。一九八五年我还没有毕业，书就出来了。

查建英：一九八五年北京很热闹，文化界有很多圈子，"文化热"就要开始了。除了外哲所这个小环境，那个时候你们和其他那些圈子交往多吗？

甘阳：有交往，但是，读现代外国哲学的人非常自傲，很看不起别人，看不起任何其他人，都觉得当然我们学的是最厉害的武器。

查建英：精英的精英。

甘阳：最精英，而且觉得我们是抓到了现代西方哲学的脉搏，比方说我们很看不起当时大谈萨特的人，不是指国内专门研究萨特的，那是我们的朋友，而是指社会上例如中文系什么的喜欢用萨特说事的人，萨特在社会上当时是有点红嘛，和这个时候存在主义红有关。但是因为我们读的是海德格尔嘛，那这个东西这个时候我们就已经很内行了。

查建英：是不是觉得萨特属于尽人皆知的通俗哲学了？

甘阳：人道主义之类嘛，海德格尔一九四六年有一个很有名的文章叫"关于人道主义的信"，这个信实际上是批判萨特他们的存在主义的，海德格尔否认人道主义。

查建英：从什么角度否认？

甘阳：这就和以后德里达、福柯他们否认人道主义都是一个路子来的，就是说人道主义本身是一个建构起来的东西，这些就是一个框架，他是要追问更深刻的问题，但你萨特实际上就套在一个bourgeois的很肤浅的人道主义里，就block所有的thinking。所以你可以想见，我们当然就都觉得自己是拿到真经的人啊！（笑）

查建英：（笑）A bunch of academic snobs!（一小撮学术势利眼儿！）不过我可以想见你们那种一览众山小的感觉，也挺可爱的。

甘阳：海德格尔是非常迷人的。我想强调，现在其实回想八十年代，和现在是很不同的。九十年代对照八十年代很不相同，第一点八十年代基本上社会科学还没成形，这样一来人文科学leading the way，人文科学当中哲学地位比较高，一般都会认为文学的人比较肤浅，历史的人比较慢，哲学比较深刻嘛。另外一点你要回想八十年代，经济改革从来不是我们的话题，谁谈经济改革啊，经济是很boring的东西啊，人心是很高飘的东西啊！其实当时经济改革一直都在做，现在回过头看一看，后来看周其仁、王小强他们编的东西呢，很impressive，但是当时我们不知道。我九十年代初给牛津大学出版社主编"社会与思想文库"，第一个就是请的周其仁把他们八十年代的经济调查编了一个两卷本文集。

查建英：周其仁那时候已经是体改所的了吗？

甘阳：都是陈一咨下面的嘛。

查建英：张维迎那时也是体改所的。

甘阳：也是，他们都是的，他们编的东西没有出版过，都是他们内部的东西。但他们是专门做经济改革的人，和知识界没有多少来往，这些并不是知识界的discourse。八十年代有几个特征，一个是经济改革不是当时知识界的discourse，而且不在人们的头脑里面，没有人谈这个经济改革，觉得是很boring的事情。第二点是人文科学为主，第三点是西学为主，绝对是西学。这样当然我们就处在比较特殊的一个位置上。但是我并不认为我们对社会有实质性的影响，当然我们的书当时对大学生、研究生影响很大，因为整个氛围是人文的氛围，而且人文氛围是以西学为主的氛围，所以这个编委会成立以后最明显的身份是现代外国哲学方面比较突出。

查建英：但后来回顾八十年代的时候，一般认为有三大丛书：你们这个《文化：中国与世界》是一个，金观涛夫妇俩的《走向未来》是一个，然后就是汤一介他们的《中国文化书院》。实际上那两个都比你们成立得更早，你们是一九八六年才成立吧？

甘阳：我们实际上一九八五年开始酝酿，真正打招牌是一九八六年。

查建英：三套丛书定位不同，中国文化书院是要复兴传统，做国学研究，金观涛夫妇俩都是研究自然科学出身，所以他们好像更强调用一套科学理论来重新诠释历史？

甘阳：金观涛他们和我们编委会有一个很大的差别，他们和党内改革派关系很多，包括那里面很多人。整个和党内改革派靠得比较紧，他们是想影响政策。经济改革他们也有关系，虽然他们不一定扮演什么角色，但是他组合里边有很多都是党内改革派的人，谈不上智囊，因为那时候也没有那么高级，但他们都是接线的人，所以他们比较注重他们认为比较开明的人吧。

查建英：是不是他们主要是针对以前那个正统意识形态？

甘阳：对对，他们基本上是和体制结合比较紧，所以他们讨论的语言老是半官方语言，因为当时他们老是在和官方辩论，他要辩论就得使用官方能够接受的一套东西，所以当时老实说我们是很看不起的，就是那一套东西很不理论化。

查建英：他们有个"三论"吧，"系统论"啊什么的。

甘阳："三论"一度时髦是可以推想的嘛，因为你想，开放一开始，这个自然科学的东西是比较容易被正统意识形态所接受的，比如自然科学是不大有危险的，对不对，科学比较中性嘛，科学的地位比较容易被接受，那么科学哲学相对就比较容易被接受嘛。像萨特、海德格尔一开始还是要批判的嘛，最早萨特热的时候是引起批判的，"资本主义腐朽"这一套东西（听不清）。

查建英：不过看来萨特热跟你们没什么关系。

甘阳：专门搞萨特的其实也都在我们这个编委会里头了。但是专门搞萨特的人和社会上用通俗化的方式谈萨特的人是不一样的。那个时候人家未必懂萨特，那他不一定读萨特的理论性的著作，萨特不是有很多小说吗，所以萨特比较容易，你想我们读研究生时代，一开始的时候是萨特名声很大，很多人用萨特，还有他的小说翻译也比较早，包括他那个剧本改成电影《恶心》，在全国放，放得比较早，萨特又是马克思主义，所以他的关系比较复杂。不像海德格尔这种哲学，就和这些都是没有什么关系的。我觉得不一样的，就是我们进入了一个非常纯粹的西方哲学、西方思想的一个脉络，所以这个问题是西方的问题。我们想的是西方哲学的一个问题。

查建英：也就是说，你们那时候只是先进入西方哲学系统，摸出一个脉络，还没有想怎么回来看中国的问题？

甘阳：我想那要晚一步，但是每个人都在想，这个可能每个人不同。比如对我来说,最关心的是进入西学,就是说英文打开了一扇门,进入了一个非常广大的世界。

查建英:陌生而迷人。

甘阳:这个时候你读书的这个冲动和欲望很强,你顾不了很多的东西。比如说那个时候王炜和王庆节他们老去争论这个马克思主义异化的问题,我就老和他们说:不要去讨论这些问题,没有意义!所以,比如说批判体制我是一点兴趣都没有的,批判极左思潮什么的我都没有兴趣。我没有兴趣,因为这些对我来说早就不是问题了,我觉得关键问题是如何进入前沿,进入到西学的这个问题里面。

查建英:是不是与海德格尔讨论的问题相比,你觉得这些争吵都是小儿科,太低级了?你最初读海德格尔是哪年?

甘阳:当然是在北大外哲所读书的时候。我从读卡西尔到胡塞尔再到海德格尔,我觉得是一个共同的思想话题,为什么这些人比较投缘、比较投机呢,大概是有些共同读书背景吧,比如说德国浪漫派,我觉得问题是一条线。

查建英:这些人都是质询现代性的,都是头上长反骨的家伙。难怪你当知青的时候会喜欢雪莱的《为诗一辩》呢。

甘阳:从德国浪漫派,到海德格尔,也有人喜欢马尔库塞,比如赵越胜,而徐友渔是做分析哲学的,但是分析哲学不是我们这个圈子里面的热门话题,因为分析哲学比较技术,他的这个人文关怀的思想问题不大能发生。友渔很关心政治,但是他谈政治和他的专业是没关系的。不过大多数人读的东西都是有点共同背景的,比如海德格尔或马尔库塞和德国浪漫派都是直接相关的。实际上很有代表性的一个书就是刘小枫刚毕业时发表的《诗化哲学》,是在他硕士论文基础上扩大的书,但是某种意义上包含了好多人共同的关切,比如说他最后一章谈马尔库塞,这是赵越胜专门研究的。他里面谈的卡西尔部分和我有关系,谈马丁·布伯是和陈维纲有关系。他那个书里面有一个mood,海德格尔是中心。从北大外哲所开始到编委会,实际上我现在想起来,可以称做"对现代性的诗意批判",基本上是一个非常诗歌性的东西。小枫这本书是比较可以反映很多人讨论问题的这个域。就所关心的东西说,像刘小枫他们那拨儿,诗歌是很重要的一个话题,每个人的背景都和文学有关系,都读过德国浪漫派,比如大家下乡时都读过《古典文艺理论译丛》这杂志上翻译的席勒的《审美教育》这些。从席勒到赵越胜读的这个马尔库塞的东西当然都是批判资本主义的。所以进入西学以后呢,自然我们考虑问题比较复杂,就是说,一般人用西学的东西批判中国的东西,但是我们所读的这个西学实际上都是批判西方现代性的东西,是批判西方工业文明的东西,整个浪漫派运动是对工业文明的一个反动。那么海德格尔一直到德里达,都是一条线过来的。我们最关心的、最感兴趣的是这一套东西。这也是为什么九十年代不少人回顾检查八十年代时批判我们编委会的工作。我觉得他们说的倒也没错,我们所引进的东西都不是现代化的东西。

查建英:不是中国本土问题,尤其在当时。

甘阳:人家认为你应该引进的是现代化这个东西了,结果你给中国引进反现代化的东西了。

查建英:因为中国是在一个前现代化急需进入现代化的历史阶段上。

甘阳:但对于大多数人,当时他们也跟着这个。

查建英:也许这有一点讽刺了,我觉得很多人当时只是笼统地认为你们是属于全盘西化的一派,而并没有在你讲的这个层次上理解你们译介的这批东西。

甘阳:当然。

查建英:但是很多人去买。

甘阳:我觉得这个当然是有社会时髦的原因。但是因为这批西方人虽然是反西方的哲学，但对很多中国人来讲，不就是反嘛，那还是迎合他反的情绪。

查建英：当时任何西方的东西都是反，用那个来反这个。

甘阳：对，都是反，所以他有这个批判西方资本主义的强烈的批判语言嘛。另外，我们外哲所的这些人是不大注重法兰克福学派的，除了赵越胜搞马尔库塞以外，那个时候我和小枫，我想包括嘉映，我们并不大喜欢法兰克福学派。

查建英：但读得很多吗？当时读过哈贝马斯吗？

甘阳：读过，当时看得很多，但是没有一个人可以像海德格尔那样吸引我们。当然里面是有不同的，比如友渔是和我们不同的，他是完全分析哲学的路，基本上不进入这个领域。

查建英：从黑格尔、康德到海德格尔，你们更倾心的是欧陆哲学。

甘阳：当然，从西方哲学的角度来说，分析哲学是很仇恨欧陆哲学这套东西的。

查建英：会觉得太浪漫，不够理性……

甘：他们会认为这个都是文人的……所以我从美国回来以后，我就让刘小枫再找给我看看他那个《诗化哲学》，我说我们为什么这么感兴趣这个？实际上和"文革"中、读大学以前读的书都有关。

查建英：哎，回溯出这个线索有意思。

甘阳：某种意义是读大学以前我们实际上是文学青年，你所向往追求的是一个诗意的世界，所以我为什么会强调《古典文艺理论译丛》，那个时候你实际上不是很懂他是在谈什么，但你一读雪莱的《为诗一辩》，那你感觉到有很多人是反对诗的嘛,你那时候还是少年,你不会了解那么多,但你的 mood 是在那个地方,也就是说,普希金,英国诗,拜伦,你读这些诗的时候所追求的是一个非常诗意化的世界。然后你一进入海德格尔,他是整个批判科技文明的,所以我们用的最多的一个词是"技术时代",这是海德格尔最中心的一个概念。也就是说他是用"技术时代"来陈述整个现代性:这是一个技术化的时代,人的灵性是没有存在的余地的。所以我觉得回到八十年代我们这个团体呢,核心的东西就是我在一九八八年编了一本书,《当代中国文化意识》,那是最主要的一个比较反映我们这个编委会倾向的一个成果性的东西,一九八八年在香港和台湾都出了,我现在想内地给我重版,完全不动地重版,这是非常反映编委会倾向性的。

查建英:这已经是编委会的后期了,对吧,一九八八年到一九八九年。再回头补谈一下编委会初期的情况吧。

甘阳:当时就是每个人都在翻译不同的东西,但还都没有发表。陈嘉映在翻译海德格尔的《存在与时间》。翻译当中都是随时大家互相交换看的,是很密集的一个场,而且成天在辩论,因为海德格尔奇难,他的语言和他的含义都很难懂,这是一个深奥无比的东西,从知性上非常有挑战性。

查建英:还不像尼采写的那种诗意寓言。

甘阳:完全不同,读了海德格尔对尼采都没有兴趣了。

查建英:海德格尔的语言特别晦涩。

甘阳:晦涩,因为他太复杂了!而且只要是海德格尔的书,他总是在检讨整个西方哲学传统,他认为之所以会出现西方现代性这样一个技术时代的东西呢,这和西方思想根源有关。

查建英:啊,他从近代往回推到源头,从古希腊开始吗?

甘阳：从古希腊，他要回到前苏格拉底时代，他认为西方哲学从苏格拉底时代就已经出问题了。但他非常厉害，就是他对西方哲学史来了整个一个解构性阅读，每个人他都解构，像黑格尔、康德、莱布尼兹、笛卡尔，一直到亚里士多德、柏拉图。这也是为什么他对整个西方世界有笼罩性的影响。他一方面在检讨为什么会这样，另一方面想寻求 alternatives，在这个西方传统里面寻找。

查建英：有 alternative 吗？

甘阳：那有没有这个就两说的事情，对他最后来说就是等待另一个上帝了。他认为这套已经根深蒂固了。但是他有笼罩性影响，因为没有海德格尔就不可能有德里达、福柯。从学术进展讲，他是从绝对内在的角度，完全地、瓦解性地阅读，开辟了一种更有趣的阅读。然后这读法就都不同了嘛，就是说你会这样去检查问题。所以他对知性的诱惑力，这是当时我们引以为自豪的。像台湾学界，虽然他们和西方没有断过，但我们一下子发现他们在我们后面：他们没有进入海德格尔啊。

查建英：你们这个时候肯定感觉特别好。

甘阳：我们那时候自我感觉是良好到极点的，就是那时候我们是站在巅峰上的。（笑）

查建英：那实际上你们对中国问题当时就已经很有距离了嘛。

甘阳：很有距离，对现实问题，说实话比较有距离。因为现实问题是阿狗阿猫都可以谈的，这个不是表现你聪明的地方，有时大家说两句，说说体制的话了，这个表现不出你有什么高明，高明是看你在西方的东西上进入了多少，这才是大家注重的。

查建英：研究西方哲学，实际上这才是你们当年成立编委会时最直接的语境。

甘阳：对，是最直接的语境，但当时并没有想到成立编委会这样的事情，那时候没有别的想法的。

查建英：什么时候才开始的？

甘阳：这完全是我个人的一个原因，一开始和大家都没有关系的。我一九八五年、一九八六年到了社科院以后，当时社科院有一帮人在筹办一个杂志，是完全和我不认识的人。

查建英：你当时是研究生毕业分去的？

甘阳：我就去了徐友渔他们的现代外国哲学室，所以当时一边是这一拨儿朋友。但是另外的人开始来找我，那时候他们办一个杂志，而且编委会已经搭好架子了，他们人都找好了，让我去当主编。他们和研究生院的团委书记混得很熟，我和他们不大认识，但是我当时可能在这个口耳相传的领域里面已经有点名气了，那时候我已经出来了，对年轻人来说，当时绝大多数没有书的，那我已经有一本翻译的书了，而且真的立即就是全国头号畅销书，一年内就印二十四万本啊，而且评上什么上海图书奖。当时印量都大，但是我那本呢，哲学书里面最大。

查建英：卡西尔这本《人论》的主要观点是什么啊？

甘阳：主要观点么，不相干的，为什么畅销，就是因为这个书名。哎，《人论》！因为你想吧，"文革"刚结束的时候就在谈人嘛，人道主义嘛，所以这个完全是阴差阳错的。

查建英：（笑）那时候还有一本比你这个还畅销的，书名比你还多了一个人字，就是戴厚英那本小说《人啊，人》。

甘阳：所以完全是阴差阳错的。

查建英：其实呢，估计好多读者上当了。卡西尔那个书好懂吗？

甘阳：不是很好懂，他是人文科学的一个东西。

查建英：与海德格尔是什么关系？

甘阳：反对面，他们俩是最大的对立面。海德格尔出名就是他和卡西尔一九二七年有一个辩论，是德国哲学史上很有名的一个事件，就是这个辩论被认为是新康德主义衰落，而海德格尔起升的一个转折点。卡西尔是他的老师辈。

查建英：实际上你是不是也很快就对卡西尔不感兴趣了？

甘阳：他对我当然还是有影响。卡西尔是比较理性主义的，因此这里也可以看出，比如说我和小枫他们还是有点不同，大概我更理性主义点，他们是更诗歌化更追求审美。

查建英：八十年代的时候，我也曾经对刘小枫的书着迷，倒没读过《诗化哲学》，但特别喜欢《拯救与逍遥》。

甘阳：那是后来的。《诗化哲学》是一九八五年出版，当时并不在我们编委会的书里，是在乐黛云她们的丛书里出的。

查建英：刘小枫的语言是相当文学化的。

甘阳：文学语言，所以他那本《诗化哲学》是非常popular，很多人读了。但是我现在经常在想这个问题，就是说八十年代实际上有两个……这个和更早时候的美学热还不太一样，美学热实际上比较早想走入一种美学专业化的研究，小枫这里有一种更灵性追求的一个东西，这个实际上是我们编委会许多人的一个共同基础。虽然每个人具体走的路不一样。比如说，为什么卡西尔对我不一样，就是卡西尔基本是人文情调，但是他会用一种控制性的冷静的语言，海德格尔也是一种更控制、更冷静的语言，就像德里达他们都是控制的、冷静性的语言，实际上也就是说浪漫主义的这个东西已经破灭掉以后的一种反思，所以语言写的也是不一样，不像浪漫主义的时候，还有一种很高涨、很高昂的一种东西，到了浪漫派以后，实际上人都已经是悲观主义和绝望主义了，就是到了尼采以后，没有了。

查建英：尼采行文还是很昂奋的。

甘阳：但是他已经更多不是这种乐观主义东西了。

查建英：上帝已死。

甘阳：就是说早期浪漫派的东西，你还想象一个美好世界是可能的，但是一次大战以后，欧洲的整个mood就不一样了，人对美好东西追求已经是不可能的了，这个和以后后现代主义都有很多关系，所以现代主义文学实际上都是和这个有关。但是我觉得这一段实际上是很关键的。我现在可以跳跃一下讲，我认为八十年代我们编委会这样一种取向或情绪，这整个过程最后的终结点是一九九四年的"人文精神讨论"。那讨论实际上是八十年代文化热的一个延续，仍然是一种文化情绪……至少不是现在资本主义理性化的这套东西。这个我认为很重要，因为我觉得就是某种意义上，我们要追问为什么这个东西后来变得那么弱，那么容易被摧毁掉？

查建英：你是指什么东西这么弱？人文精神？在中国？

甘阳：在中国，就是说八十年代以后，九十年代市场大潮起来以后就那么快全部被瓦解了。而且九十年代每个人都被迫在作妥协。

查建英：但向什么妥协？只是向市场吗？我觉得是向权力和市场的双重妥协，而且这个市场还是深受权力控制并在许多方面与权力沆瀣一气的市场。暂且撇开这个知识分子到底在向什么妥协的问题不谈，就说老百姓吧。咱们前边聊天你说到美国知识分子的情形，我觉得你们就像美国的左翼知识分子被现实吓了一大跳一样：美国的左翼也没有想到，实际上美国的老百姓和他们想的不是一回事，追求、梦想，整个的思维方式知识结构，相当不一样。实际上你们思考的问题与当时中国大部分人，所谓"大众"所想的问题，我觉得是脱节的，比美国左翼更脱节。虽然我个人认为你们这些研究非常有意思。这么大一个国家，当时"文革"之后知识文化搞到那么可怜的地步，有一小拨儿学院精英去着迷地钻研海德格尔，与欧洲的哲人们提前接上轨，与他们一道去为后工业时代人类的困境和前途忧患，然后再有一小群西哲发烧友去读你们译介的书，别的不讲，单只从生态多样化的角度讲，我觉得都很好，听着都过瘾，都有趣。但我确实认为它与多数中国人当时面临的问题脱节。

甘阳：我认为不是脱节啊，我认为本来应该是作为一个很重要的dimension。

查建英：当然是"应该"，不过这是不是一个假设或者说一个希望，有点像说"本来中国早应该作为工业文明的一员进入技术时代"或者"本来中国就不应该进入工业文明"？在西方话语中这的确是一个很重要的dimension，一直都有这个潜流，不止哲学，文学当中尤其明显和强烈，有一大批伯林讲的"反潮流"作家，前仆后继。但他们那个反现代性的冲动与方式来自他们那个历史语境，和我们很不一样。他们的现代性也和我们的现代性不完全一样，从发生、进入到衍变都不一样。这些过程、话语肯定会有交叉、相似之处，但我觉得在横移过来的时候需要特别小心，否则很容易造成似是而非的错位。

甘阳：这个不对，不是移植，而是要追问这个来龙去脉。后来当然我们对西方的东西就是越进越深，每个人专业也有不同，每个人具体做的都不太一样，不过有一个比较共同的mood，比如赵越胜做马尔库塞，马尔库塞就是强烈批判资本主义，苏国勋是做韦伯的，但他是强调韦伯里面对理性化的限制，书名就叫《理性化及其限制》，强调理性化带来的问题。

查建英：你们通过书本直接进入发达资本主义的语境了。

甘阳：所以你看，整个这些对每个人都有影响。某种程度上在我们的这个圈子里是有主流话语的。这个主流话语实际上是批判资本主义、批判现代性的。

查建英：（笑）你们等于提前进 Berkeley 了。

甘阳：非常提前。我觉得当时我们对所谓资本主义并没有感性的了解，你是一个理论性的进入啊。

查建英：纯粹理论，在西方哲学的理论链条上，你们一下子跳了好多节，一下子跳到前沿去了。

甘阳：但是并不仅仅是，这个归根结底，还是一个文人气质。

查建英：对，文人气质是内在的、先天性的铺垫，跟"文革"、知青时代都连起来了。

甘阳：文人气质决定了你喜欢这个东西，你喜欢这个东西并不是偶然的，因为你是可以挑的，并不是每个人都会有的，有些人他读不下去，海德格尔很难读的，但是为什么我们编委会主要的人迷的是这个东西，而且这个东西发散性很大，编委会对外头影响最大的实际上也都是这个，包括后来跟我们关系密切的人，编委会外围组织很大，包括整个人文学界。

查建英：你又跳到后边去了，再回头讲完开始投入杂志那段事。

甘阳：一开始他们那伙人办杂志实际上是和社会联系比较紧的，参与改革的，但是他们请我去做主编，当时联系的人是工人出版社的主编何家栋。

查建英：他是属于党内老一辈改革派的。

甘阳：他是老党员这一类的嘛，他当然属于党内改革派嘛，但是当然都对我很好了，才子嘛。一开始很困难，老何那边老成不了事情，限制很大，一个杂志批下来很难嘛。我印象最深的就是我取的杂志名，我取的是《中国与世界》，你可想见我这个心气多大。然后我想是李泽厚建议加了文化两字，成为《文化：中国与世界》。我当时去找了三个人做。老何要去请某位大人物做名誉主编，他说否则办不成的，我当场拒绝，当然拒绝，我说此人不懂这些。老何的意思说挂个名嘛，否则你不可能干成，因为当时这些翻译西方著作还好像有禁区一样的。我说干不成就不干，要干就干我要干的事情嘛！所以当时他们就都知道甘阳的脾气，是非常那个"牛皮"的。然后老何他刚好不是有一个编委会的嘛，所以和他们见面开会，我就说：这些人都不是我要的人。

查建英：都不是后来编委会的人。

甘阳：都不是，都是世界经济研究所啊这些。他们也是他们那些领域里面比较出挑的嘛，但我说这不是我要干的事情。当时我的构想就是以西方哲学为中心，以文化为中心。他们的构想完全是世界经济、外交，诸如此类，当时我跟他们也不认识，他们当时接受我去当主编反正也挺奇怪的。所以第一次这样一个草台编委会之后，我就把那帮解散掉了。然后我就把我自己的弟兄拉起来了，我有一个最强的班底就是北大英语系研究生班的于晓他们那帮人，于晓是班长，都是北大英语系研究生，有后来的刘峰啦，现在"新东方"的王强等等，这一拨儿人是我的铁杆。然后那当然就是北大外哲所和社科院现代外哲室的，就到我自己家里开的会，有王庆节、王炜、陈嘉映、徐友渔、赵越胜、周国平、苏国勋等。当时有一个情况，除了我翻译的《人论》那本书出版以外，别人翻译的书出的都不是很顺利，陈嘉映、王庆节翻译的《存在与时间》，杜小真和陈宣良翻译的《存在与虚无》，出版社都压在那里，大家很不耐烦，这个就是上海译文出版社当时犯的一个错误，这些书都是上海译文出版社来和洪谦、熊伟谈的时候一次定下来的，但是我那本书呢，就很快审批通过出了，他们那些书，就老要找翻译提修改意见啊，弄得译者都非常烦。就是说合作不愉快、不顺利吧，人家要把关。但你看这个问题，像这拨儿人把谁放在眼里？有谁敢审我们的稿？！莫名其妙，你出版社找谁审我们的稿，这不是很奇怪的事情吗？这帮人都是很狂妄的，就是说海德格尔我们译的，还有谁有资格来审我们的稿？大家都很愤怒。所以就说：甘阳，我们自己拉班子！所以一开始我并没有搞丛书，是要搞一个杂志，但后来因为这个原因就同时搞丛书了。杂志就叫《文化：中国与世界》嘛。但这个时候老何这边老办成不了事情，他出的第一本书其实是孙依依译的弗洛姆的那个《爱的艺术》，他们当时认为可以挣钱嘛。所以觉得工人出版社和我们性质不对路，工人出版社背景不是很文人的。

查建英：是工人的、政治的。

甘阳：其他书老拖在那里，慢得不得了。那老何呢，就是老说这个政治上的环境不对。我就想这不是瞎扯吗。但是我和老何很好，我当时不好意思说，但我相信老何喜欢的书不是我喜欢的书，他喜欢的要不就是能挣钱的，要不就是和改革有关的，什么海德格尔？看不出和改革有什么关系，又那么晦涩，估计不好卖，他就没什么兴趣。这个时候有一个很重要的机缘，就是当时南京大学分过来一个女研究生，分到三联书店，叫杨丽华，那时候她和周国平挺近乎的。那时候我已经很出名了，所以杨丽华就要周国平介绍和我认识，然后杨丽华就介绍我们和王焱认识了，王焱那时候是《读书》杂志的编辑部主任啊。一下就谈拢了，就转到三联书店出版了。当时三联最主要的人员就是王焱和吴彬嘛，然后就是沈昌文和董秀玉，他们两个最大嘛。老沈那个时候大概是三联的副主编，主编还是范用。然后这王焱呢，一见就是臭味相投了嘛，然后王焱再去和老沈和老董说，那时候三联书店刚恢复嘛，所以这一下马上是三方一拍即合。大概这个时候发生的最好笑的事情就是，那时候口耳相传的文化又发挥作用了，就是上海译文出版社马上听说了，一听就全毛了，派了他们很关键的人来找我们谈判，希望所有的书还是都到他们那边去出，不要给三联，那时候大家抢嘛。因为他们上海是出了我的《人论》的，跟我关系好，所以他们希望我帮忙，因为他们都知道和译者谈是没有用的，译者都说问甘阳。

查建英：当时编委会成立了吗？

甘阳：还半成立没成立。这个成立啊……也没有像现在这样，开什么场面大会。

我从来没有开过，后来当然是开编委会了嘛，一开始就是朋友先谈的嘛，然后一边有很多书稿，但是当时主要是想办杂志、季刊。但是这个季刊很慢，出来是一九八六年了。当时要写一个发刊词，先叫友渔去写的，因为我要成天去跟人打交道，没有空嘛。友渔写了以后呢，到赵越胜家里讨论，当场被我们大家枪毙。友渔这个文字是小学生的，中文太差了，我天！友渔现在可能有点长进了，当时在我们这个人文圈子里，友渔的这个中文绝对是不能提的，我天啊！当初都是非常好的朋友，那时候和现在不一样，那时候人都是说话绝对放肆无情，但绝对不会发生问题的。

查建英：那主要是从文字上被枪毙的？

甘阳：文字上、意识上，友渔所要写的还是比较接近那套，和改革什么有关的，就是说我们觉得比较conventional的，文字也是很幼稚的。然后这个发刊词就决定非我写不可。而且那个时候专门叫于晓找了一个房间给我，就是说甘阳不能老这样跑，得关起门来好好写一个。结果在于晓他们家关起门来写了一个多月，写了一个三万多字的东西。本来是作为发刊词写的，结果拆开来发了。一九八六年二月《读书》头条发了其中一个部分，就是谈传统的，那个就是用了海德格尔、伽达默尔的这一套诠释学的东西来重新诠释传统。

查建英：是诠释西方传统呢还是东方传统？

甘阳：不，就是谈怎么看传统，就是从传统这个东西本身来讲，传统到底是一个什么东西本身就没有被讨论过。发在《读书》上这篇挺轰动一时的，题目就叫"传统、时间性与未来"，时间性就是海德格尔的概念。但这个实际上是其中一节。然后杂志出来是一九八六年底了。

查建英：这个杂志是三联出版，那钱也是三联书店出的了？

甘阳：当时没有什么钱不钱的。

查建英：总要有一点经费吧。

甘阳：一开始就没有，当时是没有经费的，就是他们出，他们并不向我们收钱，那我们也不会管他们要钱嘛。他们给稿费，当时出版都是这样，不像现在。然后我想是一九八五年底还是一九八六年初，《光明日报》登出了我们《文化：中国与世界丛书》的书目，分了四部分，一个是《现代西方学术文库》，另外一个是《新知文库》，这两个都是翻译的，在《光明日报》给我们打了一版广告，但他们好像是不要钱的。那是轰动一时的，就是说一个庞大的翻译机构。我当时列了一个庞大翻译计划，而且我们都落实了人去翻译了，定了交稿日期。

查建英：请你举几个书目上的书名。

甘阳：第一批推出来的，有周国平那本尼采的《悲剧的诞生》，有韦伯的《新教伦理》。《存在与时间》和《存在与虚无》已经是第二批了。其实大家本来就在做，这样一下子拢在一起了，当时就是大家都很兴奋嘛，因为我们干了我们自己想干的事。所以就是说，我干就干点我要干的事情，干不成拉倒，我们不给别人做嫁衣裳。

查建英：我们再来看看当时文化界的气氛，应该是"寻根文学"已经出来了，很多作家在谈传统，你那个三万多字的发刊词题目叫什么呢？

甘阳：叫"八十年代文化讨论的几个问题"。这个实际上参加了当时"文化热"的讨论。

查建英：从什么角度参加？

甘阳：当时是被看成全盘西化。

查建英：其实不止你这一篇文章被看成全盘西化，当时你们编委会、整个丛书都是这样一个形象。

甘阳：但是实际上我认为并不正确。因为当时一九八六年初我还发了一篇两千字的文章，是我给《瞭望周刊》写的，实际上某种意义上那个更代表我们的想法。

查建英：当时别人把你们归纳成全盘西化，你认为不正确，如果你自己归纳呢？你那篇发刊词的中心意思是什么？

甘阳：我想我们实际上是认为要先进入西学，认为现在的讨论水准都很低。第一点就是，当时不满意要"回归传统"的这个派。但是另外一方面，也不满意很多人把它扯到当代现代政治问题上来的那种讨论。所以我们比较超越。但另外一方面又和主流划开。我前面有很长的一段——那个实际上单独发在武汉的《青年论坛》上了——那个实际上是把晚清的中西文化讨论重新扼要叙述了一遍，强调这个中西文化之争的根本问题是古代和现代之争，就是进入现代的问题。冯友兰他们三十年代也是这么一个提法。

查建英：回顾起来，其实二十年代那场"科玄之争"也是这样，当时那些学者也是各自从西方思想家那里征引了很多资源，但论战到最后不了了之，实际上一方面是大家发现这背后其实就是一个古老中国如何进入现代的问题：科学成了现代西方的象征，玄学成了传统中国的象征，大家借着这些符号打笔仗。另一方面，科学和人文之间的跨界争论容易因为学科之间的门户之见而变成混战，所以当时张东荪建议休战，就是看到这种过早争论大问题的弊端，然后胡适说"少谈点主义，多研究点问题"。不过这一休战就断了半个多世纪，到八九十年代旧话重提的时候，中国语境多出来了一场社会主义革命，西方语境多出来了"二战"、六十年代和后来的高科技革命等等，都变了不少。

甘阳：八十年代文化讨论很重要的一点，实际上是把晚清以来中西文化论争的问题，全部都重述了一遍。但我们是希望把它带到现代西学的这样一个基础上来重新谈这个问题。而西学里面当然就引入了西方对西方文明的反省批判。到一九八七年我给卡西尔的《语言与神话》另外写了一个很长的序，就把问题谈得更明确一点。但文化讨论当中，为什么我们被看成全盘西化派呢？因为我们确实也是反对"寻根派",我们是批判"回归传统派"的,这个非常明确。

查建英:反对回归中国传统?

甘阳:对,那时候整个文化辩论一开始就和"寻根文学"有关。我想这个文学界的文化寻根实际上和拉美文学大爆炸的语境有很大的关系,《百年孤独》这个事我想对当时的作家影响很大,就是你回到自己的历史传统里面去挖掘。那么"中国文化书院"是以中国哲学史为主的,所以他们是从儒家文化进去,这个时候海外新儒学都已经开始了。我们第一次见到杜维明是在一九八五年,在北大勺园嘛。

查建英:好,那就索性问问你们对恢复传统儒学,就是文化书院这一套东西的态度是什么?

甘阳:当时和他们文化书院关系是好的,其实三个编委会是三个年龄段。汤一介他们完全是我们的老师辈,《走向未来》实际上是再复这个年龄段,更小一点,但是他们又比我们大,我们还在读研究生时候,他们都是已经工作的人了,我们这帮主要是以第一批研究生为主的。陈来写的一篇文章,把三个编委会的差异概括得非常准确。陈来那时候一方面是我们编委会成员,同时和中国文化书院也比较有关系。另外我们里面还有一个刘东,则和金观涛他们很有关系。

查建英:刘东好像在金观涛和你的那个编委会上都是成员。

甘阳:都是。所以当时中间还发生了一个事情,就是金观涛对刘东说希望他们"走向未来"和我们的"文化:中国与世界"两个合并。结果刘东非常挖苦地对他说:老金,您以为合并了,你当主编,甘阳当副主编,我告诉你,如果合并了甘阳不一定能让你当编委啊!那时候就狂到那种地步。金观涛都大吃一惊,说甘阳是何方神圣啊?当然刘东夸大其词了。但是说实话,我们是看不起金观涛这一套的,野狐禅嘛!比如说搞中国哲学的我们是很尊重的,他学有所本,是吧?在我们里面,中国哲学方面陈来是主要代表人物,那我们对陈来是非常尊重的,大家关系是很深的,所以对中国哲学的这个尊重是没有问题的。当时北大读书期间另一个很有影响,实际上是李泽厚还有牟宗三。小枫从李泽厚那里借来牟宗三的书,然后小枫开始受他们影响。我还记得是一次在北大门口的汽车站碰见小枫,他正要坐车去李泽厚那里,他从书包里拿出牟宗三的《智的直觉与中国哲学》给我看,这题目我们一看自然就知道是从德国哲学那里来的。所以中国哲学对我们不是没有影响。我刚才特别强调"诗的灵性"这个问题,小枫他们最早就是把"诗的灵性"问题加入中国的魏晋传统,然后比如周国平那时候写过《嵇康和尼采》,小枫也是高扬魏晋。所以对中国传统、对中国文明是有这些的,中国哲学本来也读,但是重心是在当代西方哲学方面。但是中国文化方面每个人的取舍不同,小枫、国平他们都是老庄魏晋,我当时感兴趣的已经是孔子,就是说儒家,但是我们的倾向非常不同于新儒家。也就是当时牟宗三的东西进来了,北大开始在流传,以前中国没有,我想那个时候基本上都是出国比较早的人带回来的,然后私下借,可能哲学所图书馆是有的。牟宗三是海外新儒家最主要的人物,杜维明是第二代海外新儒家。他们这些人,当时我们在北大时开始知道。陈来更了解他们。

查建英:但你说你们整个编委会是不同意的。

甘阳:不能说整个编委会,因为嘉映他们大概并没有读牟宗三,他们对儒家没有什么兴趣,可能现在也没有兴趣。小枫受过牟宗三的影响,但是基本上并不接受。

查建英:那他先高扬魏晋,最后又……

甘阳:小枫的《拯救与逍遥》就是要清算他自己的《诗化哲学》。《诗化哲学》里面,在西方传统他谈的是德国浪漫派到海德格尔这一段,在中国里面则是高扬道家老庄和魏晋,所以他在《拯救与逍遥》里着重打的不是中国的儒家传统,这个是他早就打掉的了,他现在要打的是老庄和魏晋。所以《拯救与逍遥》是一个自我批判。

查建英:而且这个时候他已经走到基督教了。

甘阳：但他这个走向宗教的脉络是很清楚的，在《诗化哲学》里已经很清楚，因为德国浪漫派在谈这个灵性的时候，实际上已经在谈神性，所以在那个时候这个神的神性东西已经进入了。这当然是他个人的一个路向，他这个走向基督教和一般人是不一样的，他是从诗意灵性的神性走到那里去的。但是编委会另外还有个何光沪，那个时候早就已经是基督徒了，他是宗教所的，是徐友渔介绍进来的。因为编委会基本组成后，然后就是这些朋友向我推荐人。除了我们这些人是当然成员以外，然后就是"哎呀这个不错"，然后说"那个不错"。梁治平就是赵越胜一路领到我家里来的。他是法学的，本来和我是不认识的，而且他也是从外地考进北京的，他一开始和谁都不认识，他怎么认识的呢，他和赵越胜两个人在新华书店里认识的，两个人就聊起来，就聊着朋友，就一路到人家，然后赵越胜就直接把他领到我们家里来了，然后赵越胜就说：甘阳，梁治平就是我们要的人，肯定就是你要的人，那就是说当场就加入编委会了，不需要讨论的。梁治平当时是在政法大学，那他当然孤独了，他虽然是法学，但他是从法律检讨中国文明传统，检查中国为什么法制不发达嘛。

查建英：所以跟人文挂钩的。

甘阳：跟文明有关。所以这就是所谓知青交往方式，不像现在这么复杂啊，看名片啊。那时候三言两语，就知道你有多少货了，然后大家朋友一说，你就算是通过了嘛，就是这样一个东西。

查建英：刘东是这么进来的吗？

甘阳：刘东是王庆节的关系。王庆节你不太熟悉，他到美国去得很早，他现在在香港中文大学。他们都是南京大学读哲学的，但刘东倒是成名很早，我们都在北大读研究生的时候，刘东在南京出名。他写了一本书，在《走向未来》里面出的，叫做《西方的丑学》。他那个美学传统，但他写西方的丑学。那时候他是金观涛他们那班的，所以金观涛很拉拢他，他是南京才子嘛，在南京挺有名的。然后当然他到北京来以后他马上看清所有的这个形势，当然最旺的是甘阳这一块嘛。所以王庆节推荐进来，刘东就开始和我们混了。编委会基本上是这样。然后中国文学，到陈平原他们的"三人谈"了。

查建英：他们是什么时候进来的？

甘阳：也是在拉编委会班子时候。因为我这个时候比较考虑学科大局，我是想弄一个人文方面最强的组合，所以人家说我是一网打尽天下豪杰嘛。其实就是臭味相投嘛！哪有那么复杂，现在好像有些人说什么我们编委会的方式不民主，简直牛头不对马嘴，这编委会就是知青交朋友的方式，朋友哪，什么民主，这编委会的方式很简单就是看你有没有资格做我的朋友，够资格的差不多当时肯定也都是个人物了，不是说有什么衔头，那时谁都没有衔头，而是说你有什么才华。比如外文所找的郭宏安，那时候翻译法国文学已经很出名了。然后中国文学方面的"三人谈"一下子就三个人都进来了。研究中国历史的是阎步克，中国哲学是陈来嘛。

查建英：是不是这些搞中学的当时是编委会的一种点缀呢？

甘阳：不是点缀，因为当时我们有一个比较大的想法，一个长的计划，当然就是中西汇通，所以就是为什么一定要找做中学的人一起，而做中学的人也都在读西学，因为当时是有一个共同话题氛围的，所以大家都很愿意互相补充。但当时整个学术界的势头是西学在领导，所以显得西学比较突出。但是实际上整个编委会在中西两方面是都涉及的。

查建英：现在看来，当时中国本土的迫切问题，就是改革或者是反省中国本身的历史问题，从政治也好，还是从文化也好，并不太在你们的视野之内。但你们有没有这种意识或者长远的考虑，就是你们这些西学研究，在你们看来是更根本、更前沿的学术问题，在某些时候中国会汇入到这边来？

甘阳：我觉得是这样。很多人关心政治，友渔他很关心政治，也不是不谈政治，胡平也是编委会的。

查建英：北大那个胡平？

甘阳：他也是北大哲学系的嘛，都是很好的朋友，但是后来编委会成立没有多久他就出国了，第一次编委会他都参加了嘛，那时他还在，但是胡平当时政治上已经被整，他没有工作。

查建英：那已经是北大竞选之后了。

甘阳：对，所以他竞选以后遭到惩罚嘛，所以他没有工作，所以当时胡平都是经常用大家的名字写文章，赚点稿费。

查建英：他是哪年出去的？

甘阳：不是一九八六年就是一九八七年。但是在编委会里面仍都是以学术为主，我觉得也不是完全不关心政治，很多人都关心的，不过在编委会里的主要话题不是政治，大部分像我和小枫、嘉映、越胜这些，基本上是人文方面更有兴趣。这个是我们编委会和别人最大的不同，就是说政治啊、经济啊说实话不是我们最主要的考虑。

查建英：你们那时候预设的读者群是什么，就是大学生吗？

甘阳：我那时候没有想过，我觉得没有像现在预设东西。说实话我觉得当时有一个特点，就是非常狂妄，我们当时就是超越一切。编委会后来在后期就有点名士派了。比如说有一次，大家坐一小巴汽车，一块到密云水库玩，路上有点危险，徐友渔就大叫：这车翻下去中国文化就全没了！就是那种口气啊，天！友渔那时候还是很可爱的。

查建英：听说有一次你们还一起跑到密云水库裸泳去了？

甘阳：裸泳，哎呀，这是后期了。编委会后来可能很腐败，成天吃喝玩乐，后来也有钱了,因为这个时候一个是稿费,还有开始付编委会的编辑费了嘛。

查建英:那些书当时的印数大概都是多少?

甘阳:比如周国平的那本尼采,十万,萨特的《存在与虚无》是十万,这个印数都不是很准确的,实际印得更多。然后,海德格尔的《存在与时间》印的实际上是十万,当时全卖掉了。而且《存在与时间》当时搞了一个比较正式的发布会,因为德国大使馆比较重视。这个时候就知道,真正背后支持我们的是谁呢,就是西方哲学史界的全部老前辈,所有的:洪谦、贺麟、熊伟、杨一之、王玖兴,等等,所有这些人,全部出席了发布会。

查建英:在哪里?

甘阳:在北大,开了一个很隆重的会,因为对德国来说是一个很大的事情,那这个时候我们就看出我们有师辈了,熊老先生是我们的师长,就请出来了嘛,虽然翻的时候,实际上是陈嘉映和王庆节两个人翻译的,但是最早挂名写的还是熊伟。然后编委会开始有点钱了,每个月我们会吃一次饭,那吃饭聚会是很开心的事,高谈阔论,洋相百出的,例如黄子平喝一口酒就已经满脸通红的,很好玩。那时候已经有这些月会之类的安排了,我觉得饭吃得不错,而且越吃越好了。

查建英:下馆子?

甘阳:下馆子。

查建英:北京那时候这些还不多。

甘阳:但是已经有。然后这个时候编委会很多具体行政都是社科院的团委书记他们在帮我们做的,包括开会找地点啊,会议室啊这些,到后来就是更那个。因为编委会到后期是整个文化界包括美术界、建筑界都和我们来往很多啊,当时文化热嘛，然后各界都在开这个文化会嘛，都要请我们的嘛，而且都是以我们为奇的。最大的一个，你还记不记得美术馆开过一个很大的美展？

查建英：当然，一九八九年春节，中国现代艺术展。

甘阳：而且这美展还出了个事情呢，有人开了一枪，行为艺术。那个时候挂的第一块牌子是我们编委会，是他们要求我们挂的，就是主办单位，这个画展好多家合办，但他们要求"文化：中国与世界编委会"挂头牌，实际都是其他人张罗的，但都是用我们的名义，大家都希望有这个名字。

查建英：你还没回答裸泳的问题呢，那是怎么回事？

甘阳：那时有很多女孩子跟我们一块玩，有太太、有女朋友，这都是赵越胜的事情。赵越胜是编委会很重要的一个人物，是铁哥们儿中的铁哥们儿了，赵越胜喜欢交朋友搞聚会，比如party都是在赵越胜家里的，他是高干子弟嘛，所以他们家本来很大，他爸是建国以后第一任煤炭部副部长什么的。他夫妻两个都是高干子弟，他老婆的爸是国家科委主任。但后来哲学所给了他自己房子，就更加喜欢玩party，所以编委会后期很重要的一个节目就是party，天天莺歌燕舞的，陈嘉映他们都喜欢玩的。

查建英：那时候party都做什么啊？

甘阳：唱歌啊，那时候就疯狂地喝酒了，读诗了，跳舞了，就是一堆狗屁事。

查建英：读什么诗呢？

甘阳：我不管的，我说诗歌时代早过去了，所以他们很恨我，因为他们一说诗我就要挖苦，我说读诗，傻瓜，现在哪有诗啊？不过诗人里面杨炼跟我个人关系特别好。中国那诗人也太多了点，所以越胜后来有篇文章开头就挖苦说每片树叶掉下来都会砸在一个诗人头上。不过越胜他们还是喜欢什么诗,外国的自然是什么里尔克之类,中国的诗嘛,大概他喜欢的人就是好诗,不喜欢的人就不是好诗。比如说翟永明啊,和那个贵州的那个诗人,也是朱正琳他们那边带来的那个女的,叫什么来的,哎呀,我忘了,和我们编委会关系很好的,唐什么。包括那个《诗刊》的编辑,小年轻编辑唐小渡,他和刘东臭味相投是哥们儿。已经开始有派系了,比如说越胜和周国平他们是不喜欢刘东的,所以刘东也好谈诗歌但和他们这边很不相干的,这都是已经有很多派,这些事我都不太管了,我就觉得后来屁事特别多。裸泳呢,那时候经常出去玩,有时候就游泳啊,也不知道是谁,叫出来说大家裸泳,我想是在密云水库,我怀疑我那时候不在,是不是我到新加坡开会去的时候。啊,就男男女女都裸泳,不像话,当时也没有什么,但后来传得很厉害。那时候,就是那个有个苏炜回来了。苏炜呢,也是喜欢这些party什么的。我觉得那时候我们北京这编委会已经很名士派头的感觉了。

查建英:苏炜家也是一个点,经常开party或者讨论点儿什么作品啊、思潮啊。还讨论过我当时的一个中篇小说呢,一屋子人非常郑重地坐在那里给我提意见,记得有黄子平、李陀、陈建功等等,弄得我受宠若惊。还有一次苏炜召集的party,也是满满一屋子人,范竞马,那个男高音,也是跟苏炜那圈子很密切的,唱了很多意大利咏叹调什么的,好像还有梁和平伴奏。那时李陀和暖忻家也时有聚会,我第一次听到崔健的歌就在他们那里,还是在当时那种砖头式的录放机上放的,声音很毛糙,但都是很隆重地听。不论是放崔健还是放贝多芬,李陀每次必定先警告式地宣布:你们谁都不许说话啊,我要专心致志地听!

甘阳:但那已经是后期了,是一九八八年后期。

查建英:快到一九八九年了,你们大部分书已经都出来了。

甘阳:好多都已经出来了。实际上三联出得很慢,所以和三联书店有很多矛盾,经常大家抱怨书出得慢,然后大家对老沈不满,认为老沈太滑头,给钱少,稿费、编辑费少,所以和三联书店正式作过一回谈判,要求增加稿费。这是一九八七年。

因为我们要对译者负责任，我们找这么多译者，这些书都很难译。所以越胜他们都很不满意，说这是共产党的钱，又不是他家的钱，你这样做没有意义对不对？你不多拿点出来，这都是公家的钱嘛，你心疼什么呢？后来还组织了一个谈判委员会，有赵越胜、苏国勋、王炜。但那时知识分子谈钱还是很难为情的，没谈判前那都一个个很慷慨激昂的，一到真谈时候谁也不肯去谈了。

查建英：后来有人说编委会最后弄得不欢而散，跟钱有关系，是吗？

甘阳：跟钱倒没有直接关系。其实现在回想起来，也很简单，这编委会本是个臭文人的朋友圈，这朋友一起喝酒聊天最好，临时合起来干个事也是可以的，长了就对大家都是约束，迟早要散的。我觉得编委会后期那个时候里面就分成了几个小群体，好像是一边是个玩乐的群体，组织party的群体，一边呢，是干活的群体，就有一些摩擦，编委会后来就分裂了。也没有公开分裂，不过实际上我把编委会最好的几个哥们儿，越胜、徐友渔、陈嘉映和周国平四个人给开除了，弄得比较厉害。而且大家都说不清楚为什么闹。也从来不说对我的不满，弄得比较神秘，我对他们也说不出有什么不满，所以到后来大家都不太愿意说。反正肯定发生裂痕了，这个裂痕呢，他们都说不是对我有意见，但是后来编委会就分成两派了，一边是王焱、老苏、于晓，一边是嘉映、越胜、国平、友渔，这四个都是我一个室的，都是很好的朋友。大家都不愿意谈到底为什么，后来一块谈了好几次，反正谈不出个名堂来，就说拉倒。

查建英：那就是说，即便没有八九事件，编委会也要散了。

甘阳：我觉得某种意义上，八九给所有的这些民间团体都画上了一个光荣的句号，其实本来都已经搞不下去的了。《走向未来》的编委会也完了。

查建英：听说他们内部也有问题了。

甘阳：他们一开始已经有问题。他们最早主编是包遵信，金观涛是副主编嘛，因为那时包是副研究员，当时只有他一个副研究员，所以是挂着老包的名字。他们后来搞了一个政变把老包给政变掉了，就变成刘青峰和金观涛的家天下了。政变以后实际上他那个编委会已经解体了，因为老的编委已经都不参与了，也就是金观涛在拉新人，就是拉刘东啊这帮年轻人干，但实际上已经没有势头。而且可以说我们这个编委会一起来，实际上《走向未来》的势头已经完全没有了，至少在大学里我们的这个影响是明显的，每个人都会这样认为的。他们还在做，但是我想很难维持下去。

查建英：文化书院的分解听说是因为钱吧？

甘阳：文化书院是和钱有关系。

查建英：现在已经说到八十年代末了。如果现在来评价你们编委会在八十年代做的事，从知识视野、自我定位、问题意识、学术水平这些方面，你评价如何？你们想要解决的问题，想要达到的东西，达到了没有？

甘阳：我觉得评价非常高。第一个很简单，在"文革"以后很短的时间，而且这些大多数都是从知青上来的，很短的一个时间内确实进入到西方哲学思想史的一个最深刻的问题里面去了，学术的走点很高。那时候没有"现代性"这样一个提法。当然这个问题是对西方文明的一个反省。现在叫现代性问题，我们当时叫技术时代。而这个是和我们当中多数人从前的人文倾向和文人气质有很大的关系。另外，一般人家对八十年代的批评，比如什么浮躁了，我觉得和我们没有什么关系，我们一点都不浮躁，我们都是踏踏实实在工作，翻译质量非常站得住，像《存在与时间》。有一点，可以举一个例子，为什么我们会和贵阳有点关系呢？因为第四届全国现代外国哲学年会是在贵阳举行的，然后所有这帮人都去了贵阳，贵阳有一帮诗人嘛。这会上我是特别强调，你不要用海德格尔去批判正统马克思主义，那会弄出很多不必要的事情来。你就说海德格尔怎么说，你不要老去用这个批判人家。所以在一开始王炜、王庆节他们老去和搞马哲的老师黄楠森争论，我觉得那是人家饭碗，关你什么事呢，我就经常老跟他们开玩笑，我说一部"唯批"养多少人哪，你这是砸人家饭碗，老去和人辩论，我对那个问题一点兴趣也没有，就是什么批判极左思潮，批判教条主义，我都没有兴趣。而且我叫他们不要参与，我就是说，你要的是进入西方学术，你不要去管别的东西，你这样才会想得比较深、专。这个我想是对编委会不少人影响比较大的。

查建英：有点"为学术而学术"的意思。而且到现在你也认为那是对的。

甘阳：我认为是对的。不过倒不是"为学术而学术"的意义上，而是很多事情不要搞混淆。我一九八八年到新加坡开会，内地、台湾、香港和美国的华人学者，第一次开了一次会，关于儒家，会议是和中国内地的文化讨论有关系的，叫"儒家与现代化"。我那个时候已经看得很明显。所以我在一九八七年、一九八八年几篇文章是比较反映我的想法的。比如说我对中国儒家是持肯定的态度，但是我和别人肯定不一样，比如我在新加坡发表那个论文，我就强调：儒家和工商文明民主没有关系，并不要求它具有这个功能，这不是需要儒家担当的任务。

查建英：是嘛，怎么可能呢？儒家是小农经济时代的产物。但总有人爱把比如孟子的"民贵君轻"之类的话扯到民主上面去，是不是受了韦伯那个"新教伦理刺激了西方资本主义发展"之说的影响，也想从儒家伦理中为中国现代化寻找资源？

甘阳：我就是说，儒家是人文的一个进路，儒家的方向是在一个人文科学和人文探索的开展上，并不是要去论证儒家到底是促进了自然科学也好，不促进科学也好，没关系，这个论证没有意义。儒家是不是促进市场经济发展，我认为这是不相干的问题。我到今天还强调这个问题，这个想问题的方法是错的。

查建英：只是把古人拿出来说事，但从学术上论证不通的，对吧。那么，八十年代你强调纯学术，九十年代以后呢？

甘阳：那个是不太一样，九十年代跟你说，是我个人的看法。八十年代我认为我们编委会大都强调学术的重要性，就是说，老谈政治没有意义，你是在很低的层面上谈，老是在重复，这些胡平他们都是高度认同，而且他们也都知道我要做什么东西，他们谈政治让他们和别人去谈，不在我这个编委会里面。他有牢骚总会去发，但是我不愿意去谈政治这种事情，对政治改革派这些事我是没有兴趣的。因此当年我有一个很大的尴尬，别人当然说：都是改革派的。我很尴尬，因为我觉得我和改革派没有什么关系。但当然你也不会说你是反改革的。因为编委会成立以后呢，我们开始做这个社交工作了嘛，所以编委会成立以后呢，对我是有影响的。因为不成立编委会的时候，你完全是可以在书斋里的。成立编委会你要发展很多社会关系，包括那时候不叫 promotion，但是实际上是做 promotion，所以编委会决定我应该去一趟上海，和上海的学术界有一个交往。王焱和我一块去的，然后上海整个人文学界，有一很大的一个宴会。有些人，你说也很奇怪，人家第一个认为我是有后台的，因为他们认为否则这个编委会是办不成的。我们后来比较明白，就是上海比北京严得多，上海控制紧得多，所以他们认为我甘阳有很大的后台，否则怎么可能就让你，没有别人，你甘阳是主编，挂你甘阳主编的名字，你一帮人，就是编委会，就出那个什么海德格尔、尼采了，他们觉得很奇怪。所以他们认为我们和改革派瓜葛很深，有什么后台。我确实没有后台，确确实实一点后台都没有。惟一有点影子的就是何家栋曾经建议让我请位大人物，被我当场拒绝了。如果要说谁是合作者，那就是三联书店，就是沈昌文、董秀玉，那他们也不是什么高官，因为当时他们刚成立没有书，他们要出书。所以我和别人讲，我认为空子很多，你自己吓自己，你什么事情都干不成。其实你干了，你发觉突然就干成了，我那个空子就钻成了。所以后来我一直认为是有空间的。就是说你不要成天把它描述那么可怕，好像一切都被控制，他可能控制，但可能和你没关系，未必控制到你这里。

查建英：是啊，你一不谈政治，二不谈性——裸泳也就那么一次嘛——你搞纯学术，他控制你干吗？你当时要是翻译哈维尔，那又是另一回事。但他哪里知道海德格尔是谁啊？即便知道也没事，不会觉得这一套构成任何威胁。有点像当时文学里的"先锋小说"，其实对主流没有颠覆性，因为它完全在另一条轨道上。

甘阳：另外一九八八年那个会回来以后，我是强调非政治的，而且我说非政治就是最大的政治。因为你们把这个东西干成，不受影响，这些该翻译的都翻译出来。

而且最主要的，我刚才编委会的话没讲完，就是说，我觉得我们是在discourse上造成一个很大的变化，就是你开始不需要成天好像还要一半的时候和这个传统的discourse作斗争，你可以直接用新的discourse、新的语言谈问题，这个是编委会最大的贡献了。比如说再复一半的时间在批判人家的discourse，我认为都是瞎耽误工夫，影响你的进步，影响你的思想，你老被他拖着走。

查建英：你会被你低水平的对手给限制住。

甘阳：对，这样你还是要从老马克思教条角度，而我觉得很不耐烦。所以我们的文章就不太一样，我们谈的直接是当代西学的问题。

查建英：是，你们不屑于清算"文革"啊、反对专制啊这些低级战役，实际上你们是纯粹精英主义的思维方式和行为方式，而且是洋派的。

甘阳：当然是精英主义的。

查建英：但正好赶上了一个特殊时期。

甘阳：阴差阳错。

查建英：对，阴差阳错，那个时候是官方和广大读者都糊涂：人们对一切知识空前饥渴，虽然云山雾罩半解不解，你们这套学院精英的东西，也变成有社会效应的了。

甘阳：按道理应该是没有的。

查建英：是啊，那时中国学者也还没有出国与西方同事交流，你们本应当是坐在书斋里自己研讨而没有社会效应的。

甘阳：应该是没有的，但是我觉得也不能低估一点，就是说相当大一批人文学科的人是有这样一个倾向爱好。

查建英：大学里永远有大批文学青年，加上当时正好是人文引领潮流的时代。

甘阳：所谓文化的问题，某种意义上你可以这么解释，就是你坚持一种文化的东西，本身就是批判，本身就是对某种东西的拒绝，对某种东西的不认同，你认同的是一个所谓文化性的一个东西。

查建英：你讲的这个文化，基本上是狭义的文化。

甘阳：绝对是。我绝对不认同现在流行的文化研究，绝对不能接受。

查建英：泛义上的文化除了流行文化还包括很多啊，经济学、法学、人类学等等，所有这些东西，你们都排斥吗？

甘阳：我觉得是人类学的文化，就当时来说，我们是绝对不会接受的。我刚才讲赵越胜的马尔库塞，虽然不是我感兴趣的，但是法兰克福学派对文化工业的批判是我们其中的一个discourse，这是我们的惯用语言，就是文化工业，我们谈话经常都是讲技术时代、文化工业、大众文化，这些都是贬义词，都是否定性的。所以我和你说，我回顾起来，八十年代我们实际上是一种对现代性的诗意批判，真的，而且都是很有原因的。

查建英：这样谈下来，你九十年代以后的所谓"转向"，其实有内在逻辑，不是突转，实际上从八十年代下来是相当顺理成章的了。

甘阳：对。到最后，当然每个人都走到更专门的了。比如说小枫，他就觉得这个诗意都是不够的，就是说你还是不够超拔。就是说要超越于俗世的一切东西。

查建英：那是什么呢，走到什么地方去呢？

甘阳：他走到宗教，只有上帝才能够担当得起来。所以，虽然他是对自我的批判，但是这个脉络是很清楚的。那个时候小枫、周国平、赵越胜，都参与编了一本叫《诗人哲学家》嘛，而且他们那本书还是很畅销的书，我是没有参与，这应该是一九八七年，那不是编委会搞的，但都是和编委会有关的人，这时候开始各有各的摊子了吧。

查建英：但你编委会的这些人，后来好像都有点转向，比如徐友渔，后来就研究政治哲学。

甘阳：那是很晚的了。

查建英：那是九十年代了。你和小枫也都转而研究政治哲学了啊。

甘阳：我觉得有两个变化。我后来出国前发的最后那个文章，就是谈自由主义的嘛，我最早谈自由主义的嘛。这是一个很大的变化。我个人是从德国或欧陆哲学转到英美思想传统方面去了。我一九八九年谈自由理念，就是谈伯林。发表出来是《读书》一九八九年第五期和第六期，所以我实际是那年"五四"的时候写的，所以那个文章是为这个五四运动七十周年。我想这个之所以会转到这政治，不是没有原因的。《读书》刊登了两篇，一个叫"自由的理念"，而且现在查起来是内地第一个在公开杂志上用"自由主义"这概念的，我是第一个，就是这篇文章。但是这个文章出来实际上已经是"六四"以后了，所以是"六四"前夕写的。就是说，社会上人家要追问你这编委会的一个政治定位，实际是因为你编委会影响越来越大，你发生的很多关系也越来越多。别人可以不考虑，编委会的一个主编的话，人家觉得你要有一个说法，就是我们到底怎样想这些问题。这个时候呢，我想我是从一九八七年开始读，读这个社会政治方面的东西。

查建英：除了伯林之外还读谁？

甘阳：伯林、海耶克，三家自由主义嘛，还有一个波普，当然我不太喜欢波普，觉得他那些东西真低俗得很。不过伯林是我第一个引进的，那个文章主要是引进关于"两种自由"的概念。这篇文章为什么影响会比较大，也是以前多数人和我们的思路都是一样的。可以这么说，从德国浪漫派一直到康德，到黑格尔，他这个自由，不是一个现代那样狭隘的政治上的"消极的自由"，而首先是一个精神界的自由，积极的自由，是一个全面的人的自由。也就是说，按照康德、席勒的说法，就是你是要摆脱对人的所有约束的自由，例如追求物质利益就已经没有真正的自由可言，因为你的身心是不自由的，被外部决定的，这个经济对你的约束是一个很大的不自由，因为康德、席勒时代已经看见早期资本主义了，工业革命已经开始了，在这个经济至上的约束下，你怎么可能是自由的呢？伯林那个文章当然就是批判这种看法的东西了，就是说：这种精神自由虽然是很高的，但是我们更要紧的是要谈这个更实际的政治自由，就是说更狭隘的一个消极自由。所以当时呢，这篇文章为什么我觉得对当时的影响是比较大的，包括小枫他们都很受影响，因为大家都能从这个当中感觉到有一些问题。也就是我想这个是和中国当时的状况有关。就是说，你虽然是那种追求精神自由的取向，但你也不可能完全抛掉更实际方面的问题，现实的中国这些方面。就政治上呢，不是你最高的那种追求的精神自由，但是至少你都是认同的追求，民主啊什么的，当然都认同了，但我们当时最根本、最重视的是一个精神性自由的东西。但是后来你就发觉其他那些东西并不是你可以不考虑的问题，所以这是我那篇文章里的背景，就是说，这个时候你就是有一个自我批判、自我检讨，在某种意义上。

查建英：我个人觉得，这种意识很重要。你可能有很高妙的追求，但你至少应该意识到，这种貌似低级的政治自由，实际上是你以及别的与你不同的人追求各自想追求的那些东西的基本前提，是一条大家应该一起为之奋斗持守的共同底线，否则个人的高妙追求可能非常脆弱，社会很可能变成毫无限制的弱肉强食或者法西斯。所以很多西方大学者大作家会在大是大非的政治和道德问题上明确表态。我想伯林如此强调这一点，是否与他身为犹太人及其所处的时代有关。而海德格尔本人的反犹倾向和纳粹历史问题则始终是个令人不安的事实。不知你怎么看待海德格尔这个政治污点？

甘阳：简单说吧，思想最深刻的思想家要按今天的政治意见看都是最糟糕的，柏拉图、尼采、海德格尔，都是反动的，但他们是西方最深刻的思想家。

查建英：当然这些应该与海德格尔的学术成就及其魅力区分开来，就像汉娜·阿伦特所做的那样。这个且不多谈。反正就是说，你八九年那篇文章实际上是一种从自由主义角度做的自我检讨。

甘阳：我想是在无意识当中的。像我们这样一个倾向，如果我们要在政治上有一个说法的话，那么这个可能是我们最容易接受的一个说法。

查建英：是不是你感觉到你们原来可能有点儿不仅是拔高，而且是凭空地去追求某种诗意的乌托邦？

甘阳：我觉得从德国浪漫派到海德格尔，已经有这个转变了。所以当我们进去很深的时候，我们就意识到这个转变。就是德国浪漫派那里本来还有个理想社会是可以实现的，那诗意是一种现实追求，到尼采、海德格尔以后这种事已经是几乎不可能的，是很远很远的一种东西了。所以你这个情绪已经是不一样的了。小枫个人，他比较高扬，追求超拔，他们编《诗人哲学家》时给人的感觉好像还是比较浪漫，他们诗人参加，追求诗意境界，我就不参加了。

查建英：坦率讲，我几年前偶然读到小枫在什么大学的一篇演讲稿，是有点感到吃惊的。里面讲到不少西方哲学家，似乎还论说了一番哲人王统治下的理想国之类，我记不大清了。固然有小枫一贯的精彩，但那个非常精英的调子和那种居高临下的"超拔"给我印象很深。我觉得这种姿态与我理解的基督徒精神不大一样。也许《旧约》里的上帝是这样超拔的，实际上那位上帝被人格化为一位伟大而暴戾的君主，还相当狭隘和妒忌，但《新约》里的基督可不是这样，他是谦卑、博爱、心存悲悯和敬畏的，我觉得这个更可亲也更难得。

甘阳：每个人有他自己路向。比如为什么卡西尔对我仍然比较关键呢，我是希望把诗意的转到一种人文科学的角度,所以我是谈精神科学和人文科学,我比较注重这个,和小枫是稍微有一点差异。陈嘉映也是往这个方向转的,他现在做的是非常技术性的问题。这和他到美国去留学有关系,他到美国学的是分析哲学,实际上做的是语言哲学。

查建英:你们编委会好多后来都转向了。

甘阳:都转了。

查建英:而且有好几个人从八十年代那种人文哲学都转到了政治哲学,比如你、徐友渔、刘小枫。

甘阳:对我来说,在一九八九年以前已经开始,但那个时候仍然不是最关心的问题,而只是想要有一个说法,想我们如果谈政治怎么谈,就因为当时编委会名声很大,各方面交往很多,实际上大概整个社会都关心政治这个问题,就是一九八九年的气氛已经有了,然后你就觉得你不能没有一个说法,对不对。

查建英:所以不是主动参与,是被推到那里了。

甘阳:我的这个"两种自由"的说法显然是大家都比较满意的一个说法。而且我们当时也比较有一种意识,就是如果产生一个不好的政治效果,毕竟不是我们希望的东西,那当然会比较自我限制的嘛。我们读的东西,搞的东西,这个东西并不是想引到政治上的一个东西,那些东西基本是内心的一种东西,但我们自然也不会希望这些东西引出政治上不好的东西。但是九十年代以后,我觉得大家都转向是很自然的。整个世界的变化,八九、苏东欧瓦解、整个中国社会,这个社会政治问题变得是最根本性的问题了。而且你发觉你这个人文基本已经走不下去了。我觉得,那时要不你转入像读留学生那种走法,那就变成一种职业了,变成一种job,不是我们原先的那种。

查建英：你们原先梦想的是过一种纯粹思辨的、诗意的生活。

甘阳：而且是人生，一种人生方式。

查建英：那肯定走不下去了。何况哲学在西方也遇到危机了，统领各个人文学科的传统地位也动摇了。大概这本身就包含在海德格尔描述的技术时代的可怕图景中：没人读哲学了！

甘阳：我当时出国了，我不能感受国内的东西，但是我从我自己角度看，我认为整个编委会这样一个人文冲动，它的终结是王晓明他们那一场人文精神辩论。但是晓明和我们不太一样，因为他并没有去读海德格尔，他那个理想冲动和再复一样，仍然是很有人文主义理想的一种冲动，所以他就更不能接受了，就是说他突然发现这个市场资本主义不是我们要的。他第一篇文章就说，怎么现在人们不读诗、不读小说了，一切都变得这么庸俗了？也就是他本来以为现代化和市场经济这些应该让人更高尚，更爱好文学，更有人文追求的。但我们读海德格尔这些的，至少从理论上是已经知道这个现代化世界一定是这样的，经济的时代、技术时代、大众文化的时代，读什么诗嘛，谁读嘛，所以叫诗歌的世界和散文的世界之区别，诗歌世界消失，进入散文世界的庸俗时代。

查建英：后来常听到再复说这个诗歌时代和散文时代的事情呀。

甘阳：这个是德国浪漫派的说法嘛，席勒和哥德讨论就都是用的这个语言。更糟糕的是，散文世界某种意义上只是庸俗，但技术时代是控制你，就是说人被控制。技术时代取代了散文世界，最早一开始是诗和散文嘛。

查建英：我想现在谈论这种问题一部分中国人会比八十年代更有切身感受了。但那时候中国既非诗歌时代也非散文时代，反智主义运动搞了几十年搞得什么文都快没有了，它基本上就是一个无文时代，一个贫乏时代。

甘阳：在一个物质时代……

查建英：是啊，从物质到知识都在一个贫困时代。但那时你们已经在思考诗歌时代破灭和技术时代的可怕，以及怎么面对它，这个问题意识我觉得是非常超前的。

甘阳：是非常理论化的一个讨论，但是我现在回忆觉得非常珍贵。而且我现在觉得很遗憾，甚至我不是很明白，为什么这个层面的思考和追求一下就被全面压下去了。晓明他们一开始提出这个人文精神问题，我把它看成一种反抗，但是很弱，一下子他们自己就弄不下去了，人家三言两句就把你给打败了。这个时候实际上整个知识分子的地位下降了，因为当时没法坚持了，是吧。理想主义下降，大家谈论通俗文化，然后就是说你们在发什么癫疯呢？这是什么年代了！但是为什么会这样？当然可以说中国某种意义上就是这种所谓迟发展国家。

查建英：当然就是嘛。我还是想说，像你和晓明这种文人从哲学和文学的书斋里看出去的中国，是不是一直和现实的中国有某种距离？你们是不是由于某种可爱的、文人气的天真而低估了下面这些因素：中国的宗教传统比较弱，但世俗文化、事功文化、实用主义的世界观极为深厚——这一点和印度比较一下，太明显了。中国历史上长期重农抑商，但其实中国人很爱也很肯赚钱，穷的想变富，富的爱排场，而这种欲望前几十年受到极度压抑，一旦有机会很容易爆发，甚至矫枉过正变得极度物质主义，很多所谓读书人也不能"免俗"。有一位长年研究印度和中国的荷兰学者朋友就曾经皱着眉头对我说：我发现你们中国人更像美国人！他指的是中国人的实用主义和物质主义倾向。从精神层面讲，对文明、文化扫荡式的毁灭在"文革"时期达到了顶峰，然后又有八九年的事情，民主与自由的问题始终存在，大批知识分子去当官、经商或者埋头做学问，在经济上基本上有保障，并且是得利阶层。在这种情况下人们对"人文精神"这样一种含混笼统的提法表示怀疑与不屑，我觉得其实是很自然的。如果说晓明他们这是一种"反抗"，我倒觉得这反抗之所以无力和软弱，与他们对己对人对现实有意无意的某些盲点和回避有关。比如，他们那场讨论基本聚焦在文化与市场的问题上，但当时社会上不仅对"文化"、对诗歌小说冷淡，对政治也同样冷淡，与八十年代形成鲜明对比，为什么？如果你只拣可以允许批判的去批判，不敢全摊开来讨论，那你不免简化了问题，因为文学的问题、人文精神的问题肯定与精神自由的问题有关。没有精神自由的人文精神是什么样子的呀？所以，如果你那把刀基本上只对着那些可以捅一捅的别人而不对自己，那别人看出你这根"软肋"，三拳两脚就把你打败，你能有什么脾气？

甘阳：我倒不这么看，不过可以不谈。谈另一个方面，就是九十年代开始，西方流行的东西也对晓明他们谈人文精神很不利，不能 supporting it，也就是说西方后现代的东西，都是通俗文化的这一套东西来瓦解从前的这个现代主义建构起来的这套精英文化，所以大家都没有话语了嘛。那王晓明他们受到了两头的打击了嘛。从理论方面受到张颐武他们的打击，张颐武他们用的是很俗气很粗俗的后现代。但更致命的打击来自于王蒙和王朔。王蒙本来是精英小说的，是吧，那现在他是站在一个通俗文学方面，再加上王朔这个疯狂才子的重炮猛轰。其实我出国前是很喜欢王朔的小说，出国以后读得不多，但还是喜欢他那个屁劲。

查建英：我也很喜欢。王朔当然被惹恼了嘛：你们这批人一边吃着国家饭一边讨伐市场，可中国要连这些商业空间都没有，像他这种个体户还有活路吗？那在他看来你们真是得了便宜又卖乖，安全地站在高枝儿上作秀、抢夺话语权。要说他还真是比讨伐他的那些人更独立、更有个性。其实王朔后来自己写了一串文章抨击庸俗、堕落的大众文化，我认为写得比那场"人文精神"讨论当中的文章更犀利更痛快。不过，这些和你前面那个精英思路怎么连接呢？

甘阳：不，我对小说和电影的看法很不一样。电影我认为就是大众艺术。我不喜欢先锋电影。电影是很花钱的，是一个视觉效果的东西，是给大众看的，所以在电影里面做什么理论探索等等，我是不欣赏的，而且我说实话觉得是不好看的。虽然你希望把它说得很那个，我是不以为然的，我觉得先锋电影都不好看。坦白说我就认为张艺谋的电影好看，我对他极为佩服。也就是说不同的东西你必须不同看待。电影就当视觉娱乐来看。而且我觉得精英文化就该与大众文化区分开。小说我认为也是这样子的。诗歌到小说是有变化，小说有点不一样，但小说毕竟还是一个阅读性的，某种意义上还是一种精神性的，他不是一种纯粹感官性的。你那电影是感官性的,你一定要调动他的非常感官性的东西。小说毕竟还是属于感性和理性的一种,你看写的时候他那个谋局布篇是一个很考究的东西。电影基本上是给凡夫俗子看的嘛!而且我也喜欢看好看的,比如我认为张艺谋的色彩感真是好,我是五体投地。就到现在,我对人家骂张艺谋,我是非常不能理解而且反感,我认为是一种妒忌心态。比方说他最近的这个《十面埋伏》。光第一场他那场舞蹈,我觉得就足够了,就是一种巅峰状态。我认为人是需要这个的。但你不要混淆,不要用大众文化来否定精英文化,你不要用这个东西来说现在就是他妈的流俗文化时代。李陀就走到了这个极端。我认为李陀这是丧失了他一个文学评论家的本能,你是被理论所淹没掉了。我老实说你李陀什么时候才接触理论?这些个理论我老早知道了,我早进去了,但我就从来不会走到这个极端,我当然非常了解这套理论的颠覆性和恐怖性,但是我是经过我大脑在想的,我不会轻易被任何西方理论所俘虏的。

查建英:好,如果连你也是又爱读诗又爱看电影,那么海德格尔这一套理论及其对立面——技术和凡夫俗子的这些感官娱乐——为什么他们不能并存?为什么一定要你死我活?

甘阳:不,我觉得它是两码事,我认为在现实当中,是没有必要发生冲突的,但是会有一个趋势问题。那对海德格尔来说,不是说不容这个东西,而是现代性的这个趋势,就会有一个东西来取代另一个东西。

查建英:我没有看过海德格尔,没法谈他,在这类问题上,对我来说特别重要的是托克维尔。

甘阳:你是说《美国民主》那本书。

查建英:对,就是那本书,厚得像块砖,九十年代初我读的时候特别震动。为什么呢?因为托克维尔虽然出身法国贵族,但是他透过美国民主观察到人类社会的这个未来图景,他在二百多年前已经看得非常清楚了……

甘阳：当然是了。

查建英：他看出美国模式的前卫性，全世界都会往这个方向走，这种状况托克维尔当年早预测到了。但我觉得他更独特的在于他对人类状况(the human condition)同时具有深刻的洞见与博大的悲悯之心。虽然他自己是贵族、精英、诗歌时代的人，他所有的sensibility都是从那个背景、身份来的，但是他看到追求平等是人类的天性，这种由追求平等的冲动所导致的民主社会有其深刻的内在逻辑，是具有正义性并且是不可避免的。但这个平等、这种民主同时带来了一种文化上的拉平：文化品格的平庸化，贪图舒适的惰性造成的人们对艰涩深刻的躲避，以及贵族、精英、英雄和超越精神的式微，这个趋势同样是不可避免的。比如我随便举一个日常生活的例子，从古典时代王官贵族使用的铜制雕花马桶，后来就发展到了千千万万平民使用的普通塑料马桶。前者当然更高级更优美，但对于人类大多数成员来讲，你得承认后者肯定是个福音，因为不可能大家都用得上雕花铜马桶。所以，由于他这种empathy（"为他人设想"）的禀赋，对于托克维尔来说，人类走到这个"塑料文化时代"不仅必然，而且他并不是单纯地鄙视它或者感到恐怖，也不是可怜它，我觉得他的态度是理解与悲悯，应该说是一种compassion。

甘阳：不光是compassion，他还认为你必须去想新的方法，而不是单纯地站在贵族这方面去想，这个没有用。

查建英：但他不是像思想史家那样偏重推理和梳理文本内部、理论之间的关系，他更注重对生活形态和人性的考察。那他看出了一个基本事实，就是民主趋势不可避免，而且有它的合理性。问题是，你一旦有了一个诗歌的dimension（维度），英雄的dimension，就是我们刚才说的那种贵族的、优雅的、高妙的东西，那你的悲哀感恐怕也不可避免，因为你知道人类文明最精致、最高级、最奢侈的这一部分，在这民主的潮流中受到挑战和排挤，而且必定逐渐衰微，无可奈何花落去，是不是？这样的人会变成少数人、边缘人。托克维尔甚至预测这个趋势必然要发展到大众民主，少数人被多数人宰治。那对这些少数人这简直是毛骨悚然的了,这不等于是另一种"文革"吗？可是怎么办呢，我记得托克维尔好像是没有结论的,除非出现一个新的……

甘阳：也就是上帝的意思。

查建英：对，second coming，耶稣再度降临，天意。好比发特大洪水了，你只能让它发到头，淹没一切，或者叫时代列车，它必然会开下去，你这里筑个堤，那里螳臂挡一下，没用，它非得走到头，完成这个过程，那时天意会出来，但这另外一个东西什么时候、怎样出现、是什么样子，不知道。

甘阳：他都认为不可能。尼采认为是可能的，托克维尔连第二种可能性都认为是不可能的。

查建英：尼采认为会有一个超人出现。

甘阳：有一个超人，就会是新的，因为这种局面是人类不能忍受的嘛。

查建英：也许尼采属于非常激情膨胀的歌剧性格，其实从他个人来讲，多病之身，好像不是一个超人，但他活在一个fantasy（幻象）里，活在一个想象的超人世界里，到最后干脆就出去了，就疯掉了。我觉得托克维尔更冷静更理性，属于在直觉和判断之间、情和理之间比较平衡健康的一种心灵。

甘阳：他的《美国民主》，上卷是根据美国情况的描述，下卷完全是一个理论想象，并不是根据美国实际情况写，而是他认为必然会如此，所以他下卷写的是所谓更universal的一个想像。

查建英：历史证明他的预见非常准确，美国实际上是人类的实验场，在这个意义上美国发生的问题即是人类的前沿问题。但我始终钦佩托克维尔的态度和胸怀。比如我天性里也有一种人文倾向，也心仪诗歌时代，也对现在这个时代的许多现象和潮流深感遗憾，甚至格格不入，甚至厌恶。我特别佩服托克维尔能超越这种情结，能对生活持有一种开阔的视野和恒久的热情。你看他跑遍美国，兴致勃勃地去观察和描述美国那些小地方的自治啊什么的，对这些津津乐道。

甘阳：那是他的一个幻想，他认为这种地方自由可以抵制政治专制。他也比较复杂。但文化方面他就更悲观了，文化方面他认为几乎没什么出路。我给台湾版的《民主在美国》写过一个导论，就已经写了这个东西。我觉得他突破了一般人的结构，他这个书是有一个比较结构的，就是比较贵族式的和民主式的对反，并不是民主和专制的比较。但一读就会把他读到这个非常传统conventional的争取民主的那个上头去了，那你就没有读进去嘛。

查建英：我是读得很投入，觉得他境界很高。但显然托克维尔这种视角和态度不是你们最心仪的，海德格尔才是。海德格尔是不是基本从诗歌时代这种气质出发来演绎世界？

甘阳：气质是这个，但是他的语言完全是一个西方哲学的语言、更深刻。

查建英：我现在问的倒不是语言或形式，是问他的视角，因为这会影响他的判断，他的message。

甘阳：他不一样的。他与托克维尔和尼采都并不完全一样，他的主线还不是贵族式和民主式这个问题，这只是他一部分的问题，而是说如果没有技术时代的话，所谓民主时代的那个东西都会不是这样的，所以他就更检讨这个西方思想为什么走向这么一条路，推向这个方向。

查建英：就是说他把技术时代和民主时代挂在一起。

甘阳：都是同一个东西，因为比如说，技术时代必然牵扯到对知识的看法，那知识是什么呢？知识本来是区分高低的啊，只有贵族才是有知识的啊！但你想笛卡尔《哲学原理》的第一句话，他是要所有人都可能了解知识的，知识成了一个大众化的事情，知识是为你用的，从前知识是塑造你之为人，不是你的一个工具，而是你内在人格培养的一个东西。那你现在知识都变成一种工具性的，不是人格培养的一种知识，所以这是很大的一个转变，这个转变当然本身就是促成这个现代大众社会的一个很重要的前提。从知性上，当然海德格尔更难懂，就是更 challenging，更刺激。托克维尔相对比较好懂一点。

查建英：（笑）是啊，所以连我都看了嘛。

甘阳：因为学哲学的呢，你就会寻求知性上的刺激，那相当多人未必一开始都懂，只是觉得难懂，难懂就有一个刺激。未必很多人都会完全读懂海德格尔，大多数人当时并没有读懂。我觉得现在可以这么说，他谈的问题就是属于现代性的问题。现代性是很包含性的一个概念，所有这些倾向都可以归纳为现代性的东西，它由各个方面组成，而每个方面相互支持，都做这个东西，都推向一个方向。所以你比如说技术时代出现，它当然是改变了知识和科学的含义，本来科学是为科学而科学，为知识而知识。那技术是什么？是为了用的。而用是什么？用是要有市场推广的，所以有市场价值才是有用的。所以马克思的商品批判当然是很重要的，也就是说一切都是为买卖的，而不是一个真价值。马克思是厉害的。

查建英：他是很厉害的，这一套对于工人阶级……

甘阳：马克思是犹太人，是从犹太人问题才到工人问题，《共产党宣言》本来是从讲犹太人解放来的，他最早的"犹太人问题"讲只有全人类解放，犹太人才能解放。为什么呢？因为全人类都解放了，就是人都没有区别了，犹太人就不是犹太人，而只是"人"了。所以他认为犹太人如果光追求自己的政治解放，还是不能解决社会上歧视犹太人的问题，只有大家都没有区别了，都是一模一样的"人"了，没有犹太人不犹太人的问题了，才是真正解放。但是后来不知怎么他突然异想天开想到和英国社会主义有关，觉得工人阶级是历史的载体。不过他对资本主义的分析，仍然是重要的深刻的。

查建英：但是这套无产阶级革命理论输出到工业文明前的国家，又弄出了一大堆问题，比如专制、文化和经济上自杀性的运作等等，最后又得回到资本主义这个轨道上来。

甘阳：不过对西方来说，在那个阶段能不能解决资本主义最要命的问题，就是阶级冲突，是很关键的。这是为什么十九世纪到二十世纪文人和工人运动会变成了一个联合体，就是说，虽然所追求的东西是不一样的，但敌人是共同的，就是资本主义。因为诗人都是左倾的、激进的，因为诗人艺术家自然都是讨厌资本主义的，否则你叫什么诗人，所以诗人艺术家都是参加社会主义运动的。这是一直到二十世纪上半叶的倾向。但是对于资本主义秩序来说，重要的是要解决工人的问题，因为那个是可能发生暴动革命的，那个问题解决了以后呢，你就发现你自然而然解决了文人的问题，因为光是文人是掀不起浪的。但是中国这个问题没有解决，这就是为什么九十年代会发生辩论。

查建英：但是中国现在这个冲突很复杂。

甘阳：我觉得九十年代以后每个人走的道路就有不同了。我的路和别人也都不太相同。小枫走基督教。陈嘉映倒是基本走分析哲学路子，政治上的关怀是另外一回事情，但和他的学术是分离的。友渔基本上不搞他的专业，老实说友渔做政治哲学还不够资格，他没有真正进入过，他不过是有政治关切而已。他翻译过一些语言哲学的文章。

查建英：九十年代以来他主要是写文章吧。

甘阳：参与中国当代政治辩论。

查建英：你也有一些这类文章吧？

甘阳：我也有。

查建英：是不是感觉做学术研究离社会很远了？

甘阳：我一点都不认为，我觉得比较可惜，就是这样一个文人批判的传统，我不希望它变得那么弱。虽然我并不喜欢西方左翼,我对西方左翼的很多东西有保留。但现在我就觉得整个社会的这个市场大潮就要淹没掉人文这条路了。一九九四年这场辩论的终结啊,就失语了。我记得王晓明他们用过这个词。

查建英:如果真给淹没掉那确实很可惜。九四年那场讨论给人留下的主要印象是焦虑和失控,也许太仓促了,谈得比较混乱。

甘阳:这个原因很明显,知识分子总体来说是支持改革的,所以社会当时出来的问题呢,他不希望这些问题是和市场有关的,他希望他的市场不应该是这样的,好的市场应该人家还是读诗的,有这样一种幻想。

查建英:这是一拨儿人。另一拨儿人说,一个规范的市场经济,至少比我们现在要更自由些。

甘阳:但我觉得这是从经济的角度谈,从人文角度来说,其实这是完全不相关的问题。在规范的市场经济里,对你这个诗还是毁灭性的,也就是商品买得更规范一点而已,还是都是商品嘛,还是越来越庸俗化,这个是挡不住的嘛,只不过是经济上做事都规矩点而已了。这是两个层面的问题。

查建英:那倒是。诗在美国也早就危机了,所以克林顿任内还设立了"诗歌日",有点儿我们这里保护昆曲、京剧的意思。但文学并没有,文学还活着。

甘阳:所以王晓明他们问还有什么人在读诗读文学,人文精神还要不要?

查建英:像刘军宁、徐友渔他们搞宪政的这拨儿人,是另一种关怀。

甘阳:他们是从市场经济,市场改革。

查建英:我想他们更关注的是政治体制改革。

甘阳：两方面问题是不一样的。他们想政治的人本身并不需要考虑诗的问题，当然你逼问他们，他们就给你一个，当然那个都是答非所问的，因为不是他们所想的问题。比如说经济学家只关心经济是不是有效率，是吧，他管你诗不诗啊。

查建英：但两个问题都有意义。

甘阳：当然是。

查建英：比如我希望，与其走这种恶劣的资本主义，不如走一个规范的资本主义，因为当这种恶劣的资本主义和专制结合的时候，我们既没有个人自由，也读不到什么好诗。

甘阳：这是比较后期了，一开始的时候并没有认为恶劣资本主义。

查建英：你的意思是？

甘阳：就是直到最近两年大家才承认这个资本主义很糟糕。

查建英：我说的这种恶劣资本主义，既没有规范资本主义里面的相对的个人自由，也没有诗。刘东对我说过一句话，大意是早点把这个问题解决掉，那样我们大家就都可以去好好地当左派了。

甘阳：好好地当左派？

查建英：所谓当左派，就是说我们就可以专注地批判规范资本主义产生的种种问题和对人性的限制。你觉得这看法怎么样？

甘阳：我觉得这是一种幻想。比如回到我们刚才的话题，八十年代的问题在我心里从来没有放掉过。当然我现在没有多谈我九十年代的事。但是呢，我从来不认

为像后来九十年代有人认为的那样,认为我们八十年代搞的都是错的,都是不相干的,我从来都不会那么认为的,我认为我们的工作是非常关键的。很多人都跟我说,你应该引进有利于现代化的东西,而不是引进西方批判现代的东西,这是普遍的一个说法了。但在我是从来觉得这些说法很可笑的,他们不懂。

查建英:我觉得这两个层面的资源都需要,特别九十年代以来,中国状况是犬牙交错的,可以说老病未去、又添新疾,针对老的问题需要自由主义的资源,针对市场和消费主义的问题需要批判现代性的资源。

甘阳:我遗憾的就是说,这个九十年代不一样,很多东西没有了,单一化了。虽然八十年代开始了经济改革,但是市场经济这样一个对所有社会生活全面性的影响并没有出来,九十年代开始出来,人文精神讨论也是在这样一个背景之下。社会生活全面市场化了,商品化了,而这个时候你发觉整个中国知识界、中国知识分子是完全没有力度的,而这我认为是很可惜的,而且是很值得检讨的。而你刚才说刘东说的话,我认为恰恰就是一个原因。正因为你总是这样去想问题,总是想先把市场搞起来,先把政治搞起来,然后我们再来谈文化问题,再来谈精神的问题,这恰恰就是我说的九十年代与八十年代不同的地方,就是九十年代是一种单一化的思考,其实是没有能力或兴趣再思考八十年代我们已经开始思考的问题。这种单一化思考恰恰就阻碍了你去想真正的问题,所以你就变得和不好的资本主义妥协,因为不管怎么不好,你认为市场是反对专制的,所以不应该批判,无非就是这样一个解释,于是大家都不去追问原生性的问题。

查建英:你指的是什么人?

甘阳:就是包括这些好像每天都在反专制的人,我认为都完全不是真正面对问题。真正的面对问题是,首先一点,现在有什么机制可以使这个资本主义多多少少有一点被 regulate。

查建英:啊,你认为没有一点 regulate 吗?我觉得是有很多 regulate 的,政府一直在干预啊。但还是那个问题：应该干预哪些、怎样干预，又应该放开哪些，让市场、民间去自主调节、自治？这些有很多讨论啊。

甘阳：现在开始有嘛。咱们谈到九十年代后期来了，九十年代的争论很大。

查建英：是，有各种各样的角度，也容易各执一词吧。刚才说到刘东那个角度，那再比如说王蒙，他是赞成改革的。你说现在有种种问题，他也不会否认，但每个人的总体立场后边往往是他的个人经历。比如你今天谈到"文革"，很明显你对那段"文革"初期和后来的知青文化有非常生动的记忆，甚至你可能觉得实际上那时候的生活更有诗意。

甘阳：那当然。不过这又容易被扭曲，我一开始说了，"文革"前三年对我是两方面的，一方面是父母被迫害，被抄家，但另一方面则是极大的思想解放，开始自己想问题了。

查建英：而王蒙呢，他曾经对我说过一句话，给我印象极深，他说：建英，你要知道对我来说，今天中国的一切都是 better than the worst。他说这句话时特地插用了英文以示强调。就是说，他那一代人经历了中国最糟的时期，虽然他被打成右派在新疆劳动那二十年也许苦中有乐，他还学会了维语，但是如果有可能选择，他肯定不会选那一种生活。从那个角度看，那他自然会觉得最糟的肯定就是那种极左政治专制造成的灾难生活。

甘阳：但我本来就觉得这根本就不应该是真正的点。我至今认为就是他们最极左的人，他们也是拿那个来批判现在，并不是说真有几个人要回到"文革"。我并不觉得这样的东西很多。但我觉得大家这个辩论到后来就扭了，我觉得大家都在走极端，大家都在拿这些说事情。我可能这是一个天真的想法，但我觉得本来有可能不至于把这个问题互相都扭曲到这样一个地步。

查建英：是啊，很可惜，应该不至于，但不幸确实是扭曲的。这个场里有毒气，很多恐惧焦虑、难言之隐，于是大家怒气冲冲，不惮彼此作最恶毒的揣测。任何一个问题，比如说谈到国家究竟在干什么这个问题，马上会分歧得一塌糊涂。到底九十年代以来国家是在助长与国际接轨，还是在给旧体制整容的同时把自己人变成新权贵，或是他同时在做这两件事？这就争起来了。

甘阳：话说回来，九十年代其实还是很有意思，因为相当程度上，虽然大家都辩论得很激烈，基本还是一种没有官方干预的辩论。虽然大家都分裂了，等等啊，但还是一个很有意思的辩论。而且这个辩论是必然会出来的，也就是中国这么大的一个变动，经济是一切嘛，这个经济生活整个影响到所有的层面，而这个问题老实说我认为大家准备不充分。所以这个时候，本来发生辩论是比较正常的，所以我基本是把这个分歧看成和西方国家的争论是一样的。一个大规模的市场经济出来，就是会分成两派的，只不过在西方有一段时间是和党派政治联系到一起的。

查建英：中国哪儿有呢？

甘阳：但实际上呢，中国这左右两方每一方都在利用国家，每一方都希望国家做他想做的事，一方希望国家给资本更大的自由，一方希望国家限制这个，坦白说基本上是这个问题。因为你要说到很多东西，其实并没有很大的分歧，你比如说，没有人主张要封锁言论嘛，每个人都希望言论更自由一点。

查建英：言论自由应该是一个基本的平台，在那个平台上各方去随便打仗好了。

甘阳：比如民主的问题，如果我算新左派的话，我可以说那没有人比我谈民主谈得更厉害，那我还能很具体的谈论改革，而我认为谈就这样谈，而不是说成天就叫点民主的口号。

查建英：是啊，所有问题都不应该光是叫口号，应该具体谈、具体做。包括刚才谈资本，你说一派是要国家给资本更大自由，另一派要它限制资本，但这马上就会引出问题：你这资本是什么资本呢？因为资本在中国变得非常复杂，很多东西你搞不清他是什么资本,到底是民营资本,还是貌似私人资本的国家资本,还是中外合资?面目并不总是很清楚,有时还越改越复杂。

甘阳:我觉得都需要用国家法令来调节,都要把它明确化,包括国家与国家的关系。

查建英:不过这些问题是谈不完的。我觉得到最后,其实最可能搭成的一个基本平台恐怕也就是一个政治自由主义的平台,如果像你刚才讲的大家都赞成言论自由。因为谈到经济就不行了,马上都要吵翻天了。

甘阳:我觉得最近几年和前两年比起来,基本上还是有点共识的。比如说,前些年你提出贫富差异的问题,他认为你是在反对改革,他认为你是在帮官方,等等。

查建英:(笑)是怕你说话不看钟点把事情说乱了吧。其实反正也够乱的了。

甘阳:但确实有这个问题嘛。他认为经济改革很好,这个不能够动,所以很难讲这个问题。但是最近几年我觉得问题的辨认基本上分歧不是很大,但是现在人事上还是比较复杂。

查建英:(笑)这个没办法,交恶了。

甘阳:所以我建议所有的人都应该退出舞台了,应该让给年轻的人,他们会比较更好地谈论问题。至少他们没有这个交恶的历史。这些老人都个人恩怨太深,纠缠太深,你就不能想问题了,思想都定型了,脑子都僵化了,都不行了。

(本文编辑时有所删改)

鲍昆摄于九十年代中期

→ 李陀

Lituo

　　中学毕业即到工厂，先后做热处理工和钳工，并于业余时间参加车间文艺及工人文化活动（编写黑板报，创作快板、对口词、小评剧，组织宣传队，写作厂史）；一九八〇年调北京市作家协会作驻会作家，一九八二年前后停止小说写作并转向文学和电影批评。一九八九年赴美，在芝加哥大学、伯克利大学、杜克大学、密执根大学等校做访问学者，教授中国当代文学。一九八七年至一九九一年与黄子平合作编选《中国小说》年选（共四册），由香港三联出版。一九八八年至一九九一年主编《中国寻根小说选》《中国实验小说选》《中国新写实小说选》分别在香港和台湾出版。二〇〇〇年主编《大众文化研究译丛》及《当代大众文化批评丛书》。二〇〇〇年至二〇〇四年与陈燕谷共同主编理论刊物《视界》。

【访谈手记】

访谈那天李陀刚生了几天病，还有些低烧，但显然是非常认真地做了准备。他对八十年代感情非常深，怀旧，但又认为那时遗留下的问题很多、很大、很复杂，需要深入清理。我把整理出来的谈话录传给他之后，他陆续三次修订，其间并与别的朋友斟酌讨论，严谨至极。李陀近年似乎身体不大好，脊椎炎时时发作，改稿拖延甚久，终于寄来修订稿那天，他在电子邮件中写道："累死了。可是回想我们在那些年里的许多事，虽伤感，还是很快乐，用这个安慰自己。"

也许，那些年发生的好多事之所以现在想起来恍如隔世，是因为中国在极短的时间内变得似乎面目全非。"不是我不明白，这世界变化快！"当然，实际上有些东西一直并未改变，只是为了能够与时俱进，人们把它们暂时冰冻起来了。记忆中，第一次听到崔健的那首《最后一枪》就是在李陀和张暖忻家，但那是在一九九一年的芝加哥，还是在一九八九年的北京？反正在这两个城市里我们两家住处离得都不算太远。当然，还有那些热烈的、疯狂的、着魔般的关于文学的讨论、关于电影的讨论、关于美学的讨论……在八十年代的北京，"陀爷"永远生活在这些讨论的旋涡中心。

李陀谈的"友情与争论"，怕是触及了一个普遍现象。九十年代以后，知识分子和弄文化的人分化很大，其间出现过激烈的分歧和争论，比如"人文精神失落"的讨论、自由主义者与新左派的争论，当年的基本共识没有了，老朋友们有的成了陌路人，有的成了论敌。当然，争论并不一定影响友谊，我和李陀在一些问题上肯定就有分歧，但照样可以做朋友。我们这次对谈的半年之后，吴亮和李陀在网上打起笔仗，两位八十年代文学批评界的老朋友，在各自沉默多年之后"兵戎相见"。这未必是坏事，承受不了争论的友情也太脆弱了。可惜的是，在这个日日喧嚣、处处泡沫、杂碎多元的媒体环境里，这类争论再难得到像八十年代那样普遍的关注和回响。这到底意味着什么？

日期：2004年7月9日
地点：北京，紫竹院附近

李陀：回顾八十年代，这个题目有意思，可是太大了。这些天我一直在琢磨，怎么才能完成你给我的这个任务，怎么谈？要找一个角度。

查建英：是呵，这种回顾性的题目，史料很重要，不过自然会带出来你的观点。

李陀：这些年不断有朋友劝我，为回顾八十年代写一个《伊甸园之门》那样的书，就是在回忆中又要做自己的评论。

查建英：你应该写啊，那本书作者好像是 Morris Dickstein 吧？

李陀：对，这本书在中国有很多读者，影响很大。回顾历史，拉开一点距离很必要，现在已经二十一世纪，对八十年代进行带有批评性的回顾，的确该认真做了。最早，大概是九三年，我记得是（香港牛津出版社）林道群说：只要你写这本书，我就一定出版。后来，到九十年代中，汪晖也多次和我讨论应该回顾、检讨八十年代——八十年代其实是理解今天的关键。后来他写出那篇影响很大，引起很多争议的文章。可是我自己动作很慢，主要是收集了一些材料以后，觉得八十年代的问题非常复杂，需要认真研究、分析的东西太多，很多事情还看不清楚，就把它放下了。后来，一九九九年我去香港，许子东，你一定认识，他要在上海文艺出版社出一套书，大概叫《海外学者文丛》吧，黄子平、孟悦，都参与了。他希望一定有我一本集子，说你就把旧文章收拢起来，结个集就成了。可是我一直觉得那些文章并不值得结集，拖了下来。隔了一年，又在香港见到许子东，他旧话重提，又说这事。我很不好意思，但惭愧之余，倒逼出一个想法：我可以从过去的文章选一些做这集子，但是每篇文章后面都附一个检讨和反省。许子东对这想法很赞成，说你书名都有了，就叫《八十年代》。我想这样去回顾，把回顾和检讨结合起来，也许还有点意义，对吧？

查建英：对，比如朱伟九一、九二年写过两篇八十年代人物评点，有了一点距离，视角和态度就与他身在其中时不太一样。现在呢，十五年过去了。

李陀：历史的反省需要一定的时间，不过时间距离还是不能保证你的批评性回顾一定有深度。八十年代虽然不过十年左右的时间，但是这十年太复杂了，千头万绪，无论是研究，还是反省，都要考虑从一个什么样的视角进入。我始终没有找到一个非常好的办法。仅仅写个回忆录不太难，可是要达到像《伊甸园之门》那样的水平，不太容易，何况，研究八十年代应该有更大的视野，更尖锐也更严谨的批判态度。

回顾八十年代，涉及的问题太多了，也太大了，你必须对涉及八十年代的各个历史都作一些批判性的再认识才行——不是一个历史，是许多历史，这带来难度。需要处理的，不光包括四九年建国以后的历史，还有一百多年以来中国革命的历史，改革的历史，思想和观念变迁的历史，经济和文化发展的历史，以及马克思主义思想发展的历史等等，你都要有一个总的观点，你才好回顾。而这点我做不到。我看的书和材料越多，就越觉得很多事想不明白，想不清楚。前一阵新左派跟自由主义的争论本来是个机会，可以说些话，可我只在《读书》上写了一篇《让争论浮出海面》，还是个随笔式的东西，不敢写大文章。照我看，这次论争里有些人太草率，整个大的事情还没有想清楚之前，就急着对中国近代和现代的很多历史问题作出判断，特别是"自由主义"这拨人，这个问题更大一点——不过，这也可能是我自己的问题，胆子太小吧。所以这两天接受了你这任务以后，我觉得咱们还是从比较小的问题进入吧，或许这样还比较有特点。也没想出特别好的题目啊，就从"友情和讨论"这么一个角度说说看，试一试。

查建英：友情和讨论？

李陀：或者是友谊和讨论，都行。从一个比较小的角度进入可能比较容易，也比较有意思。

八十年代跟今天对照当然有很多区别，但我觉得其中一个非常重要的区别，就是那时候重友情，朋友多——而且都是那种可以肝胆相照的朋友，可以信赖，可以交心。那时候的朋友信赖到什么程度？有没有一个尺度？我觉得有，就是可以争论，你的朋友是可以争论的朋友——不是一般争论，而是凑到一起，以争论相激，以争论为乐。这是不是局限于北京的现象？恐怕不是。这些年我看了一些和八十年代相关的回忆录，发现这种情况不限于北京，全国都如此。有一本书，是四川一个诗人柏桦写的，叫《左边》，副题叫"毛泽东时代的抒情诗人"。这本书后来作为《今天》丛书出版了。柏桦诗写得非常好，我非常喜欢，他是当代中国最出色的诗人之一，可惜现在也不写了。他在书里回忆的，主要是四川诗人在八十年代的活动，这本书对当年活动在四川的青年诗人们的友情，还有友情和诗的关系，有很生动的描写；看了他的书你就知道，如果没有朋友，没有那种和高扬的诗情融在一起的温暖的友情，那就不可能有四川诗人群体的崛起。总之，比较起今天，那时候的友情可能是我最怀念的东西，也是我经常思考的一个问题。这些年我觉得自己有个进步，就是写文章不喜欢大题大作，思考历史也主张具体一些，不要上来就是大问题、大判断。我总觉得八十年代人的友情，很值得认真琢磨和研究。

查建英：大有大的价值，但有"高大实"和"高大虚"两种，前者需要好功力、好眼力，能画龙也能点睛，否则只好做"高大虚"。我想革命后代里特别容易出产"高大虚"：继承了革命时代那种粗线条思维和悲壮文体以及讨论大是大非的嗜好，又缺少扎实的学术训练，结果动辄就是偷工减料的豪迈，或者弄一些构架很大的学术豆腐渣工程，像北京一些新楼，外表看着巍峨，里头净是瞎对付。当然这是一般而论，总有例外，总有优秀而踏实的个人。你觉得八十年代那时候人们不爱讨论大问题吗？

李陀：不是啊，那时候争论的都是大问题，缺点是历史分析少，具体研究少。今天重新思考八十年代，我们就应该接受教训，最好从比较具体的问题进入。当然，完全不接触大的问题，那也不行。困难的是：对照八十年代，我觉得，现在恰恰是关心大问题的人越来越少，大家关心的是房子和车子，倒是很具体，可完全是物质主义。

查建英：这是与争论的问题有关呢，还是与生活方式的变化有关？比如我发现，在这方面中国人和美国人就有差别。我住芝加哥那些年，有个交往的小圈子，有写小说的、有教书的，只有我一个中国人。我发现我们聚会，一聊到十一点，他们就要散了。这个小圈子的中心人物是 Lore Segal，岁数最大，是奥地利犹太人，经历过在英国、南美不同国家的流亡，她就问我：你那些北京朋友，你们会不会就这么散了？我说不会的。

李陀：不会！

查建英：我说我们会一直聊到半夜，不尽兴就不散。Lore 就说她早年也曾有过那样的聚会，口气里很怀念，并且接着强调她到底是个外国人——其实她在美国已经住了大半辈子。当时别的美国朋友都觉得很诧异，而且有点不以为然，说那是不是大家都不忙？我一想：对呀！它背后确实有一个生活方式，你得衣食无忧，还得有一定的悠闲。八十年代中国人还没有这么普遍的各自为战的生存压力。

李陀：你说的对，可是实际情况还复杂一点。我先给你讲一件往事。那是八九年的一次朋友聚会，那次聚会让我终生难忘。这事有个背景得先说一下：差不多是八八年前后，文学界有个消息很轰动，就是"湘军大转移"——当时湖南一群作家在韩少功带领下，集体辞去工作，南下海南岛，去参加海南特区的"大开发"。那可是带有很大的冒险性质，因为当时"辞职"，不要单位，不要工资，连作家的身份带来的种种优厚待遇也全扔掉，可不容易。何况，海南岛根本不是今天的样子，"特区"刚刚建立，去了没有工作，没地方住，只能住工棚，连电灯都没有，非常艰苦。所以当时我们都很关注这批湖南作家的命运，一是不明白他们到底要干什么？作家在经济大潮里能有什么作为？觉得这伙人不过是一时冲动。二是担心他们是不是能在海南坚持住，如果待不长，最后还是回湖南，回长沙，那多丢人？就在这样议论纷纷的时候，韩少功和蒋子丹来北京了，那是八九年春天，窗外的树刚刚见绿。为欢迎两位冒险家的到来，朋友们在苏炜家聚会——你还记得苏炜在双榆树青年公寓那间房子吧？你还在那里借住过一阵，是不是？

查建英：是啊，有一阵苏炜回广东老家，我借住过几个月。他那公寓当年是朋友圈里的一个聚（据）点，有张可以抽拉的长餐桌，花一千块钱买的，在那年代是天价，记得陈建功听到这价格时那副表情："什么桌子能值这么多钱？！" 那时候大家多穷啊。你接着说你们那次聚会。

李陀：现在回想起来，那一次见面以后，韩少功和蒋子丹给大伙说的一席话，还让人神往，那是现实，也是神话。韩少功和蒋子丹说了什么？两个人先讲了他们到海南岛后怎么建立一个"公社"式的团体，又怎么创办《海南纪实》刊物，然后又说他们竟然已经赚了不少钱，然后进入正题：他们有进一步的计划，如果刊物办得顺利，再多赚一些钱，他们就在海南买地，办一个农场，还办一个出版社，再在农场里建一批房子，然后？然后就再把作家朋友们轮流请去，住在那里，衣食无忧，安心写作，写出作品来，再由自己的出版社出版——你能想象吧？听了这样一个计划，大家该是怎么样的高兴和振奋！今天看来，这显然是个乌托邦，可是当时，朋友们都认为这是可能的，都擦拳摩掌，准备大干一番。

当然，随着后来时事的变迁，《海南纪实》被迫停刊，韩少功领导的巴黎公社式的小团体，也由于内部矛盾重重，终于解散。这样一场在二十世纪八十年代进行的乌托邦试验，像历史上一切乌托邦试验一样，不能不宣告失败。但是我觉得这是一个很了不起的事情，我到现在还保存有他们当时制定的一份章程，我认为即使是在世界乌托邦实践历史上，它也是一份非常重要和宝贵的文献。不过限于我们今天谈话的题目，关于由湖南作家发动和实践的这场乌托邦试验的意义，这里就不再多说，还是交给有兴趣的历史学家去处理。

回到我们的题目上来，为什么我要讲这件往事？因为这是个很典型的事例，对理解八十年代的友情活动的特征、条件，从方方面面都给人以很多启发。你刚才说到友情后面有一个生活方式，我赞成。这生活方式又是和一定的道德价值和文化价值相联系，和一定的理想、激情相联系，是吧？韩少功他们那个乌托邦的例子，就很说明这种联系。

八十年代一个特征，就是人人都有激情。什么激情呢，不是一般的激情，是继往开来的激情，人人都有这么一个抱负。这在今天青年人看起来可能不可思议。其实那种责任感和激情是有来由的，是和过去的历史衔接的。今天很多人都忘了，或是压根儿不知道,那时候的人,不管干什么的,包括工人农民,普通老百姓,都是有历史观和历史意识的,毛泽东说的那个"人民,只有人民才是创造历史的动力"的说法深入人心,那时候人人都相信自己对历史有责任。"就从这里开始／从我个人的历史开始,从亿万个／死去的活着的普通人的愿望开始",这是江河的几句诗,很能反映那时候人们的情绪。"文革"结束以后,人们虽然对社会主义、对毛泽东有很多质疑和批评,可是毛泽东的历史哲学还在人们的潜意识里起作用,这和今天完全不同。我想当时,至少咱们那些朋友圈子里,比如北岛,他写出了《我不相信》那样震撼人的诗,可他写的时候自觉考虑到他对历史的关系了吗?也许没有,但是骨子里,他和大家一样,认为自己对历史有责任。八十年代一个重要特点,就是每个人都有一种激情,觉得既然自己已经"解放"了,那就有必要回头看自己经历的历史究竟是怎么一回事,再往前看,看历史又该向何处去,我们应该做什么,可能做什么,马上做什么。

查建英:是不是比较主流、比较精英的那些人更有这种感觉?你觉得这主要是毛泽东这个历史观在起作用?

李陀:你说的有道理,不过为了不简化咱们的讨论,还得考虑别的因素。你不是说到生活方式了吗,我就想跟着你的思路,讨论"激情"和生活方式的关系:那时候人们那个激情从哪里来的?和那时候的生活方式有什么关系?

查建英:明白。我也很怀念那时候的友谊和讨论,包括那时候的激情。跟现在比,它的利益色彩要淡得多,并不是马上要从中得到一个什么很实际的好处。

李陀:这个又涉及到问题的另一个方面了,你光有一个什么"人民是创造历史的动力",也不够,其实当时知识界很多人从主观上都并不认同这句话,那时候正面评价毛泽东并不受人欢迎,"文革"后"怀疑一切"的风潮遍及全国,包括怀疑毛泽东。

查建英:是不是除了毛泽东,还有传统影响?士大夫的忧国忧民、社会责任感等等，与毛式遗产加在一起。

李陀：对呀，不只这两个，如果认真探究根源的话，应该还有更多的参数，是很多的原因构成的。我觉得现在很多人思考问题，包括理论和学术的讨论，在研究方法上，往往掉在"一因一果"这样因果律的陷阱里爬不出来。无论是讨论一个历史现象的形成，或者某种政治经济现象的形成，他们总是要寻找一个根本性的，带有本质意义的原因，有了这个原因，好像问题就解决了，好像思考这条船终于进了港，然后落帆、下锚、休息。我不赞成这样的态度，这是化约主义，也是形而上学——二十世纪末叶，随着新自由主义的盛行，教条社会主义的失败，一个思想上的反动，是形而上学的回潮，形而上的思想方法泛滥。这带来的后果非常严重，不过这问题讨论起来很复杂，离咱们话题又太远，这里不多说。我以为，为对抗这种流行的形而上学，阿尔都塞"多元决定"的思想应该引起我们的重视。沿着阿尔都塞的思路，万物万事都不是在一因一果的链条里形成的，是多因一果，或者多因多果。因果关系是一个网络性的东西，结构性的东西，很复杂，不能随意化约。所以，讨论八十年代的友情的形成，也不能简单化，如果认真追究，可以追究出很多很多原因出来，可以做更仔细的分析。

查建英：它至少有这两块：一个是社会主义的集体意识，一个是古典时代的知识群体意识。

李陀：可以这么说，可这都是混合在一起的。但不管什么原因，在那时候，无论在社会生活、政治生活还是其他社会层面，包括思想解放运动和新启蒙运动（我一向认为这是两个东西），友情都扮演了非常重要的角色，绝不能忽视。现在我们的生活里再找这样的友情已经很难了。不过才二十多年，我们的生活里的友情已经大大贬值、变质了，我们愿意也好，不愿意也好，都被紧紧织进一个天罗地网一样的功利主义的网络里头，朋友的意义和作用也完全变了。现在我们和朋友聊天的时候，已经很难再像八十年代那样：第一，可以直言不讳；第二，可以誓死捍卫自己的观点，跟人家吵得面红耳赤；第三，相信朋友不会为这个介意；第四，觉得这争论有意义。这一切都不可能了。

八十年代——访谈录　　　　　　李陀

查建英：这一切都没有了？

李陀：没有了。

查建英：意义也没有了？

李陀：意义也没有了。都没有了。我自己是做文学批评的，现在做文学批评最大的问题是什么呢？不敢说真话。当然，在八十年代，我们也不能完全做到说真话，把对一部小说和对一个作家的意见，在写文章时候毫无保留，全说出来，那时候也会有顾虑，但是在底下能做到，在朋友间可以做到。这可以举一个例子：那时候会议多，在北京作家里，我、陈建功和郑万隆三个人，都是工人出身，合得来，所以每次开会都要求住一个房间。住在一块儿以后，我和陈建功就经常一块儿"挤对"郑万隆的小说，那是真挤对！写文章不会的，那多少要留点情面，但是底下挤对起来，一点不留情面：你那小说《红灯、黄灯、绿灯》，那是什么东西？那根本不是小说！不但批评，还带挖苦。我觉得我和陈建功那种批评，对郑万隆影响很大。后来万隆写出《异乡异闻》系列小说，在文学界冷不丁"崛起"，成为寻根文学的代表性作家，和我们之间这种争论和批评有很大的关系。

再举一个例子，一九八四年，我第一次见马原，就很有意思。大概是十月初，北京的天气已经相当凉了，有人敲门，开门一看，一个高个子的小伙子，个子高得几乎顶到了门框，天那么凉，可是这人上身只穿一个背心（现在年轻人还知道什么是背心吗？），下身是短裤，看得我浑身凉飕飕的。这人就是马原，约好和我来说说他的小说《冈底斯的诱惑》。我记得非常清楚，马原坐下来没说几句话，就带着万分肯定、不容驳斥的语气说："世界上最伟大的作家就是霍桑！"我吃了一惊，虽然我也很喜欢这个美国作家，但是凭什么他就是"最伟大"的呢？我当然表示不太同意，不料刚说了几句，就立刻遭到他的同样不容反驳的批评："你根本不懂小说！"结果你可以想象，我们就争起来了。现在我已经完全不记得我和马原争论的详情细节了，但是我记得很清楚，他说我"不懂小说"，一点也没影响我们的关系，争了半天，还是我请他到附近一个小饭馆吃的午饭。

还有一次，是傅晓红（当时是《钟山》的编辑，现在已经是刊物的执行副主编了）拉我去见张欣，让我给张欣的小说提些意见，我怎么提的意见？和马原差不多，我对张欣说：你根本没明白什么是小说，你还没学会写小说。结果怎么样？当然也免不了有一场争论，但是最后三个人高高兴兴一起去吃饭，好像还是张欣请的客。现在这样的事情还能发生吗？

查建英：现在你觉得你都不敢挤对人了吗？

李陀：不敢啰。

查建英：连这些老朋友之间也不敢了？

李陀：也不敢了。当然这不是突然的，有一个逐渐的过程。从九十年代中期开始，我就渐渐发现，你说谁的作品写得不好，有毛病，那个脸色已经不一样了，你就知道这些话不是很方便说了。当然也不是所有作家朋友都这样，比如阎连科，他就能接受批评。还有，我发现很多作家见面以后，大家都耻于谈文学，宁愿胡扯。对这个，我到现在也不适应，所以近些年和作家朋友见面越来越少。

查建英：这个我也发现了。作家耻于谈文学，学者耻于谈学术。比如我们北大老同学聚会谈什么最起劲呢？装修！房子！等等。反正一般不谈学术，也不讨论，顶多是议论，发发牢骚，某某人怎么怎么样，某校长某书记如何如何，也就说说而已，更不争论。对讨论所谓"虚"的问题缺乏兴趣。也许觉得讨论也没意义没作用，实惠点算了。

李陀：所以现在朋友见面往往没什么意思，吃、喝、瞎聊，聊完了，吃完了，也就散了。这在八十年代是不可想象的，那时候也聚会，也吃饭，但真正吸引人的，是对政治、哲学、文学许许多多问题的讨论。这里值得研究的，还不光是那些聚会里讨论的内容，还有这些讨论怎么样影响了、规定了友情的性质，当然，也可以反过来说，这也反映出中国人友情中的某种很不凡的品质。我在美国生活，最受不了的就是没有真正的朋友。我有时候跟那些美国朋友开玩笑说，见了面咱们拥抱，咱

们贴脸，完了我向你借五块钱，你借吗？他们就笑。

查建英：还有比如说，中国朋友一起吃顿饭，很少每人掏一份钱，分那么清楚。当然，也许这跟咱们这儿吃大户的习俗有关，谁钱多谁理应付账。还有一定程度的社会主义遗风，有时可能是公费吃喝……

李陀：但也不都是公费，朋友之间请客吃饭很平常啊，是不是？特别是这几年，请客吃饭越来越多了，成了灾，让人怕。

查建英：是，大家钱都比以前多了。但不管是不是公费，整个界限没有划这么清：朋友之间也算账，家人之间也算账，算得还很清楚。在美国你要不这样，那不太正常，基本上大家是分付的。因为美国社会里公私界限很清，人们有一种普遍的契约意识，私有财产神圣，个人有隐私权，也就是英文里讲的 privacy。这是文明人的一个东西，应该有的，它带来了好多很重要的东西，比方说哪些该属于个人区域的事情，别人就不能随便干涉你。这种文化强调个人权利、个人责任、个人奋斗。但它也带来了人与人之间的距离，一种疏离感也就跟着来了，有时好像冷冰冰的。而中国传统的家族文化里虽然有很多糟糕的东西，但它又有一种温暖深厚的情意，一种呼朋引类的彼此照应，它更强调群体的和谐。这是个矛盾。有回也是聊天聊到中美生活里这个差别，王蒙就对我说：在美国，人与人很远；在中国，人与人很近。中国什么毛病都有，就是没有无聊。我觉得他讲的这个"无聊"含有"不热闹"的意思。但是你把"热闹"这个词翻成英文试试：hot and noisy？感觉可不怎么样。形容球赛和蹦迪还行，你说我们喜欢整个生活都热热闹闹的，那美国人肯定跟你翻白眼儿。可是亚洲城市呢，无论怎么现代化，它还是热闹！台北、香港、曼谷、东京、西贡，哪个不热闹？老话叫"红尘万丈"，新话叫"人气旺盛"。

李陀：八九年刚到美国，在芝加哥，有一次我到邮局去寄东西。怕浪费时间啊，我就一边排队一边看书，不是有意的，我的书碰到了排在我前面的人，那人回头瞪了我一眼，瞪完了他往前跨了一步，那意思很明白："离我远点儿。"那一眼我终身难忘。它让我明白了距离这东西在美国的意义。于是我以后到邮局，再也不看书了，保持距离。开始我对这距离很欣赏：咱们中国人，就爱挤在一块儿，扎堆儿，碰了你一跟头还不理你。但是在美国住了这些年之后，发现这个距离真是大问题，那可不光是在邮局排队的时候才有的事情，那是永远的，原来人和人任何时候都有这距离。咱们北京人不是常用"八丈远"来形容一种让人受不了的距离吗？在美国，那距离可比"八丈远"远多了，这太难受了。

查建英：是情感上的距离。

李陀：对，情感上的，明白这个以后，我的看法有了很大改变。我不再赞成人跟人的这个距离了，反而觉得是个问题。

查建英：你举美国的例子是不是想说：中国现在也上了这条道了，那中国人也要奔着美国这个方向去了。刚才谈的是八十年代与现在相比，你现在一想到精神层面对传统的破坏先想到的就是美国，是不是因为你感觉美国是领头羊，走在前面，所以……

李陀：是，我是有这个意思。九四年回国，看见有那么多人，从老板到打工仔，从白领职员一直到清洁工，都认为美国的生活方式和美国的文化价值是世界上最好的，最进步的，是人类惟一的选择，也是咱们中国人惟一的选择，这让我非常不安。说实在的，去美国之前，我也多少有类似的想法，举个例子，大概是在八七年，也许是八八年，记不清了，在一次会上，对"全盘西化"还是"中体西用"争论很激烈，包遵信突然问我："你直说，别拐弯抹角，你赞成不赞成全盘西化？"看着他热切的眼光，我犹豫了一下，回答说："我赞成全盘西化！"包遵信听了很高兴，说："好，这我就对你放心了！"其实他是个学者，我做文学批评，和他来往不是很多，他这一句"放心"，让我很感动，心里热乎乎的。可是，我立刻又觉得非常非常的别扭，觉得自己说了谎，因为我当时确实对中国是不是应该"全盘西化"相当犹豫，想不清楚。这种"说了假话"的感觉，让我很多年不舒服（这不是说我平时完全不说假话，不能吹那个牛，但是在这么严肃的问题上说假话，感觉很不一样），成了一个心病。到了美国以后，待的时间越长，发现的问题就越多，对"美国道路"

疑问也越多。先不说政治制度，那比较复杂，就他们的生活方式，他们的文化价值而论，问题就很多，绝不能"全盘"照搬。何况，世界上还有别的生活方式。比如泰国那些佛教徒的生活方式，还有印度人，以甘地为代表的对现代生活的态度，我们都不能简单否定，轻视人家。越是在"全球化"高唱凯歌的时候，我们越应该考虑他们这种生活方式，还有他们坚持的理想和价值究竟有什么意义，可是很多人不愿意想这些问题。

查建英：有少数人在考虑。就说印度吧，前些时和高西庆，就是原来的证监会副主席、现在的社保基金副主席，还有做房地产的张欣，谈起了印度。印度近年经济增长很快，但同样是发展，中印的价值观和路径有明显区别。高西庆比较关注和欣赏印度，张欣则不以为然，觉得印度不值一提，还是挺烂挺落后的一个地方，人比较懒、消极，精神状态不好。你要到中国成功人士当中去问问，我想恐怕张欣这种态度更普遍，而且张欣是商人中关注文化问题的少部分人。当然这种中印比照并没有触及两国政治制度和宗教信仰上的不同，那是非常重要的不同，并且直接影响经济形态。中国在追求经济财富上显然以美国为榜样和目标，但不想效法政体。印度相反，民主政体，有大选，所以太不顾弱势群体的利益就不行，会把你选下去。在宗教与世俗文化的相互关系上，两国也存在深刻差异，以致有人说：中国的问题是宗教太弱，印度的问题是宗教太强。不过，对这些问题的反思，我觉得总会有个过程，可能要上了发展这条道走一程，人们才能体会到发展之后的问题，不然他体会更深的可能是不发展的问题，是贫穷和封闭。有些历史大限你无法超越的，这可能是天意吧。

李陀：咱们是不是把话题又说太大了？还是把话题拉回来吧。

查建英：好，还说友谊的变化，人跟人关系的变化。

李陀：现在我感觉最深的就是，每回国一次友谊就淡薄一次。

查建英：这有多长时间了？

李陀：逐年。我第一次回来是九四年，那时候还挺好的。到九十年代末就不行了。

查建英：那之后越来越人情淡薄？

李陀：说人情淡薄也许还不够。你首先感觉到的是友谊"变味"了，朋友还是朋友，但是那种相濡以沫、肝胆相照的关系已经淡掉了。濡、沫、肝、胆，不再成为友情的内容。为什么会这样？追究起来，也是不简单，原因很多。比如，就像你说的，闲暇少了，这个很要命，闲工夫少了，友谊生成的一个重要条件就没了。再比如空间条件的变化，影响也很大：现在朋友见面，在家里见面的不是很多，都是坐咖啡馆，这是空间的变化。和朋友一起坐在了咖啡馆以后，你感觉到的是什么？和盘起腿来，坐在家里的床上，能一样吗？在星巴克咖啡馆里，你要想和朋友面红耳赤地激烈争论、吵架，像八十年代那样，没门儿！是不可能的。

查建英：那时候也没有咖啡馆。

李陀：没有，当然没有。现在想起来很奇怪，那时候，你的家对所有朋友都是开放的，所有朋友的家，对你也都是开放的。不管是吃饭、闲聊、读诗、商量事情、讨论问题，甚至是起草宣言，写大标语，差不多都是在某人的家里。现在的人，已经很难想象八十年代的知识界是多么活跃，有多少聚会、集会，又有多少重大的议题，是在这些聚会和集会里被讨论；现在的人更难想象，那时候多少聚会，都是在自己家里，或是朋友家里进行的。想起来，那时候活动场所（也就是公共空间）真少啊，当然不是完全没有，比如那时候《读书》每月有一次"读书日"活动。这个读书日其实也不真正读书，不过是清茶一壶，桌椅若干，大家聚会。当时，那可是盛事，所以每次来人都很多。交通和现在没法比，非常不便。很多人住得很远，也没钱打车，不少人都是几十里路骑车来到朝内大街《读书》编辑部，像陈平原，当时住北大，很远哪！到现在我还清楚记得他骑车远去那瘦瘦的身影。还有，不是读书日，很多人也常到《读书》编辑部去聊天，有时候是路过，有时候是去找饭吃，就像回家。说到这儿，我很怀念范用先生，他只要发现我到编辑部了，就一定请我到他办公室，煮咖啡给我喝，于是吴彬、杨丽华她们也都跟过来，一起喝，其乐也融融。说起来，范用先生是出版界老前辈，我其实和他始终没有深交，连两人在一起畅谈的机会都很少，到现在我也不明白，他为什么那么多次请我喝咖啡。时隔多年，现在回想起来仍然觉得温暖，温情犹在。

查建英：是，我也有关于"读书日"的温暖回忆，大多是在沈昌文先生任《读书》主编的九十年代。还记得有一次去参加一个小型讨论会，有你、崔之元、雷颐等，当时沈先生就在那里张罗，亲自给大家沏茶倒水，笑眯眯地听一屋子晚辈后生学人在那里挺激烈地争论。当时我心里既感动也惊讶：中国还有这样毫无架子的老先生？那个场景我一直记在心里，那个传统延续了很多年，但真挚的讨论气氛后来由于种种原因渐行渐远了，以致学界许多朋友对它有一种近乎"悼念"的情绪。

李陀：朋友聚会那时候还有个特别的方式，就是利用会议。八十年代官方组织的会议相当多，但是在那些会上发表意见自然受限制，不过谁也不在意，因为散会之后回到房间，真正的讨论和争论才开始，常常彻夜不眠。我想经历过八十年代的人，对这种火热的场面，应该都有记忆。有意思的是，在这些"会中会"或是"会下会"里，平时的友谊还是主导因素，它决定你到谁的房间里，参加哪个圈子的讨论。这也算是八十年代"公共空间"吧？我想这是一种非常特殊的公共空间，是那时候知识界的一个重要的创造。这个创造的重要意义，我希望能够得到历史学家的特别重视，因为，要是没有这个空间，不要说"新启蒙"，就是主要由官方推动的"思想解放"，大约都不可能发展，也不可能产生——当时很多激动人心，后来又震动社会的思想，其实都是在这些"会中会"和"会下会"里酝酿、讨论并且传播开来的。所以，回顾八十年代，这种特殊的公共空间很值得研究，这里有很多东西值得琢磨，你刚才说到privacy，八十年代中国没有这个东西，但是这个privacy的缺乏，恰恰是那时候"公共空间"形成的条件，这难道不值得我们研究思索？这里有没有值得研究的重大理论问题？

说到没有privacy，我给你再举个例子。有一次半夜，都十二点多了，突然啪啪啪的，有人敲门。我和张暖忻都已经躺下了，睡觉了，奇怪谁这么敲门？当时十二点敲门也不算特别奇怪，可敲这么重，就有点不寻常了。一问是谁，是张承志！我们问：什么事？他问：躺下没有？我们说躺下了。他说快快穿衣服，有急事！什么事啊？他又说：你们家有《马丁·伊登》这书没有？我说你找这书干什么啊？原来他那时候在写长篇小说《金牧场》，说憋了差不多有二十多天了，总找不到一个合适的叙述语言的调子，说突然想起来，《马丁·伊登》那个叙述，可以参考。

查建英：（笑）杰克·伦敦的《马丁·伊登》？

李陀：是啊，我有这本书，我们就穿衣服起来找。那时候房间很小，书又多，找起来很费劲，可还是找出来给了他。但是书找到了他并没有走，我们又一起聊，他要找的那个叙述调子是什么，怎么找不着感觉，等等。

查建英：他住你们家那一带？

李陀：很近，走路一刻钟就过来了。当时朱伟一家，张承志一家，何志云一家，我一家，我们四家人，住得都很近。跟郑万隆也不算太远，他住在朝阳门内北小街。这几家那时候来往太经常了。有一次，我、承志、万隆、建功，四个人大概是傍晚见面，是夏天，没地方去，只好一边走一边聊，后来干脆就坐在马路沿儿上聊——就我家那楼底下的马路沿儿。聊到半夜，饿了，也没东西吃，怎么办？那时候哪有什么夜宵？路边有西瓜摊，就买西瓜，把大西瓜就在马路沿儿上一砸，磕裂了，几个人吃西瓜。那次好像聊的时间很长，而且一直是讨论文学，等到分手的时候，记得已经是黎明，天都快亮了。用今天的眼光看，无论是张承志深夜敲我家门，或者是几个作家坐在马路边讨论文学，那都太没有 privacy 了，是不是？但如果把 privacy 强调到符合西方人标准的话，带来的问题也很严重，首先就是友情，那样真挚、热火的友情还能有吗？当然这个问题很复杂，你要理解我的意思，我并没有说，没有 privacy 就一定好，没有这个意思。这是两个极端。

查建英：是怎么能找到一个 balance 的问题。

李陀：对，怎么找到一个平衡，让友情不被破坏？无论对形成社会融合，对建立人和人之间的信任和情谊,或者对建构某种公共空间,友情都是必不可少的一个环节、一个层面,我认为对它的重要性怎么评价都不过分。可是,无论社会学、人类学,还是文化研究,在研究当代都市文明形态和社会文化结构的时候,都对这个层面注意不够,形成盲区。另外,把问题再缩小,只从文学艺术的创造和发展来说,友情,还有友情形成的特殊空间氛围(真诚、温暖、互相支持,又互相批评)更是一个特别宝贵、甚至可以说不可缺少的条件。很多人提起十九世纪俄国和法国的作家、画家、音乐家,还有二十世纪的现代主义,总是大师长,大师短,可是往往忽略或是根本看不见,他们的成就的一个重要条件,正是贯穿他们生活中的友情环境。今天人们到巴黎拉丁区的酒吧,或者是到纽约格林威治村去旅游,都是把那些地方当做某种历史遗迹参观、凭吊,谁谁在这里住过,谁谁在这里喝过酒,可是很少有人想,如果没有在这些地方活动的朋友圈子,还有小圈子里的友情,那就根本不会有那些伟大的诗歌和小说。不知道你是不是认为我这样看很极端,我有个感觉,就是不管欧洲还是美国,二十世纪后半期,文学总体上是在走下坡路,好的作品和作家,越来越少。这当然原因很多,但是其中一个原因,我以为是"二战"之后发展起来的当代资本主义(或者叫后工业社会?),已经建构起来一种与过去完全不同的社会生活和生活方式,在这种生活方式里,无论是斯坦因夫人的客厅,还是SOHO的穷艺术家的工作室,全都或者不可能存在,或者变了味道,不再是联系作家艺术家的友情的纽带,更不再是他们获得激情和灵感的源头,写作、创作、思考,都成了荒原中的孤独人的孤独行为。这对文学艺术发展带来的损失真是难以估计。你在美国生活这么多年,应该对这种生活方式和文化价值的改变,比我有更深的认识。你熟悉纽约,纽约这方面情况如何?

查建英:今天中午我和沈双吃饭,两人还聊起在纽约生活的感觉。我非常喜欢纽约,八十年代中在那里上学,八十年代末在那里工作过,现在又在那里安了个家,不少新老朋友。在感情上,北京永远是我的老家,纽约则是第二故乡。但我对纽约的感觉也复杂。纽约节奏快,紧张,很多人功利,也很多人神经质,山高水深,林大鸟多,大家见怪不怪。这样有时候朋友交往就变得有点硬邦邦的, cut and dry。这种友情不是泡出来的,谁也没有这个闲暇这么泡,除非你退休。当然,压力和悠闲都能刺激创造,光有悠闲毫无压力的结果也许是懒惰和游手好闲,但纽约生活的总体感觉是压力多于悠闲。我不觉得这与我的外来人身份有关，因为绝大部分纽约人都是外来人。纽约令人兴奋、刺激的东西多，文化积淀厚实，一个照亮的巨大舞台，有各种有趣的人和才华横溢的表演。但纽约人又很世故，大家都谨慎地保持距离保持分寸。你会发现有不少内心孤独的人，但没办法解决。这是现代城市的一个伴生物吧，所谓人际关系的"陌生化"。八十年代的北京其实还远不是一个现代城市，还有那种乡土气的淳朴，它的狭隘和可爱都由此而生。

李陀：你的这个观察很重要。这涉及现代城市的文明形态，对人的生活方式的规定这个大问题。以前，我们很多人都对城市的现代化，对现代城市有很大的期待，觉得只要现代化了，很多问题就能解决。比如，说我们不像欧洲，没有那么多咖啡馆，所以公共空间的发展受到局限，等等。但是，咖啡馆近些年在中国兴起以后，并没有对公共空间的形成起很大作用，相反，由于这东西成了当代消费主义生活方式的孵化器（我也来个时髦词儿），恰恰对我们前边讨论的，以友情作催化剂形成的公共空间（中国特色）有很大的破坏。当然，这中间情形很复杂，不能一概而论。

比如，我觉得上海人对咖啡馆、酒吧的理解就很糟糕，他们的衡山路你一定去了吧？那里咖啡馆和酒吧很有代表性，似乎是在模仿他们想象中的巴黎或者纽约的富人区类似场所，总之，似乎咖啡馆和酒吧是专门为上等人预备的消费空间。你知道，这和欧美咖啡和酒吧文化出入很大。就说美国，高级酒吧不是没有（一般都在酒店或是旅馆里），可是大部分地方的咖啡馆和酒吧，是很普通的消费场所；bar也好，酒吧也好，大量其实是工薪阶层、普通工人去的pub，哥们儿到那里歇脚、聊天、喝酒、泡女人。可是在上海，你找不到这样为底层老百姓，或是清贫知识分子提供聚会消闲的空间，那儿的大门得用大把钱才能敲开。所以我跟上海朋友说，你们的酒吧土洋土洋的，洋土洋土的，很特别，可是它的资产阶级性质特别清楚，你进到那里，不能高声说话，不能大吃大喝，更不能聚众讨论。这跟美国很多城市里的bar，或者跟伦敦、柏林普通百姓的pub，不是一个东西。当然这样的情况也不是就上海有，北京的酒吧近来也在向上海看齐。总之，新的聚会空间和传统友情不相容，比如，我们现在找个酒吧坐下，就不可能像八十年代那样面红耳赤地争论问题，地方不对，气氛也不对，是不是？可是当年，你还记得咱们两个一边在上海遛大街，一边讨论了多少问题！那时候连个坐下来休息的地方都不好找，顶多找到个冷饮店。

查建英：记得记得，还满街去找卖攒奶油的店。

李陀：（学上海话）攒—奶—油！不管怎么样，你拿出一千条理由说现在生活有了多大改变，多大提高，可是生活里没有了友情，这些改变和提高就有问题，问题有多严重，就需要思考，需要讨论。黄平在他的研究里很强调"生活质量"这个概念，你可能有了车，有了房子，有了高级卫生间，什么都有了，可是你生活质量不一定就相应提高，甚至可能下降。我认为这个观点很重要，是考量人和现代化关系的一个重要维度。从这视角看，现代化不一定能提高我们的生活质量，相反，它还经常降低我们的生活质量。比如，友情、爱情、亲情，这都是构成生活质量的重要元素，可是现代化并不能提供。所以那天咱们在刘歌家里聚会，我有个感觉，好像我们又回到八十年代的朋友圈里。刘歌已经是他那个律师事务所的合伙人，也算成功人士吧，可是，他大概觉得律师生活里太缺少友情这东西，所以把老朋友们找来，旧梦重温。其实，今天有这种"念旧"冲动的绝不是他一个人，咱们老朋友间多少都会有。

查建英：是啊，前不久半夜十二点了，孙立哲给我打了一个电话，他也是八十年代那拨老朋友里的，说有点急事，要我帮忙介绍个人，就是刘歌。首先，我不以为忤：哥们儿嘛，这么晚给我打电话，准有要紧事啊。然后刘歌那边接了电话也很痛快，说我正好还在办公室呢，你们过来吧。结果三个人就大半夜在刘歌办公室见面。没人说：啊？怎么这么不像话？半夜谈什么律师呀官司呀，太不专业了，你应该早上八点以后给我的律师事务所打电话，让我秘书给预约时间。

李陀：现在不但友情越来越稀罕，更糟的是，还有人利用友情谋利。九四年我刚回到北京，就听到宰熟的事，心惊肉跳！比如说自己买了一条狗有病了，名贵狗啊，让给朋友：你瞧我这狗多么多么好、多么多么名贵，种多么多么纯——结果你就买了一个病狗。

查建英：还有向朋友借钱……

李陀：借了以后不还。那是比较笨的"宰熟"方式了。我觉得，"宰熟"现象的出现，是一个重要的象征性事件。出现这个现象，不但让我们的朋友变得可疑，更严重的是，它说明我们的生活的伦理基础出了问题。如果生活是一棵大树，那么，现在这棵树不但枝干已经长虫、生病，而且根部也开始腐烂。也许你还不能说，这棵树已经被虫子蛀空了，已经死定了，但是枝叶枯黄，生命垂危，让人心寒。《论语》开宗明义第一条说的就是"有朋自远方来，不亦乐乎"，这个"乐"是什么样的"乐"？它的分量有多重？在生活里有多大的意义？在今天，恐怕很多人都已经不能体会了。孔子论及朋友的意义，特别强调"友直、友谅、友多闻"，强调正直、诚信、见识这些品质在友情实践中的重要性，那不是偶然的。在很多古典戏曲和小说里，都有朋友间"生死相托"的动人故事，那也不是偶然的。这些东西渗透在中国人的友情关系里，而且在中国的伦理生活中占着非常重要的地位；它们使友情不是可有可无，或是可多可少的社会关系，而是中国伦理体系和社会结构中绝不可缺少的方面。在近代史上，"反封建"是贯穿始终的一条线索，无论是五四运动、民国时期，还是到共产党领导的革命，对中国的传统的道德和伦理体系都进行了猛烈的批判，特别是对和旧"王道"秩序相关的那一部分等级制度和伦理观念，批判得更加厉害，君君臣臣父父子子，可以说被破坏得相当彻底。但是，相对来说——当然只能是相对来说，在一百多年的大批判和大破坏当中，传统文化中的朋友这层关系应该是破坏得最少的。

查建英：五四运动、以至三四十年代破坏得较少，这个我同意。但后来就不同了，它是在砸毁了忠、孝、仁、义这几根传统伦理的支柱之后，把效忠、服从、信任、善行等进行了革命化重构。比如：你可以不顺从父亲、丈夫、朋友，但你得服从革命，革命利益高于一切。那么你可以背叛你父亲你丈夫，也可以出卖你的朋友，如果你认为他背叛了革命。历次运动当中，打朋友"小报告"的、跳上台批判朋友的可大有人在呀！而且也不一定都那么纯洁，恐怕也是受利己动机驱动：那个年代"红"是重要的利益资源，结果呢，从上到下处处设防，人人防人、互防，人心成了碉堡或者刀枪，哪里还谈得上信任？所以我觉得，今天中国社会之所以有这样严重的诚信、道德危机，与那个"阶级斗争"文化、与延续至今的后遗症，是有关系的。人心先已经败坏了、颓废了，再加上我们的商业不规范、法制不健全。不然为什么美国如此商业化的一个社会，就没有这么普遍的坑蒙拐骗、假冒伪劣呢？当然这个问题咱们不妨存异。你现在说的是"五四"以来？

李陀：就是"五四"以来。所以，友谊、友情，在中国经过那么多年的革命和动荡以后，还是中国的社会能够和过去、历史保持联系的一个非常非常重要的脉络。但是现在，这个脉络也在被冲荡动摇，离瓦解消散的日子恐怕不远了。所以我觉得这是一个很严重的事。我回北京了，朋友不如以前多了，这可以说是个人小事，问题是你有一种感觉，就是咱们刚才说的在美国的那个感觉——中国将来有可能也变得和美国一样，人和人的距离那么远，从邮局排队，一直到感情上的距离，都那么远，那就比较有问题了。

查建英：你还讲过，不光八十年代的老朋友，就是"新人类"这一代年轻人，他们的友情、恋爱或者信任感，你感觉也有问题。

李陀：有严重的问题。比如说"哥们儿"吧，哥们儿这个概念里，有一个因素就是信任，无条件的信任（所谓"生死相托"就是这种信任的最高境界），姐们儿哥们儿都是，一旦成为哥们儿，一个基本要求，就是彼此信任，是吧？可是，对于新人类，新新人类，以致新新新人类这几代人来说，他们之间不大可能有这样的信任。这不是说，他们根本不愿意信任，或者是不会信任，不是。是什么呢，是信任的条件在他们的生活当中被破坏了。比如说，说到友谊，绝对信任的一个条件是：你自己的任何的利益都要低于你哥们儿的、你朋友之间的利益，当然在实际生活里，这要打折扣，但至少是友谊实践中的一个理想。问题是，这样的理想现在已经根本不可能，在把"竞争"和"个人价值"的意义歪曲到近于荒诞的今天，流行的文化价值和道德标准从根本上排斥这种理想。

查建英：商业化是一个因素吗？

李陀：当然是一个。商业化并不只是经济领域里的事，卢卡奇有一个洞见，说，商品形式会"渗透到社会生活的所有方面，并按照自己的形象来改造这些方面"，现在，这种剧烈的改造不正在我们眼前天天发生吗？近二十年中国来了个"大跃进"，不过是建设市场经济的大跃进，其中重要一个改造，就是对契约关系的建设。市场经济不能缺少契约，契约关系可以说是商业社会的基石，但是，很多人都没有注意，商业契约的原则，现在已经渗入商业活动以外的我们日常生活里，最明显的，就是爱情和婚姻正在和契约关系挂钩，而且被越来越多的人接受，认为是理所当然。还有，现在朋友中间也开始讲求契约原则：你给我什么好处，我给你什么好处，都是无形的契约。朋友间也要讲"双赢"，"双赢"进入了友情当中。可是在"哥们儿"这个概念当中，就不可能要求双赢，经常是一方要"吃大亏"来帮助自己的朋友。

查建英："为朋友两肋插刀"——那不就是刀插在自己身上了嘛！

李陀：就是呵，插自己身上，不是插人家身上。

查建英：唉，不过那恐怕在武侠小说里出现的频率比在实际生活里更高。刚才你提到婚姻恋爱，其实现在的很多爱情小说也还在宣扬那些古老的理想。你注意没有，好多流行小说，特别那些年轻网络作家写的，比如郭敬明的《花落知多少》、《幻城》，都在写纯情，弥漫着对 true love 感伤的、饥渴症式的幻想，里面净是美少年，个个义重如山，爱得特别纯洁、专一、永恒。通俗文学往往是你缺什么它给你提供什么，替你圆个梦，就像小孩子看童话一样。所以这类作品也许是对现实生活中缺憾的一种弥补，因为年轻人明白了爱情在某种意义上就是一种生理化学反应，它不是绝对的、永久的、专一的，婚姻与爱相关但也是一种契约关系，你可以真诚地讲"执子之手，与子偕老"，但过些年感情变质你熬不过去可能就离了。人就是这么一种复杂、敏感、贪婪、自相矛盾的动物，接受了开放式恋爱观，享受着自由恋爱的快乐，同时又渴望着灵魂伴侣、绝对信任、永久信任……

李陀：信任其实是一个非常古老的问题。一诺千金！这话在过去很平常，可这话里的那"千金"的重量，我们今天的人已经很难明白了。翻翻《左传》，你要人信任该怎么样,你不被人信任又怎么样,可以讲很多故事。前年吧,田沁鑫导演了一个戏《赵氏孤儿》,不知道你看了没有?

查建英:看了,虽然我感觉在内容上导演也许没完全想清楚、有些表述比较混乱,但我觉得她很善于造势造型,对白和情节像是情绪浓烈的意识流,很感性,舞台、服装、动作既传统又现代,形式感特别强,有点像一部表现主义的戏。相比之下,林兆华的那一版《赵氏孤儿》显得中规中矩多了,更为理性和写实,也挺好看,但田沁鑫这个戏更有特色,处理得更主观也更极端。

李陀:我很喜欢这个戏,看了以后觉得很震撼。"赵氏孤儿"这个故事就源自《左传》,后来又经历了很多演变和加工,内涵很复杂,提供了很多阐释的方向。田沁鑫处理这个戏,把人物情节进一步凝练了,使阐释更集中于承诺的道德内涵这样一个方向,于是一个非常古老的故事,就和今天的生活建立了一个新的关系:用古典的道德价值,来映衬今天的人在诚信上的所行所为。这造成了一个很特殊的效果,观众看了戏,好像同时又看到另一个有关承诺的戏,舞台是当下的生活,主题是现在人对承诺的商业实用主义态度。有了这样的对比,我相信很多观众心里都不是滋味儿,对诚信的道德价值不能不再重新思考——在今天,承诺不再具有伦理的意义,更多是一种商业行为,其价值也是商业价值,受契约束缚,受法律保护。这又让我想起卢卡奇,承诺的道德价值被这样改造,不过是商品形式对社会生活和文化价值进行全面改造的又一个例子。

查建英:古人讲"君子一言",讲"士不可不弘毅",它是靠"君子"、"士"这个阶层的荣誉感维系的……程婴当然是视荣誉高于生命的志士仁人和君子典范。所以古时"刑不上大夫",不必依靠刑法这种粗暴的办法来胁迫贵族效忠或守信。但儒家一方面对贵族精英是这样要求的,一方面认为"君子谋于义,小人谋于利",也就是说大多数人,"小人",他们的生活从来是功利的、实用的。只不过对于逐私利而行不义,儒家更强调道德教化,法家就强调律令惩戒。不论东方西方,从古典贵族社会发展到现代平民商业社会,伦理上肯定要起变化,但西方从人性恶出发,发展出一套更理性的契约、法制文化来限制它,还有宗教信仰、公民教育,几套东西来扬善抑恶。我觉得一个现代社会既需要伦理也需要契约，只是二者如何协调的问题。最可怕的是你既丧失了古典的荣誉感、道德观，又没有信仰、宗教、公民意识，还不遵守现代的商业契约，变成了无法无天的无畏小人，那才恶劣呢。但我们现在的生活里确实经常能见到这种"三无小人"。

李陀：八十年代人对友情的重视和依赖，当然和中国传统的伦理观念有很密切的继承关系，但是另一面，我们还要注意，时代还是在它上边有很深的烙印，所以又有一些很强的时代特点。比如，它跟老北京时期文人圈子，像二三十年代老清华那些知识分子，梁思成啊、林徽因啊、金岳霖啊、俞平伯啊，跟他们那个友谊还不太一样。梁林金俞们的友情很深厚，很动人，让人向往，但是那个友情是更直接地和旧中国，也就是革命前的文化传承联系起来的，里头既有中国士大夫阶层的生活方式和道德情操，也有旧北京所特有的文化氛围（比如戏曲在知识分子圈里，就有和文学一样高的地位）。那种友情一般都是很温馨、很精致的，这和我们经历的那种热烈的友情不太一样。八十年代的那种友情很难用温馨或者精致来形容，和俞平伯他们那种凑在一起吹拉弹唱，排练昆曲，或是在梁家，围绕着林徽因形成的满座鸿儒的沙龙活动，可以说完全不同，那是另一种友情，是很烫人的。

为什么说烫人？因为形成这种友情的一条重要纽带，是我前边说的那种继往开来的激情，还有着激情带来的非常活跃的思想生活。那不是一般的活跃，里面充满了激烈的冲突和争论，同时彼此间又相互激励；谁要是不长进，朋友就对你有压力——一种滚烫滚烫的压力，由不得你不努力。这不是说朋友间除了思想没有别的内容，那时候也吃，比如每年冬天，一帮朋友到陈建功的家里吃涮羊肉，就是一个上座率特别高的节目。每次吃，陈建功都要到天坛后街那里买一条冻羊腿回家，然后他亲自操刀，把羊腿切成很薄的羊肉片，手艺还相当好。再比如，阿城的《棋王》的出世，就是吃涮羊肉吃出来的，是在我家，一边吃，大家一边逼阿城讲故事，他于是讲了一个下棋的故事。听完了故事，朋友们又催他写成小说，他写了，就是《棋王》。还有，刘索拉的小说写作，也和在刘索拉家的经常聚会有关，有一次，大家疯玩一阵之后，她讲起音乐学院的生活，特别是地震时期几个同学的一些很"绝"（用今天的话就是很"酷"）的行为。我对她说，你把它写下来,就是现成的小说,刘索拉开始还有点怀疑:这也能写小说?后来她还是写了,就是《你别无选择》。所以,那时候也"吃",也"玩",可不是纯粹吃,纯粹玩,毕竟对历史的反思,对现实的批判,渗透在朋友间共享的精神世界里。那是友情中最吸引人的内容,有了这东西,朋友们在一起怎么吵,怎么闹,总有一种境界,不俗气,很大气。再举个例子,现在编《三联生活周刊》的朱伟,那时候就有一个梦,编刊物——编自己的刊物,一九八九年初,这个梦随着《东方纪事》的创办终于实现了。今天回想起来,这刊物很有意思,刊物主编朱伟是文学刊物(《人民文学》)的编辑,参与各栏目的编辑也都是平时交往密切的作家和批评家,但是《东方纪事》并不是文学刊物,它关心的范围很广泛,涉及历史和社会的方方面面,好像对历史和现实发生过的一切都要重新理解、重新诠释,雄心勃勃,抱负不凡。这和今天的编辑、作家和批评家的心态很不一样,不是死盯着文学,好像除了文学,这世界上没有什么别的事值得操心、值得关注。

八十年代友情里的大气是从哪儿来的?我想这还要从和它们相联系的历史里找原因。八十年代的友情不但还延续着革命时代的激情,而且它本身就是革命时代的产物——虽然它们的批判往往直接指向革命本身。这很矛盾,但是这矛盾就是那一代人的命运。现在有些人对革命做出种种批判,但是他们往往采取置身事外的态度,好像那革命跟他自己没关系。我看这种"撇清"的态度是一种伪清高——现在中国,至少还有几代人都和革命、和革命时代有着千丝万缕的联系,在这事实上最好别虚伪、别装傻、别回避。

还有,我想强调,正是由于和革命时代的联系,八十年代的友情实践,还有和它紧密相关的反思实践,并不是在少数精英文人沙龙里发生的,相反,它很普及,也很平民化,不但在知识分子圈子里活跃,而且在普通百姓当中也很活跃。这还有个特别的原因,就是知识分子的"工农化"当时还在进行,工厂当中也有很多相当知识化的青年工人,还因为上山下乡运动,农村里也有很多"知识分子",所以,以友谊催化的思考和争论,到处发生,到处可见,莺啼燕舞,树树狂花。很多彻夜不眠的、热火朝天的争论,很多有关哲学、文学、政治和经济问题的讨论,并不是在大学里、在客厅里进行的,而是在车间里、在地头上、在马路边进行的。这种群众性的、广泛的思考和反思实践,是八十年代思想生活最重要的特征,它不仅为"新启蒙"和"思想解放"提供了至关重要的社会氛围,提供了至关重要的论题和知识准备，而且还为这两个思想运动提供了更为重要的新一代的知识人——当时这些人可能是刚刚放下锄头、进了大学的"知青"，也可能是还在工厂里做工的工人。总之，那是一次群众性的政治思想实践——如果把它看成群众运动，这也许在中国（或者还应该包括世界）是最后一次演出了。可是，自九十年代以来，知识界有些人在回顾"思想解放"或是"新启蒙"的时候，总是尽力把它们限制在知识界的小圈子（或"党内改革派"）之内，极力把它说成是少数精英人物的活动，好像当年那种群众性的反思实践压根儿没发生过。我不赞成这种态度。这是对历史的歪曲，是在编故事，态度中充满对群众、对普通人的蔑视和傲慢。这样编故事当然不是偶然的，有实际利益深藏其中，因为这样做，不但和他们全盘否定近一个世纪以来在中国发生的革命的逻辑相一致，而且有利于给自己树碑立传，为他们在今天成为学术和理论的权威，寻找历史依据，为他们在新的知识权力关系中夺取制高点建立合法性。

总之，回顾八十年代人的友情活动，我们的态度得复杂一点，避免简单化，避免化约主义。还有，坚持这样做，我们不可避免地要处理另外一方面的问题，那就是也不能夸大八十年代友情和争论的意义，必须看到那是有很大局限的，有很大毛病的。其中一个严重问题，就是那时候的思考和争论没有深厚的知识做支撑，很多都是缺少知识根据的妄想妄说。一个典型例子，就是《河殇》。当时我们有几个朋友觉得《河殇》问题太大了，胡说嘛！——那不过是用一种意识形态反对另一种意识形态，没有历史根据，也完全违背历史（当时，由批判"西方中心论"带动的对欧美旧知识体系的批判，已经在世界许多国家都相当深入，正在这时候大唱"河殇"，不能不是对"新启蒙"一个深刻的讽刺）。于是几个人商量写文章批判，当时萧关鸿在《文汇月刊》做主编，他很支持，愿意发表我们的文章，以引起争鸣。可是后来官方发动了大批判，我们只好停手，不去掺和。可是，你看，《河殇》的基本精神现在还活着，活得很好，不但知识界、企业界有很多人至今是河殇派，各级官员中更多。在文学艺术界，这种可以叫做河殇精神的一套观念（包括政治、经济、文化各方面）影响就更深入也更普遍，很多作家和艺术家至今还生活在《河殇》的观念里，"不知有汉，无论魏晋"。当然这也不局限于文学界，学术界也一样，例如九十年代很活跃了一阵的自由主义，在我看来，其实就是河殇精神的九十年代学术版。总之，八十年代是一个思想非常活跃的时代,可也是一个见识相当肤浅的时代。我这么说,不是只针对《河殇》那个群体,而是对整体八十年代人,也包括我自己。

查建英:说《河殇》是用一种意识形态反对另一种意识形态,我完全同意,我也非常不喜欢它那种大而化之、居高临下的叙述方式,但这就是当时中国特殊语境的产物。当时的中国与那些正在批判"西方中心论"的西方国家、后殖民国家太不同了!八十年代的中国人对封闭、愚民、残酷的专制文化、专制政治的体验远远深于对西方霸权的体验,以致对专制的批判本身都呈现出那种政治文化的病状。"河殇"如此,又何止一个"河殇"!虽然做"事后诸葛亮"是我们反省历史的题中应有之意,但当事人的具体语境永远不应该被忘记。至于今天,河殇派、河殇精神确实还活着,活得很好,但它的对立面,特别是政治文化上的对立面,也活着,也活得很好,因为深层的问题并没有解决,需要一个过程,需要耐心、勇气和技巧,我觉得这也正是为什么自由主义在中国仍然活着并且非常有必要活着的最重要的原因。我想我应该说清楚:我个人对自由主义的基本理念是深刻认同的,对为这些理念不懈努力的人是极为敬佩的。聚集在自由主义旗帜下的人的性格和水平当然各式各样,但如何超越粗糙的两极对立式思维,积极、智慧、不仅批判而且富于建设性地发言和行动,是中国的思想者们普遍面临的一个挑战,不止是自由主义者们。但也许我们应该另找时间讨论这个题目。你刚才是说从知识层面、文化水准来评价八十年代,觉得它还比较贫乏?

李陀:对,我觉得今天再回头检讨那个年代,应该更苛刻一点,这样有好处。不过这个贫乏要跟历史联系起来看,要做历史分析,而不是简单的指责。

要做历史分析,我以为首先要做的,是回顾八十年代"思想解放"和"新启蒙"这两个思想运动,回顾它们之间那些纠缠不清的纠葛和缠绕(比如,一些关键人物实际上是横跨两边的,王元化就是一个典型例子),它们之间那种相互对立又相互限制的复杂关系。现在一些论说八十年代的文章,很多都是把这两个思想运动混为一谈,或者是只论其一,好像没有把这两者加以区分,并且梳理他们的关系的必要。但是,我觉得这样区分梳理有非常重要的意义,因为两个思想运动的纠葛关系,对八十年代思想发展有着决定性的影响。如果现在我们检讨那个时代的思考为什么比较肤浅，检查这个影响就应该是重点。

"新启蒙"要干什么？这可以从很多方面去解释（比如"文化热"、"美学热"都是可能进入的角度），还有，由于"新启蒙"的确不是一个统一整体，构成相当多样，很难一概而论，但是我觉得其中最激进、最核心的东西，是它想凭借"援西入中"，也就是凭借从"西方""拿过来"的新的"西学"话语来重新解释人，开辟一个新的论说人的语言空间，建立一套关于人的新的知识——这不仅要用一种新的语言来排斥、替代"阶级斗争"的论说，更重要的，还要通过建立一套关于人的新的知识来占有对人，对人和社会、历史关系的解释权。从这角度看，它当然要和"思想解放"发生严重的冲突和矛盾。"思想解放"要干什么？这也可从多方面去说明，不过，作为由国家主导的一个思想运动，它的目标就更具体、更明确，那就是对"文革"进行清算和批判，并且在这样的清算的基础上建立以"四个现代化"为中心的政治、经济以及文化思想上的新秩序。很明显，这和"新启蒙"的追求差得很远。于是，在整个八十年代，这两个运动彼此间不断发生冲突、挤压和妥协，由此又演出了一幕又一幕的喜剧、悲剧、悲喜剧，甚至荒诞剧，高潮迭起，迂回曲折。那真是很戏剧化的十年，一个时期的思想史，以这么戏剧化的方式发展，而且参加的演员如此众多，上公卿，下百姓，这在世界史上也不多见吧？

在这里全面讨论这两个运动的复杂关系不大合适，那就又要离题太远。我只从这样的关系怎么限制了"新启蒙"的知识建设这样的角度，说一点自己的看法，只能算是提出问题，不可能深入。我的一个想法是，如果"新启蒙"有一个更广泛的知识视野，它本来能够突破"思想解放"对它的制约，取得更好的成绩，因为当时有很好的客观条件——"二战"结束之后，一个人文思想领域的知识大变动、大更新在世界范围里发生，冲击着世界各国的传统理论和学术，至七八十年代，由于后结构主义、后殖民理论和女权主义的兴盛，这个大变动进入顶峰，使各个学科知识不但都面临着严重的挑战，而且在这压力之下，各种新理论、新学术纷纷登场亮相，非常热闹，可以说是世界范围的一次"百家争鸣，百花齐放"。按理说，"新启蒙"正逢其时，多好的条件！可是，它是怎么对待这个局面的？事实是，除了个别的译介和研究，"新启蒙"的主流基本没有理会这次知识大变动，好像搭错了车，和这样一个时代交臂而过。眼皮子底下的事，硬是看不见！"援西入中"，本来是启蒙者和

八十年代——访谈录　　┃　李陀

被启蒙者的共同立场，可在这关键时刻，他们向西方"窃火"的手，不约而同地都伸向经典理论，哲学是康德、尼采、海德格尔，美学是克罗齐，社会学是韦伯，心理学是弗洛伊德和荣格，人类学是马林诺夫斯基，文化符号学是卡西尔，等等（我这是随手举几个最明显的例子，实际情况当然还要复杂些）。我想经历过八十年代的人，一定都还记得这些人的名字，以及这些人的著作和思想，当年是怎么样流行一时（红得很像今天的明星人物），成为重新认识中国和世界的知识地图，成为"新启蒙"所依赖的主要理论资源。可是，就"新启蒙"的抱负和目标说，拿着这么老的旧地图，它能走多远？

举个例子，还是一九八〇年十一月，中国油画研究会第三次展览上，出现了两张关于萨特的油画，一幅是钟鸣的《他是他自己——萨特》，另一幅是冯国东的《自在者》，展出后，这两幅画还在报刊上引起一番很热闹的争论，轰动一时，轰动完了，当时还在工厂做工人的冯国东被工厂开除，丢了工作。由此可见，那时候萨特的思想已经影响很大，无论在知识界，还是青年人的圈子里，都有不少追随者。这一点不奇怪，要想建立一套关于人的新知识，萨特的人道主义的存在主义当然是一个很现成的资源。但是，发生在六十年代的一场让萨特理论最后黯然退场的大辩论——列维·斯特劳斯和萨特之间的辩论，几乎完全没有引起当时那些热衷萨特思想的人的注意，好像压根儿没有这回事（一直到一九八九年四月，由于尹大贻翻译的《结构主义时代——从列维·斯特劳斯到福科》一书出版，这场辩论的意义和背景才有了初步的介绍，不过那时候离"八十年代"的结束，也就只有几个月的时间了）。其实，对"新启蒙"来说，这场辩论非常重要，问题不在于这场辩论里谁是谁非，重要的，是这场辩论的象征意义——在人文领域，关于人的知识和学说正在发生激烈的更新，一些经典的理论（比如在启蒙主义和人道主义基础上建立起来的主体学说）遭到致命的质疑和批判，在这批判的基础上，一些重要的关于人的新学说（比如在女权主义和后殖民话语中发展起来的种种对人的主体性的新的论说）不但已经出现，而且成为当时知识格局大变动的重要部分。可是，这一切都没有引起热衷萨特的人们的注意，更不用说重视。也许现在我们才能看得清楚，这种忽略给"新启蒙"带来多么严重的后果。其中之一，正是和当代知识发展上的脱节，还有这样的脱节必然带来的肤浅。如果进一步问：为什么会这样？为什么会有这样的忽略？为什么会有这样的脱节？这就还要回到我们刚才的话题："思想解放"对"新启蒙"的制约。

　　这种制约，有些比较表面，容易看到，比如"思想解放"是有纪律要求的：不论什么样人，什么样思想，你要"解放"，都必须在现有的制度和主导意识形态框架里进行。"新启蒙"当然是首当其冲。它对新知识和新理论的好奇和追求不能不受到很大的约束。另外，两个运动的共同在政治、经济和思想上的共同诉求（彻底否定"文革"、进行以实现"现代化"为目标的改革开放、批判"封建主义"传统意识形态——在汪晖那篇文章里，对这些都已经作了讨论），也让"新启蒙"的视野受到相当大的限制。但是，我觉得这还不足以充分说明，为什么被启蒙要求激发起来的强烈求知欲，对身边发生的知识大变革取这么一种漠然的态度？这里应该有更深层的原因。那么，原因在哪儿？我想，这两个思想运动有着共同的知识谱系，在对待知识的态度上，很多方面都分享着共同的理念，就是一个重要方面。比如，"新启蒙"迷信经典理论的倾向，其实和四九年之后的理论界对马克思和其他十八、十九世纪的经典作家的迷信是一致的，态度是一样的，读经、解经、讲经，大树底下好乘凉，有恃无恐。这种态度如果再追下去，根子可以追到五四时期、五四传统，追到从那时候以来形成的对"窃火"的迷信——要窃的火只能是普罗米修斯的，不能是别人的。实际上，这成了中国在处理"西学"时候的一个大传统：谁是普罗米修斯？去找普罗米修斯！今天回头看，当时"思想解放"也好，"新启蒙"也好，不管两边对立、冲突多么激烈，有一个"结"把它们紧紧绑在一起：双方都有要命的"普罗米修斯情结"。在这样"情结"的控制之下，大家不约而同地都是尊经重典、厚古薄今，那当然不能关注、正视当下正在进行和发生的活的新学术和新知识。按理说，如果真要"启蒙"，进行一种不同于古典"启蒙主义"的新的启蒙，那些活在知识发展前沿的新观念、新理论才是最需要的，是二十世纪八十年代这次再启蒙能够成为一次真正新的启蒙所必需的，是不是？可事实不是这样，事实是"新启蒙"不那么新，在很多方面，它依赖的还是古典启蒙主义的理念，是想在这个老树上嫁接出一个新枝子来，再开一次花，再结一次果。

　　总之，"新启蒙"的局限，也就是八十年代思想的局限。我前边说了很多，那时候的友情在生活里有着多么重要的作用，特别是对促进了那时候人的思考多么重要，但是，说完这些以后，必须特别补充一下：一个思想大活跃的时代，不一定是思想大丰收的时代——八十年代就不是一个思想丰收的年代。无论和他们对自己提出的目标相比,和当时他们的自我感觉相比,还是客观上历史对他们反思思考的要求(对社会主义作批判性的历史总结,对当代资本主义作批判性的理论分析)相比,那差距是很大的,甚至于,像我刚才说的,是相当肤浅的。当然,也许这么批评有点过于苛刻,那十多年毕竟是很特殊的,"文化大革命"刚刚结束,无论在哪种意义上,那都是一片废墟。毛泽东发动思想文化领域里的阶级斗争,以争取工农对文化的领导权,先不论功过成败,是有它深刻的现实和历史原因的,但是在客观上形成对知识的轻蔑和贬斥,反智主义不但渗透于路线斗争,而且进入日常生活,变成全民性的对知识的轻视,以至近十年中基本终止吸收外来知识,要说创伤,这才是深入骨髓的创伤!

查建英:你讲的这个新启蒙和思想解放的关系很有意思,我想这就是我特别强调的语境里的线索之一。打个比方:一个人刚从废墟里爬出来,脑子严重缺氧,你要求他去参加奥运会跳高,那不是瞎扯吗?他需要的就是氧气,呼吸氧气的自由,就这么简单。最要紧的是先要有思想的自由,想什么都可以,别老害怕思想、管制思想,有了这个前提之后你才谈得上思想的水平。所以我特别同意你刚才最后讲的,太对了。"文革"是造成中国人知识和文化贫乏的重大历史事件。"文革"式的革命激情与八十年代的反叛激情看上去一正一反,其实是有关联有延续的,因为八十年代反叛的主力军实际上正是"文革"一代人。

李陀:是这样。只是这"关联"和"延续"的内容和形式比较复杂,有些地方比较隐蔽。比如,"文革"时期的大字报写作,看起来和理论、学术没什么关系,实际不然,这种写作在漫长的十年里形成了一种文风和学风,八十年代的"思想解放"和"新启蒙"受这种文风和学风影响很深。我再举《河殇》为例,它在结构立意、推论方式、修辞风格(包括诵读解说词的语气)等等方面,像不像大字报?也许有人说《河殇》是个别例子,可是,如果今天从文风和学风这个角度,回头认真检查一下八十年代的著述,就会发现很多东西都和大字报写作有明显的亲缘关系,不过由于它们的内容都是批判"文革"的,这种亲缘关系就被忽视,没人注意。

查建英:这个我很同意,当时的所谓报告文学其实大都如此,直至今天网站上的许多文章、言论,文体仍然差不多。看来大字报文体是化在中国人的血液里了。

岂止文体，还有毛式风格，商人、文人、官员里都有这样的例子，讲话、思维有意无意地模仿毛主席他老人家，我就碰到过不止一例。你能再具体说说八十年代这批人文化水准的问题吗？特别是你最熟悉的作家和电影界。

李陀：说别人不合适啊，就说我自己吧。一九七八年，我跟张暖忻合写了一篇文章《谈电影语言现代化》。这文章在当时产生了相当的影响，至今被认为是中国新电影运动的一个重要文献，被收到很多集子里。可是现在回头来看，很清楚，以我们当时的知识水平，我们没有资格写那样的文章，所以，那文章不但肤浅，而且处处显露出有激情、缺知识的毛病。文章不少地方都有问题，错误不少，即使说得对的，很多也都是常识，拿常识说事儿。

查建英：但中国那时惨到彻底丧失了常识。比如：实践是检验真理的标准，《金瓶梅》不光是诲盗诲淫而且是优秀文学，上公共汽车应该排队，这不都是常识吗？可那时候说出这样的话成了重要的事情，因为整个社会的认知水平跌到常识以下去了。九三年我在广州一家高级宾馆的卫生间里看到这样的招贴"请不要蹲在马桶上"。你不能说：马桶是坐的，这还用说吗？怎么这样低级？不，对农民你绝对要说这个事，要进行常识启蒙。那么八十年代的顶峰作品呢？咱们不说人，就说作品，比如说新电影的代表作，还有小说，你现在怎么评价？

李陀：这涉及的问题就太广了，就和我自己有关的方面来说，主要是八十年代文学和艺术的技术主义倾向，特别值得回顾和检讨。不过这个技术主义是今天回过头来说的，是我检讨那一段文学和艺术发展时候，觉得比较合用的一个概念。当然这概念不一定很准确，可以讨论。那时候活跃在最前沿的作家和艺术家，当然并不认为自己是在"技术"这个层面上思考和实践，当时最大追求是"创新"，但是这个创新在具体操作中，重点一般都落实在形式上，落实在语言上，这样，不管自觉不自觉，创新面对的主要问题都是技术层面的，虽然创新的目的并不单纯是为技术而技术。我自己当年最早在《文艺报》发的一篇文章（大概是七九年前后吧），题目就是《艺术创新的焦点是形式》。说起来惭愧，这是一篇相当肤浅的文字。可是为了这篇破文章，我还被贺敬之批评了一通，说我"小众化"。

八十年代——访谈录　　　　　Ⅰ 李陀

查建英：属于矫枉过正吧。因为文学、艺术从四九年以后一直都是政治工具、宣传工具，内容最重要。形式嘛，反正就是群众喜闻乐见的，基本降到活报剧水平了。

李陀：在关于"朦胧诗"的争论里，这表现得非常清楚。诗的"好懂"和"不好懂"，当年竟然成了诗歌发展方向问题，惹出那么大一场风波，现在想来多少有点荒诞。而且，最早（好像是八〇年前后）对"朦胧诗"提出尖锐批评的，不是官员，而是诗人和批评家，其中还包括不少资格很老的老诗人、老批评家，比如臧克家和艾青。不过，也不是所有老人都反对文学变革，像夏衍，当时就明确站出来支持年轻人，在《上海文学》发表了很长一篇文章，说艺术上追求创新，包括向西方现代主义借鉴，都是很正常的，这让当时官方主管"文艺政策"的部门很尴尬。现在回想起来，夏衍作为一个老革命，能这样做，真是很不容易。另外，他的人品也让我尊重，七七、七八年前后，因为写电影剧本《李四光》，我和张暖忻很多次到他家去，听取他的意见，在这过程中，有一件事让我非常非常感动：老人眼睛不好，白内障，年事又高，所以读我们的稿子的时候，只能用放大镜一个字一个字地看，非常吃力，而且，不但看，还在稿子的很多页面上，密密麻麻写上他的意见。可以想象那是费了多大的力气和功夫！现在你能想象文化部门一个部长级官员,这样对待某个无名的业余作者的稿子吗？所以，虽然当时和他的很多文学观念都不和，也不怎么听他的话（他曾经对人说，是我把张暖忻"带坏了"，其实这不对，张暖忻一贯有自己的艺术追求，而且非常执著），可到现在，我还很怀念他。这里要注意的是，当时"官"、"野"之间在"文艺思想"（当时官方说法，现在已经不流行了）上形成种种冲突，这种冲突又形成当时作家、批评家思考和讨论的主题和框架，也是视野——特别是在八十年代初，我们的地平线上没别的景色，就是这些东西。

查建英：不过，反一个比较低级的东西，可能那个对象也就把你给限制住了。

李陀：对，一点都不错。在实际上，围绕这些所谓"文艺思想"形成冲突，也是"思想解放"和"新启蒙"的纠葛的一个部分。并且，和"新启蒙"的局限性一样，当时的文学的变革努力也受制于自己的对立面，给自己设定的目标不可能很高明。举个例子,当时文学界的一个热门话题就是内容和形式的关系,到底内容优先,还是形式优先?两军对垒,形成八十年代文学领域斗争的一个重要方面。想不到的是,到八五年前后,居然是"内容决定形式"那边落了下风,形式优先的文学主张("重要的不是讲什么,而是怎么讲"之类)竟然取得了合法性,由此还形成了一个强调形式主义的环境和气候。可是,今天再回头看,就像你说的,由于斗争事先被内容和形式这两分法规定,"胜利"一方的成果也非常有限,里边有很多值得检讨和批评的负面东西。这不但对八十年代后期文学发展有负面作用,从那时候形成的对形式和技术的崇拜,至今还严重影响着文学写作。为这个,也为表示和形式和内容这两分拉开些距离,我现在宁愿把八十年代文学看做一段技术主义如何取得优势的历史发展。但是,我要声明,我这里说"技术主义",并没有完全否定这命名下的文学发展的意思,不是说那阶段的文学成就都集中于技术和形式,实际情况当然不是这样。比如说"寻根文学"的有些作品,把怀疑的矛头直接指向现代化和现代生活,实际上是中国思考和批判现代性最早的声音,这是很了不起的,可一直没有得到评论界的足够重视。所以,我在这儿说"技术主义",是为了更准确地概括这种发展的主要特征,不是把一顶帽子罩住八十年代所有的写作。过去只要一说"形式"、"技巧"、"技术",就一定预先含有某种贬低的态度,我不是那个意思,在这些问题上也应该警惕化约主义。

查建英:(笑)你现在出来检讨这个挺有意思,我记得八十年代末你还对我说过:小说就是一个语言,是"怎么写"而不是"写什么"的问题。你可是当时"形式派"中摇旗呐喊的一员重要干将啊!

李陀:是啊,我出来检讨有些人不以为然,说我背叛自己。其实我无非就是反思和检讨,到不了背叛的水平——要真能反叛自己就好了,那可不容易。说到八十年代文学的发展,再一个就是人道主义问题——这个思潮怎么样一步一步地变成文学写作的统治性思想,值得我们认真回顾和反思。如果认真梳理,当时的人道主义思潮也是取向不一,色彩驳杂,不过主要有两路,一路是有官方色彩的,和"思想解放"关系更紧密的人道主义,以周扬为代表,他们受到国际上人道主义马克思主义的影响和启发,试着结合中国情况把马克思主义和人道主义结合,然后借助"异化"理论来解释"文革",解释四九年之后中国的历史。可是,这路人道主义受到了非常严厉的批判,很快没落了。另一路人道主义,没有什么官方背景,也没有什么宣言式理论文章,可以说是一种西方经典的、传统的人道主义的简化版;有意思的是,由于这路人道主义没什么代表人物,比较民间,表现上很温和,它的主张和观点都分散在具体的文学作品和批评文章里(伤痕文学就可以说是它主要载体,其中典型的代表作品又可举戴厚英的《人啊,人》为例),所以这路人道主义没有受太大压力,就一路"混"下来,成了文学写作解释人和生活的主要理论和方法。当然,如果进一步分析,八十年代文学和"新启蒙"的关系值得琢磨。你可以把文学看成是"新启蒙"这条河上的一条船,当"新启蒙"的河道转向经典启蒙主义的时候,文学不尊崇人道主义和人性论,又能怎么样?不过,这么说也有问题,一个可能是把文学,特别是伤痕文学对"新启蒙"的贡献估计小了,想一想,如果没有文学对人道主义思想的大面积普及,"新启蒙"能有那么大影响吗?再有,这么说可能忽略了还有另一种文学,特别是先锋小说的独特价值,因为在这路文学发展里,一批作家并不买人道主义的账,比如格非的《迷舟》,这小说探讨的偶然性和人的命运之间的关系,和人性论无关,还有一种反人性论的倾向。

查建英:咱们现在说的这一套呀,像比如《乐》杂志的读者们头已经看大了!什么这主义那主义,这论那论的,还简化还肤浅啊,已经太复杂了!不看了,顶不住!没关系,我还顶得住,你继续往下说。

李陀:(笑)这我知道,可还得硬着头皮说。因为如果不说,我前边对八十年代友情和争论的回顾,就容易给人一种错觉:既然那时候思想那么活跃,那么所思所想就一定很深刻。我不想给人这样的错觉。我这样说,也许从八十年代过来的有些人会不高兴,那也没办法。不过,话再说回来,反省八十年代思想的肤浅,还要说清楚,那时候的人可不是不用功,恰恰相反,"文革"结束,思想解放,不但学术界和理论界兴起学习新理论、新知识的各种"热",大家对"外边"的什么思想都感兴趣,连知识界外边的一般人,也是人人好学,那真是逮着什么学什么,存在主义、弗洛伊德主义、尼采、海德格尔,后来又有结构主义、西方马克思主义和法兰克福学派,等等,等等。这有好的一面,大家乐意学习,对知识上的落后有"恶补"的热情,可是它不好的一面就是浮躁,好读书,不求甚解。当然这也很难避免,那么多窗户突然一下都打开,乱花渐欲迷人眼。

查建英:饿过劲儿了,饥不择食,也来不及消化。

李陀:是这样。不过,我觉得八十年代人不能因为这个原谅自己,如果没有反省和检讨,你很容易变成北京人说的"老帮菜"——顶多是一棵非常耀眼的闪闪发亮的老帮菜。记得九四年夏天,我刚回国,王斌很高兴,说见见张艺谋吧。我也很高兴,已经和张艺谋有五六年没见面了,他的新电影《活着》我又刚看过,有机会和他聊一聊很好啊。后来我们就约好在工体旁边一个咖啡馆见面,那个咖啡馆叫"电脑洗车",在北京老"吧客"里,这个"电脑洗车"很有名,三里屯一带,它不是第一家,也是第二家元老酒吧(这一带第一家酒吧应该是朝外的"JIEJIE",就在我们家斜对面,他们还没正式营业,我就去了,年轻的老板还请我喝了一杯咖啡,那是八七年吧?)我和张艺谋晚上坐在河边见的,环境很好,是个聊天的好地方。可是聊了一会儿,我就开始失望,因为张艺谋谈话的一个主题就是关于《活着》的主题,反复说这主题其实就一句话:好死不如赖活着。我当时的感觉,可以用震惊来形容,因为说一个作品的主题要用一句话就能概括,这我太熟悉了,还是"文革"前,当我还是个业余作者的时候,写作上最大的苦恼就是"提炼主题",无论你写什么,特别是写小说,你的主题一定要明确,要用一句话就能说清楚。所以你可以想象,到了一九九四年,张艺谋还这样认真地"提炼"主题,我是多么吃惊。

查建英:你对那部片子的感觉呢?

李陀:也就是在这个水平上啊!就是简单。问题不在张艺谋有这样陈旧肤浅的"主题观",严重的是这"主题观"后面,是艺术观念的呆滞。你感觉有两个张艺谋,一个活在现在,一个活在过去。现在的张艺谋,不但不保守,而且不断在变化,随着市场经济带来的种种新的机遇,既在改变他自己,也在改变中国电影,而且和他刚出道时候一样,那么有干劲、有才气。但是另一个张艺谋,就正相反,浮浅、保守,不但对作品的思想内涵还停留在"提炼主题"的这样的"前文革"认识水平上,而且处处流露出缺少知识修养的大尾巴。这两个张艺谋结合在一起很怪异，可是我觉得只有从这个分裂的张艺谋角度看，才可以解释有关张艺谋现象的很多问题，比如为什么有从《一个和八个》到《十面埋伏》的转变，为什么自进了商业片的地段之后，张艺谋才显得收发由心，非常自如。最近，无论在纸媒体上，还是在网上，讨论张艺谋的文字都很多，但是很少有人把张艺谋和他的电影当做历史现象来分析，特别是把他和八十年代的历史联系起来。如果认真做些研究，今天张艺谋现象的方方面面，都能在八十年代找到来源，比如他今天影片思想的苍白和华丽的形式之间的矛盾，没有能和"主题先行"这类"创作方法"真正决裂就是一个重要原因。张艺谋可能是一棵金光灿灿的老帮菜，可是再灿烂，老帮菜还是老帮菜。

　　说到这里，我又想起陈凯歌的电影《刺秦》。这片子有个首映式，定在人民大会堂，陈凯歌要我多请一些学术界人士去看这个首映，由于《霸王别姬》的成功，大家对他都抱有很大期望，我就痛快答应了。记得当时我还真请了不少人，包括庞朴这样的老学者。但是我到现在也忘不了，放映结束，大会堂的灯亮起来以后，我是怎么样的尴尬——请来的朋友们都不说话，一边回避着我的目光，一边一言不发地往外走。这无言里明显有一种对我的责备，或者是疑惑，因为我事前都向他们吹过风，说这片子如何重要，如何值得一看。现在，好多年过去了，可那一双双带着困惑躲避我的目光，说实话，还让我难受，让我不安。这些人都是学者，《刺秦》对秦始皇这样复杂的一个历史人物，做了那么肤浅的表现和阐释，还十分郑重地请他们坐在大会堂里观赏，那的确是很大的讽刺。陈凯歌怎么了？为什么他有机会处理秦始皇这样一个重要历史人物的时候，会有这样的表现？我想不是凯歌不努力，凡熟悉他的人，都知道在艺术上他是个非常认真的人，可以说一丝不苟。问题出在哪儿？我觉得问题还是出在八十年代，是那时候的肤浅还如影随形一样附在八十年代人身上，不是陈凯歌一个人的问题。一种思潮，一种风气，绝不会戛然而止，至少会影响几代人，或者更久远。你只要留心考察一下九十年代以后的文学、电影、美术、戏剧，就可以看到八十年代的很多思想观念，像幽灵一样无处不在。也许有人认为今天的情况已经有了很大的变化，特别是市场经济对中国的改造，已经使中国完全不同于八十年代，这期间已经有几代人的更迭，那时候的东西怎么可能还有那么大的影响？这看法不全错，可也不全对，有这样看法的人不但太乐观了，而且还有进步主义的嫌疑，还迷信"进步"这东西，迷信进步的绝对性。其实历史的发展、变化和进步不是一回事，你发展了，变化了，可你不一定进步，在艺术发展里尤其是这样，旧瓶装新酒，新瓶装旧酒，是经常的，也是普遍的。不往远说，你只要看看近些年的小说，就很明显。

查建英：你指的是九十年代以来的流行小说吗？

李陀：可以这么说吧。举个例子，现在还有多少人读"伤痕文学"？像《班主任》、《芙蓉镇》、《人啊，人》这些小说，恐怕青年人连名字都不知道了。但是我以为伤痕文学并没有退出文学舞台，只不过从幕前退到了幕后，那些支撑着伤痕文学的思想观念和文学观念，今天还活着，并且以更隐蔽的方式影响着当前的写作。我刚才已经说过，一种通俗版的人道主义和人性论是伤痕文学的哲学基础，而且这东西在八十年代还得到了认可，变成社会共识。这样，到了九十年代，这种通俗版的"人性论"不但被继承下来，还借着市场意识形态的大力帮忙，不断扩大自己的势力范围，最后成为左右当代文学写作的统治性思想。只要稍微做些研究，你就可以看出，现在大多数作家和批评家，包括喧噪一时的"个人化写作"、"70年代作家"，还有卫慧那一路所谓先锋小说，都是以这样的眼光和立场认识及诠释当代中国现实的。什么"人类的苦难"、"人类精神的困境"、"人生的终极意义"、"个人的超越"、"个人的表达"之类，全是陈词滥调，可是很多人迷这个。

咱们前边不是还说到文学的技术主义倾向吗？近十多年，由于文学环境大变，这个潮流明显走低，陷入困境，但是它的一个小实验，即"内心叙事"技巧，可是越来越盛行，个人内心的探索变成写作的时髦，成了写作是否"现代"的主要特征。翻开文学刊物，那么多"内心叙事"扑面而来，真能闷死人！

查建英：啊，你是说那类拿着显微镜长时间地观察自己肚脐眼的叙事么？

李陀：问题是，这种技巧可不是没有意识形态支持的，那里头，根本上还是人性论，和"伤痕文学"可以说是打断骨头连着筋。在这种写作里，写作技术被简单化，人文主义被庸俗化，两个东西互为表里，完美结合。很多批评家都批评今天的文学浅薄，可一追这浅薄的根，还得追到八十年代。有人强调今天的文学和过去有

八十年代——访谈录 　　　　　　李陀

多深的"断裂",依我看,也许在枝枝杈杈上有断裂,根子上没有断裂。断裂那么容易?

　　查建英:你是从意识形态上看它们的连接,我是从心理上看,不论当年的伤痕文学还是后来的隐私写作,都有一种一脉相承的弱者心态、病人心态,前者自怜,后者自恋,一个身心健康的正常人读这种湿漉漉软塌塌的东西难免会觉得腻味。你是说,八十年代人和现在人的浮浅、简化有渊源关系,但又不完全是一回事,对吗?

　　李陀:当然不能说是完全一样。这里我愿意再说一遍:我们今天回顾八十年代,一定要防止化约主义,不能在检讨那个时代的问题的时候,就又把那时候的成绩一笔抹杀。矫枉过正,矫枉可以,不必过正。我在《漫说纯文学》那篇对话里,说八十年代的文学成就是"五四"以来最好的,那话是认真的,我现在还这么看,但这一点不影响我对那时候的问题作出批评。"文革"以后的中国历史发展是非常复杂的,那种简单的对就是对,错就是错,或者全对,或者全错的简单认识方法,根本处理不了这种复杂性。我觉得我们得学会对复杂的问题采取复杂的分析方式,讲点辩证法。再拿九十年代的文学来说,那也绝不是压根儿没有亮色,还是有好作品,特别是长篇小说。《许三观卖血记》、《酒国》、《尘埃落定》、《长恨歌》、《暗示》、《受活》这些作品的成就,我看就大大超过了八十年代。但是如果平心静气注意大趋势,在大趋势里找问题,今天的文学写作确实有很多让人担忧的东西,比如缺少真诚的批评。我说的不是那种现今媒体上流行的批评,那后面不但有政治"把关",还充满了商业计谋和商业利益,对它抱希望就太呆了。可是作家之间,批评家之间,作家和批评家之间,如果没有办法找一个渠道,一个办法,互相进行认真的讨论和批评,我看文学前景不大妙。这就又回到朋友的重要性来了。只有在朋友当中,才有忘记吃饭睡觉的争论和彻夜的切磋,切磋诗歌,讨论小说。

　　查建英:在马路边上,吃着西瓜!

　　李陀:唉!坐在马路边上讨论文学的热情还能回来吗?大概永远回不来了!知道友情对文学写作的重要,是一回事,可是这样的友情还能不能进入文学,是另一回事。在这事上,我其实很悲观。也许有别的替代方式?也许在社会交往中有另外的空间可以展开批评和讨论?看不出来。前两年,我本来对大学还抱有一定希望,觉得中国大学毕竟和欧美大学有不同的传统,或许不带特殊功利的文学批评可以在那里找到一个角落生存下来,因为"五四"之后,中国大学里的人文学科一直和作家、诗人、艺术家有很多互动,这些互动不但大大帮助了大学中文系和其他人文学科的发展,而且对作家们、诗人们、艺术家们的创作都有非常重要的影响。想想鲁迅、瞿秋白、闻一多、朱自清、俞平伯、宗白华那一辈人和大学的关系,这一点表现得非常清楚,那是多么宝贵的一个传统!那是中国人一个了不起的创造。这两年,中国大学想全盘西化,可是人文学科,要西化,又不可能"全盘",只好不中不西、非驴非马。这两年又搞什么"量化",人的精神活动能量化?人的理论思考和学术研究能量化?无非是想把企业管理那一套硬塞到人文研究领域里来——又是一出荒诞剧!这样,大学里的文学研究非但没有把人家严谨的学术规范和学术"化"过来,反而把西方教授们的毛病学来不少:用某种文学理论把作品杀死,然后像解剖死尸一样把"文本"分析一番,得出类似验尸报告一样的一篇"论文",然后就有了学术成果,就升教授、当博导,好戏连台。还有,他们在学院里这样"搞研究"也就罢了,很多人还不甘心,还到媒体上表演这种"解剖",闹得不但一般读者,连作家们也都不明所以,晕头转向。所以,指望大学好像也是犯呆。

查建英:从"问题派"的角度看,现在好多事情的确是旧病未去、又添新症,对金钱的热情代替了对政治的热情,但物质繁荣底下隐藏着精神的贫乏、颓废、胆怯、冷漠、无奈和困惑。表面上众声喧哗,热闹非凡,人人目迷五色,但很多美好的东西迷失了、深刻的东西遭到嘲笑。如果八十年代是你形容的"乱花渐欲迷人眼",那现在的社会可能已经患上"花粉症"了,甚至呈现出"动物社会"的某些特征。就文学看,出品量其实比以前大得多,但良莠不齐,大众媒体一般只追踪市场热点炒作,严肃文学注定成为少数人从事的孤独工作。这可能真会影响一些作家的创作情绪。比如阎连科,我也听他说过感觉很茫然,似乎文学写作没有意义、没有标准了。

李陀:文学的意义不是在作家写作中产生的,也不是靠印数和版税决定的,相反,是在写作之后,是在写作引起批评和争论以后才产生的。谁写得好?谁写得差?

谁有了成绩？谁在探索中失足，犯了错误？谁的写作往前走了？谁的写作实际上是停滞不前？我们的写作现在跟国外写作到底有什么关系？我们应该怎么看我们的写作？在历史中我们应该怎么定位？这一大堆问题，都和写作的意义相关，没有对这些问题的讨论，文学意义又从何说起！？当然，做到这一点不一定非要通过友情，或者说友情也不是绝对必要的条件。也可能有其他方式，比如说这些年美国很多大学都有写作班，在这些写作班里也有很多批评和讨论，也的确出了一些作家和诗人。但是写作班是否能培养出真正的作家和诗人，一直有争论，这种方式是否成功，还有待证明。在中国，友情，以及和友情伴随着的热烈批评和讨论，曾经在八十年代帮助作家们创造了一个文学的灿烂时代，而且，即使今天，我以为它还是让我们的文学和艺术不断获得新的活力的必要条件，但是它正在我们眼前消失，我们还是这消失的历史见证人。这也许是一段令人伤感的历史，要是仔细讨论起来，可以写一本书——这也的确是一本书讨论的主题，不过，说得已经太多了，咱们先暂时谈到这儿吧。

查建英：好，谢谢。

张萧泉摄于一九九〇年

⑧

→ 栗宪庭

Lixianting

  一九四九年生于吉林，河北邯郸人。一九七八年毕业于中央美术学院中国画系。一九七八年至一九八三年任《美术》杂志编辑。一九八五年至一九八九年任《中国美术报》编辑。一九九〇年始，以自由批评家的身份活动至今。自二十世纪七十年代末以来，一直扮演着推介中国当代艺术的角色。

【访谈手记】

老栗小个子，头发是斑白的，棉背心是半旧的，布鞋是平底的，笑眯眯地站在高大的廖雯身旁，平易、随和、散淡，眉宇间却隐伏着一股水泊梁山式的草莽英雄气。老栗不开车，也不用手机，他和廖雯把家安在北京六环以外的宋庄，石板小路尽头闪出一座带长廊的砖瓦宅子，四处是爬墙虎，不到两亩地上种了二十多棵果树，还有蔬菜、竹子、荷塘。宽大的正厅里书画散置，墙上的两幅老栗画像不知出自佛朗西斯·培根的哪位中国传人之手（后来听说是杨绍斌），就让老栗鲜红的脸每日在壁上触目惊心地腐烂着。以为地远客自稀，谈话却不时被门铃和电话打断。老栗笑眯眯地说：我们家从来这样，每天总得进进出出几拨人。

栗宪庭的名字与中国现代艺术连在一起二十年了。自八十年代初以来，由老栗策划、鼓吹、推动的艺术展和艺术家不计其数。老栗本人前后两次丢掉职位，在艺术家圈中却大名鼎鼎备受拥戴。他一直坚持在边缘地带做事，支持了一拨又一拨的年轻艺术家。老栗对艺术的态度显然是理想化的，却丝毫没有某些"精英"者身上那股真理在手的道貌岸然或盛气凌人，浑身上下的草根气可亲可敬。也许正因如此，访谈结尾时老栗对今天中国艺术状况乃至整个中国文化的悲观情绪就更令人感叹。当时天近黄昏，落日西沉，我和老栗对坐在正屋的一片幽暗里，心下不免有些黯然。对艺术与商业、艺术家与名利场的关系，老栗的看法是否有些偏激？我不知道。只是突然觉得，像老栗这样对艺术抱着如此纯粹的理想而身有侠义之气的人，如今似乎很少碰到了。

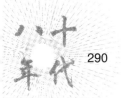

时间：2004年11月23日下午
地点：北京郊外，宋庄

查建英：希望你先谈一点个人背景。你出生、长大在哪儿？

栗宪庭：一九四九年生在吉林，长在河北的邯郸。

查建英：家里有搞艺术的人吗？

栗宪庭：我父亲是民间艺人，你知道磁州窑吧，宋代北方民窑的代表，就是使用黑白刻划花和文人趣味的写意画法作为装饰风格的那种，它影响了中国尤其北方瓷系的装饰风格，民国时期海外曾经掀起过磁州窑研究热。我父亲是活到一九四九年以后的老艺人。我从小跟着我父亲上班，在作坊里边玩边在废弃的陶器上画画，后来逐渐对画画有了兴趣。

查建英：是画国画？

栗宪庭：现在看就是乱画。但磁州窑装饰风格中类似古典文人画——强调书法式的用笔，对我影响深远，我在没有进小学的时候，父亲就让我学习书法，并找来一些文人画的印刷品给我临摹，还让我背过很多古典诗词，文人画和文人诗词中的哀伤情调，支撑我度过了人生的许多难关。父亲算是我的第一个启蒙老师。上了初中，碰到我的第一个学院式教育的启蒙老师，是天津美院毕业的，叫徐晨光，他教我一些最基本的，素描啊，色彩写生呀什么的。现在美院的考试，还基本是苏联的一套办法，就是素描和水彩等。这个好像与我后来做的工作，几乎没有太大的关系，当然是美术这个行当。后来一个偶然的机会认识了中央美院的教授，他们下乡就在我们邯郸，他们办的一些学习班，那个时候是"文革"中，叫创作学习班。我是一九六八年高中毕业以后在太行山区插队，因为我经常画画，被选上参加了那个学习班，就是学习如何搞创作，当然是像当时所有的"文革"作品那样有重大主题、有戏剧性情节的那种。

查建英：这个是七十年代初期？

栗宪庭：一九七〇至七一年吧，"文革"当中。后来的几年里，我一直和美院李桦先生有通信来往，他给了我很大的鼓励。然后到了一九七四年中央美院从工农兵中招收大学生。然后我和这些教授联系，我就去考了中央美院。一九七四年到一九七八年，四年时间我学的大多是"文革"那一套，当然也有基础素描和色彩的训练。后来回忆起来，重要的在于我比较了解革命现实主义模式创作的基本套路，我知道这个模式是怎么产生的，它有过哪些非常具体的规范。后来我写过一篇文章叫《毛泽东艺术模式概述》，与我的这段学习和反省有关。

查建英：但你当时学习的时候还没有这个意识？

栗宪庭：还没有，这个是后来回头看，你必须知道它具体怎么操作，一张画怎么形成的，比如画面的戏剧性情节，和文学关系很密切，强调叙事性，因为叙事性有一种生活本来样式那种天然的通俗性。

查建英：是一种宣传工具，叙事性宣传画？

栗宪庭：对，一个是为政治服务，另外还有一个重点就是艺术为工农兵喜闻乐见，因为这个喜闻乐见一下子就把延安模式和苏联模式之间划分了一个界限。毛泽东是在苏联模式——社会主义现实主义的基础上，又找到一些自己独特的东西——工农兵喜闻乐见。首先是通俗化，通俗化是从苏联就开始的，到了上世纪三十年代所有的新文化运动的文化人都主张通俗化。文学上当然是白话文了，艺术上就是写实主义，但是写实主义是从西方古典主义和苏联模式过来的，还没有被中国化。毛泽东在延安文艺座谈会上就强调到农民中去，学习农民的艺术，这个很重要。我后来翻了一些延安的资料，当时的画家学农民的窗花、民间剪纸、民间的木版年画。当时画家的木刻是那种受西洋影响的造型方式，光线照过来，脸的一边是亮的，另一边完全是黑的。农民说这是阴阳脸，不好看，因为民间的那个木版年画不管明暗，就刻出线条，脸就是一个轮廓线，然后把轮廓整个印上去颜色，很装饰化，很漂亮。

民间的这种造型方式，后来就一下被当时延安的这些画家们带进自己的创作了，毛泽东的模式一下子非常具体的建立了，它包括具体的造型、色彩，以及色彩的艳丽，都和西洋绘画造型方式不同了。通过美术，你扩大到整个文艺看，音乐上的《黄河大合唱》，歌剧《白毛女》，文学上的《李有才板话》，所有的都是拿来的民间曲调、民间说话方式、语言习惯等等，这就比仅仅是白话文更进一步接近中国大多数人——农民的审美习惯。只有这样，才能更好地把文艺变成政治工具——宣传教育农民（工和兵的大多数也来自农民），用农民习惯了的方式就能更好地达到某种政治目的。这个模式我称为毛模式，具体就是用"五四"以来引进的西方古典主义，来改造中国民间艺术。比如冼星海在谈创作《黄河大合唱》时说过一段话，如何用中国的传统民歌呢，就是用西洋音乐的三一律和节奏，来重新改造民歌。民歌旋律性比较强的，节奏感不强，民歌常常有个基本旋律，唱的人可以随着他的情绪延长和改变节奏，有时是完全无节奏的延长这个旋律，改变这个旋律一些细节，比如《东方红》，后来我听到民歌的《东方红》，才知道原来民歌是那样唱的。后来《东方红》变成四分之二拍的，就索然无味了。但同时也有一个好处，就是容易集体合唱和传播大众。

查建英：标准化。

栗宪庭：对，标准化了，标准化适合宣传大众。这个好像跟我后来的经历没什么关系，但它成为我理解新艺术的背景，新艺术是从反叛这个传统开始的。

查建英：但它属于你的早期知识构成。

栗宪庭：对，尽管那时候是在"文革"中学习艺术，或者说是受过这个毒害，但是这个毒害本身，等我回忆起来的时候就非常具体的可以把它变成营养。

查建英：八十年代很多艺术家，应该说受过这种基础教育。比如陈丹青谈他最早画的《泪水洒满丰收田》，还是"文革"式的宣传画。但是你上学更早些，毕业时"文革"刚刚结束。

栗宪庭：对，这以后我就分到《美术》杂志了，是非常官方的一个单位，中国美术界惟一的一个官方权威刊物，是全国美协的机关刊物，最正统的。因为我那时候在学校写一些文章啊，我就被分到那儿了。

查建英：其实你当时在学校的时候专业是中国画。所以，等你分到那儿已经是一九七八年了，你现在记起来，那时候美院还是《美术》杂志也好，你周围的气氛，是不是已经不太一样了？

栗宪庭：是，而且很重要，我就在这样的一个环境中进入的《美术》杂志，一进去，新的潮流已经开始了，就开始对"文革"进行拨乱反正了。我一上来做的第一件事，就是给过去的那些作品平反，重新去看和评价一些"文革"中被打倒的"文革"前的好作品。但对我最重要的是一九七九年，一九七九年对美术界也非常重要，非常关键是几个展览，最早的是上海的"12人画展"，北京的"新春油画风景和景物展览"，以及年底的"无名画会展览"、"星星美展"，一下子有了一个新的视野。

查建英：但这是怎么起来的？美术界以外的人，那时候我们印象最深的就是"星星美展"。当时《今天》诗歌也好像突然一下冒出来了，但其实他们是有一个酝酿过程的。从七十年代就开始了。

栗宪庭：实际上，从美术界来看，最早不是"星星美展"，是上海的"12人画展"、北京的"新春油画风景和景物展览"和"无名画会展览"，这三个展览一出来，就显露出隐藏着的另外一条线索，也就是尽管在这三十年中，或者就整个从延安到七十年代这段，是铁板一块革命现实主义模式下面的另一条线索。其实有很多人不喜欢革命现实主义，他们在地下偷偷地试验着一种和西方现代艺术早期样式有关的艺术，而且是在和西方世界完全隔绝的情况下，执著地从事着现代艺术。

查建英：就是说民间有一股潜流。但是这种潜流是怎么形成的呢？

栗宪庭：我后来写文章开始调查这件事，那时我们刚刚打开国门，刚刚接触到一些西方现代派的东西,从印象派一直到立体派、野兽派、表现主义。我到《美术》杂志以后,一九七九年左右,就看到这些资料。

查建英:是在图书馆,或者在私人那里?

栗宪庭:图书馆知道一些,还有认识有些画家,他们会带着有些画册给你看。

查建英:那他们的画册从哪儿来?

栗宪庭:比如说上海"12人画展",就隐藏着这样一条线索,即三十年代到四十年代中国曾经有过短期的小规模现代主义运动,这个运动很快就被国民党给压下去了,国民党也不喜欢。当时从事现代艺术运动的那些宿将,后来大多都蛰居在上海,而上海"12人画展"的很多成员就是早期现代主义运动宿将的私下弟子,他们与革命现实主义主流一直保持着距离,在地下进行着现代艺术的试验,这就是我说的潜流,而开放的环境使他们率先浮出水面,成为显流。但潜流的重要性是,历史从来不是单线条发展的,以及有些历史是怎样被掩盖的等等,这都是促使我后来写了《五四美术运动批判》的文章。

查建英:对,但是现在咱们先说八十年代初就突然出来一拨儿受现代主义影响的作品,他们的营养,或者是灵感来源这个问题。

栗宪庭:"文革"结束打开国门,主要是拨乱反正,就是对我们过去传统现实主义的叛逆。走现代主义的道路,它来源于现代西方艺术的资讯,一是刚才提到的上海三十年代四十年代,这批蛰居在上海的现代主义艺术家:林风眠、吴大羽、刘海粟、关良等。

查建英:那这些人就是自己收一些私人的弟子,也不是公开在学院教课时讲这些?

栗宪庭:对,当时"12人画展"的画家当年都很年轻啊,都是二十至三十多岁,现在他们都六七十岁左右了。其中有两个人呢,都在当时美术学院里学习,就是因

为美术学院里实行了苏联的教学模式,他们都退学和退职了,因为他们私下接受的艺术样式和这种苏联模式不一样,所以他们就退学了。一个是沈天万,一九五九年,他是在南京艺术学院的前身,叫华东什么美术专科学校,从那儿退学,还有一个是从全国美协职位上退职的,他叫韩柏友。沈当时画的有点像野兽派的东西,韩画的有点像立体派的东西。

查建英:但是当时他们的身份呢?

栗宪庭:他们完全没有,无业青年。八十年代初他们是三十、四十岁左右,大的有四十岁左右,年轻的二十岁左右,对于八十年代中期中国才出现自由艺术家这点来说,他们是真正的先驱了。

查建英:你说一九七九年,那两个比较重要的画展就是"12人画展"和北京的"无名画会"……

栗宪庭:"无名画会",有两个导师式的人物:赵文量和杨雨树,"无名画会"是以他们两人为核心加上他们的学生组成的,他们身边也有一大群年轻人,包括"星星美展"的有些人也是他们这个圈子里的。赵文量和杨雨树是从六十年代末期就开始画现代主义风格的艺术,他们是受什么影响?当时六十年代初北京有一个业余美术学校,这个业余学校的校长,四十年代曾经留学日本,接受的是西方的现代派艺术,基本上是像马蒂斯和塞尚风格的东西,那个人因为早就去世了,我还无法了解到更详细的情况。

查建英:所以说一直有一条线没断。

栗宪庭: 对。这种不间断隐藏着更深入的思想问题,我觉得五四时期的中国,起码在艺术上犯了一个常识性的错误,就是中国打开国门是要走现代化的道路,或者五四运动打开国门是要和世界同步。

查建英：是那时候的"接轨"。

栗宪庭：对，那时候的接轨。但突然打开国门拿来的不是西方现代主义东西，拿来了人家刚刚扔掉的东西。

查建英：你指的是？

栗宪庭：拿来的是写实主义。文学、美术、音乐上都是啊。我后来就写了《五四美术运动批判》。那时几乎所有的思想家和革命家，从康、梁到陈独秀，包括鲁迅先生，一直到毛泽东，他们都主张用写实主义来拯救中国的文人画传统的。为什么拿了写实主义？你打开国门是要同步，就是往前走，你要现代化的，西方刚刚发生现代主义，你不拿现代主义，拿人家刚刚丢掉的东西。美术、音乐、舞蹈都是拿古典主义，美术上最典型的是徐悲鸿。

查建英：徐悲鸿接受的影响是？

栗宪庭：徐悲鸿去欧洲上学，我估计是肯定受过康有为的影响，因为他曾经说过对康执弟子礼。而康有为早年有一本笔记里就有一段话，说中国的这个文化走到清末的时候是非常衰危的，中国的精神有点衰微了，要振兴，而西方的写实主义是直接关注自然的，而中国的文人画呢，是逃避的，是这样的原因。就是说他把中国精神衰微归结为艺术，又希望用艺术拯救这个社会。

查建英：梁启超也有小说救国论。

栗宪庭：我觉得这是"五四"思想家犯的一个错误。希望用艺术救国，所以他拿来的不是西方现代主义，拿来的是古典主义，他们认为古典现实主义，重视观察现实，是入世的，文人画传统是出世的，文人画的出世精神使中国精神衰微了，所以要用西方古典写实主义的入世精神拯救中国的精神。

查建英：具体说，徐悲鸿到了欧洲是拜谁为师的呢？

栗宪庭：叫达仰，是法国学院派的一个二三流的画家。其实当时从海外留学回来的也有学现代派的。

查建英：像林风眠他们。

栗宪庭：对，但最后是被压下去了。当时一九二九年国民党曾经搞过一个第一届全国美展，那个美展结束的时候，徐悲鸿就写了一篇文章，徐悲鸿就说这次美展好处在于，把那些雷诺阿、塞尚之流的风格就赶出去了。然后呢，徐志摩就写了一篇文章来反驳他，说你悲鸿这样的艺术家，怎么会有和巴黎当年市井之辈一样的观点呢？塞尚、雷诺阿这些人在法国是艺术界的无冕之王，青年艺术家心中的偶像，你不能这样看人家。然后有一场文化争论，就是关于写实主义和现代主义之争，我们要写实主义还是要现代主义。

查建英：写实主义除了徐悲鸿，还有一些什么代表人物？

栗宪庭：那就很多了，当时李毅士、李铁夫啊，还有很多。

查建英：这些人以后就都算是主流了是吧，在学院里头带弟子什么的？

栗宪庭：对，因为背后实际上是中国古代尤其是宋以前艺术中的文以载道的思想，在五四时期国难当头的环境中又重新浮出水面。这是中国一个大的脉络。后来我分析是中国文化自身的一个弊病，因为儒家文化有一个基本的东西，内圣外王，你想做一个好官你必须内心成为一个圣人，但是实际上你如果成为修炼中的圣人，到官场上你就行不通，逐渐的内圣——道德修身和外王——做官，就分裂了，这种文化上的分裂同时成为中国知识分子人格分裂的基础，达则兼济天下，穷则独善其身，我以为这是形成文人画最重要的因素，为什么宋代以后有文人文化？文人画的产生就是文人在官场上的痛苦，内圣使他们无法真正做好官的痛苦，在业余时间里排遣这种痛苦所形成的。所以说现代知识分子是，我要保持一种激进的、对社会批判的，但是非功利的、不参政的，永远有距离地保持着自己的独立意志。

查建英：对，这个话题到最后咱们还得谈，就是艺术和政治，因为到八十年代好像又有一个这样的话题谈，就是离开政治等等。

栗宪庭：只有不参政，没有现实的功利利益，你才能保持一种独立立场，但是文人画没有办法变成一种完全独善其身的、出淤泥而不染、散淡的完全跟社会没有关系的花鸟山水，这个东西成为真正的中国古代艺术的主流。到了"五四"首先提出打倒这个东西。

查建英：就是说你把"五四"对传统艺术的批判看做是政治化的，是强迫它从忘情于山水之间的散淡回到硝烟弥漫的人间战场的号角，它与知识分子的文化危机感、文以载道的传统以及现实主义手法重新结合，然后这条线一直到共产党、延安文艺，一直延下来了。

栗宪庭：对，那就是说批判传统文人画，是借鉴了西方的现实主义，但借鉴西方现实主义只是个壳，他的骨子里实际上是把宋代以后抛弃了的文以载道拿回来，历史在这几百年做了个循环。毛泽东继承的是中国古代文以载道的思想，要艺术承担成教化助人伦的任务，要艺术也变成外王的一个产物，骨子里是这样一条线索。向西方学习的这种观察方法，是借用的，因为他当时有一个非常简单的公式，写实就等于是入世，写意就是出世。五四时期有两次大的文化论争，第一次的文化争论是写实主义战胜了文人画，拿定了写实主义。后来是第二次文化争论，是要现代派还是要写实主义，还是要写实主义，不要现代派。那为什么呢？我看了争论当时的所有材料，他们认为就是因为现代派很像文人画。

查建英：啊哈！

栗宪庭：二十年代末到四十年代这一段。主张写实主义的这些人认为，现代派也是得意于象外的，和文人画一样的方式，不写实，要内心情感，和文人画不求形

似、聊寄心中之逸很相像，所以当时是拿着批判文人画的这把枪，来批判现代派的。

查建英：那现在我们再回到八十年代初，"解冻"了，当年这些现代派的弟子们又冒出来了，直接上承二三十年代，这自然意味着对苏式教条现实主义传统的一种叛逆。这一类作品都是油画吗，还是也有国画？

栗宪庭：国画油画都有，但是油画反映出的问题更集中。

查建英：风格呢？印象派的、超现实主义的，还是表现主义的？

栗宪庭：什么模式都有，从印象派一直到大概立体主义这个时期，包括到后来再晚一点的表现主义。

查建英：你跟画展的这些人，当时并没有私交？他们展出之前你知道吗？

栗宪庭：我完全不知道，我就是因为看了展览，才开始想这些的。

查建英：展览是在哪里办的？是正式的展览吗？

栗宪庭：民间展览，民间展览的这种形式也是七十年代末开始的，近二十多年的艺术发展，几乎所有的具有革命性的艺术试验，都是在民间展览上发生的。"12人画展"是在上海黄浦区少年宫里办的，北京"无名画"和"星星美展"是在北海公园的画舫斋举办的。

查建英：那些画家当时互相都认识吗？

栗宪庭：同一个群体的画家肯定是相互熟悉的。

查建英：他们的那几位老师参加画展了吗？

栗宪庭：参加了。"无名画会"两个导师式的人物当时是展览中的主角了。

查建英：那他们还是有一个小群体？

栗宪庭：对，别人管"无名画会"叫玉渊潭画派，因为他们经常在玉渊潭画风景。

查建英：哦，就像比如办《今天》杂志的那些人，周围也有一个小圈子，有些是去白洋淀插过队的，一起玩，互相传手抄本的书，写了诗互相看，后来就在紫竹院朗诵，这就是那时候的文学场景，也有一个从地下、私人空间逐渐浮出水面的过程。所以，这些画家当时的聚集地点是玉渊潭。那么自己办画展，要经过什么人帮忙批准吗？

栗宪庭：当时有些在"文革"中被打倒后来复出的领导，包括江丰、刘迅，都帮过很大的忙。

查建英：所以还算是正式展出，得买票去看？

栗宪庭：但是"星星美展"的第一次展览就不是，一九七九年夏末还是初秋我忘了，那次展出是在美术馆的墙外边，后来被警察赶散。

查建英：就是在街上，他们自己把画给挂在那儿了，那展了多长时间？

栗宪庭：当时刚开展一会儿就被封了，赶走了。

查建英：实际上展出时间有多长？

栗宪庭：好像就几个小时吧，当时我在场。

查建英：几个小时！"星星美展"实际上只有几个小时？

栗宪庭：后来造成轰动的"星星美展"是年底了，是经过后来的努力，很多领导帮他们，江丰啊、刘迅啊帮他们，才展览成。

查建英：江丰和刘迅是当时美协的？

栗宪庭：刘迅是北京市美协的一个主席，江丰是全国美协的主席，他们都是"文革"时期被关了一段时间，被放出来的。

查建英：他们出来说话，然后才正式给了一个展地吗？

栗宪庭：对，就是在北海公园里，大家知道的那个"星星美展"指的是那个展，展了有一个星期左右，一下子就都传遍了。北京其实是三个重要的展览，最早的是北京《新春油画风景和景物展览》，也是一九七九年，春节期间。还有一个就是刚才说的那个"无名画会"。而"新春油画风景和景物展览"比较杂，什么人都有，当时学院的老师，画写实主义的老师，也画了风景画参加展览。"文革"期间都是革命的主题性创作，风景静物因为它的唯美特征，无法为政治服务被压抑了，这次展览好像是为风景静物平反似的。但这里边有三种现象有意思，一是早年从事现代艺术运动的人物，如庞熏琹的作品的出现；二是如六十年代做过非现实主义试验，后来被打成右派的袁运生出现；最精彩的是出了个不是艺术院校毕业的冯国东，他展出了几张野兽派风格的油画，让人大开眼界！

查建英：那时候你还从没看过这种野兽派的东西？

栗宪庭：看过，已经看过。

查建英：画册？

栗宪庭：对，画册。

查建英：那不是在图书馆看的画册，不是中国的？

栗宪庭：对，就是各种朋友带来的，各种关系带来的画册。

查建英：是从国外带来的，还是四十年代从事现代艺术的老师们留下来的？

栗宪庭：不，还是带来的，这个东西对西方来说都已经是很旧的东西了，但当时对于我们来说是很新鲜的，最重要的是有人也在画，而且冯国东当时什么现代派画册都没有看过，他也没有在艺术院校学过艺术。

查建英：有人出国带回来的？那时候已经开始有人出国访问了。所以第一次看一个中国画家的野兽派的作品，就是在那个"新春油画风景和景物展览"啊？

栗宪庭：对呀。

查建英：然后就是"星星"。"星星美展"你当时的感觉特别震动吗？

栗宪庭：是，"星星美展"，除了在风格上反叛写实主义之外，它还有别的东西。

查建英：社会批判？

栗宪庭：社会批判。事实上七十年代末至八十年代初有两个明显的倾向，一是刚才说过很多的反叛革命写实主义传统，在艺术中接受了西方早期现代主义的影响；另一个倾向是校正写实主义，针对"文革"写实主义附庸于政治和粉饰现实的创作方法，强调人性与真实，出现了强调真实反映现实生活和关注小人物的写实主义潮流。写实主义倾向被称为"伤痕美术"，这和文学上的"伤痕文学"是同步的。

查建英：对，时间上差不多。卢新华的那个短篇小说《伤痕》是一九七八年吧。艾未未是"星星美展"里面的吧？

栗宪庭：是，但"星星美展"有两次展览，第一次展出里没有他，他比"星星"的人年轻些。"星星美展"这些人基本上跟我同年，四十年代末、五十年代初出生的。最重要的人是：王克平、黄锐、马德生、曲磊磊、阿城，还有包括在法国那个李爽、严力，这几个人是最重要的。

查建英：阿城那时候也有展品？

栗宪庭：有啊，我现在讲这段历史时会放映阿城的幻灯片，阿城画得那些线描啊、钢笔画，画得很好，他画的是一些蹬三轮车的工人啊，都是一些小胡同里的平民。所以，我认识他的时候他还不是一个文学家，他是一个艺术家。

查建英：对。你看了这个以后，就跟这展览的这拨儿人开始有联系了？

栗宪庭：对，后来就成为朋友了，包括王克平啊、黄锐啊、李爽啊，我和这些人到现在都有来往。

查建英：我看你们家现在就跟一个大车店似的，人来人往。那当时是怎么来往的呢？

栗宪庭：就是骑着自行车乱串，一会儿马德生到我家了，一会儿我骑车到马德生家了，或去阿城、黄锐、王克平家了。王克平家离我家只隔地安门一条大街的宽度，我住在后海，他住在地安门的帽儿胡同，阿城那时住德内，马德生住交道口，黄锐住赵登禹路，都很近。

查建英：文学圈子也相似，比如李陀就回忆，他那时候周围有几个作家，张承志啊，郑万隆、陈建功啊，这几个住的比较近，经常串来串去，然后一侃就是一晚上。那时候画家也是这样？

栗宪庭：也一样，就大家在一块讨论艺术啊。

查建英：交换画册吗？

栗宪庭：会，有一次严力打电话，他弄了一本现代派的画册，让我去看。就是别人刚从国外带回来的。

查建英：那你还记得那是什么吗？

栗宪庭：就有点像现代派历史的那样一本书。

查建英：现代派的美术史，里面有介绍、评论的？

栗宪庭：有，我印象里一直到四十年代，就是到超现实主义。

查建英：那是没翻译的？

栗宪庭：是原文的，但可以看图嘛。不懂外文，就只有看图了。

查建英：那些现代派大师的作品，当时是不是第一次都是这样看的？

栗宪庭：对，很多是这样看的。

查建英：那时传进来的东西多吗？

栗宪庭：不会太多，我还记得我到上海，去图书馆看，上海一直保留有早年的一些画册，像马蒂斯的、毕加索的、夏戈尔的一些画册，很厚的，我去美协图书馆看那些书。

查建英：实际上都是一九四九年以前留下来的。

栗宪庭：对，只不过后来就都不开架了，所以也根本看不到。

八十年代——访谈录　　栗宪庭

查建英：比如你念书的时候，美院的学生也没有权力看这些书，对吧，直到一九七九年。那像阿城，他讲他早年怎么去旧书店的，他的那些信息、营养是这么来的。但是像你了解的这些画家，比如说王克平，他怎么一下子就做了那些木雕呢？

栗宪庭：王克平当时是一个文学青年，在中央电视台写剧本的，但是他喜欢荒诞派戏剧。

查建英：那他是怎么接触到荒诞派戏剧的呢？

栗宪庭：他是看过，从哪儿来的这个我不太清楚。他说他是喜欢荒诞派戏剧，那可能当时是不是有人翻译过这些东西啊，他是从这儿受启发的。他家楼下正好有个卖劈柴的铺子，他一看那些木头很奇怪嘛，疙里疙瘩的，他拿来，觉得这个东西很好玩儿，正是那些疙瘩的形状给了他创作的灵感，比如他突然觉得一个大树疙瘩，像一人嘴给堵住一样，这就是著名的作品《沉默》，我的这件作品是他最早的一件，是他去法国的时候送我的。他后来又做了一件比这个好，是我们在展览上和经常在印刷品上看到的那个。

查建英：就现在你家墙上挂着的那个，是吗？

栗宪庭：对。

查建英：他并没有学过雕塑？

栗宪庭：他没有在学院里学过美术。他作品的创作完全是与自己的经历和生活有一种关系，他有话要说。而且这个东西，对中国来说有一个传统，就是根雕。但中国根雕从来都是一个摆设的玩意儿，如根据树根提供的造型上的可能性，做成一个像鹿啊什么的。但王克平一下子把这种树根的联想，转换成带有政治含义的东西，这个转换更有意义。现在回忆八十年代初，在使用现代派符号上最有意思一件事情，就是王克平的这种转换方式。王确实是受过现代派的影响，但是作品中没有西方现代派的任何痕迹。其实很多艺术家直接受到印象派的风格、野兽派风格的影响,如果没有见过西方现代派,这个就非常新鲜,但是对看过印象派的,这个东西就缺乏创造性了。当然对于中国的艺术史和艺术观念的变革,这种借鉴也是有意义的,所以当时我还连着写了几篇文章强调现实主义不是惟一正确的道路。

查建英:对,现在这都是常识了,但当时是一个重新恢复常识的时期。

栗宪庭:那时我们强调现代主义,是为了突破现实主义的一统化天下,走世界共同的现代化道路。当时我在《美术》杂志,当这些东西都进入我视野以后,我所面临的是:我能不能发表这些东西?对于我来说最重要的工作是这个。我就遇到很大的阻力,包括我当时写的一篇"星星美展"访谈录,我一直去争取,最后到第二年才发表。当时老编辑和领导大都不同意,就是说这些东西不好。我那时候是最年轻的编辑。

这都促使我思考艺术好坏标准的问题,后来我写过一篇文字,题目叫《重要的不是艺术》,就是说一张画,这张画本身的好坏,重要的不是在这张画本身,重要的是你以什么样的标准来判断它。这是为什么同样一张画,大家判断好和坏的结果,是截然不同的。我在思考艺术的价值标准,艺术背后的东西,那时候就开始想这个问题。

查建英:从你的大致经历看,我感觉你一直比较有意识地、执著地为推动现代主义艺术在中国的空间做各种各样的努力,包括在运作上和写作评论上。你当时的位置很关键,等于说占据了一个最中心的、全国性的这么一个刊物、一个论坛,可以决定发表哪些东西,然后你又出去跑,比如你多次去过四川约稿。

栗宪庭:这二十多年的艺术发展,我分了大的几个阶段,一九七九年到一九八四年这是第一个阶段,他所有的创作都是针对"文革"的,我是把这段叫做"后文革"。其实,当时最早遇到现代主义这条线索,它是叛逆,它的对立面很明确是革命写实主义。另外就是在比这个略晚一点的那个,实际上针对点还是革命写实主义,它是校正,我管它叫校正现实主义,就是说我推动的不一定都是现代主义,我强调的实际上是文化针对性。现代主义的文化针对性,针对"文革"的革命现实主义的创作模式和背后的思想,是用现代主义来彻底颠覆写实主义。另一方面就是以陈丹

八十年代——访谈录　　栗宪庭

青和四川这些年轻的知青这一代画家,他们强调写实主义本来应有的真实和人性,校正和针对的是革命现实主义原来的那种粉饰生活、虚假、红光亮和高大全。

查建英:在方法上、风格上,还是写实风格?

栗宪庭:是,第一个时期的两个线索。我第一次去四川,是一九八〇年初。

查建英:为什么选四川?

栗宪庭:当时有一个四川的画家叫高小华,拿了一张画,就是他最早画的批判"文革"的画,画一组红卫兵,武斗刚刚结束,呆坐在那儿。还是那种写实主义的,有情节性的、戏剧性的这种艺术模式。画面情节就是反思,题目叫"为什么"。拿到《美术》,就直接找我看能不能发,我还是发了。还有另外一个就是陈宜明、李斌等,他们画的《枫》。

查建英:就是郑义写武斗的那个小说吗?

栗宪庭:对,小说画成连环画。《连环画报》发了以后,就被上面给扣了。我和编辑部、《连环画报》的几个编辑就极力要为这个作品说话,就是让他再重新发行。就这两件事,我看到还有另外一个苗头出来,就是写实主义向它本来的真实性和人性复归。高小华说四川美院有这样一拨人在画这样一批作品,我就去了四川美术学院。为什么会出在四川美院呢,当时的所有美术学院恢复高考以后,强调的是完全回到"文革"以前的基本训练,从素描人体啊,这种最基本的作业开始。但是只有四川美院,除了上这种基础课之外呢,让大家搞创作,当时的院长叶毓山提出以创作带教学的方法。那帮学生都是知青嘛,跟我有同样的经历。我看了这批画以后就拿过来发了,后来就是罗中立的《父亲》,最早是在《美术》杂志发的,但发的时候很多人还不同意呢。但是一九八〇年说要开放,从一九八一年开始要实行责任编辑制,领导突然选了一个人,他们选了我,来做整体的改版,从版面到内容进行整体的改版。

查建英:你是一个试点?

栗宪庭：对，试试你行不行。从选稿一直到所有编排到版式设计，都由我来管，就有点像执行主编的角色。一九八一年一月号，《父亲》就是发在我主编的那一期的封面上。陈丹青也在这一期，就是《西藏组画》。同样写实，就把革命现实主义的那种政治因素给清理出去了，还原成表达自己真实的生活经历和内心的伤痛。但是陈丹青比较特别，为什么后来陈丹青影响更大，就是他的作品还涉及到另外一个更加专业的层面。我们是一九五九年中国艺术院校全部接受苏联的教育模式。这之前五十年代初，来了个苏联专家，叫马克西莫夫，现在所有的美术机关领导，像靳尚谊、詹建俊等中国美术界领军人物，不少是"马训班"毕业的，从那时开始，苏联的模式正式地非常专业地传入中国。

查建英：他到中央美院来教吗？

栗宪庭：是，到中央美院来教，但是老师都是各地选来的，包括浙江美院后来的院长王德威都是。

查建英：这马克西莫夫是苏联画界的一个什么人物呢？

栗宪庭：实际上是一个二流的画家，但是对中国来说还是已经画得很好了。就他那套办法——把苏联的办法还是比较完整地传给了中国。

查建英：就是社会主义现实主义。那么你说丹青的好处不同在于？

栗宪庭：我的意思是说我们接受的现实主义或者叫写实主义，发源于法国和意大利，然后通过苏联传给中国，其实法国十九世纪的写实主义模式，和苏联社会现实主义模式是不一样的。陈丹青的意义在于：它超越了苏联社会现实主义，向法国写实主义溯源。陈丹青的《西藏组画》其实更像法国写实主义，如库尔贝、米勒等，法国写实主义没有像俄罗斯和苏联那样有一个很明确的意识形态对它的监控。

查建英：比如说，拔高生活。

栗宪庭：为了适应某种"集体的政治目的"，在作品中改变生活的真实场景，车尔尼雪夫斯基叫做主观能动性，就是你不是真实的反映生活，而要把某种集体政治性投射到上面。这个东西到苏联，成为把集权政治的因素投射进去。到了中国以后，就是要源于生活高于生活。这是一方面，另一方面就是故事性、戏剧性。很戏剧性的情节，这种东西原来的法国写实主义里面是不强调的，这个也是苏联恶性发展了的一个东西。还有一个东西就是，那种油画的具体办法，就是他在通过一套教学模式，叫做"契斯恰科夫教学模式"。这个模式是：光来了以后，为了表现这个物体的立体结构，分了三大面和五调子，就是为了掌握这个形体结构，把画面物体简单化了，这是亮面，这是暗面，这边还有反光面，保持三个大面明确的界限，那五个调子是指的什么亮、灰、暗啊，反光，最后有一个高光，用这些东西概括一个形体。你看"文革"的东西，那张脸，几个面，啪啪啪几笔，把一个立体形表现出来了，很好看，但是很简单。在形体上的东西，比如说一个形体，从这个面转到另一个面，它实际上是一个非常细腻的转折过程，但是我们学的时候，就是若干个平面，徐悲鸿有一句话说"宁方无圆"，就是这个意思。当然这不失一种技术方式，问题是，就是从写实主义的角度说，他把每一个人观察和表现个性给抹杀了，给规定成一统化的技术了。这是"文革"艺术千篇一律的因素之一。当然，这种被称为块面的技术方式，很适合"文革"那种宣传画的表现，人物被画得硬邦邦的，有一种气势汹汹的架势。

查建英：阳刚之气，英雄式的。

栗宪庭：就是啊，"文革"这种模式也包括了最基本的技巧模式。陈丹青在画《西藏组画》的时候一下子越过了这个东西，直接到欧洲写实主义去汲取营养，画一个草地上的女人，画一男一女在接吻等等，这是一个非常简单的生活场景，不是一个戏剧化的情节，另外他画的人物形体非常丰富，一层压一层，笔触压过来，压过去，不再是用那种方块、几块几何形的造型。色彩上，已经不是很鲜亮的。他不是为某种集体政治服务的，是他自己切身的生活感受，就一下把写实主义的革命现实主义和社会主义现实主义这样的模式，回溯到了欧洲的十九世纪。包括后来八十年代中期出现的以靳尚谊和杨飞云为代表的那种古典写实主义，中国开放以来的写实主义再往回上溯到十七至十八世纪，这是中国写实主义一个非常有意思的现象。但是即使达到西方古典写实主义的高峰,它的创造性在哪里,我始终难以想明白。

查建英:罗中立呢,你怎么评价?

栗宪庭:罗中立是用写实主义,但是他接受的营养是超级写实主义,就是美国六七十年代出现的潮流。他偶然的看了一张报纸上的一张超级写实主义的画。

查建英:外国的报纸?

栗宪庭:外国的报纸。他看到画一个矿工的汗珠,非常细,他突然觉得可以用这个手法画一个农民。

查建英:啊,就是这样得到的灵感。那个外国报纸怎么来的呢?

栗宪庭:好像是通过谁谁转到他手里的,非常偶然。这里面很多细节都很偶然,但是这个偶然又和他的经历,他要表达的那种感觉和题材有关。

查建英:他是插队知青吗?

栗宪庭:对,我们都是属于这一代人,就是经历"文革","文革"以前被教育认为我们生在毛泽东时代是很幸福的,世界上还有三分之二的人生活在水深火热之中,需要我们去拯救。而一打开国门以后,发现不是如此,内心就受到伤害,所谓伤痕,就是内心受到伤害的那种感觉。所以那时候都是针对比如说画大人物,就是高大全嘛,英雄伟大,画这些东西,他现在反过来一下就画小人物。后来主流那些人就骂,说是你们画的是小苦旧,概括得很好,小人物和苦难的生活、落后的面貌,针对和清理的就是"文革"的红光亮和高大全。但"伤痕美术"在艺术上,并不是非常有意识地清理写实主义语言本身,陈丹青是有意识地在清理。

查建英:他的来源呢?我还倒真没有仔细问过他。

八十年代——访谈录　　　┃栗宪庭

栗宪庭：古典绘画画册一直在图书馆里有，画册上就能看到。可能是西藏这套组画比较适合他这样一种厚重的办法。还有何多苓的《春风已经苏醒》，画一个小女孩，坐在草地上，旁边有一头牛，记得那张画吗？那张画当时也是很有名的。他是一九八二年春天画完的，我也是专程坐飞机去四川，封面空着，为了拿那张画。何也是非常偶然在《人民日报》上看到一个海外消息，登了一张小照片，美国七十年代写实风格，是怀斯的一张画，看到那个草地画得特别好，密密麻麻的小草画得很让何感动，就按照怀斯画小草的风格画了他那幅画中的草地。

查建英：啊，原来如此。怀斯那张画的也是草地？有人物吗？

栗宪庭：有人物，一个人躺在草地上，很忧伤的一个情调。何多苓这张画儿画的小女孩，也是画得很忧郁的情调。但是后来我们在看到怀斯原作的时候，发现画法完全不一样。何多苓那个草地画得非常厚，很多层，很细的一根根草什么的都画出来了，他因此发明了使用水墨画的叶筋笔，来画最上面一层细小的小草。但是怀斯的小草，最上面一层细小的小草，是留出来的，整个草地画得很薄。

查建英：但报纸印刷出来就不一样了。

栗宪庭：报纸不可能印刷清楚，草很密，像有很多变化似的。这实际上就是说，不是模仿，而是受了点启发，怀斯草地的那种感觉，启发了何多苓。

查建英：又是一个偶然。所以这几个人那时候的影响基本是外来的影响。像王克平这种根雕，受中国古典传统的影响，那时候反而不多？

栗宪庭：但是他也受到荒诞派的影响呀。根雕呢，我估计他起码以前看过。但是最重要的是王克平内心对社会、对生存环境的那种感觉，不然他在那个树根上怎么会发现嘴啊、眼睛啊这些东西呢。包括陈丹青、何多苓，在接受影响时，他们有了内心感觉的前提。

查建英：嗯。看来你认为到一九八二年左右，美术界基本上是分两条线索对教条现实主义、对"文革"做反叛。

栗宪庭：在一九八二年底的时候，我这个思路已经非常清楚了，就是把写实主义清理了一个遍，写了两篇《现实主义不是惟一正确的途径》，这个阶段就开始结束了。我开始关注抽象问题，开始我还不是很主观的去想这个问题，就是在下面突然看见有很多人画抽象画。

查建英：你说的下面是指的哪里？

栗宪庭：就是我经常有机会出差，看到很多人在画抽象画，包括在辽宁、在云南都看到过，他们寄给我的稿件……对，其实八十年代初还有另外一个线索，就是壁画，从中国民间非写实主义装饰这个角度，也是一种新的视角，你知道，早年毕加索也是从非洲木雕的造型方法来发展出现代主义的。

查建英：像袁运生……

栗宪庭：还有萧惠祥、袁运甫啊等等。他是通过平面化，把绘画还原成平面，早期西方现代主义也从平面化入手，反对写实主义通过焦点透视制造虚假的三度空间感觉，这种思路是一样的。后来壁画运动就很快的成为官方接受的一个园地了，因为它仅仅涉及到语言模式的层面，没有触及到人内心独立的批判意识。所以像对写实主义的矫正和装饰化运动，这两个东西都迅速的进入国家的主流里面了，很多艺术家也成为官方主流艺术的重要艺术家和领导。但是在借鉴现代主义这条线索里面，却非常艰难，一直到现在为止，始终是一个地下和半地下状态。

查建英：《西藏组画》得过奖吗？

栗宪庭：《西藏组画》没有。

栗宪庭：出国回来还是受欢迎的，他被欢迎还是由于他的《西藏组画》。陈丹青受欢迎的程度可能连他本人都是始料不及的，这与他本人无关，我看他的书，觉得他是中国少有的思想很清晰的知识分子，不少人说他已经画不出画来了，他自己也说自己只会写不会画了，但是我以为，这有什么关系呢，他的聪明、睿智和幽默，在他的文字中表现得更为淋漓尽致，他今天作为一个文化批评家的作用，远比只作为一个画家的意义要大得多。问题是，主流艺术还是把陈丹青当做八十年代初的写实主义画家陈丹青来接受的，这种阴差阳错使陈丹青在体制里呆得很痛苦。这种阴差阳错还说明，整个主流艺术，一直对"五四"以来的艺术这条线索和传统没有真正的去清理，清理以后重新使用写实主义是另外一回事。

现在接着谈我到一九八二年发现抽象主义，我当时想，抽象主义能彻底颠覆写实主义。西方对写实主义的颠覆，也是抽象主义起了关键的作用。包括西方现代主义之后的写实风格，是一种不同于现实主义的观察方法，我刚才说了这是另一个问题。所以那时候我看到有人画抽象主义时我很兴奋，包括一九八二年我看到袁运生已经画出了很好的抽象主义作品。

查建英：那他们那个灵感的来源呢，也是当时进来的这批西方作品？

栗宪庭：我想肯定有这个因素。一九八二年我发现了一个重要的艺术家：黄永砅，你知道黄永砅现在在西方很有名。他的毕业创作，就画几块钢板，那时候呢，用喷枪喷漆——造船的那种喷漆来画，就很有机械力度啊，就像早期现代主义强调的那种东西。

查建英：他当时是在哪儿？

栗宪庭：在浙江美院，现在的中国美院，他就是本科生。他那作品用喷枪画的钢板，但实际上就是一个方块，就有点像机械力度，硬边艺术的那种，硬边艺术已经是美国六十年代的潮流了。

查建英：那这些现代主义作品，除了因为他们在中国是第一次，要是放到世界范围来讲呢，有没有独特的东西？

栗宪庭：对，这正是我想强调的，原创性在什么地方？对传统写实主义的叛逆，是我们的一个起点，它的价值只是在中国，真的放到世界艺术史里，就显得没有多少独创性，但是开始的时候，我作为编辑，还是想我的文化策略是什么，当时想做这个抽象主义讨论，想先把握住反省"五四"以来的新传统作为起点。一九八三年第一期，那一期整个基本都是很抽象的作品，那一期发出去，我心里边就紧张了，觉得坏了，要出事了！生活在中国这种环境中我们都会有这种敏感，可能会与周围的气氛包括报纸新闻等信息有关，发出去之后，就赶上了"清除精神污染"，在美协的会议上被点名批判，上面马上让我停职，三月份就被撤职了。领导让我到美协去报到，他们让我去搞行政，我说我愿意去做一个图书馆员，他们都不同意，后来我就在家呆着，工资就给我每月发三十多块钱，呆了两年多时间，从一九八三年到一九八五年上半年。

查建英：原来的工资是多少？

栗宪庭：五十多块钱，发百分之六十多。

查建英：要你写检查吗？

栗宪庭：让我写检查，我不写检查。那时候我心里已经很清楚了我在干什么，肯定不会做检查的。

查建英：那时你就明确知道体制内的这个限制在哪里了。

栗宪庭：那时候我有一句话宽慰自己：世界本来就是不公平的，你要求得到公平待遇，是一种奢望。但是领导找我谈话，说我们觉得你是个人才，本来要重点培养你的，现在你这样一种脾气，就很难在这个岗位待下去。我说我要不是这样坚持的话，也就不是我了，如果让我变成你们喜欢的一种人，那我觉得没有意思，我选择了离开。

八十年代——访谈录　　▎栗宪庭

查建英：像你这样的在美术界多吗？就是因为推动一个新的艺术或者什么，然后被解职？

栗宪庭：肯定还有吧，我没有做过调查。

查建英：你这个我感觉是比较极端的一种，两次被开除。后来又有一次，对吧。

栗宪庭：对。

查建英：你是脑袋上长了反骨的。现在回顾八十年代，好像当时大家有一种比较理想主义的激情，做了很多现在看来似乎不那么现实的事情。但实际上大环境还是在原来的那个体制里，都有铁饭碗，商业也还没进来。所以像你这种就彻底到体制外的，还是少数，多少人还是在体制内打打擦边球。你的经历不太典型。

栗宪庭：主要我有"文革"的一个经历。"文革"的时候我十几岁就被抓去了，就是当时江青提出"文攻武卫"，后来我看到武斗的时候，觉得太残酷了，就批评"文攻武卫"这个口号。那时我上高中。

查建英：那么小的时候就写了一篇这种文章？

栗宪庭：我当时的想法是说群众组织之间的矛盾，是一种人民内部的思想之争，就只能通过思想教育的方式解决，不能用武装斗争来解决群众内部的思想之争。我写信给朋友，刻了传单发，后来我被打成现行反革命，游街、批斗，关起来了，关了将近两年时间，一九六七年到一九六八年。

查建英：关到监狱里了吗？

栗宪庭：不，就关牛棚里了，因为公、检、法也被打倒了。那时候让我做检查，我写了很多检查，思想开始有斗争了，我怀疑自己是不是真的对。所以"文革"结束的时候,我最痛苦的是经历了一种思想上的彻底的反省。那时候我们相信一种东西,是从上面过来的,我们是在被各种媒体的宣传教育下成长起来的,今天我自己站在媒体里边,你采取什么办法办刊物,对别人是非常重要的事,你能不能真实的把你自己的话说出来是最重要的。所以我经过一个阶段的反省,重新反省我过去做过的检查,重新去看毛和马列的书,以前觉得那是正确的,我可能不正确,有过那段矛盾,经过一段反省之后,不能说彻底,但是开始知道什么才是自己真正的独立立场和意识。从那儿以后,我觉得我对了,就要坚持下去,不会再做检查了。

查建英:所以,一九八三年到一九八五年停职在家,那时候你好像集中看了大批的书?

栗宪庭:对,那时候看了很多。那时候出版的高潮就是西方哲学,包括一些中国的哲学。这个时候新一代人正在酝酿,美术界叫做"八五新潮",这样一代人成长起来,都有过这样一个读书经历,社会上整个思潮,也是一种文化批判的思潮,比早期的那种政治和社会批判,提高了一个层次。

查建英:那时候的互相联络多吗?

栗宪庭:没有太多,几乎等于退出去了,在家呆着,跟艺术家也很少来往,那时候我来往的大都是过去八十年代初的人。八十年代中期成长起来的、再涌现出来的艺术家,就是一九八五年了。一九八五年艺术研究院成立了一个报纸:《中国美术报》。

查建英:就是恭王府里边的那个艺术研究院?

栗宪庭:对,当时留在研究院的一些研究生,出来办报纸。研究所过去老是研究古代,没有参与当代,所以他们就办了报纸,想介入当代艺术。

查建英:那就不像《美术》那么官方性质了吧?

栗宪庭：不算官方的。《美术报》成立了以后，刘骁纯来跟我联系，希望我出来参与办这个报纸，所以我那时候很容易就把手续都办到了研究院，是一九八五年的夏天。

查建英：当时这种民办报纸也得挂到一个什么单位里面吧？

栗宪庭：就是属于研究院的。

查建英：但它基本上类似一个同仁刊物？

栗宪庭：对，但实际上你知道不可能有真正的同仁性质。有一段刘骁纯他们都还在忙着写毕业论文，彻底把这个报纸交给我了，我把这个报纸一下就搞成一个几乎是新潮报纸了。是四开小报纸，周刊。那段时间就一个美编跟着我，就连跑到昌平印刷厂去校对我都管，忙得不成样子。

查建英：能登彩色的画吗？

栗宪庭：能登彩画，彩色报纸。那时候在全国各地突然兴起来了一些群体，所有的群体都特别爱写宣言，我登了很多。其实，一九八四年我还没有去《美术报》的时候，我已经感觉到新的思潮的一些信息，如那时我与黄永砯有联系，他们群体最早的达达式作品都寄给了我，他还推荐一些他同学的作品给我，像侯文怡和西南艺术群体的一些作品。

查建英：那时候的群体都有哪些？

栗宪庭：当时较早的就是北方群体、西南的新具象绘画、厦门达达，还有西安的最早的一个现代艺术群体，他们很惨，有几个人被关了起来。南京还有一个超现实集团，很多，得查一下资料才能说出名字。那时候就一下子，大家都画超现实主义风格的画。

查建英：就是什么"理性画派"？

栗宪庭：对，理性绘画，这是北方群体的舒群先提出来的，高铭潞还写过《理性绘画小议》，专门作过论述。在我看来，就是强调理性和思想介入艺术，实际上就是用艺术来消化他们读过的哲学观点。

查建英：都是油画吗？

栗宪庭：基本上都是油画，但是也有水墨画，谷文达早一些的东西都是水墨画，但他不是画传统国画，用传统材料画的超现实主义的东西，后来由于谷文达的水墨画，引发了稍微晚一点出现的抽象主义实验水墨。现在我们看，中国在接受西方现代艺术上，是按照艺术史的时间线索发生的，从印象派到野兽派、立体派，然后到了八十年代中期就是超现实主义，超现实主义是西方四十年代的潮流。还有一个很重要的契机，一九八五年，我印象里好像是夏末秋初的时候，具体时间得查，有一个波普大师级人物劳森柏，在中国美术馆搞了一个个展，对中国影响太大了！因为中国美术刚刚兴起八五现代艺术新潮，各地群体起来，等于刺激了一下，起到了推波助澜的作用。

查建英：群起而模仿之……

栗宪庭：大家很多是误读波普，本来中国还没有波普依赖的商业背景，还没有消费文化的背景。但是劳森柏拿了很多现成品，比如说有破纸盒子钉在墙上，公鸡和羊头标本和消费品的混合装置。于是，中国年轻艺术家一夜之间都玩起了现成品。

查建英：但这只是学手法，实际上没有后面商业文化那个东西。

栗宪庭：是。我后来想这个原因，这种误读本身包含了对西方的艺术史线索的理解，波普开始时也被称做新达达，波普是从达达过来的，从现成品这种反文化反艺术的线索下来的，然后战后现代艺术进入美国以后，由于消费文化的因素，就转换为波普。但是中国当时还没有商业背景，所以中国艺术家在读劳森柏的时候，没有读出他消费文化这一层，但是读出来达达这一层，因为劳森柏作品里本来就包含这个因素，达达因素就是用非文化的、非艺术的传统媒介——现成品——一个破纸

八十年代——访谈录　　　　　　　❙ 栗宪庭

盒子、一个羊头、一个破桌子,都可以拿来做作品。中国当时的文化背景,所造成的局限性,也正是自身文化需要的针对点——反文化的达达,所以,在劳森柏的作品中读出达达也是中国艺术家的内心需求。

查建英:把劳森柏读成反文化了?那你觉得学劳森柏的这些人,在中国现实生活当中有对应物吗?他们实际上是冲什么去的呢?他叛逆的具体文化对象是什么呢?

栗宪庭:具体讲就是叛逆的对象扩大了,包括对中国传统文化,乃至整个艺术的历史和文化。

查建英:够大的。我记得当时就有这种印象:真是抡开了招呼啊!

栗宪庭:是有点泛,现在我都有点想不出来当时这个文化批判具体是在争论些什么。

查建英:甚至好像有些"文革"味道,敢字当头……

栗宪庭:实际上更重要的是强调那种叛逆的性格和情绪。

查建英:具体叛逆谁倒是不重要了。

栗宪庭:但叛逆的性格和情绪,带有很强烈的颠覆性,承接的是达达精神,针对的是我们以往所有的艺术创作和欣赏的模式,强调的只是艺术家的感觉,有没有教育性,有没有美感,是不是传统认为的艺术,都不重要了。

查建英:比较情绪性的一种表达,然后正好借用了这么外来的一个东西。

栗宪庭:拿来的过程当中,大多数作品都没有多大意思,但也产生了一些非常精彩的作品。如黄永砅非表达性绘画,最经典的是他拿一本西方现代派的书:《现代美术史》,还拿了一本《中国美术史》,放在洗衣机里,搅了两分钟。这个作品即

使在世界当代艺术史中都是经典。

查建英：他这个算中国开始有观念艺术作品了。

栗宪庭：对，观念和装置艺术，这个作品有点禅宗的味道。清末以来，中国人一直有一种情结，中西文化的问题，一会儿中体西用，一会儿中西融合，李泽厚又提出来西体中用，一直在这个问题上搅来搅去。哎，他这个很容易就把这个问题解决了，把中国自上个世纪以来一直争论不休的中西方问题，作了一个具有禅宗当头棒喝式的机智表达。

查建英：是你给他读出来的这些，还是他自己有意识地在思考这些问题？

栗宪庭：他写过一些读禅宗公案的笔记。

查建英：这个作品是在吴山专的那个之后？

栗宪庭：黄永砯要早几年，但洗衣机这个作品和吴山专的大字报作品差不多时间，一九八七年。吴山专就是以达达角度创作出波普作品的艺术家，他把中国街头巷尾随处可见的琐屑、猥亵的广告词句，以"文化革命"中非常暴力化的大字报的方式组成作品，就是从达达的角度受到劳森柏启发的，他称为红色幽默或者文化赤字，很有创造性。八五新潮从一九八四年年底初露端倪，一九八五年、一九八六年、一九八七年达到高潮，是一个以西方现代文化为支撑的现代艺术运动，非常朝气蓬勃。但是到了一九八七年，对于艺术中模仿西方现代艺术的不满，对于用艺术来解读哲学的不满，开始出现挖掘中国传统资源的倾向，像徐冰、吕胜中等，是用现代主义的方式来转换中国传统资源，当然从一九八五年开始，还包括传统水墨画的回归倾向，水墨画抽象试验等，这都是作为对西方现代艺术的应战式的反应，在一九八七年也很有势头了。

查建英：还有谷文达。

栗宪庭：应该是谷文达之后，因为谷文达是新潮的一个代表人物，他开始画的水墨，实际上是观念性的，但是他影响了水墨画的新方向——抽象水墨试验。另一支就是新文人画。

查建英：像我看过南京的朱新建的。

栗宪庭：对，朱新建很重要，周京新、王孟奇都是当时的代表，而董欣宾无论绘画还是理论，都是当时重量级的人物。有人当时批评说，什么新文人画，他们没有文人修养呀，没有文人的雅呀。我觉得他们继承的是文人画那种重视笔墨的方式，而时代不一样了，艺术家的心态变了，新文人画恰恰没有了文人的雅，多了文人所没有的世俗趣味。其中最重要的，是水墨画在语言上完成了对写实主义影响的清理，"五四"以后，一直到七十年代，徐悲鸿所开创的用西方写实主义改造中国水墨画，如画脸上的那种结构，都按照西方写实主义的结构来画，就像冼星海改造民间音乐一样，拿那个三一律来改造音乐一样，是用西方古典艺术观念来改造的。

查建英：再具体说说，比如画人脸用透视法？

栗宪庭：对，原来中国水墨画脸部，不会有暗影，不是严格地按照解剖结构画出来的，中国传统强调写意，艺术家内心感觉更重要，而写实主义必须把解剖结构、透视什么都画出来，包括身上的衣纹，都要交代出身体解剖结构的。

查建英：清朝时郎世宁不是也都做这些了？

栗宪庭：对，我梳理这个线索就是从郎世宁开始的，这个讲起来过于专业。新文人画就是把写实主义改造水墨画这一段抛弃掉。中国传统文人画，不叫画，叫写，写是因为绘画和书法是直接关联的，可以直抒心情，这个东西跟现代主义如抽象派、表现主义追求的东西很像，中国传统绘画本来就保留着很"现代的"东西，其实现代主义强调的，就是造型艺术语言中不能被其他艺术代替的独特性，写实主义的叙述性，和文学的叙述性有关，是被清理的东西，而文人画的书写性，和现代主义的表现性，都是造型艺术的纯造型特征，这个东西在"五四"以后被扔了。新文人画要的，就是越过近代写实主义改造水墨画的经历，直接向文人画的书写性学习。

查建英：就像陈丹青退回那个现实主义传统，他们这是退回中国文人画传统。

栗宪庭：只是就文人画语言上书写意义的。如果全部回到文人画，一是没有可能，再者也没有意思了，如新文人画中有些人，就表达现代人的世俗欲望，故意画得很俗气，画得很泼皮。

查建英：我当时看过朱新建画的《金瓶梅》之类的一些春画，挺有才气，也挺油的，有种特别中国式的聪明，打着一种赖叽叽的艺术擦边球，然后他那上面题字故意写成小孩儿字似的。

栗宪庭：画一个小姑娘，腰肢扭得有点色情，很性感什么的。画得很泼皮无赖。泼皮这个词，最早是我形容新文人画的。

查建英：噢，不是后来方力钧他们那些……

栗宪庭：不是，是后来才用到他们那儿的。我为什么要用泼皮这个词，实际上是从朱新建那儿来的，因为有一天他在那儿表演，画了一个泼皮牛二和杨志打架的画，杨志拿牛二没办法。牛二的打法，实际上代表着弱者对付强敌的一种没办法的办法。

查建英：杨志是很正经的。

栗宪庭：是啊，杨志是正经的打法，按正经打法牛二打不过杨志，只有用泼皮的打法，中国传统文人就有这个东西，魏晋南北朝的《世说新语》里面有很多这样的事，对抗高压政治，或者是沉默，或者你就是泼皮无赖，包括元代小令中的很多东西，都是这样一种东西，所以新文人画的画法，就包括这种笔的歪歪扭扭，故意把这人画得不准确，正是线条的这种味道，把他的心情表达出来了。所以，我觉得新文人画重要的，恰恰是他没有文人的儒雅，而是一种泼皮、俗气，他们从这种传统资源里走上当代。

查建英：北京当时还有一个何建国，也算这新文人画里边吧？

栗宪庭：也算是里边的。

查建英：还有，当时这些画家除了受西方影响，他们互相的影响大不大？

栗宪庭：大，当然影响大。那时候真的是喝酒谈艺术，谈哲学，彻夜谈哲学，谈什么弗洛伊德，谈尼采，还有这个萨特，黑塞什么的，是一个德国的作家，我第一次听到他的名字，是云南的艺术家大毛（毛旭辉），给我说"你可知道有个作家叫黑塞"。

查建英：甘阳他们当时就是做那个丛书《文化：中国与世界》，大量翻译和介绍这种欧美社科哲学书，从尼采、海德格尔啊，萨特等等。那个时候所谓"文化热"嘛，八十年代中期各界人都在读类似的书，不管你是写小说的，还是画画的。那时候画家和作家们有来往吗？

栗宪庭：有。金观涛啊，刘青峰，还有刘东，他写了一本书是《西方的丑学》，还有周国平，那时候写尼采嘛，和画家关系都很不错，一起聚会的时候，话题就是讲尼采，然后周国平就开始讲了，没有那么正式的讲，大家就是聊天、喝酒，那时候每个人酒量都很大。这跟后来，就是方力钧这一代人成长起来的话题完全不一样，后来既不谈哲学，也不谈文化，也不谈艺术，谈女人谈生活。

查建英：当时还真就爱谈虚的东西，鄙视实惠、鄙视功利。

栗宪庭：对，就谈虚的东西。那时候的画家，谷文达、黄永砅、吴山专、王广义、舒群，各地都是这种方式。

查建英：比如说你出差去看他们，他们在那儿也是彻夜谈这种话题？

栗宪庭：对。他们外地来到北京，经常就住在我家里面，最多的住八九个人，那时候很小的房子，就三十多平方米的一个房子，就沙发上、地上哪儿都睡着人，都睡满了。

查建英：对，李陀他们家也是，经常会这样。从什么地方来了朋友，一堆北京朋友就呼啦全去了，臭聊一通。我至今记得当时有一个上海来的，搞文学评论的，特别壮怀激烈的那种……

栗宪庭：李劼。

查建英：对，就是他，来了，然后一大堆人就到李陀家去，然后就侃，侃到半夜就都睡他们家地下了。我记得当时还想：嘿，怎么这上海人也这么能侃？其实这是八十年代的时代特征了吧？

栗宪庭：对，都是热血沸腾的。

查建英：而且酷爱形而上。

栗宪庭：对，很形而上。

查建英：当时还没有太大生存压力。

栗宪庭：其实八十年代中期，开始有些人已经离开单位，没有工作了，开始流浪了。

查建英：吴文光不是拍过一个《流浪在北京》吗，那已经是九十年代初了。

栗宪庭：但那些人都是在八十年代中期开始流浪的，或者是毕业在北京就不走了，没有户口，或者户口揣在兜里。一九八五年、一九八六年开始，一九八七年就开始有据点了，在圆明园聚集，是从一九八六年左右开始的。为什么聚集在那儿？因为那是大学区，可以去吃饭，可以去北大、清华、人大去吃饭，饭馆子还是贵的，学生食堂便宜。那时候还有一个，很多进修生，他们互相串的，比如说武汉来的，有个人在北大进修，就可以认识了，介绍啊，周围有农民的房子，那边的房子便宜多了，就开始在那个地方聚集。后来我们《美术报》，最早报道了"盲流画家"，以后很多人就开始跟我联系，后来聚集到圆明园的，不少是我开的介绍路条。

查建英：路条？

栗宪庭：人跑到我这儿来找我，说要在北京画画，没地方住，哎，我说圆明园那聚集了很多人，然后就写个纸条，让那里我认识的画家帮助找个房什么的。后来《美术报》一九八九年后停办了。

查建英：整个《美术报》的员工全散了？

栗宪庭：全散了。我们报社的一些人开始搬到后来成为圆明园艺术村的那个地方，以前都是在更靠近北大的周围，还不到圆明园的这个位置。圆明园是一九八九年《美术报》解散以后，我们报社的田彬去那边找房子，突然发现福缘门后边还有一大片地方，才往后边走，那里就成为圆明园艺术家村了。后来丁方、方力钧等人都搬了过去。就这么开始的，热闹起来的是一九九二至一九九三年。

查建英：我去的时候就是一九九二年了，那时候已经一大堆人了，而且形态、心态都不一样。可能刚去的时候还都是侃艺术、侃哲学，对吧，也没有很多外国人什么的进来。

栗宪庭：对，国际的渠道是很晚的，一九九三年以后才有。

查建英：所以那之前新艺术影响的来源很大一部分是西方进来的，但是他的对象、观众还是国内的。

栗宪庭：对，还是国内的，就是他只是受了西方方式的影响，他想说的还是自己想说的话，如黄永砯的洗衣机作品，吴山专的大字报，针对的还是中国的文化和心理现实。

查建英：我们是不是已经快讲到一九八九年初的那个"现代艺术展"了？

栗宪庭：基本上就到了"现代艺术展"。其实这个"现代艺术展"是从一九八五年就开始酝酿，当时王广义已经从哈尔滨调到了珠海，跟八五新潮的人联系都很密切，包括他浙美的同学像张培力、耿建翌都是当时非常重要的人物。就说能不能开一个座谈会，把全国的这些八五新潮的艺术家都招到那儿，放自己的幻灯片，交流一下。他在珠海画院嘛，有一笔钱，然后就跟我联系，能不能以我们《中国美术报》的名义发起。王广义来找我的，我说服领导给盖了个章，发起了。但是我没有去，因为我正在编那个报纸嘛，没有时间去。但是很多人去了，就放作品的幻灯片，在交流的过程当中突然有这个想法，说，哎，为什么我们不把这个原作拿出来找个地方展览一下，这就是在这个会议上产生的最初想法。回来就找地方，包括高铭潞在《美术》杂志，他抻头去找那个什么农展馆，就因为很难进美术馆嘛。那会儿高铭潞还在美协，后来就找的美术馆，七找八找，最后找了很多地方都没有办成，后来美术馆反而同意了。同意了，是我去谈具体的方案，我带的一些片子，当然也会糊弄人家，把那个可能通不过的，就不带去，拿了一些好看的画，就通过了。后来据说他们写报告，把很多责任推到我身上，说我欺骗他们。那时候哪儿有钱呀，后来就是有一个快餐车老板宋伟，就是满大街使用旧公共汽车卖羊肉串的快餐车，他赞助的钱。哎，他是怎么找到我来的，我现在很多细节都想不起来了。

查建英：你这一说我想起来了，当时就听说是有一个热爱艺术的个体户，赞助了五万块钱。

栗宪庭：没错。后来还是他第一个买这些人的画，王广义他画的那个毛泽东，还有丁方的画，张培力的画，他都买了，一万块钱一张。当时"现代艺术展"还开

着，王广义有一天就说宋伟来了，说把钱给他。有一天下午，王广义神秘兮兮的把我拉到我办公室的角落，手哆嗦着，从一个破书包里拿出来几沓子油渍麻花的钱来，都是十块十块的嘛，那时候还没有一百块面值的钱呢，一沓一沓的，你想卖羊肉串的那个钱会像什么样？油渍麻花的，破破烂烂的，一千块钱一沓，一万块十沓呢。

查建英：当时那都是天文数字。

栗宪庭：广义说话，声音都是颤抖着的，说今天晚上我们吃饭，老栗你来点，什么地儿都行。

查建英：这是八九年，那张画毛泽东的画？

栗宪庭：就是王广义最早画毛泽东的那个，打格放大。我们去吃饭，我还记得去后海我家附近的一个湖南馆子，湘菜，马凯餐厅，请了十几个人，吃了两百多块钱。

查建英：真的啊，没见过这么多钱。

栗宪庭：没见过！这个都是后话了。这个展览大概到一九八八年还专门开了一个筹备会议，在黄山。就是定一些具体细则啊，怎么选画啊，这个展览是一九八九年春节那天开幕。

查建英：那次开枪的那个作品是大家预先不知道的？

栗宪庭：其实我大概知道，没有那么确切。布置展览的时候，唐宋来跟我说，我们要有一个突发的举动。打枪的是萧鲁。后来人家批判这个现代艺术展，说枪声最早是从美术馆打起的。

查建英：结果是枪声响了以后，警察来关闭的画展？

栗宪庭：当时我心里很不舒服。有些艺术家，原来都很真诚地谈艺术，突然能够进入美术馆了，都牛逼哄哄的。

查建英：哦，你当时就有这种感觉？

栗宪庭：是。那个展览一结束，艺术研究院有一个刊物就来约我的稿子，我就写了一篇《我作为现代艺术展策展人的自供状》的文字，把整个前前后后我的心情写了出来，谈到这种以为自己能进入到国家的殿堂了，以为能马上浮出水面，成为一个国家的什么人了。

查建英：就能被接受，马上就能被招安成为正统了，有这种感觉是吗？

栗宪庭：有这种感觉。

查建英：后来很多人回忆天安门其实也有这种意思。当时那些学生，甚至比如知识界的什么人，一到了那个场景之下，哎，突然你看出另外一面了，就是权力、名利对人的吸引。

栗宪庭：对，老是想治国平天下，老有这种现实功利的想法。

查建英：对，实际上那个画展也有点像八十年代整个美术运动的总结，画一个句号。而且展出的量也是最大，以前的展览都没有过这种经历。

栗宪庭：是。因为展览整体是我设计的，把最刺激的作品放在一楼，进去就看见了，枪击事件是第一个作品。黄永砯那个洗衣机的照片，在一楼的第二个格子里。还有那个气球，做得那个像生殖器一样的气球。毛泽东像在二楼的中间位置。

查建英：那现在有十五六年过去了，这期间你自己也出去访问了很多次，接触的东西也更多了，你现在回头看八十年代的美术，思潮也好作品也好，你怎么评价？

栗宪庭：我出去以后觉得就是参照坐标的扩大，多年来我一直说的，要建立一个价值标准。比如说我们传统文化有一个完整的价值标准，在这个价值标准下，必须有一个相应的一些语言模式，比如文人画的那种逸笔草草，与书写有关系的模式，包括它的花鸟题材山水画等等，在世界上是独一无二的，我的意思是说，以前的独一无二是在世界各自封闭的系统中产生的。全球化的今天，文化如果一体化，也是很恐怖的事情，那么我们今天的独一无二是什么样子呢？五四时期，中国的古典主义传统破碎了，"五四"以后到毛时代，建立一个与革命政治功利有关的传统。中国再次开放，这个传统又破碎了。中国这一百年经历了两次大的文化破碎。在这个文化破碎中，饥不择食地找各种各样的营养和资源，是自然的，但是，我们建立的东西是什么？这个是我特别努力想去找的。所以我在八五新潮时，会站到新潮的对立面，化名写批评新潮的东西，像《重要的不是艺术》那篇文字，批评新潮，说我们一直是在一个非艺术的层面上工作，我想引起讨论，为什么会出现这种问题？这种问题本身有没有价值？尤其是我到了西方以后突然发现我这么多年的努力，就是要使艺术真正的从一个意识形态和体制当中解放出来，变成一个独立的个人的感觉。但中国的当代艺术到了西方，一下就被接纳了。

查建英：接纳了什么？

栗宪庭：接纳了中国的当代艺术。可以说中国当代艺术，是中国所有文艺中，在西方最成功的门类。但是我高兴不起来，我突然发现那也是一个体制。

查建英：是他们的正统、他们的主流？

栗宪庭：对，就是说中国能不能做出来像文人画那样一个完整的模式，现在随着全球经济一体化，艺术和文化模式也越来越一体化，我所期望的东西，可能永远也看不到了。

查建英：嗯，你想找到的这种东西是？我没有特别明白。

栗宪庭：就是说，比如说传统文化，一个文化价值标准和他的艺术模式，在全世界的每个区域是多元化、个性化的，那是在一个完全交通不发达的环境下产生的。

查建英：是封闭系统里出现的。

栗宪庭：对，在全球化的今天呢，如果全都美国化了，那这个世界很没有意思，能不能在全球化的今天有新一轮的多元化出来，这个多元化不是在文化的保守和封闭中产生，而是在文化全球化的相互交流吸收的过程中再次的多元化。

查建英：这个看来还没有产生。

栗宪庭：会找到一些个案，但作为一个整体、完整的模式，短时间不可能产生。全球化的危险是文化霸权，尤其是美国式的消费文化，几乎渗透所有非美国的年轻人的血液里了，你打开电视、计算机、收音机，就是消费文化，我觉得很恐怖。

查建英：是另外一个权力体系，自有它的秩序的。

栗宪庭：对，那就是说，对于一个有独立精神的艺术家和知识分子来说，我们永远有对体制叛逆的空间，我对自己的要求是永不属于任何体制，永远是孤魂野鬼。

查建英：对，就是说你觉得一个真正的艺术家应该继续叛逆？

栗宪庭：必须永远坚持你个人的感觉，永远不被体制操控。有过二十多年当代艺术的经历之后，我越来越对现代艺术史中，杜桑和博伊斯提过的两个口号有感触，一个是生活就是艺术，一个是人人都是艺术家。它的革命性在于，使艺术从繁难的技艺、从象牙塔中解放出来。就是说一个农民在锄地的时候，哼哼小调，他娱乐了，这就是艺术啊，艺术本来就是这样一个自我拯救的途径。但是直到现在，所有的艺术体制、艺术博物馆、艺术批评家、收藏家、艺术经纪人等等，又都在挑选艺术家，那么挑选的本身，挑选使一些人成功了，这在事实上否定了现代艺术这两个原则，把所有不成功的艺术家排斥在艺术体制之外。我在TOM.COM网上公开聊天时，一

八十年代——访谈录　　栗宪庭

个人问你怎么看一位著名艺术家现在的作品,我说了一句话:成功的艺术家已经不在我的视野之内了,也就是说我关注的是艺术的鲜活状态,他一旦成功就变成品牌,变成品牌以后就有一个制造问题,就是在体制之内不断复制的危险性。

当然事实上这是一个悖论,社会一定会挑选艺术家,我们的难度是如何面对挑选。我喜欢这样来理解"大浪淘沙"这个词,人们喜欢看到被大浪淘洗出的金子,我更看重大浪裹挟着沙子和金子的那种瞬间,如果没有大浪,没有大浪裹挟着大量的沙子,金子怎样能产生出来的?事实上还有一种危险,当大浪淘沙过后,金子被留在了历史中,所有的后人,就被这金子的历史所教育,形成一种看艺术的经验,开始以"看金子"一样的眼光,挑剔今天的艺术。事实上,今天的金子不但被裹挟在沙子里不容易被看见,金子也不是昨天的金子,所有今天发生的艺术,都不是以往经验所能把握的。所以,只看"金子"眼光的本身,就是今天所以形成阻碍艺术发展的社会保守力量的原因之一,我以为大浪淘沙的瞬间往往是一个新艺术将要产生的鲜活状态。

查建英:实际你现在已经回答了我要问的问题,就是九十年代以后,全球化、国际化、市场,这些带进来的是跟八十年代不一样的问题。那个时候我们艺术叛逆的对象可能是封闭、是专制、是艺术的政治化、为政治权力所用,是这些东西,包括不多元、单一等也。但现在面临的呢,一方面老问题没有完全解决,还存在,另一方面又有新问题,包括这个国际市场里面的权力结构。所以有人认为:商业最终会消解一切,包括叛逆。你开始时叛逆,到后来就被接纳了,被接纳以后,你就变成主流的一部分了,那么可能你就变成权力阶层的一个成员,你就会压制别的新起的。这种东西,你认为是有一个解决的办法,还是不可避免的一个规律?只能在一个不断叛逆的过程当中?

栗宪庭:这可能就是一个不断叛逆的过程。体制永远会有。一旦被西方接纳的时候你当时很兴奋,突然发现背后那个网可能更牢固,可能更大。

查建英:那你觉得有这种意识的中国艺术家多吗?能淡泊个人功名和体制承认,执著坚持一种艺术追求?

栗宪庭:我想这是考验一个艺术家的时候,这里边有太多的现实问题,等于价越炒越高，名气越来越大。尤其是美国式的消费文化，所谓明星操作模式，在还很年轻的时候看到他自己的辉煌，这个本身就有吸引力，巨大的诱惑，几乎是无法抗拒的。

查建英：从人性的角度，真是很容易理解。人面临这种诱惑时其实很软弱的。也许，八十年代之所以有那么多"为艺术而艺术"也好、为"改造社会而艺术"也好的理想主义者，一方面也正因为当时还没多少商业成功的诱惑呢……

栗宪庭：根本没有，就没有见到钱。就像王广义第一次见到那么多钱，声音会激动，手会哆嗦一样。

查建英：就像你说的八九年初那个现代艺术展震动你的时刻：在进了美术馆的一瞬间，你突然发现人性的另一面了。甚至也许他自己预先都不知道他这一面，这么渴望进入主流。那么你现在回头看，你会同意这种看法吗，就是说八十年代是一个理想主义时代，那个时代在八十年代末终结，后来就是一个现实主义时代，艺术呢基本上也就变成了商业？

栗宪庭：也不能完全这么说，要看个人了。因为九十年代的这批人成长，也是跟我有直接关系的，从"泼皮艺术"开始，也是我较早参加到西方重要的展览和博物馆这个体制里。我也是从开始兴奋到发现这个巨大的网就在头顶上的时候，突然觉得非常恐怖。

查建英：几年前我在西雅图一个会议上见到高铭潞，当时他已经在美国住了七八年了吧，念了学位之后在南方一个小大学里教书养家，挺忙挺累的。当时会下聊天，我感觉得到他也有一种困惑甚至消沉。其实那些年中国现代派艺术在国际市场上挺走红的，铭潞参与策划的那几个展览也常在美国各大博物馆巡回。但我感觉他作为八十年代另一个重要的中国现代主义艺术的推动者、策展人，对艺术有一种八十年代式的理想化理解、一种知识分子气的使命感。如果他认为艺术不仅是能进哪几个欧美博物馆、能在国际收藏家那里卖到多少钱的问题，而应该能影响社会影响人们日常生活和思想，那他恐怕就会对中国现代主义艺术在九十年代之后一方面在

八十年代——访谈录　　　❙ 栗宪庭

本土持续边缘化、一方面成为国际市场上的高档外销品这种状况有种复杂甚至尴尬的感觉了。你呢，怎么看？

栗宪庭：因为我对九十年代这些艺术家的操作，是以一个反理想主义的姿态这个角度切入的。就是因为我经历了理想主义和理想主义破碎这样一个过程，而且接触到现在的年轻人，从他们的艺术当中，也从他们的生活方式当中，学到解脱精神苦闷的一个方式。因为八九年以后我很苦闷，突然这些人闯入我的生活当中，他们的言谈举止，包括他们的处事方式，你从他们身上学习如何把你脑子里的很多这种东西给放弃掉，你放弃掉也是一种解脱，你老把这个问题绞在脑子里，你想不清楚的话，你就干脆放弃。我觉得我那时候精神能够解脱掉跟他们是有关系的，也通过这个认识，就是开始理解和认识他们的艺术，包括最早写这些泼皮啊、玩世呀、政治波普呀什么的，都是接触到他们开始写的。所以，这个东西一开始也是在一种鲜活状态中产生的。但我为什么反过来说，方力钧成功了以后，我说成功艺术家不在我的视野之内，就是一定要区分：反理想主义作为艺术里边的一个精神状态，和完全现实主义地进入体制是两个不同的东西。就是说他在初期的时候，就是我所说的艺术鲜活状态的时候呢，他是非功利的，没有进入体制的，他成功以后，他变成一个品牌以后，就进入到体制里。是另外一个问题。

查建英：这是你个人解决这个问题的一个办法。

栗宪庭：对，是我个人解决问题的一个办法。就是说他成功以后我可以不关注，我关注每一个艺术家的鲜活状态，这是一个。另外一个，我希望从一开始他们进入国际的时候，包括和西方的商人建立接触，我退出来，就是我不参与任何交易。

查建英：那你怎么谋生呢？你也没有单位了。

栗宪庭：生存嘛，一个是写文章，还是有钱；我也会到外国去讲讲课，到台湾去上上课，也可以生活。当然，这几年我几乎处在退休的状态，生活又是很窘迫的时候，成为朋友的成功艺术家，经常会在生活上帮助我，我也很感激，我批评他们，心里有一种说不出的难受,我毕竟接受人家帮助了。

查建英:你也可以策划展览,但不想直接做艺术家代理人。这是你个人在商业和艺术之间的一个选择。看来你还是有一种八十年代式的对艺术的纯粹态度:把艺术和商业掺到一起你总觉得不大舒服。

栗宪庭:现在我妻子廖雯就说,这种方式把家里弄得太穷了,她就希望将来比如说,她要推艺术家的话,能够代理,或者能够拿一部分钱。

查建英:你和廖雯你们俩也共同策划过画展,对吧?

栗宪庭:是。

查建英:但你至今还是坚持你这种把两者分开的原则?

栗宪庭:是,而且我这几年想慢慢淡出,不再做展览了。

查建英:为什么啊?我也听有人说:老栗生孩子了,如何如何。是不是家庭生活比较充实,是跟这个有关系吗?

栗宪庭:那是一方面,年纪越来越大嘛。另一个是,我一直因为在乎艺术背后的东西,突然发现艺术所赖的文化背景被抽空了……我有一句很极端的话就是:作为文化的中国,其实已经灭亡了。我有这样一个想法,如果晚年能做件事,我要把这句话说清楚。

查建英:你要把这个说清楚?这是很厉害的话,末日审判的感觉啊。我想我明白你的意思,但是……

栗宪庭:我觉得,比如我们老说五千年文化,这个东西是典籍啊!我们不能把典籍当做文化。

查建英：不是活的。

栗宪庭：对，不是活的，他不能够作为价值标准进入我们的生活。比如我后来常常关注建筑方面，建筑上反映得特别明显。

查建英：比如现在的北京，当然早没有了老皇城那种文化上的完整性、统一性，一方面像一个热气腾腾的巨大的建筑工地，一方面呢，也可以说什么都不是了。

栗宪庭：什么都不是了。

查建英：人们渴望生活得好些，住得舒服些，我觉得这都是很自然的愿望，但你能纯粹用中国自己的文化资源来达到现代人对住宅的要求吗？最简单的，人口这么多，不可能都盖四合院啊。而且，有必要坚持这种纯粹原则吗？但是回到你的话题，好像你是持相当悲观的一个看法。

栗宪庭：我想如果不悲观的话就是，你正视你的死，才会死而复生。

查建英：你是说凤凰涅槃？或者是说：你先要对这个文化死了心了，才有可能再去想新问题？你不觉得这也许有一个时间问题吗？这么大一个问题，一个民族文化的生命力和复兴的问题，咱们不得耐心一些？我让我自己乐观起来的一个办法就是提醒自己：风物长宜放眼量，别过早对这么复杂的历史过程下结论，这不是我们这一代人能解决的。

栗宪庭：对，不是我们这一代人能解决的。还就城市改造问题上说，我突然有一天明白一个非常简单的道理，他为什么要拆了这块旧房子盖一个楼？只有拆和建才可以立项，立项我才可以贷款，你为什么贷到款呢？是我贷了款以后，我可以返还你个人一部分，我盖每个章都可以给一笔钱！那么最后呢，城市改造实际上变成——利益驱动下的官商勾结。你突然发现这个东西跟文化没有关系，跟利益有关。突然想到这些，就特别……你说话没有任何意义，很无奈。

查建英：是这样。比如说：一所有价值的老房子要拆了，学者或艺术家听到，赶快呼吁，已经说得很清楚它的文物价值何在等等，但开发商更是要赶快给拆掉，让你不得阻拦，因为他的利益太明确了，你说这一切对他毫无意义。在艺术界呢？

栗宪庭：艺术界有一些个案可以说不错。但是整体的状况是：最后发现你能参展，这里就有钱有名。终于突然发现艺术是个名利场的时候，你感觉所有追求的东西都很荒诞。

查建英：有幻灭感。

栗宪庭：有一种幻灭的感觉。我们多年来太过相信用一个外来的文化能拯救这个国家，但突然发现这个东西也不能拯救它时，蓦然回首，那个东西原来就不存在。

查建英：原来你想拯救的是中国传统文化？

栗宪庭：我们是没有传统可以拯救，传统就是能够承传的系统，这是一个活着的系统，是能够注入新鲜血液的，我们已经没有了这个前提，等于说那块是个死猪肉，你拿来的东西注入死猪肉的时候，发现它已经是死的了，注也是没有意义的。我到过欧洲以后，我才想这个东西，为什么中国人在这一百多年，老是把传统和现代，把西方文化和中国文化对立起来，为什么我们不能像欧洲那样把传统和现代的关系处理得那么好。这个问题至今一直困扰着我。

查建英：鲁迅说："无地彷徨。"是讲一种失去立足点、在废墟上的悲哀感觉。

栗宪庭：你完全被架空了。你能够放弃的就是名利场。还会有一些不错的艺术家，仅此而已。就是说我如果想今天做一个艺术批评家的话，我还会有事可做，但

我多年来在乎的是背后的文化,能不能有一个价值标准。突然想到这个问题的时候,就觉得在名利场再混多少年也是毫无意义的。

查建英:这还是因为你个人有一个一贯的追求,对艺术的一个理解始终没变,虽然你对这些艺术家需要生存,包括很人性的欲望,他想要被接受,有观众,有钱,能够活得像个样子,你都是比较理解的。

栗宪庭:我理解。

查建英:也挺宽容的,你并不是那种裁判员的态度。但是你自己对艺术有一个标尺,有你一直贯穿下来的理解。尽管你在九十年代经历了拥抱和欣赏反理想主义艺术的一段过程,我觉得你骨子里还是一个理想主义者。记得钱锺书先生曾说过,他对人生的态度是长期的悲观主义,短期的乐观主义。我想也许可以换个讲法:从理想主义的角度看人生看艺术,往往会得出悲观的结论——它是多么的不完美啊!而从现实主义的角度看呢,会在不完美和缺陷中看到可能性和光亮,更容易保持乐观的心态。我觉得人在很多时候是个矛盾统一体,就是说理想和现实这两个东西会在他内心里冲突并存,因为在可能的情况下,大部分人既想活下去,又不想活得像头猪,对吗?怎么样,说到这里,把八十年代也就说完了。

栗宪庭:说完了。

→ 林旭东

Linxudong

一九八八年毕业于中央美术学院,后在北京广播学院任教,主要讲授电影史及纪录片创作。曾应邀任中央电视台《东方时空·生活空间》学术顾问,并曾出任山形及香港等国际影展评审。

【访谈手记】

　　林旭东访谈做得非常顺利。中午通了电话，下午老林便来了我家，坐下就谈，敏锐、率直、放松，笑是开怀大笑，阳光灿烂。一个性情中人，并且极有品位。多年前我们曾见过面，在吴文光、文慧家，但并未交谈。那次人很多，杨炼、友友、刘震云都在，似乎杨炼还和谁辩论了起来。老林并没有怎么说话，我只隐约记得有一位皮肤白皙、书生模样的人沉静地坐在那里。后来听阿城、丹青说起老林，交口称赞。丹青讲起老林的家世，叹道：他的开口奶和我们就不一样的。老林父母是解放初期从法国回来的知识分子。

　　访谈之后，与老林时不时通个电话，聊聊最近看过的片子。老林兼有职业鉴赏家的审美和业余发烧友的激情，一边声称对电影已经"看疲了"，一边说得刹不住车。我们的意见并不总是一致，我们的标准和趣味也并不总是一样，但老林绝对是标准和趣味都高的人，老林的角度永远有趣。我爱听他那挑肥拣瘦的腔调，拿着放大镜在鸡蛋里挑骨头，一会儿失望至极，一会儿恨铁不成钢，一会儿又津津乐道。有回老林说，电影节跑多了，发现每年真能震撼你的作品寥寥无几，人类的原创力其实很有限。老林本是中央美院油画系毕业的，他说将来想掉回头去画画儿了。

时间：2004年9月10日下午
地点：北京，芳草地

查建英：先大致介绍一下你跟电影的关系好吗？

林旭东：我跟电影的关系现在仔细想想很有意思，说起来实际上最早开始于我小时候的保姆。当时我妈尽管没有正式的工作单位，但是她很热衷于参加各种社会活动，街道、居委会、侨联什么的，很少在家，所以请了保姆在家里替她看孩子。

我的保姆是个"戏迷"。她有一帮朋友，都是当保姆的，有的是安徽同乡，有的是在菜场里买菜时结交的，其中一个是唱越剧的袁雪芬家的保姆，还有一个家里的女主人是译制片厂的配音演员。靠着这层关系，她经常会有这样的机会，就是能看到不花钱的演出和电影。正好我们家每天吃过午饭到做晚饭前没什么事，但她不能把我一个人放在家里，所以只好把我带着，好在我只要一看电影看戏就从来不闹。我经常在下午睡过午觉起来就跟着她莫名其妙地跑去看戏、看电影，看的还多半是译制片。后来我大了以后才知道中间有些是非常经典的片子，当时根本不懂，稀里糊涂地看了。

查建英：你还记得片名吗？

林旭东：我记得其中有费里尼的《卡比利亚之夜》，那时片名译成：《她在黑夜中》，看的时候懵懵懂懂，但是有些场景一直记得，特别是片尾的那个脸部特写。那会儿我刚上小学一二年级。为了带我去看这个电影我妈还说了一通我的保姆，说她糊涂，怎么能带这么点大的小孩去看这样关于妓女的电影。

其实我保姆最爱看的都是悲情的"苦戏"，我记得有个香港电影《可怜天下父母心》，她边看边流泪，弄得我也跟着一起伤感起来；还有《一江春水向东流》，我跟她看了好几遍。

我最爱看的是译制的苏联动画片，什么《青蛙公主》、《骑鹅旅行记》，稍大一点迷上了译制神话片，我记得有个英国片《巴格达窃贼》，根据《一千零一夜》改编的。那片子其实我看过两次，头次看时片名叫《月宫宝盒》，我还很小，只记得那个

八十年代——访谈录　　　　■ 林旭东

巨人从所罗门王的魔瓶里出来时我吓得钻到椅子底下去了。再看时片名改了，我也大了一点，自己买票去看的，看得我心驰神往，经常会在梦里见到那个在蓝天下闪耀着白墙的阿拉伯宫殿，还有美若天仙的公主……搞得我到今天一看到蓝天白云还会想入非非。那片子现在出了盗版DVD，我见了很兴奋地买了一张回家，发现原来如此平庸……但实际上我不应该再去看，看了就把我小时候的美好记忆给毁了。

查建英：好像再去见少年时暗恋的美人。

林旭东：这是我最早的电影经验。稍大了点就经常自己买票去看。一有机会就跑电影院，有什么看什么。当时上海的电影院每个星期天早上都有"少年儿童专场"，一毛钱一张票，去看的都是小学生，但片子倒不都是儿童片，我经常去看。再大点就是去看学生专场，一般都是每天下午四点左右，正好学校放学，两毛钱一张票，对象是中学生。但我上了中学后，可看的电影越来越少，翻来覆去的就那么几部，外国片基本上没有了。记得"文革"前我看过的最后一部外国电影是罗马尼亚电影《民族英雄突多尔》，那是一九六四年，罗马尼亚总统到了北京。

再后来呢，"文化大革命"了，电影院里一度只有《毛主席接见红卫兵》，后来能见到几部老故事片：《南征北战》、《地道战》；再后来进来了几部阿尔巴尼亚电影：《海岸风雷》、《广阔的地平线》。但那个时候有组织观看的所谓"批判电影"，也就是"文革"前拍的一些所谓"毒草"，什么《舞台姐妹》、《武训传》、《清宫秘史》，我当然几乎是场场不漏。那时报上的批判文章就等于是节目预告，每看到又一部"毒草"给点了名就暗自窃喜——兴许又能看部"批判电影"啦！

接着就是下乡，去江西插队。那个地方是山区，班车只通到公社，报纸几天一到，更不要说电影。记得有一次听说县放映队要来公社里放《智取威虎山》，还不是彩色的那版，是黑白的"电视舞台纪录片"，在全县各公社间一站一站地巡回放映，轮到我们公社大概是在晚上八点。我们收了工以后才出发，打着手电摸黑赶了三十多里山路到公社，放映队还没到。这种放映一般都不准时。那天还加演了个《收租院》，等看完回到家，天都亮了。但大家兴奋了好几天，像过了次节一样。

林彪出事以后，大概一九七三年左右，我来北京玩，住在东交民巷我姨妈家里。那个时候北京就已经有所谓"内参"片了，开始放的是战争片，说是"战备教育"，什么日本的《山本五十六》、《啊，海军》、《军阀》，美国的《虎，虎，虎》、《巴顿将军》，后来放起了英国的老电影《罗宾汉》、胡金铨的《侠女》什么的，各个机关大院里都在放，不同"级别"放的片子不一样，一次在中央党校礼堂看《巴顿将军》，听邻座一个部队文工团模样的女人跟人在聊，说在"样板团"还能看到美国的"生活片"《鸽子号》……这些，在上海我从来没听说过。

查建英：你一直住在上海吗？

林旭东：基本上是。我中学毕业以后去江西插队，户口在那里有十年，实际上后几年就不去了，在家呆着画画儿。

一直到那个时候，电影只是让我想入非非的一个神话，但从来没有想到过自己的生活会跟它发生什么直接的关系。画画儿是很早就开始了，因为从小过敏体质，经常得病，在外面一淘气一出汗以后就会病病怏怏的，我妈就不让我出门。老在家呆着没什么事，就拿着纸这么瞎画。不过现在想起来，还是跟电影有点关系，因为画的东西多半跟我看过的电影有关，什么公主、骑马的将军、阿拉伯宫殿什么的。后来有朋友看了说画得还可以，该培养一下，我母亲就给找了个老师，一本正经地教我画起了素描啊静物什么的。但碰巧那老师也爱看电影，经常一边画一边聊电影。画了几年，家里又不太愿意我专门去干这一行，他们认为这只能作为一种修养，一种业余的爱好，他们让我往数理上发展。但人算不如天算，碰上插队下乡，能画点画变成了"一技之长"了，可以时不时地借调到县文化馆这样的地方去混两三个月啊，画宣传画，搞阶级教育展览什么的，比种地舒服，说不定也是一种出路，比方说给部队招去当文艺兵，于是也就随我去了。

查建英：后来你是考到中央美院来的吧？

林旭东：我是1985年考上的版画系研究生。考上前我已经发表了一些连环画什么的。

不过从画连环画起，倒真的开始"研究"电影了。大概是七五年左右，北京《连环画报》约陈逸飞画一套鲁迅的《风波》，他正忙着画《占领总统府》，那边又急着要稿，他就把这活儿介绍给了我，我又拖上了夏葆元。那个时候我的正式身份是个"盲流"回城的知青，夏葆元在上海是被打入"另册"的画家，所以如果要能在全国性的刊物上发表东西的话，那种登堂入室的成就感，大概就像今天的边缘艺术家入围了威尼斯双年展一样，所以我们干得很投入。

怎么画呢？尽管是奉命之作，但还是憋不住想偷渡一点自己的想法，总之是不想画成简单的图解。原作是鲁迅的小说，加上我们学的都是写实油画，又都喜欢读十九世纪的旧俄小说，所以那种带明暗的插图自然成了我们的参照。但插图是由一个或一组通常不连贯的画面综合或单元性地来完成叙事，怎么通过一组连续的画面来展开叙事？这样就想到了电影。

我当时的做法通常是从找"景"开始的。一般来说，在没有得到具体的空间感受之前我无法深入想象故事的基调，只有先确定特定的空间氛围，我的"电影"才能"开演"：在这样的一个地方，有什么样的人，他们如何生活，彼此间可能会这样地发生这样的故事……

电影就这样开始变成了我生活里的"有用之物"——我去看电影的时候，开始有意识地留意到许多比较具体的东西：光、调度，人物在特定情景中的具体表情，故事是如何一点一点展开，尤其是场面和镜头的转换……小时看过，还记得，但不明白的许多东西这时候一点点地有了理解。

恰好在那个前后"文革"结束了，电影院里比较有意思的电影也多了起来，开始是"文革"前的一些国产老电影，《林家铺子》、《早春二月》都被我在电影院里反复揣摩过。

有一回，陈逸飞从北京出差回到上海，神采飞扬地说起在北京看了多少"内参片"，接着报出一串长长的片名：《瓦尔特保卫萨拉热窝》、《桥》、《叶塞尼亚》、《倾国倾城》……

当时我就想，就为了那些电影，咱也得去北京！

查建英：陈丹青说，他也是"文革"结束后就参加全国美展了，什么《泪水洒满丰收田》？

林旭东：是的。不过据我知道，他是从很小起就一直在画画，从没间断过，家里，特别是他父亲很明确地在这方面培养他。

我们第一次见面是，那年过完春节，我马上要回江西，几个画画儿的朋友瞎转悠，这家看看，那家看看，正好转到他家附近。他们说：这儿有个小孩，也在江西插队，特别用功，一天到晚都在画，速写画的熟练的不得了！去看看吧。就这么上了他家。再见面就过了一年多。中间听说他在江西得了肝炎，不久就回上海了。我们是在上海大街上碰到的，一下子觉得他好像变化特别大。我记得上次见面时他矮矮胖胖的……

查建英：哦，他还有矮矮胖胖的时候？

林旭东：嗯，反正个子不是那么高，脸是圆乎乎的感觉，留着"螺丝头"，戴顶新四军帽，下面穿一条很瘦的"黑包裤"，这装束在那会儿算是最另类又最摩登的，上海话叫"克勒"。再见面时好像哗地一下高出了我半头，脸上也有了棱角，只是"克勒"依旧。以后来往就多了。在当时上海画画儿的人里头，我有个特殊的条件，就是我在家里一个人占一个房间，大约有三十平米左右，这在当时的上海算是很奢侈了，家里人很少进来，所以朋友来了后可以想干嘛就干嘛。加上那房间临街，人家来找很容易，靠在街边在楼下冲窗口叫一声，就上来了。所以大家都喜欢来我这儿聊一聊。

查建英：有自己的私人空间，这在当时比较特殊了。那一九八四年你考到北京来，其实已经是美术界的一员了。那时候八十年代这些各种各样的文学、电影等等已经开始了吗？

林旭东：是啊，特别热闹。那会儿"伤痕文学"、《星星美展》已经过去了，高校里最热门的话剧是《WM——我们》，还有张贤亮《男人的一半是女人》，美院人爱读的是阿城，后来是莫言，翻译小说有《百年孤独》，还出了一套《未来丛书》……我感到就在我上学这几年里，北京的变化特别大。刚到美院时，壁画系曹力画的半抽象风格的画在美院就已经算很出格了，有的老先生已经看不惯；像吴冠中、郁风啊，谈点形式美什么的言论在美术界就已经是很超前了，到我快毕业的时候，

《现代艺术大展》就已经进了中国美术馆了。

那几年可能是整个文化气氛最活跃、最宽松的一段时期。一个是大家对各种新的知识有了解的热情，还有点理想色彩，愿意不那么功利地去做一些事；另一个是好多东西开始不停地被允许介绍进来，一些从前忌讳的话题也开始被议论，一些界限也开始被一点点地突破。我觉得自己那几年的精神总是处于一种从来没有过的亢奋中，除了上课画画儿，天天听讲座、跑展览、看演出，忙得不可开交。也许跟当时美院处的地理位置有关，各路好汉走马灯似地来亮相，特别热闹。

一些理论在八十年代中后期陆陆续续被翻译过来：结构主义、符号学、法兰克福学派、阿尔都塞，有许多还是通过电影理论刊物，特别是《当代电影》。就是在那个时候，我开始有机会比较系统地看了一批各国的经典影片——通过电影回顾展。记得第一次看的是英国电影回顾展，一下子突然能连着看几十部久闻其名不见其"影"的外国电影，真是恍若梦境。

查建英：当时的电影回顾展一般是哪里主办的？

林旭东：是电影资料馆。当时还是归文化部管。一度频率特别高，一个刚搞完没几天，下一个又开始了。

查建英：除了电影学院的人，都是什么人去看呢？

林旭东：所谓的对口专业人员，也就是文艺单位的。但有一度搞得很松，甚至公开对外卖票。后来在法国电影回顾展期间出了件事，就开始收了。当时有部《火之战》，里面有表现原始人交媾的场面，据说有一个小男孩看了后，到幼儿园里去冲着女孩模仿，完了教师一问，回答说是电影里看的。后来那个教师给胡耀邦写了封信，胡批示了，接着那片子就撤了。等下面一个日本电影回顾展，入场就要查专业单位的证件。美院算文化部直属的艺术院校，算对口单位，照旧可以去看。美院学生会还组织大家去看，几个学生一套票，大家轮着看，还不用自己花钱。

那阵子在美院，上上下下只要一说到看电影，许多人的眼里就发光。每逢有电影回顾展，从校尉胡同到小西天的一路美院的人成群结队地骑着自行车来回地跑。

有一次，我下午要去看苏联电影回顾展，但已经排了素描课。我只好硬着头皮去跟导师请假，没想导师说：去看吧，研究生就该多看点东西！要是有好的的话，你也帮我弄张票。（大笑）后来，我就给他弄了张《安德列·鲁布列夫》的票送去。

查建英：俄国塔科夫斯基那个片子，特长的。

林旭东：对，那是第一次看到他的电影。记得那天晚上已经十一二点了，我导师来敲我宿舍的门，我还以为出了什么事，开门后他激动地只对我说了一句：这个电影，好！——原来是他刚看完电影回来，说完就走了。

查建英：那片子的画面特棒，都是一幅幅画啊！

林旭东：特别是我的导师是五十年代留苏的，看起来更容易动感情。

查建英：这些片子应该是中国新电影的重要营养了？

林旭东：至少对于我来说，一部世界电影史，终于从抽象的文字变成了具体的电影经验。

查建英：不过，"第五代"那批人当时已经毕业了吧？

林旭东：他们都已经名声在外了。我记得很清楚，也就是在看意大利电影回顾展的时候，我第一次听说了《黄土地》。

当时我还在上海，意大利回顾展来了。一个朋友在北京先看了，到上海很兴奋地告诉我：这次有安东尼奥尼的片子！实际上那次回顾展还有很多重要的好片子，但当时国内一般人只听说过安东尼奥尼——因为报上的大批判,他的名字和那部纪录片《中国》一度变得家喻户晓，不管到哪儿，是人人挂在嘴边的"敌情"，尽管实际上没有几个人真的看过他的影片。结果安东尼奥尼的两部片子《奇遇》和《红色的沙漠》的票在那次回顾展上特别抢手。但实际上真正全部看完的人并不多，特别是《红色的沙漠》,终场灯亮时我看全场大概只剩不到三分之一左右的人,但大家也不敢说不好。我当时是每看完一部片子都特别激动,特有倾诉的欲望。那天走出电影院正好碰到一个朋友路过,我也不管人家愿不愿听,跟他扯了一大通安东尼奥尼。他听完慢条斯理地问我:最近有部片子《黄土地》,你看过没有?我问他怎么样?他说有一点像你讲的安东尼奥尼的意思,总之以前没见过这样的国产片。

我听了有点将信将疑,因为说老实话,那时候拍的国产片特别没意思。尽管这样,我一回到家里还是马上去翻报纸,查上面登的电影预告,查来查去都没有。后来去问一个在电影院画海报的朋友,他说早下片了,没人看。这么一来反倒把我的胃口吊了起来。

过了一阵,报上有消息说《黄土地》如何轰动香港电影节。于是又拿出来放,为此,上海还把地处八仙桥的"嵩山电影院"特辟作"探索影院",开场戏就是《黄土地》,这回居然场场爆满,连续一个多月。我就是那会儿赶去看的。看得确实很激动,特别是看到腰鼓的一场,我突然热泪盈眶……我想这是一种生命的元气,在长期压抑后的迸发。现在想,也就只有那个时候的人会拍出这种东西来。

查建英:我是在纽约上学期间看的《黄土地》,当时看了也很激动,而且意外:中国电影还能拍成这样?!

林旭东:从那个以后,我又开始经常去看国产片了——这部电影让我对中国电影重新产生了某种期待。那家"探索"影院接着又上了几部"第五代"的片子:《一个和八个》、《喋血黑谷》,还有滕文骥的《海滩》……后来我就来了北京。几年前我回到上海,八仙桥一带已经变得认不出来,这家电影院也早拆了。

查建英:那"第五代"上学期间看过电影回顾展的这些片子吗?

林旭东:我想应该没有。他们是七八年入校,八二年毕业。电影回顾展上放的大部分片子,听资料馆的人说他们也是第一次见。那段时间正在电影学院上学的应该是王小帅、张元他们。

查建英：那"第五代"的人上学时看哪些电影呢？

林旭东：具体不清楚，当时我还在上海。当时的西方电影刚刚陆陆续续地开始进来，大家都所见有限，看了老实说也不太摸门，但是特别好奇。在上海搞过一次西方现代电影观摩，范围很小，片子也不多，有费里尼的《乐队在排练》，赫尔措格的《人人为自己，上帝反对大家》，法斯宾德的《埃菲·布里斯特》——那次我第一回听说什么"新德国电影"，总共放了五六部片子。当时大家觉得最不可思议的是玛格丽特·杜拉的《印度河之歌》，整个片子在一座房子里，一个女的从这个房间里晃到另一房间，在某个房间里遇到一个男的，两人不知道有什么关系，一会儿在另一个房间里又有另一个男的，也不知道是什么人……从头到尾只有时断时续的旁白和画外音响（据介绍同一条声带还用在导演的另一部影片上），声音、画面各走各的，似乎有关系，又好像没什么关系，片子还挺长，两个多小时，大家看得懵里懵懂，但是特虔诚，没有人走的，看完还都说好，又都说不懂。

查建英：实际上这种场景和感觉一直延续到八十年代末。比如说，九〇年我住在芝加哥，有几个朋友从国内出来了，黄子平、甘阳、刘再复、李陀等等，都是八十年代北京的活跃人物，他们就定期到我家来看电影，也是因为当时我家有间比较大的客厅，可以靠窗坐一排人看录像。记得放那些西方经典片的时候，气氛也是挺神圣，看完了还讨论半天。最逗的就是放《去年的玛里昂巴德》，人人看得一头雾水，但没人说这片子简直莫名其妙，或者说我真不喜欢这个，没有，就还都是那种学习经典的心情。记得我嘟囔了一句，李陀还瞪我。

林旭东：这差不多就是"第五代"上学时候的事。那会儿对西方现代派作品的介绍，在政策上忽紧忽松——上海的《外国文艺》在那次放映后还发表过《印度河之歌》的剧本，后来一反"自由化"，编辑部还特地登"编者按"做检讨。

再则当时能接触到的资料也来源极其有限，特别是影像——在八十年代初录像机还是稀罕之物，要看，大家只有老老实实想办法去找电影看，哪像现在DVD满天飞，谁家里都能坐拥成千上百部片子。我觉得"第五代"的早期片子里有日本电影的明显影响，特别是黑泽明，比如说《罗生门》；还有很多人说，《红高粱》里对高粱地的处理是从新藤兼人的《鬼婆》里学来的。

查建英：《东京故事》呢？

林旭东：我不太清楚他们是什么时候才看到这个片子的。在我的记忆中小津的片子好像是八四、八五年左右才出现在北京的。先在小范围内放了《东京物语》，后来在第一届日本电影回顾展上（一九八五年），又放了《晚春》、《麦秋》，还有《秋刀鱼的味道》。

查建英：有人说，如果"第五代"先看的是小津的片子，中国的新电影的发展走向就可能不会一样？

林旭东：我看未必。在我的印象里，当时小津的片子虽然在北京放了，但激起的反响并不热烈。一直到一九八八年举办第二届日本电影回顾展时小津还不是大家话题的重心，大家谈论的焦点多半是像黑泽明、大岛渚、今村昌平这样一些风格比较生猛的导演。这应该和当时比较激进的文化氛围有关，小津那种平和隽永的"日常化"表达在这种语境里很难被那些指点江山的热血青年们细细地体味。当时还有一个重要的日本导演成濑巳喜男的片子在北京放过后也没有太大的反响，圈内人看过最多也就说好罢了。我想关键的是，这和那时期人们的文化诉求有关，还有成长的背景。在我的印象里，第一个对我说起如何喜欢小津片子的导演是贾樟柯，那是在九八年，他拍了《小武》后，趁去香港电影节的机会，他花了很多钱从香港买了一堆小津的VCD回来，美滋滋地放在家里直乐。

至于我自己，是在看了侯孝贤的片子后，从那些"太阳底下的人和事"中，才回过头来慢慢地体会到小津的纯粹和不朽。

查建英：你是哪年毕业的？

林旭东：一九八八年。毕业以后就去了广播学院，去当美术老师。但在那儿上美术课其实特别没意思：给一帮学电视的，基本上就没什么感觉又不爱画画儿的人上美术课，总之你讲得没劲，学生也上得没意思，尽量逃课。后来就借着一个机会，就跳到导演专业来了。

查建英：教导演？

林旭东：是的，教电影史，变成搞专业的了。转过去很顺利，到那儿突然发现，其实我比那些所谓搞专业的人还能讲！我不过就是多看了点电影，回来后自己再找些书看看。最近，广播学院改成了中国传媒大学。

查建英：这是前几年那个校院合并的潮流中改的吧？

林旭东：对。现在是什么学校都有影视导演专业。我前一阵子给凤凰卫视做一个DV栏目，才知道现在连舞蹈学院都有影视制作专业。

查建英：阿城和丹青都向我介绍，说你在幕后做了很多推动电影电视的工作，策划、制作、剪辑，包括像帮助贾樟柯……

林旭东：多半只能说是友情客串，无非帮帮忙。

先要说到我跟"第六代"这帮人的关系。那还是在美院上研究生的时候，我和刘小东宿舍正对门，天天时不时地照面。快毕业的时候他突发奇想，要去考电影学院的研究生。他觉得还是搞电影牛——你看张艺谋一下就拿到个金熊奖，要是画画儿，混到猴年马月才能到国际上拿个奖？他和喻红从附中起就是一对，本科四年他俩又都在油画系三画室，老师老说喻红画得比他好，搞得他心里一直特郁闷。正好附中比他低一届的王小帅、路学常附中毕业后考到电影学院以后据说很得宠，弄得刘小东心里痒痒的，决心要投笔从影。他那会儿一有空就在那里捧本《电影辞典》吭哧吭哧地背什么"场面调度"、"阿仑·雷乃"什么的，我看他背得吃力，就忍不住在旁边点了几下……这样，他就老跑到我屋里来侃电影。

有天刘小东很激动地跑来说：等会儿到我画室来，他们电影学院的人要来给我拍个电影！我就去了。那是王小帅拍一个作业，摄影是张元，后来就这么认识了。

那是八八年的五月,背景呢,就是陈凯歌的《孩子王》去了戛纳。那几天媒体上的有关报道很多。到快闭幕的那几天,我们有空经常一起去美院电视房里看新闻。当时的他们对"第五代"心情表现的很矛盾:一方面呢,挺不服气;但是呢,对陈凯歌能不能在戛纳得到"金棕榈"呢,又非常关心。结果《孩子王》没拿着"金棕榈",拿了一个"金闹钟",弄得导演系好些人都有点沮丧。

查建英:是大家有一种集体荣誉感吗?

林旭东:这就说不清了。后来跟他们来往就越来越多了,特别是在八九年以后,就经常在一块儿玩啊、聊的。碰到他们拍片,也会在一起商量些事。

查建英:那贾樟柯呢?

林旭东:那是后来了。他比他们小好几拨。他一九七〇年出生,九四年进的电影学院,那会儿张元、王小帅他们已经几乎是电影节上的"腕儿"了。我认识他是在九八年,他刚毕业。他在电影学院有点压抑。他考过两次,都因为文化课分数不够,最后上的是旁听生。

查建英:而且好像他也不是导演系的吧?

林旭东:文学系的。所以电影学院里有些人一直看不上他,老认为他没文化。我认识他的经过说起来也挺逗的。那会儿我老去法国使馆文化处借录像带,那里的图书馆有很多电影录像带,只要办个证就可以一次借两本,在盗版碟时代前是我收集资料的主要来源之一。当时负责电影部门的专员叫苏菲,我跟她很熟。有次我去换带子时碰到她,她问我最近有什么关于中国电影的新闻,我说:我已经多少年没进过电影院了。那段时间里大家见面后都基本不谈中国电影,要谈也没什么可谈的,一句话就完了。就这样。

实际上,在很长时间里,电影院里已经几乎看不到几部像样的中国电影,多数是好莱坞大片。

查建英：但引进大片是有限量的，一年只有十部啊。

林旭东：但是大家大概就只能看这十部。记得有次我想去看一部黄建新的新片子，大热天老远路打的赶去，买票进了电影院，临开演前说不演了，因为只卖了一张票！电影院的经理劝我说，可以退票或去旁边的放映厅里看《泰坦尼克号》……

在分账引进大片前，电影院主打的大多是港台的旧片。那会儿电影院到了晚上就基本上成了进城民工的休闲场所，那里冬天有暖气，夏天有空调，票价也不贵，一两块钱一张，他们觉得还可以承受。民工们爱看武打片，还有悲情的台湾片《妈妈再爱我一次》，电影院就放这些。一九八八年，吴子牛的《晚钟》在柏林拿了银熊奖，但回到北京就是没有几家电影院肯演，说是卖不出去票。这恐怕也是许多"第五代"导演在那几年里经常碰到的事。引进大片以后呢，票价一下抬到了二三十元，现在从五六十元到七八十元，成了一些白领的时尚消费。

那天见到苏菲后就这么聊了起来，她说我这儿有几个年轻人新拍的片子，挺有意思的，你可以去看看。她借了几盒录像带给我，其中有《小武》，当时已经去了柏林电影节，在"青年论坛"得了奖。

回去后我先看的是另一部片子，看得很失望，就想算了，不看了，录下来留个资料吧，这样就把《小武》录上了，完了我去上了趟厕所。所以实际上第一遍我不是从头看的。出来时看到那个镜头：就是几个小孩偷完东西一溜从景深处走来，小武一个人在路边小摊上喝闷酒……一下子就把我给吸引住了，坐定一气看完。那时候很少有一部片子，特别是录像，能让我一口气看下来。完了从头再看，第二遍看了更激动，那种早熟的世故里透着一份率真——我好像一直在等这样一部电影，它以如此电影的方式入木三分整合了我的当下体验！我马上给苏菲打了电话，说这是我最近看到的一部最喜欢的中国电影。

查建英：我是在"藏酷"看的《小武》，当时也觉得是近年看过的大陆影片中最好的一部。

林旭东：完了苏菲就说，那好，我介绍你跟导演认识吧。后来就约在她办公室见了面，然后一起吃了饭。第一眼看上去，感觉他跟我见过的大部分电影学院的人

不大一样,特别是一点不"像"个导演。

查建英:也一点不"像"在山西小城里和"小武"鬼混的街头痞子,那么白净斯文的样子,说话也没有影视圈常见的那股江湖味道的油腔滑调,但你立即能感觉到他是那种早熟的聪明孩子。

林旭东:那时候他有点沮丧,据说电影学院的很多人看了《小武》后很不以为然,说它在柏林得奖不过是撞了大运。我听了很生气,就往美国给陈丹青打了一个长途,跟他说《小武》。说了一两个小时,最后他说:别说了,给我弄个带子吧!我就捎去了一盒带子,是PAL制的,他家里看不了,拿到刘索拉家去看的,看完后据说都成了《小武》迷。

查建英:有趣,不过咱们还是先回头谈八十年代吧,是我打岔问起贾樟柯,这个后面还要再说。

林旭东:好。当时美院有个孙景波,还骂过我一次,说你上了三年美院,有两年的时间在看电影!实际上我的想法只是觉得机会难得。有我们这样经历的人,总怕什么好东西错过了就永远错过了,就比方拿到一本好书就得拼命看掉他,那么好的电影能错过吗?有时一个片子会去看上几遍,就是觉得再看一遍吧,可能以后就看不着了。那个时候没有录像带、DVD,什么都没有。趁这个好东西还在,再去看一眼吧!就像好不容易见到了一张油画原作一样,能多看一眼就尽量多看一眼,就这样一种心情。开始看着不太明白,看多了也就懂了。

查建英:《今天》杂志九二年的电影专号登过你一篇署名"老林"的文章,那是你第一次写电影评论吗?

林旭东:第一次,在丹青和阿城的一再煽乎之下就答应了。我一般不轻易答应人,一答应以后就一定要履行那个诺言。其实当时我写到一半的时候就不想写了,但是已经答应了,陈丹青说版面都已经给你留好了。那我就那么写吧。

查建英：你那篇文章就是现在也仍然禁得起再看。我觉得你对"第五代"那批电影当时已经有自己一套看法了，而且比较冷静、客观，有分析，不像那些瞎骂或者瞎捧的评论。

林旭东：那可能是当时已经开始有距离了。实际上在写这篇东西的时候，我已经对"第五代"不怎么感兴趣了——他们的电影已经不能再提供给我一种很兴奋的东西，特别是在看了侯孝贤的片子后。

查建英：那时候已经到了九十年代，陈凯歌已经在拍《霸王别姬》，张艺谋已经拍《活着》了吧？

林旭东：《活着》还没拍，张艺谋刚刚拍完《秋菊打官司》。《霸王别姬》好像正在拍。

查建英：又过去十多年了，能不能说说你现在怎么看"第五代"的作品？

林旭东：不管怎么说吧，他们的一些片子至少到今天还是中国电影的"门面"。说到《黄土地》，在当时确实激活了我对中国电影的想象——以至有段时间里，我只要一在什么地方看到"陈凯歌"几个字，就会怦然心动（那时候还不太知道张艺谋）。第一次的失望是看了《大阅兵》。《黄土地》虽然有不圆熟甚至可以说是幼稚的地方，但那种率真很打动你，你可以看到一种可能性，有那么点意思好像要出来了，可一看后来这部片子，感到又怎么退了回去——又开始了那种意识形态矫情！

查建英：同期的其他影片呢？比如《一个与八个》？

林旭东：当时没觉得有什么大意思。故事人物都很概念，很矫情，跟阿尔巴尼亚电影差不多。玩造型，也可能对我们学过美术的人来说，感到这种造型玩得太幼稚了，跟《星火》（苏联的一个文学期刊，配有一些用枯笔擦出来的黑白插图，"文革"后期在一些美术青年里很受推崇。）的插图差不多。

查建英：田壮壮的《猎场札撒》呢？

林旭东：我是比较晚才看的这部片子。好像是八八年春节，我回上海探亲，在南京西路的平安电影院看的。门口的海报上说是"中国当代最有争议的年轻导演"的首部"探索作品"，所放映的拷贝为"国内仅有的一个"。当时田壮壮为了一句"为下个世纪"观众拍片的话，在媒体上弄得沸沸扬扬。他的片子我先看的是《盗马贼》，看了后觉得挺别扭的，特别不喜欢。后来看了一部别人说是他"自暴自弃"地拍的《鼓书艺人》，我倒觉得还可以，在当时"第五代"的片子里，少见的不那么玩"造型"，里面一些故事和人物关系的处理，颇得若干中国写实经典的神韵，"第五代"里没几个有这番身手的。田壮壮给我的感觉是一个不知道如何"善待"自己的导演，这点和张艺谋刚好相反。在他的片子里我有时会碰到一些挺有意思的东西，那种特别的感觉在"第五代"里，不管是陈凯歌还是张艺谋都是弄不出来的，但不知道为什么给他稀里马虎地处理了，北京话叫"糙"；而有些给他那么郑重其事要"供"起来的东西，我倒觉得实在不怎么样，譬如那部纤弱苍白的《小城之春》。总之，我不怎么喜欢田壮壮拍少数民族的片子，包括最近的《德拉姆》——这片子让我想起几年前参加过一次所谓的"山友大会"，几个地产大亨，领着一帮白领小资，要死要活地跑到冰峰雪山上去找感觉。

查建英：那陈凯歌后来的片子呢？

林旭东：《孩子王》？本来我是很期待这部片子的，这是因为听说《大阅兵》在审查过程中给改得不成样子，以致凯歌都不肯承认是自己的作品。后来听说他在拍《孩子王》，一来喜欢阿城的小说，二来自己插过队，所以特别想看看陈凯歌能拍成什么样。

后来片子出来了，听说是不得了，特牛。别人弄来一盘录像带，看了特别失望。但有不少人还说好。我想大概还是得到大银幕上去看一看。我记得是和刘小东一起去的，那天骑车赶到天坛南门的一家小影院，本来想看下午四点多的一场，到那儿说那场取消了，没卖出去票，要看就看晚上六点的。那也不能白来，我们就到天坛里去转到六点出来看上的。

查建英：这次看完后觉得怎么样？

林旭东：我记得刘小东看得如坐针毡，跟我说真还不如去看《海市蜃楼》。

查建英：什么？

林旭东：一部香港动作片。我逗他说，你这品位就甭想考电影学院的研究生了！（笑）不过其实我觉得他说的是大实话。其实连我这样的"闷片"爱好者都受不了它。

查建英：太概念化？

林旭东：问题在于，你有一种上当的感觉，也就是说你在经历了这种"沉闷"后，感到并没有得到相应的补偿——我觉得它既缺少一种真正的思维张力，同时也缺少一种电影的智慧——这样地拿腔拿调，几乎等同说教，而这些教义味同嚼蜡。你看演员的表演，谢园的许多招式一看都在模仿生活里的阿城，但看来看去还是像一些"段子"集锦，而不是一个有血有肉的人物。

差不多也就在这个时候，张艺谋的《红高粱》出来了。"第五代"的拥戴者里出现了分化："挺张"或者"拥陈"（笑）。"拥陈"的多半是电影学院的老师，还有一些搞电影批评的理论家。"挺张"的队伍里似乎都是旁门左道，但人数更多——我记得当时美院里基本上都是拥张派。

我对张艺谋的好感最初来自他在《老井》里的表演（后来听说《黄土地》里让我难以忘怀的腰鼓场面，多半也是仰仗了他的掌镜）。他在那里面的几段表演，着实让我兴奋了好一阵子。

查建英：你说的是哪几段？

林旭东：那段我最喜欢：就是他被批准去县里学习挖井技术，临走前，爷孙几个在喝酒；祖父说：我不该干预你的婚事，我知道你喜欢那个娃，但那个娃不是过日子的……张艺谋一声没吭，最后一口酒闷了下去，眼圈有点红。哎哟，我觉得这

种表演好像在中国电影里从来没看到过,这可有点安东尼奥尼的意思了(笑),看上去好像没什么,但里头的潜台词特别多。还有这之前的那段我也特喜欢,就是他头被打伤以后,县里派下人来,张艺谋在一边傻傻地笑,用一把大菜刀开了个水果罐头。不过当时说得最多的井底下的那段,我倒没觉得怎么样。

查建英:那个我一点印象都没有了。倒是记得有一场男女的戏,就是在炕头上,也不长,也没有裸露,但是他的表演好。中国演员以前处理这种感情戏,都是满脸满身文艺表情,做足了架子,但丝毫没有内心的东西。他相反,含蓄,但让你感觉得到那种在长期压抑环境下生活的男人的沉重感情。

林旭东:那段西影出了一批片子。

查建英:当时还有一个《野山》。

林旭东:那是在《老井》之前出来的,但我现在没有太深印象了,只记得当时还算是不错的,规规矩矩,没有什么大漏洞,还能看下来,但是呢,也没有什么东西让你太兴奋。

查建英:完了就到《红高粱》。

林旭东:《红高粱》出来后让我兴奋了一阵子。那个片子,当时美院一个学生说得特经典,他说看了这片子,感到咱两腿之间还是有东西的!(大笑)

查建英:(笑)一语中的啊!整部片子最想说的就这事,就是中国男人也是男的,也有阳刚气,用了很戏剧化的形式来渲染铺陈,男的扛着女的走啊,唢呐、鼓啊,风中高粱秆子呼啦呼啦啊……

林旭东:我最感动的是,男女高潮过后的那种空虚感,那种无力,甚至稍稍有几分苍凉,好像一切都看破了,人生不过如此。我觉得他电影里这段做得太妙了,很含蓄，又渲染得淋漓尽致。

还有就是巩俐的出现，倒不是她演得好，而是张艺谋这么一用，在那个轿子里一颠，完了咧嘴一笑，露出一对小虎牙，你就记住了。以前中国女演员比巩俐漂亮的有的是，可你就是记不住。

查建英：她那张脸挺强烈的，那些画面当时看也很有冲击力。

林旭东：现在回头想，中国导演跟女演员有那层关系，最后能在电影里转化成一种很有表现力的东西，也就张艺谋了。别人一般都是有这种事就乱套了。真的是这样，因为我知道的太多了。张艺谋跟巩俐这一段遭遇，确实给他的这部片子里带来了一种色彩，一种火花。至于一般人都喜欢提的颠轿，还有姜文把巩俐横过来抱着那几段，我倒没觉得有什么。姜文在这里的表演我一点不喜欢，太过，有点虚火上升。一度盛传在评"金鸡"最佳男演员时，《老井》和《红高粱》相持不下，说当时张艺谋作为评委，最后把票投给了《老井》，弄得外面议论纷纷。可是确实《老井》中他的表演比姜文那个表演有意思多了！现在再看我也不觉得看错了。

查建英：顺着那个脉络说，这个之后呢？

林旭东：之后张艺谋先是传说要改编王朔的《橡皮人》，在影视圈带出了一阵改编王朔热，到了他自己倒没拍，拍了一部《代号美洲豹》；之后，他拍《菊豆》。同一时期，他们的老师谢飞拍了部《本命年》，在那代导演里，谢飞算是最能与时俱进的。

查建英：对《本命年》还是有点印象。姜文在那里头的表演不错呀。

林旭东：对，我也比较认可姜文在这里的表演。

查建英：那个时候"第五代"好像在艺术片和商业片之间摇摆不定，是不是？

八十年代——访谈录　　　▌林旭东

林旭东：《红高粱》是"第五代"的第一部叫座片。广电部当时管电影的陈昊苏开始强调电影的"娱乐"功能，对电影票房提出要求。周晓文拍了一部成功的商业片《最后的疯狂》，又推出《疯狂的代价》，被一些评论抢先册封为"第六代"。

陈凯歌拍完《孩子王》就去了美国，这前后他一度从大陆影坛上淡出。当时还有几个被称为"第五代"的人，像吴子牛、黄建新，也在一直出东西，但我从来没有特别喜欢过。有人说《黑炮事件》特棒，黄建新是"中国的戈达尔"。他所有的影片，你说不好吧，也还行，但是从来不是特别吸引我。

我一度挺注意李少红，最初是看了她的《银蛇谋杀案》，一个很商业的片子，但我觉得不太一般，处理得挺硬，可又感觉得出导演是个女性。《血色清晨》有些部分我相当喜欢，但是整体来说还是有问题。我喜欢那片子里头的两个次要的角色，就是那女孩的两个兄弟，尤其是那个当哥哥的，把一些中国男人那种窝囊而又暴戾的特点刻画得入木三分。但是那俩主角的处理我不太喜欢，尤其女主角，搞得有点小气俗套，一下子把这个电影又给拉下来一点。

后来陈凯歌从美国回来了。看了他的《边走边唱》，直起鸡皮疙瘩，已经受不了了！尤其那个老头在山头那儿唱起歌来，什么"人啊，人啊"……不过这个时候，"第五代"已经开始越来越淡出我的视野了。

查建英：包括他们后来那些史诗大片？

林旭东：是的。原因主要是我自己发生了一些变化。八九年以后，我不得不对八十年代那种"文人式"的议事，那种大而化之的所谓"书生意气"有所警惕——往往自觉不自觉地好对现实问题进行过度"审美化"处理。

因为谋生需要，我在备课时仔细解读电影史的心得之一是：纪录电影在中国电影史上，至少在四九年以后的中国电影史上，无论是在理论还是在实践上，它只是被放在时闻报道的层面上来认识，也就是说，作为一种基本的电影方式，它对电影文化建构的意义基本上是被忽略了。有意思的是，这种状况在八九十年代之交开始发生了重要的变化——几乎就在被称为"第六代"导演登场的同时，一种新的纪录片实践也开始了，并且和新生一代导演的电影实践形成了有机的互动，这种现象在中国电影史上几乎是没有先例的。

从那个以后,我主要的实践精力和学术兴趣开始转移到了纪录片上。

回过头来再说"第五代"的"史诗"。那无疑是他们几个最具雄心的作品,做得也下功夫,有人说是他们的"巅峰之作"。田壮壮的《蓝风筝》在其中算是最平易的,但是有些过分地感伤化;《活着》后半部,特别是结尾还可以,但前半部则太过"传奇";三部里我最不喜欢的是《霸王别姬》,这个片子我除了对几个演员,特别是葛优的表演比较欣赏外,别的就……

查建英:那是陈凯歌的一个转折。拍完《边走边唱》,他那种慢节奏的、理念性的片子基本上拍到头了,他开始重视讲故事了。

林旭东:非要讲得这么一惊一乍地?我觉得这说明他在叙事上缺少足够的自信。作为"史诗",他们在恢弘的气度上,都不如《悲情城市》。

我大概就在这个时候开始接触到侯孝贤的电影,最早是在电影资料馆看了《风柜来的人》,顿时惊为天人(那片子有两个版本,我比较喜欢是最早看的这一版,也就是李宗盛作曲的这版,我手上DVD的这版配乐用的是巴赫),我写信给丹青说起,这好像就是阿城约稿的由来,开始让我写侯孝贤,但东西太好,不敢胡说,最后还是写了"第五代"。有意思的是:看和自己成长背景更相仿的"第五代"的片子,我好比是在看别人的"传奇",或"秘事佚闻";看台湾侯孝贤的电影,倒像是在读自己的故事,甚至你生命过程中许多未曾解开的结,在那些从容的叙述中,都被不知不觉地解开了。八九年以后侯孝贤送了他的六部片子给电影学院,当时都放了一下。

查建英:有没有放《童年往事》啊?

林旭东:有。《童年往事》、《恋恋风尘》、《风柜来的人》、《冬冬的假日》、《尼罗河的女儿》,还有《悲情城市》,那种哀而不伤的沉痛,当时看来更有切肤之感。

查建英:因为北京也是悲情城市。我是看《童年往事》觉得最震动。那是第一次看侯孝贤,觉得朴实、大气、细致,举重若轻,有种天然浑成的诗意,不像大陆的片子好像特别容易用力过度或者拿腔拿调。那时候还对他常常采用中景拍摄觉得

特别有意思，佩服这个导演能永远对世界对人保持着一个距离，坚持着一种客观的态度去看发生的一切，可他又不是冷冰冰，不是居高临下地审判芸芸众生，也不是用电影来搞启蒙教育。那个视角和目光很特别，既理解，也同情，又悲悯，又在里头又在外头。当然后来他的片子看多了，慢慢也觉得有点成了一个套式。

林旭东：在他的"青春"系列里，我最喜欢的是《风柜来的人》和《恋恋风尘》；"史诗"里是《悲情城市》和《戏梦人生》，最不喜欢的是《海上花》——他也开始变得有点"传奇"了。

查建英：杨德昌的片子呢？

林旭东：不是十分喜欢。我最早看的是《青梅竹马》，后来又看了一些录像带。我觉得他的片子一是经典文本的痕迹太重，有股艺术电影"腔"，二是企图心太大，太过明显，有时反倒妨碍你进入到影片自身的情境中去。我后来看陈凯歌的《荆轲刺秦王》，看的时候我半天游离在外头，就是进不到剧情里去。有很多片子我都这样，像《卧虎藏龙》也是。

查建英：可能跟个人经历和这种经历形成的趣味有关系。记得我的公公看了《刺秦》以后问我："为什么里头那些人总是大叫大嚷啊？他们不会好好说话吗？" 我开始一怔。本来，我以为他老人家饱读史书，会从历史的角度议论议论这个片子，没有，就问了这么一句话。然后我明白了：他是四九年以前离开大陆的中国人，他的教育、经历里没有高音喇叭、政治运动这些东西。我想他是一听见这种大嗓门先就不舒服不接受，不喜欢这种用高腔来演绎历史的方式，觉得过火，也就没法进入那个剧情了。

林旭东：我不知道，也可能。像那个《大红灯笼高高挂》，这片子我觉得很做作，张艺谋的套"做"得还不如杨德昌，你看那个唱戏的何赛飞屋里，挂着大脸谱……有点太小儿科了。张艺谋后来的片子是越来越想"活"。他跟田壮壮的差别在于，只要逮了点什么就拼命做"加法"。田壮壮是常常要"差"这么一点，他是老要"过"。

查建英：这感觉一直持续到他们最近的作品像《英雄》、《十面埋伏》？

林旭东：《十面埋伏》我还没看。《英雄》我是基本否定。

查建英：我也不喜欢。讲讲你为什么否定？

林旭东：我无法接受他这种历史态度，这种强者崇拜。什么是英雄？能得天下的君王，或者甘愿为他弑身成仁的江湖豪杰。

查建英：我觉得是霸气和奴气的一种奇怪的混合。把《英雄》作为纯粹商业片来辩解，我觉得说不过去。把这么有象征性的一个历史人物放在故事中心，然后非说我这就是娱乐，与历史、现实都无关，你们别太较真儿，矫情。

林旭东：而且是在中国当下的这么一个现实语境里头。一听到这种声音出来，我就不会到他那个什么美学层次里去，首先它这个就把我挡住了。

查建英：是啊，除非你是外国人。这片子在美国票房好倒一点不奇怪，异国情调嘛。秦始皇是谁你根本不知道，他就是陈道明那张漂亮脸蛋，这故事跟你的历史你的生活彻底没关系，不发生任何联想，你赏玩赏玩那些画面就算了，挺好看、挺有娱乐性！其实，《纽约时报》曾经发过一个长篇报道，是他们的驻京记者写的，那记者因为长期在中国蹲点，就明白这里头有些曲折。那报道里谈到歌颂秦始皇这么个暴君的问题，也谈了张艺谋从八十年代到现在的变化，很不以为然，但说得还算客气。香港报刊就干脆一片骂声了。还记得《时代》一个驻京记者给我打过一个很长的电话，谈她对《英雄》的看法，说画面是很美很美的，但其实是扭扭捏捏地在宣传民族主义意识形态，还说原来我们都以为张艺谋他们这些"第五代"导演是叛逆者，现在看来他们从来不是真地反叛正统。不过呢，她又有点同情张艺谋，说他也挺难的。也许，所有这些分析、反应，对于一部电影来说都过于严苛了。我也可以想见张艺谋的难处，他是如此有视觉天赋如此视拍电影为生命的一个人，他要生存还要发展，他要"活着"，还要与时俱进。你说下大天来，我就闷头干，每一两年

推出一部新片,绝不停手!多么顽强的一个陕西人!虽然看他的作品你一边惊叹他造型造势的不懈热情和天才,一边越来越觉得他在价值观上在对人性的观察上并没有一套自己深思熟虑的东西,所以他会一下这样一下又那样,依赖形形色色人的剧本,说不定连他自己都没有准主意呢。我也并不赞成把电影当政治看,动不动就扣帽子打棍子。但我觉得即使在中国现在的环境里,艺术家也还是可以有所不为吧,更不要说主动献身了。当然,不该失误一次就全盘否定,毕竟张艺谋为中国电影业做出了极大贡献,而且多敬业啊。从这个角度讲,《十面埋伏》倒是更纯粹的娱乐片,就是红男绿女加武侠,周末看看挺休息脑子的。我不爱看武侠片,倒也没觉得太好看,但是呢,用你的话讲,看的时候也没太起鸡皮疙瘩,除了最后那个结尾。不过我也是看的DVD,似乎也没有为它去趟电影院的热情。这说远了。那陈凯歌的《和你在一起》呢?

林旭东:只是看看DVD,太差了。我觉得他怎么学起冯小刚来了?还学不像。

查建英:啊?还不如冯小刚?这说得也太狠了吧。你是指那个煽情的结尾吗?让那孩子跑到火车站去拉小提琴?其实以前他片子里也有这种文艺腔。但这个片子还是想做点尝试,想描写一下当下中国城市里的形形色色。

林旭东:但是他实际上离中国的普通人的市井生活太远了,特别是这样一些在现实中一直不走运的小人物,他想当然地去演绎他们。张艺谋到后来也这样。他那个《一个都不能少》,陈丹青还能接受,可能他对这些人实际也隔膜。因为我一直做一些纪录片的事情,有时候还跟一些底下的人有接触。他这部片子里整个是"真实"符号的堆砌,"真实"成了一种包装的噱头,好像一个人瞪大眼睛对别人说:我这可是真的!很明显的比较就是《小武》。

查建英:那真是结结实实的,没什么文艺腔。连那几段爱情戏,小武和那个歌厅女孩的关系,也处理得正好,就像生活中这类感情纠葛一样模糊和微妙,说它有就有,说它无就无。

林旭东：它有说服力，我能信服这些人和事是可能的。一个人物出来，哪怕他没有多少戏，你就能相信这个人是生活里确实存在的。而他们片子里那些人物都是按一定需要编设出来的。以前很长一段时间里头，他们的片子出来，我不管是不是喜欢，觉得还是该去看看。甚至《荆轲刺秦王》，很多人说不好，但是我还是想跑到电影院里在大银幕上去看一下；现在《十面埋伏》，我连去看的欲望都没有了。

查建英：你觉得"第五代"电影从八十年代走到九十年代再到今天，这种演变是必然的吗？还是它出了问题？

林旭东：也不能说是出了问题，它早晚得这样。

查建英：为什么？

林旭东：你前面提到他们的不会好好说话，张艺谋也很得意自己电影语言的"强势"，这就可以看出这代人的成长背景，他们所接受的全部教育，他们和革命文艺的血缘——我在一篇文章里曾经写过，它是一种"褐色的浪漫主义"，经过了现实的浸泡，鲜亮的红色成了褐色了。

查建英：这归结挺绝的，是画家语言。

林旭东：他们在骨子里有一种先入为主的东西，拿这个去比，把生活这里削掉一点，那里砍掉一点，最后放里头正好。他们骨子里都有这个东西。

查建英：就是原来受的那种教育中强调的文艺概念，比如文学要典型化，要升华，要更高、更美——源于生活，高于生活。

林旭东：他们出道的时候，年轻、血气方刚，他们对电影的进取和生命的成长正好成正比，"文革"的磨难反倒成了一种阅历，增加了他们释放时的能量，但再往后走，各种先天的局限就一点点出来了。

查建英：也是一种叶落归根吧。很难。

林旭东：萨特说，我们都是历史的人质。人真是很难逃出自己的历史境遇。我能说别人，但是我自己做起来，大概也不会好到那儿去。

查建英：你认为《黄土地》、《红高粱》都是青春期的产物？

林旭东：这种青春生命的搏动本身就可能会是一种不可替代的美，毛手毛脚，会犯一些低级的错误，但是这些都不要紧，甚至有时候方法手段的有限倒反而会激发他们的原创动力。

但在最初的成功之后，如何去整合你所获得的这些资源、名声、经验、资金等等，去驾驭这些东西，而不为之所累。事情往往就是把双刃剑，就像《莫扎特》里的那句台词：当你蒙受上帝的恩宠的同时，撒旦已经在向你微笑。

从"第五代"起，这么一路看下来，我觉得到目前为止，还没有看到几个大陆导演，他后面的作品超过第一部成名作的。

查建英：你说一直到现在，那包括后来更年轻的导演，比如九十年代的这些，"第六代"这一代。

林旭东：包括比他们更年轻的。

查建英：贾樟柯算第几代了？比他更年轻的？

林旭东：先不管第几代吧，反正到目前为止，我认为他最好的作品还是《小武》。

查建英：我也这么看，我甚至跟贾樟柯本人都这么说过呢。

林旭东：我也说过。

查建英：我的一些朋友，还有他本人，都认为《站台》是他最好的作品。但我觉得《小武》有一种原始的生命力，保持了人在真实生活情境里那些粗糙的棱角、冲动的瞬间。到了《站台》，他想驾驭一个时代，可实际上他没控制住。

林旭东：那时候我跟他已经很熟了，知道一些那个片子出炉的过程。应该说最初的构想还相当不错，但他在实际操作中还是没有能完全驾驭住。

查建英：也许还是和你刚才那个判断有关：人很难超越他自己形成期的那些知识和文化。

林旭东：可能还不止这些，还有中国当代的整个历史条件，包括电影工业的状况。从"第五代"开始，到后来"第六代"的王小帅、张元，再后来的贾樟柯，还有更年轻的一些，虽然从个人看倒是越来越老练了，但这未必能和艺术的表达成正比。看来这可能不是个人的才能问题，个人的释放肯定要有一定的历史条件，你说当年"第五代"要是碰上没完没了的"文革"那也肯定没戏。一个人的文化表达肯定跟他特定的历史境遇有关——他所能获得的教育背景，他的知识积累必然地影响到他的诉求表达方式。

查建英：你说的是从一九四九年以后直到今天？

林旭东：这话说起来长了。开始是思想改造，政治挂帅；到了"文化大革命"是斯文扫地；现在是叫"知识改变命运"，"知识经济"……几代人，大家实际上都是急用先学。

查建英：你这个观点和丹青、索拉的不大一样。他们认为前面这个历史断层里边出来的这一代人文化营养非常差，但是对现在的年轻人抱着希望，因为他们成长在信息时代，他们的社会环境比那个时候要正常一些。而"第五代"，包括六十年代出生的这些人，都成长在一个非常反常的时代。七十年代出生的，可能就要好一些，虽然他们有种种问题，但是也许还有希望。

林旭东：我不知道。因为我到现在还没有看到能让我有这种希望的理由。

查建英：也没有特例？

林旭东：也没有。你说现在的这些年轻人，正在上大学的，还在念高中乃至小学的，他们整个的教育结构，更关键的是谁在教他们？他受过一些什么教育？他的知识结构？我不乐观。

查建英：其实他们的老师就是"第五代"啊。

林旭东：要是都"第五代"那就算不错了，别忘了，他们再不济在当今也算是精英了。孩子们要能得到他们的教诲那就算是三生有幸了。可你有机会不妨去领教一下当今一些高校里的教授、博导，更不要说普通的中小学了。而像民国初年叶圣陶这样的知识分子会去做中小学教师。我有过比较。我表姐是北京师大女附中的，我曾经见过她的一个老师，是以前老教会学校出来的，家境也不是特别富裕，就一直没结婚，教书为生。见面后谈的也就是些日常不过的小事，但你可以从她谈吐间体会到一种文化、一种教养。这只是一个普普通通的中学退休教师。这大概就是丹青说的"民国女子"。

查建英：胡兰成也这么说。丹青好像特别喜欢胡兰成，也喜欢民国时代，他对同代人比较悲观，但还是想对未来抱点希望，比如他还比较欣赏他的学生的一些见识。你其实是更彻底的悲观。干脆就认为不论年纪，没有任何一个人的电影，第二部比第一部好。

林旭东：凡是我看过的。

查建英：姜文的《鬼子来了》呢，我倒觉得比他第一部片子《阳光灿烂的日子》更好。

林旭东：姜文的片子我从来很难接受。他影片里有一种暴力的东西，倒不一定是打啊杀的血呀什么的，相反倒是有时候还会渲染得五彩斑斓。他实际上是把张艺谋那里一种不太好的、但是张艺谋还做得比较有分寸的东西，极度地夸张了。

查建英：啊，我知道有些人不喜欢《阳光灿烂的日子》是因为它用那样的方式来表现"文革"……

林旭东：那他们说的还是题材。我说的是他的电影整个给你的这种感受。就像片尾的那个傻子冲着你喊：傻逼！

查建英：有点居高临下是吧。你很敏感，我也记得那个张狂的傻子，是别扭。可是《鬼子来了》里头有挺暗挺屈辱的东西，跟张艺谋那个《红高粱》比，应该叫《黑高粱》，把神话一下子给撕破了，露出内囊来了。但红黑两部片子其实一脉相承，特别在对于中国男性的软弱与民族耻辱之间关系的看法上。这方面，其实莫言九十年代的小说《丰乳肥臀》也发生了类似变化，莫言再也不像他写《红高粱》时那样浪漫地、一厢情愿地张扬起原始的阳刚，而是大肆描述起种族的退化、尤其是中国男性的衰萎懦弱乃至婴儿般的恋母情结。当然，姜文远没有像莫言变得这样颓唐颓废，他要让人"知耻近乎勇"，而且还要让他的男主人公最后强悍起来拼一回命，他不能就那么彻底地放弃掉阳刚血性的梦想，这在影片开场男女戏里已经暗示给你了，只是不像《红高粱》里的野合那样铺张，但有了开头这一笔，片子结尾那段有些好莱坞味道的大戏就顺理成章。我喜欢的是这过程当中的很多黑色幽默，都到了如此无可奈何的境地了，还有这么些讽刺和喜剧的细节，绝。不过话说回去，颓废也好，不甘颓废也好，我觉得，多数"八十年代人"和"第五代"的东西的确有一种共性，虽然他们看上去各个不同，但你感觉得到他们接受的教育、大的成长背景是一样的。他们的个性是从这个共同的大背景里边凸显出来的一些气质上的差异。那你认为实际上姜文和贾樟柯、王小帅这些"第六代"的人不太一样？

林旭东：从年龄上看，他跟张元好像是同岁，但实际上他出道要早得多，他和"第五代"几乎是同步入的行、出的名。

八十年代——访谈录　　■ 林旭东

查建英：张元他们那个时候还没影儿呢，贾樟柯更没影儿，正在他那个山西小县城里跟小武他们在街上混呢，完了照你说的还得到电影学院来受几年气。

林旭东：姜文又一个特殊性在于他年龄比陈凯歌们要小得多，所以成长背景又不很一样，比方对"文化大革命"，姜文不可能像陈凯歌他们那样刻骨铭心。作为大院子弟，他又跟王朔接近，但跟王朔不太一样的是，王朔是个在改革大潮里在三教九流里沉浮过的大院子弟，别看他嘴上说"我是流氓我怕谁"，到底还是让王安忆看破了，她说王朔其实很伤感。这种差别在《阳光灿烂的日子》的改编中就可以看出来。同是米兰的出场，《动物凶猛》里，是"容貌改变得如此彻底"的"她"；在电影里是夏雨在床底下，意外地偷看到了宁静在换衣服……我觉得这是一个关键性的意象，在这样的形象转换中，主题调了个个儿——王朔的意思是：这世界上谁也甭太牛逼，一到姜文这里就成了：咱牛逼呀！太牛逼了！

查建英：哦，所以你觉得有一种暴力的感觉——把小流氓给改成爷们儿了。但到《鬼子来了》呢？它是表现一些普通百姓——那些农民是比鬼子、国军、八路都弱的弱者——在一个暴力的场景之下又害怕、又还要机关算尽设法存活下来，最后你把我实在逼得走投无路了我只好豁出去杀人了……

林旭东：其实不在于他在拍什么，而在于他的出发点。怎么说呢？黄仁宇说对历史人物的作为要有一种同情心，要设身处地从他的具体境遇出发。我觉得姜文的电影缺少这种东西。我最喜欢的那些电影里都有这种角度：像侯孝贤的电影，再如《小武》。小武就是这么一个又可爱、又卑微……

查建英：小浑球、小倒霉蛋，又可气又有他的人性魅力。我明白你的意思。《鬼子来了》里头的农民大多又傻又奸，让人觉得可怜而可笑，《阳光灿烂的日子》里的小"爷们儿"呢，出身不同，因为在红色政权中的位置，他自我感觉很酷，有一种优越感。

林旭东：有一种北京部队大院子弟的优越感。

查建英：从这个角度讲，确实和"第五代"有某种联系。"第五代"的片子因为常有一个居高临下的、教育的、启蒙的视角，就不容易有平常心。这种带有中国那个时代标记的精英意识恐怕是他们一个共同的东西。

林旭东：就是那种所谓的"打击敌人、教育人民"的意识。

查建英：那这样说下来，你对中国电影的失望不仅延续到今天，我看都几乎延续到明天了。

林旭东：不过，这几年的一个情况是：DV技术的出现，它的廉价和易操作使法国人五十年代提出的摄影机——自来水笔的神话正在成为现实。我确实看到这几年不断地有新人开始涌现，特别是纪录片。

查建英：你参与了这么多的纪录片制作，想问问你对一个纪录片的看法，是用DV拍的，叫《铁西区》。我听朋友说起，但始终没看到。它是一个特殊的片子吗？

林旭东：至少对我来说，是在这十多年里头最重要的两部电影之一。

查建英：纪录片里面？

林旭东：是所有的中国大陆电影。还有一部就是我前面一再提到的《小武》，它们以非常电影的方式，整合了我对当下现实的体验。《铁西区》是一个叫王兵的小孩拍的。他那个模样，有朋友开玩笑说，只要一掉到民工堆里就拔不出来了。他是西安人，学的是图片摄影，后来又自己花钱上电影学院进修。他比贾樟柯稍大一两岁，经历据说有点传奇。他父亲是西安建筑设计院的，后来煤气中毒死了，那年他才十四岁，就进了他父亲单位去做事了。

查建英：这是他拍的第一部片子？

八十年代——访谈录　　　　▍林旭东

林旭东：是的。拍了两年多，剪了一年多。那儿是中国最老的一个工业区，日本占领东北以后把它作为军工基地，开始发展起来。五十年代是社会主义中国工业化的一个缩影，工厂一家接着一家。人只要一提是在铁西区上班的话就等于说是捧上了铁饭碗。但现在那儿，工厂一家接一家地倒闭。你到沈阳，一说你住铁西区，噢，就知道是穷人。这片子由三个相对独立的片子组成，总长九个小时，我可以不夸张地说，这是一部小人物的史诗。

查建英：这片子这么让你震动呵。是他的第一部吧？

林旭东：是的。（笑）

查建英：（笑）照你那推论，他拍完这一部就改行算了。

林旭东：但愿不是吧。

查建英：还有一个纪录片，宁瀛的《希望之路》，我觉得也挺不错的嘛。

林旭东：还行，也是用DV拍的。不过你还是看看《铁西区》吧。

查建英：前几年还有一个故事片叫《赵先生》，听有人说也不错？

林旭东：还行，不过……

查建英：不过我还是看看《铁西区》吧。（笑）

林旭东：我甚至都舍不得随便多说它……怕说坏了。电影是给人看的。

查建英：好，一定会看的。最后说几句电视剧吧。虽然很多人骂它，我倒觉得中国电视剧很有进步，从八十年代那么低的起点……

林旭东：确实。无论在品种还是在质量上，九十年代以后都是一个飞跃，比电影强得多。这可能同它的整个产业状况有关——它在投入和回收上形成了一个比较良性的循环，都知道拍电视剧能挣钱呐，拍电影现在多数都是不赔不赚就不错。所以不管人才和资金都往这边流，尽管一些导演是抱着很无奈的心态。现在中国除了那么几个导演，陈凯歌、张艺谋，或者冯小刚能够一部接一部地不停地得到投资以外，绝大部分导演要弄来钱拍部电影，特别是自己想拍的电影，都非常困难，要捞到机会那就基本上是为艺术献身了。电视剧就不一样，一集就是多少现钱啊。你不信可以去调查一下，中国的电影导演有几个现在在拍电影？都在拍电视剧。

查建英：它比电影更接近当下中国的现实生活，包括很多社会问题、心理问题、感情问题都是电视剧在试图表现。从品种上讲，按说不应该把电视剧和电影比，它应该是粗一些、有点快餐味道的东西，可是近年它反倒比电影显得更有活力。原来八十年代的时候，大陆不是一度基本上是外国电视剧的一统天下吗？美国的、南美的那些肥皂剧曾经多流行呵。结果从《渴望》到今天，本土的电视剧基本上把市场又给拿回来了。其实，电视剧受到的审查应该比电影更严格呀，电视观众量更大、更敏感嘛。

林旭东：话说回来，尽管是电视剧，这些人干起来多少还总是想实现一些自己的想法。电视跟电影不一样，电影多放一场少放一场没什么大不了的，电视可不行，到时候你就得有东西播；再加上广告对收视率的压力……最后，只要观众爱看，没什么大不了的问题的都能通过。

查建英：比如我前不久看的《冬至》，我觉得现在的大陆电影都少有能对现实生活表现到这种程度或者对人的心理有这种敏感。

林旭东：那个我没看过。但现在有一些警匪片相当不错，包括它对社会现实的揭示，在转型社会中人性的种种摩擦，表现得都是挺深刻的。

查建英：人的那种尴尬、苦闷、不知所措，那种欲望、膨胀、自相矛盾，它都有描写。你能从你看过的电视剧里再举一些例子吗?

林旭东:前几年有一部《刑警本色》。

查建英:是海岩的吗?

林旭东:不是,海岩的东西我不太喜欢。那部电视剧的导演叫张建栋,是电影学院导演系的一个老师,他是学表演出身,和王志文同班,现在算是电视剧的一个腕儿。同时不错的还有部《犯罪现场》——几个失意的小人物犯下了弥天大罪。前不久有部《征服》,也不错。

查建英:我看到的里面,《空镜子》也还不错。

林旭东:《空镜子》也还可以。那个导演也拍电影,《美丽的大脚》。

查建英:噢,《美丽的大脚》原来是他拍的呀,我偶尔看到《美丽的大脚》的样片,根本没有想到这是同一个人。后来他还拍了一个电视剧叫《浪漫的事》,也还不错。

林旭东:我只看了几集。我觉得看电视剧太耗时间了。

查建英:我也是这个问题。其实《冬至》我也是看的带子,太拖沓的地方就速放过去。但有限地看的这些电视剧,你还能看下去。很不错了。我觉得进步真是比较快。那咱们这个八十年代电影的题目说得差不多了吧?有什么我没问到但你特别想说的吗?

林旭东:没有了,我觉得我对八十年代早就没什么可说的了。

查建英:那就这样吧。

徐羽 摄影

→ 刘索拉

Liusuola

作曲家、人声表演家、作家,音乐制作。

毕业于中央音乐学院作曲系,早期作品包括小说《你别无选择》(获全国中篇小说奖)、《蓝天绿海》、《寻找歌王》等。早期音乐创作包括摇滚歌剧《蓝天绿海》及交响诗《刘志丹》等。在英美移居期间创作小说《混沌加哩咯楞》《大继家的小故事》(《女贞汤》),录音乐专辑《蓝调在东方》(英美世界音乐排行榜前十名)、《中国拼贴》等。回国后创办了图文音响出版物《刘索拉艺术工厂系列》(上海文汇出版社出版),成立了"刘索拉与朋友们"现代民族室内乐队。目前正创作大型室内乐歌剧,此歌剧将由欧洲"现代室内乐团"与"刘索拉与朋友们"乐队自二〇〇六年起联合在欧洲巡演。

【访谈手记】

　　和索拉是熟得不能再熟了。访谈是半躺在她在"七九八工厂"loft卧室里那张特大号的床上做的，床上置一木制长托盘，摆满各色瓜果、小吃和饮料。还没开说，忽然发现我上午出门忘了带录音机，于是索拉打电话叫来平常给她开车的陕北人赵师傅，自己也陪我坐上那辆黑色"红旗"一起回家拿录音机，又兜风回她家，又爬上大床，拉开架势说，说到一半，忽然发现磁带有毛病，全没录上。索拉气得骂道："你丫居然这么不专业，我伺候了你大半天连根话毛儿都没录上！"说完两人大笑，只好换了磁带从头再来。

　　我和索拉初次见面是在一九九〇年春天的一次会议上，那个会散散漫漫从挪威开到瑞典，好像就为了让从各个国家远道飞来的新朋旧友们聊个够。多年后我给索拉的小说《大继家的小故事》（大陆版改名《女贞汤》）写的序中回忆到当时情景："那个会上只有我们两个女的，住一个旅馆房间，一下子就熟了。白天开一天会，众人讲的是现在、未来、为什么以及怎么办，索拉坐在那儿挺蔫儿。晚上我们一人靠一个大枕头，对着说，说来说去全是过去。她精神来了，各种手势、表情、妙语、针砭，接不暇接。说到后半夜，眼睛越发大而且光彩照人。次日起来脸有点绿。那场没有睡眠的会开了十天，我得出两个结论：一是这人极念旧，二是这人能把陈年往事说出花儿来。"

　　如今回想，那是我们俩第一次长谈，谈得最多的其实也是八十年代。这次谈，索拉对包括她自己在内的中国艺术家的种种心态和中国教育的种种问题有极为敏锐的反省与针砭。几年前读到她在《乐》上写的一组乐评，在不长的篇幅里品味西方音乐流变，集专业知识、直观洞见与洗练文字于一体，那真是字字见功夫的干货，像一碟碟辣萝卜干那么有嚼头。八十年代出门远行，归来的索拉"段数"确实更高了。

时间：2004年7月14日
地点：北京，大山子，酒仙桥路2号

查建英：你刚才说八十年代是个"弄潮儿的年代"，仔细说说。

刘索拉：其实想想，八十年代的中国有点儿像欧洲的十八、十九世纪——信息不发达，哪个国家发生点儿什么艺术上的事也就进入史册了，是吧？那么在中国，"文革"咣当一下把信息全斩断了，"文革"一完，马上出了第一批各类文化潮流人物，马上就成了事儿，因为国门其实还是关着的。就像以前欧洲，每个国门都关着，他们觉得就这么几个人，也不知道外边发生了什么事，所以西方在二十世纪前也一直以为就他们有音乐。八十年代的中国现代派，其实就是靠着进来的那一点儿信息，加上胆儿大，敢把那点儿信息叮玲咣当地攒巴出来一点儿东西，其实也就是因为在这个国家从来没发生过，于是乎大家就觉得：哇！整个国家就冲着这几个人去了，把他们的成果夸大，夸张了多少多少倍，已经不是原来那个东西了。这些人一不小心就会觉得自己是这个世纪少有的天才，因为被这么大一个国家给夸张到这般地步了，不是人物是什么呢。

紧接着，国外对这些各类潮流人物的邀请来了，国外的各种奖励也来了。这下子就要出人命了，因为命运的转变马上带来了很多的心理学问题。比如：如果你出国接着当艺术家，一跨出国门，面临那个大世界，马上突然发现你其实什么都不是；再者，如果你不出国，就在这儿藏着，干脆闭眼，接着享受你的人物感觉，但这感觉也长不了，因为五年十年以后呢，出去的那些人又回来了，说外国其实是这么这么回事，马上就会给你带来了另外一种不平衡感。话又说回来，凡是在这儿混得人五人六的人物都有出国的机会，一出去，就算你是中国政府代表，也保不准要失落。除非你老跟大使馆的人在一块儿，跟接待和导游的人在一起混，只要你真正跟外边的人一接触，把自己当成其中一分子，一下子失落感就能出来。

查建英：小池塘里的大鱼到了大海里，突然发现自己是个小虾米。

刘索拉：对，越把自己当事儿，就越是特别的失落！

八十年代——访谈录　　　▎刘索拉

查建英：看到别的大鱼会感到恐怖，不舒服。

刘索拉：对。这会造成两种反应：第一种反应是比较积极的，会干脆把架子放下，把八十年代那点儿成就感给忘了，当孙子就当孙子，从头来。这个过程很长，因为国外的文明文化系统是多少辈子传下来的，人说四代培养一个绅士嘛。在国外，任何一个学者、艺术家的成熟都是经过很长时间的工作积累，哪怕就是流行文化中的明星，也在一种长期的浓郁文化气氛中成长，从小就面临审美的选择和训练，以及娱乐文化的专业训练等等。所有这一切都是时间和环境来决定的，所以从中国出去的艺术家们面临的从零开始当孙子的路程就很艰苦很漫长。第二种反应呢，就是：干脆我不看、不认，反正我也晚了，不认这个账了。

查建英：是不是也和八十年代这批人出国的方式有关。和出去当学生不一样：你留学你的身份就是学生，你出去就是准备去学习的，心态就不一样。而这些人出国前已经有了一个成功身份，把你吊在那儿了……

刘索拉：刚开始这些人总是被邀请出去的，是国家代表，特高兴，因为待遇特好，有人接待，如果你是作家，就有机会在大会上演讲，还讨论你，你以为你就是谁了。但其实就因为你是"中国的"作家，最后你才明白你他妈就是动物园里的一个进口猴子，人家看个新鲜！但刚开始有些人以为这下子屁股上补个补丁全世界人都能知道了。随后呢，如果你赶快回国，你还可以回来接着吹牛，说你在国内怎怎，继续称霸；问题是你要没回来，放弃了国家代表的身份，作为一个普通艺术家留下来，和任何一个在西方的外国人一样生活，那你就马上变成零。那些没有曾在八十年代的中国成过功的出国艺术家，他们就没有这个坎儿，他们什么都能干，会认真地去对待谋生问题，也会正视自己与国外的差别，没有怀旧感，只有往前看，就好办得多。而这些成功的人有非常可怕的包袱，他们没有办法像别的艺术家那样下去经历一些真正的生活。这是八十年代给这批人造成的，怎么说呢……

查建英：心理障碍。

刘索拉：对，我们可以看到很多例子，干脆撒腿跑回来算了……

查建英：那你觉得有多少人从高处吧嗒摔下来了，但又重新站起来了，然后有了一个清醒的自我认识，开始从业余进入一种专业状态，往下走，比较本分了，但又没有因为挫折失去自信或者迷失自我？像有些人就无声无息了，放弃或者干脆转行了，觉得干这个太难了。要么就在华人小圈子里边呆着，拒绝学外语，回避和洋人交往。有多少人坚持往下走？

刘索拉：其实只要留在国外了，你只有坚持往下走。不过是走的方法不同。只要是在国外坚持不改行的，就必须要过那个正视自我的关。我觉得陈丹青就属于头脑清醒的那一类。

查建英：他出去的早，八二年。

刘索拉：对，虽然他也很早就有名了，但没赶上八十年代最宠人的那一段。所以他一去纽约就好像消失了、沉底了，但他其实并不是放弃而是在沉淀，有很长时间在纽约的寂寞思索过程。他画了好多画儿，过着艺术家惯常的清贫生活，但是他一直在观察和思索，从来没有放弃或者是迎合过，和他聊天儿，不会感到任何那种由于长期迎合而养成的虚假气或者是小有成功后的虚荣等等，他也没有因为不能暴富而怀阴暗仇恨心理。说到作曲家，我们班很多同学都经历了长期的挣扎。八十年代红极一时的四大才子，每个人都有不同的经历和变化。最近我听到瞿小松的新作品，变化很大，能感到他作为一个作曲家只是把精力全都放在追求音乐的细微变化中，这是纯音乐家的本质，只追求自己想听到的声音。还有郭文景，他没出国，但他没有采取"我不出去就不看不知道"的态度，他对各种音乐都感兴趣，在国内活得像个学生，出国的时候像个小孩儿，对什么都乐在其中。他对音乐一直都有特别开放式的态度，一点儿都不排斥从外边回来的人，比如告诉他点儿新信息，他就会好奇兴奋。他在作曲上很有自己的路数，对每一个音符都特别认真的处理，这说明他能保持一种创作上的沉静心情——至少在大部分时间里。我们这些人都经历过很不成熟的阶段，也由于一些架空的名气就成了争议的对象。经历了从中国热水跳进西方冷水刺激的人,没给弄残废了就算很幸运了。

查建英:其实不出国,敏感的人也应该能意识到自己的局限。当然这里有个信息和眼界的问题,要没看过多少东西确实谈不上标准。前提是你先要见过真正的好东西,知道什么是好坏高低,你才可能知道自己到底有几两重。然后你还要有勇气,敢诚实地承认某些可能对你的虚荣心很不利的事实。这需要一个比较强的自我,而浮夸的名声和吹捧击中的正是人的软处,哪怕你知道那是面哈哈镜。好在各种信息透过各种渠道逐渐在传进来。

刘索拉:外边的信息会慢慢进来。如果你成心让自己活着不顺心,就别承认现实,闭上眼睛否认一个多彩的世界。但只要你是个聪明开放的人,是个明朗的人,你就敢于说:快告诉我这是个什么新招!挺好玩儿的!郭文景就属于这种人。他会兴奋地听,也会很明朗地说:你们那一套我不太明白,我现在要做这个。他是个很明朗的例子。

但还有很多别的例子。很多人,无论在小说在音乐上,他们会根本闭眼:我不要知道,别告诉我外边都发生了什么事情,我就是牛逼。这种牛逼人也是八十年代的产物,别的时代都造不出这种牛逼人来。也不知道为什么,八十年代可以给一些名人这么牛逼的心态。

只有八十年代,才会出现那一批跟老红军有一拼的艺术家和文人,认定了这中国现代艺术的江山要由自己打下来,无论时代怎么变迁,就是不掉下来,我就是大王,你不认我我也是!架不住我们没有老红军的幸运,现代艺术不是政权,它和政权正相反,它的圣殿不在于稳固,而在于变化。就是这个变化,使八十年代的幸运儿们经历了各种幻象和心理学问题。比如那些关于大师的幻象,突然在八十年代的某天出现在某人面前,某人就以为自己是大师了,没当了两天大师,时代变了,自己所处的地域变了,突然又发现自己谁都不是了。八十年代对新艺术家的欢呼声是从前和后来都没有出现过的,那种欢呼声也是一种幻象——我们似乎在经历西方二十世纪初的现代文艺复兴,可等到国门一开放,一看世界,闹了半天,咱们大家都不过是能识字的红高粱秆子!这上上下下的感觉是一种特别的心理学过程。也是由于八十年代对成功定义的那种虚荣,就造成了社会上对成功的种种误会,过分的崇拜名人或过分的仇视名人。幻象没有砸到自己头上的人，就会愤愤不平：丫挺的怎么成功的？丫挺的怎么那么成功？我怎么没有？……大家不议论艺术的实质，老是在价值观上兜圈子。

查建英：现在隔了这么长时间，你也走了一大圈又回来了，怎么回头评价八十年代比较成功、有代表性的那些作品、人物？有没有视野开阔、成熟之后回头看自己青春期的感觉？多么激情生猛、又多么天真幼稚，一切都因为他／她刚起步？其实全世界的青年文学都有这些特点，但中国那个时期还是特殊，封闭压抑太久，文化营养都断得差不多了，不止一代人先天不足。所以这跟年纪都没关系，可能那时候四五十岁的人，心态上也是一个青年。当然这只是概括说了，总有特例，比方说阿城，他那时的作品就现在看也不是"青年文学"。

刘索拉：先说阿城吧。我觉得他真是八十年代"明星"的一个例外。他的小说一发表，就已经有了很鲜明的个性和风格，他这个人也从来不染作家的俗气：比如在国外，他从来没有去申请过什么作家基金之类的东西，除非是别人邀请他。你知道在国外，如果自吹是中国著名作家，你可以靠这个本钱活一辈子，能把世界上所有的大学都吃遍了。尤其是在八十年代，西方人也重视这些中国的现代派们。但是去争取这种基金得有一种很厚脸皮的精神：在申请书上把自己说成是中国惟一最重要的作家——非我莫属。阿城是中国最重要的作家，但是他跟我说：写那种申请，我说不出口。他这种精神很影响我，听他一说，我更得有自知之明了，也从来没申请过文学基金。

我想说的是，从八十年代的热潮中走出来，要想解救自己的人格，只有保持低调。出国以后，常听到有些八十年代的名人争着在中国人的聚会中大声说，我在哪哪哪儿，对记者说什么什么，记者说，某某（指他自己）就是当代的天才！另一个人说，我对某国的某某说，你们的国家有希望了，因为你们对我的作品感兴趣……听这些话的时候，我恨不得钻桌子底下去。

在经历过八十年代那段热闹之后，人容易变得糊涂，也很容易变得清醒。八十年代那种对艺术家和艺术流派轰轰烈烈的讨论，的确是在历史上很少有的状况，其实也是一种在艺术上非常宝贵的状况。这是由于我们一直处于文化的封闭状态，突

八十年代——访谈录　　｜刘索拉

然开放了，突然有一大批正在探索中的年轻艺术家出现了，压抑的文化人群自然欢欣鼓舞，这其实又是一个很自然的历史发展现象。但这些新兴的艺术家们都还没有经历过足够的艺术探索，刚把自己攒的那点儿书本上的知识和小才能给卖出去，在艺术的擂台上都还没过几招拳脚，就成功了，就成了举国上下瞩目的艺术偶像。这种现象和这种成功，只有在不开放的国家才会有。我拿现代音乐举个例子：勋伯格发明了十二音体系，打破了欧洲音乐的基础审美观念；奥耐德·考门发明了自由爵士，建立了声音的自由空间。我想，这才叫成功。成功不是靠媒体叫得响，不是靠赚大钱，不是靠得大奖，而是建立自己的风格和体系。

　　八十年代中国的艺术复兴，推出来一批还没弄清艺术的艺术大师。如果我们对他们成功的偶然性和意外性看不清真相，就会影响到将来艺术的发展，以为所有的成功都是偶然性和意外性的。八十年代发生的事情，倒是训练得我看所有的事情都像看历史书似的。我们经常被历史书欺骗就是因为历史书上经常记载着意外性和偶然性的现象，然后把这些现象说得光辉灿烂。这种事情也不只是在中国发生的，只不过是中国艺术变化之缓慢，用新幻象来取代旧幻象的能力较差。对于八十年代，外国理论家们会说，你们在什么西方物质基础都没有的状态下实现了这种现代艺术形态，使第三世界出现了现代艺术，这就是价值。我想起农民说的，听蝲蝲蛄叫就不种庄稼了？也可以说，听蝲蝲蛄叫就忘了种庄稼了。你要是整天听这种第三世界艺术价值观，就只能对艺术创作抱着侥幸心理，就永远不可能享受艺术创作的真正快乐和获得在艺术上的真正魅力。

　　查建英：讲得很好，不过在中国那个历史阶段上，这些偶然也是必然：肯定要这么发生一段，实在是没几个人能够超越当时的那种见识和感觉，即便真有，说出来多半也不会有人理，多丧气呵，正赶上大伙撸胳膊挽袖子要好好表现一下的时候，都憋那么久了。但现在看当时的幼稚就很明显。

　　刘索拉：拿我自己做例子吧：在国内的时候，大家都以为我是现代派作家，幸亏我自己没敢接这个茬儿，否则出国一看，我哪儿懂文学呀？那时我都没敢让美国的译者出版《你别无选择》，自己对自己也没把握。还有我那时以为摇滚乐是反叛，写了那么多摇滚乐，到了英国，电视台采访时问我：我们英国人都不玩儿摇滚乐了，因为它不过是娱乐音乐,你怎么还拿摇滚乐当文化?我们当时真可怜,应该大声疾呼:我是他妈的中国人! 别对我要求太苛刻!

查建英:不光是苛刻,我看采访你的这位英国人属于那种小心眼儿的"傲慢与偏见"。不像我们中国人,哪位洋人汉语讲得好或者能唱京剧,马上在杂志电视上报道鼓励,绝不会刁难他/她,这是主权在手者显示的一种宽宏大量。可惜在现代文化方面我们处于明显的劣势,打个不尽恰当的比方,我们现在品尝着在大唐鼎盛时当胡人的滋味。风水轮流转,太阳这会儿照在西方文化的头上,轮到我们去取经了、去模仿了。不止摇滚乐,多少艺术形式都是中国人在学西方。

刘索拉:我认识一位女高音歌唱家,她在八十年代时在国际上同时得了几项金牌,她的演唱非常出色。出国以后她很诚实的对我说,她面临着一个危机,就是:中国的音乐家都是为了得奖才练习音乐,所以特别能得奖,整天练的都是比赛项目。但是出来找工作就有困难,因为会的曲目太少,没有西方歌剧演员的修养,虽然都是音乐学院训练出来的,西方的歌剧演员对从古典到现代的所有乐谱都熟悉,而中国的歌剧演员只会那几首为拿奖的曲子。我记得奥耐德·考门跟我说过的话:有些人做古典音乐不是因为爱音乐,是因为家庭脸面——家长认为孩子是古典音乐家就很体面。我想这种事情在亚洲更加盛行,所以音乐的话题总是难深入,连音乐家自己都不感兴趣。不过话说回来了,欧洲歌剧不是中国歌剧的传统,能把别人的东西模仿得比别人还好,也够不容易的。但问题是,无论是做民族音乐还是西方音乐,怎么用"心"去做?"心"在何处?

查建英:这个问题并没有随着八十年代结束,现在照样有,甚至愈演愈烈。中国的家长和教师都知道"应试的一代"这个说法,就是说一切为了应付高考,从小学准备考中学,中学准备考大学,全都是为了考试,把所有题目都做得烂熟,做题速度会是最快的,考分会是最高的,但是这样的毕业生出来以后既缺乏独立思考的能力,也缺乏实际工作能力。这样的教育强调的不是通识,培养的是单面人,他可能有一个强项,但他很难有宽广的视野和雍容、从容、滋润的气质。问题是,美国人有一半人中学毕业能上大学,中国才百分之五;在中国,通过高考上大学是很多

没有关系背景的普通人、穷苦人改变自己命运的惟一相对公平的途径。竞争这么激烈,他只有孤注一掷瞄准这个独木桥冲刺,他无暇享受学习的过程和快乐,这种情况下你拿贵族精英教育的标准要求他,讲触类旁通、得意忘言的境界,就比较残酷了。他要不把那个"言"照单硬背下来他别想进大学。更要命的是,这个"言"的内容、这种考试方式背后贯穿的仍旧是那种大一统的指导思想,它强调、表彰的不是自由、独立、活泼的思维和质询,而是统一思维、标准答案。这就像拿产钳夹住一个幼儿柔嫩的脑袋,再给他/她灌进去按你的各种比例配制好的人工奶,这种哺育方式、成长过程正常吗?有些父母明知这种教育方式压抑孩子个性,为前途也只好咬牙逼孩子,真是大人、小孩都可怜。然后上了大学再奔下一个目标:留洋。我看到过一个报道,北大一个女生一接到美国某大学给她奖学金的信就精神失常了,恍恍惚惚走出校园失踪了。当时就想起范进中举的故事,真难受。得奖也是,整个儿是让人盯着一个目标:就是为家庭或是为民族争光什么的。也许这是一心要赶超要成功的第三世界国家教育的一个普遍症状,紧巴巴的,拼命三郎似的,有点像当年张德培打网球,个子小更得死命跑⋯⋯

刘索拉:八十年代和如今的不同是还有一点儿精英意识,那时的艺术家是呕心沥血做艺术。悲哀的是不知道自己的局限性,也不知道在国外会面临的真正挑战,偶然闹出个响动,以为是震惊世界的,其实还是井底之蛙,但是单纯。那时候的人其实不会算计,并不知道世界上会有各种各样的机会,后来出现了那些机会都不是预料中的。而八十年代之后、九十年代到至今的人才有经营意识,一开始学什么就先有个目的,知道每一步的棋怎么下。在文学中会布局,知道说什么话能畅销;在艺术上能走捷径,知道用观念省略技巧等等。也可以说八十年代的人跟九十年代以后的人相比,还是比较土。八十年代的人大部分经历过"文革"和插队,或多或少有些嬉皮式的概念,除此还满怀着精英野心,这种矛盾的人一出国,既不能完全像嬉皮似的放松,也没有国外精英式的训练,也不懂艺术的商业经营。比如有些音乐精英们,出去十五年以后还在讨论自己是不是大师或者是否成功。而国外的音乐家,从来不会讨论这种"大"问题,而是对任何乐谱都能掌握,对任何音乐都会感兴趣,也懂得音乐就是一个自己喜欢的工作,要经营,要学习,没有什么大惊小怪的。国外的音乐家不在乎获奖,而在乎先活在音乐里,再经营音乐。而我们受过的训练,既没有享受音乐这一项——所有的声音都曾是为社会服务的,能享受吗？还老得争论是非——谁背叛了传统谁标新立异就大逆不道了；更没有音乐商业训练,所以一开始经营了反而什么道德准则都没有,也没有美学准则了,反正就是要么当婊子要么立牌坊,就是不能当一个正常的人,去享受正常的艺术。

大家出了国,天地大了,四周都是声儿,怎么继续？我们是谁？把自己放到地上,太伤自尊,在国内被宠得一当普通人就心理不平衡,于是用傲慢维持自我,坐在家里给自己封大师,可以闭上眼睛看不到外面的世界：我是受过专业训练的！不是业余的！不是民间的！更不是流行的！我识谱！！……其实,如果搞西方音乐的,不懂西方意识形态,如同搞中国音乐的,不懂中国画儿,你得多少奖也不可能有一个正常的心理状态去对待自己的工作。你不能享受呀,净想着怎么让人承认了。

查建英：让人承认,这是个关键词。加拿大哲学家查尔斯·泰勒写过一篇文章,题目是："承认的政治",谈的就是弱势民族、群体在心理上那种很深的让别人——尤其是强势民族、群体——承认的欲望和需求。我想,这种"让人承认"的欲望是很人性的,因为在弱者那里它是与"有尊严"连着的,或者换成一个更中国的词儿就是"有面子"。自从鸦片战争以来,这种心理就渗透在我们这个民族的血液中了,咱们可以分析它,也可以反省、批评它,提醒大家别把生活变成"死要面子活受罪"。但能不能改变它我实在不知道,因为一个人在打翻身仗的时候很难享受。就像你提醒张德培：喂,别紧张,悠着点,外面的世界很精彩！他听得进去吗？他觉得一放松他就出局了,一出局他的天就塌了,再精彩的世界也没他的份了。也就是说,除非他不参赛,根本不操心评委承认不承认他这件事,否则他就很难把打球变成享受。这与教育体制和学习态度有关,与生理、心理条件有关,也与在全球化这个游戏里中国人所处的地位有关。像桑普拉斯、阿加西,先天条件比张德培优越得多,同样一路赛上来,风度大不一样——张德培还算华裔里极为优秀的,也是美国土生土长,从那个体制培养出来的尖子。如果改成打乒乓球或者下围棋,那也许局面完全不同了,东方人马上会显得游刃有余。但现在你觉得小小乒乓不过瘾了,也要去赛网球,那你玩得的确不容易,因为它不是你这个土壤长出来的东西。

这一点你把中国人和印度人稍微对比一下,态度就不同。前些年有一回开奥运会,我在美国报上看到一篇印度人写的评论印象极深,金牌银牌他们一块没得,铜牌好像也只在冷门赛项里才有,而这篇评论呢,写得轻松俏皮,一路插科打诨,完全是一种黑色幽默!我觉得这是一种放弃游戏者的心态——至少我放弃这个体育游戏了,这方面我弱,我认了,我就去搞IT搞学术搞瑜伽就行了。相比之下,中国的民族复兴是全面出击,文艺、体育、贸易、制造……一个都不能少,而且功利心重,要立竿见影打翻身仗。所以赛事一开,从运动员到观众,举国上下像一张绷得紧紧的弓,人们的情绪随着场上输赢大起大落。这股憋足了劲走向世界让人(尤其是西方人)承认的倾向,应该说是从八十年代国门一打开就开始了,在精英当中更为突出。那时候大学生又少,七七级七八级才多少人能进去啊,进去就被当成精英。

刘索拉:这种对成功的虚荣心理好像是"文革"以后才有的。民国时期的中国音乐家很讲究只对学问的追求,"文革"前的音乐家也是只有一腔热情为民族为革命,而不会动辄就想什么历史意义的。真正的精英意识应该是指对专业质量的纯粹追求,而不针对作品的社会轰动性。我也不知道什么时候开始起,我们的社会有了那种当兵就要当拿破仑的意识。要是所有的人都是拿破仑,谁当他的兵呢?音乐学院更是如此,历代的音乐学院学生都是少数,我们那一届还算是人数多的。也许是"文革"打破了以前的革命集体意识,到八十年代我们刚有了个人意识,所以就整天想着最个人性的那些历史例子:当作曲家就得当贝多芬!我们是音乐学院在"文革"后第一批招进去的学生,作曲系历来是每年只有十个学生,我们班有二十几个。据说因为那年全国竞争激烈,成千上万的人竞争,老师不忍心手下太抠门儿,就收了这二十几个。所以进去了就自我感觉良好,我记得耳边净听见有些同学议论西方音乐史中的人物,可能老是在那儿给自己找位置呢。后来再有人得了奖,那不就成了国宝了。管弦系声乐系也是如此。音乐学院的学生在技术训练上可以算是国际水平,但是在音乐美学和文化训练上跟国外的中学生差不多。国外一个普通专业管弦乐队的音乐家,能把古典音乐到现代音乐的所有著名乐谱都掌握了,随便说什么流派都知道,拿起任何风格的谱子都能很快掌握音乐,对文学和美术有起码的见解。而那时我们的音乐美学教育太少了,音乐各流派的教育也没有,要不是因为自学,对音乐的了解基本上停在二十世纪初,加上苏联式的革命现实主义浪漫主义教育。出国后就面临从头学,不光是技术,还有美学和风格,否则就是傻逼。跟文学一样,有些人看了几本译文就以为懂得西方现代文学了,真敢大发议论,仗着世界上大部分人懂礼貌,不愿揭穿他的无知;有些作家聪明些,干脆只谈"道",反正说"道"不会露怯。但是做音乐的不能光说"道"呀,一出声儿,就牵扯到现代音乐美学。创作音乐的得明白这音乐后面的人文精神,对时代和对自我精神的判断,演奏音乐的至少得明白音乐流派风格。要是一群人整天琢磨怎么得奖怎么挣钱怎么穿名牌儿,那叫精英吗?那叫穷疯了。

查建英:其实是在一片贫瘠的土地上,挣扎出来的几根草。

刘索拉:对,倒是特单纯,就跟一个村儿里出来了几个文化人儿似的,杀出一条血路来……

查建英:披荆斩棘……

刘索拉:但不是所向无敌。真可怜,一出去,四面伏敌,束手无策。你的敌人就是那些最起码的专业竞争,出去以后,你就是一个普通的艺术家,怎么生活下去?这种情况对作家更难,还有语言障碍,中文越好外文越不通,结果在国内学外语专业的出去以后都能当作家写自传,国内的作家出去以后最好改行。音乐、绘画还好点儿,没有语言,但因为在国内闭塞,很多技术训练到了西方都不符合美学标准。比如说我认识一个一辈子在中国弹钢琴的人,后来又出国深造,可是有次他在一次义演音乐会的台上练了两下钢琴,就被音乐会主持人当即给取消了演出资格,说叫这个人下来,别上去了。旁边的人解释说,这朋友上了一辈子音乐学院,马上要演出了,不过是练练手。可是那主持人说,你让他下去,今天晚上别上了,一听他练琴就知道他没戏,再让他弹五十年的琴也没戏,因为他不懂得怎么触键。旁人问,为什么?主持人说,你们的弹钢琴方法完全是错的,那种苏联的革命浪漫主义的弹琴方法,完全是砸琴,不是音乐。听这个主持人一说,基本上我们一辈子都白闹了。所以很多弹钢琴的人出国以后就是教琴,但是无法演奏。你要是从小学的触键方法就是那种俄罗斯浪漫主义的夸张手法,欧洲人听着就捂耳朵。拉赫玛尼诺夫在欧洲演出的时候曾使所有观众气愤,认为是有辱钢琴艺术,但他的音乐在我们这儿是发泄伟大情感的楷模。我曾经和一位从苏联到美国的钢琴家讨论过此事,她说到了美国以后她得重新学欧洲的演奏风格。

  我们从小接受的信息和教育及社会制度全都和西方不一样,但是我们的社会教育其中之一就是夸大自己的成功,这种为了脸面而对成功的夸大,或者说没见过世面的夸大,到了八十年代九十年代,就成了世界级的夸大。以前从旧中国过来的人,见过世面,又有家教,知道说话要悠着,有钱要藏着;老一辈革命家,有建立新中国不当殖民地的自尊心,知道自己一穷二白也要挺着。所以以前的文人不会吹世界级的牛皮,而擅长谦卑。但是八十年代的开放给新一代的文化人多出一种幻觉,就是受世界级的邀请,得世界级的奖,变成世界级的人,于是人生的意义得到了最大的夸张。比如,诺贝尔奖曾使多少现代文人都睡不着觉?但在鲁迅的时代,这并不是文人生活和创作的准则。我们从小受的教育是要当英雄,结果赶上了一个名人时代。英雄和名人不是一回事,英雄是把一条命给豁出去就算了,名人是把一条命给拧巴拧巴放进史册里。我记得曾有作家说,我和谁谁谁在一起做了什么,糟了,这下子要传遍全世界了。有人为了自己的名字紧张一辈子,一举手一投足,以为全世界就盯着他/她一个人。

  查建英:唉,头没开好,一辈子难捋顺。老情结加上新情结,能把好好一个人拧巴成麻花儿。

  刘索拉:在这种风气中,成功不成功都得有心理学问题。你看吧,有很多人目前已经挺成功的,可跟他们说话就特别不舒服,就跟心理残疾人说话似的。这可能也不能怪八十年代吧?我现在遇到一些年轻人也这么拧巴。咱们的教育里面没有享受工作,净想着大名词儿,肯定脑子要出毛病。我听说有些成功的作家不敢给人写手迹,不敢写信不敢写字条,怕人留着。这点儿陈丹青好,整天给人用手写信。

  查建英:不仅脑子,身体也要出问题。现在就能看到种种虚火过盛、失调、透支的迹象,要么只奋斗不享受,要么一享受就要命——吸毒、酗酒、嫖娼……这样的享受不是和工作或者精神生活连着的,是和空虚、颓废、腐败连着的。这倒不是八十年代的问题了,那时候人的内心还没有这么多彼此冲突的欲望。

刘索拉：八十年代激动人心的大名词现在都改成激动人心的钞票数码了。现在是在杂志的封面上会有激动人心的标题："如何年薪一千万！"当年作家们讨论如何得诺贝尔奖，就弄得人们愤世嫉俗的，现在的人面临年薪一千万的挑战，除了抢银行还有什么别的招儿吗？让我想起来"亩产千斤"的时代来了。

查建英：不过，咱们这是侧重谈问题、挑毛病，其实从很多方面看中国还是在进步或者在好转。比起从前，这个国家开放多了，物质生活改善了，信息、人员比以前要流通了，出现了一些新的、有趣的空间，体制也比以前多了些弹性。你怎么看现在年轻的艺术家？

刘索拉：我希望现在的学生和年轻艺术家是中国的希望，但他们需要一个更丰富的文化土壤来成长。年轻人好奇心强，现在他们有条件去得到很多信息，但是对这些信息的敏感判断力是需要一个活跃的文化气氛来培养的。美术学院的、音乐学院的学生，年轻作家们，他们在物质上比过去人丰富，信息上更不缺乏，如果再有个重视文化的社会环境，什么事情都会自然产生，不需要去讨论什么主流或者是商业上的大话，活着，做事情，享受生活和文化。如果一个社会没有丰富的文化底蕴，就只剩下了在艺术上论输赢，玩儿招术，在意谁比谁强等等这些低级情趣。这是整个中国多年来的民众教育问题。当兵就想当拿破仑，玩儿体育就得参加奥运。我败了的话，就不认账。我要是不好，谁都别想好。这不光是八十年代的毛病，所以别老跟八十年代过不去了，八十年代也是产生单纯人的时代，不懂得功名利禄，所以不计较后果，特别热情……

查建英：对，为艺术而艺术的那种人比较多。

刘索拉：那时候为艺术而艺术的人还是挺多的。但是后头没那么单纯了，是因为出去以后碰到钉子，也碰到最实际的生存问题，所以艺术家们就转化了。跟他们聊天，他们开始说，怎么怎么成功，怎么怎么有钱，怎么怎么得奖，就成了风气。其实成功和赚钱都没有什么不好的，艺术家应该生活得好。就是没有必要整天讨论这些无聊的花钱问题和比赛较劲，好好享受成果吧。

查建英：对，艺术家像所有人一样想过好日子，没有必要顶着一个"不食人间烟火"、"超凡脱俗"的招牌，但一个艺术家区别于他人的主要特征当然是他／她的艺术天赋和追求，而不是争奖杯和挣钱，前者关乎艺术，后者关乎名利，这不是最基本的常识吗。你讲的那种风气，九十年代以后在国内文化人中也可以看到。

刘索拉：在国内的文化人可能得到了很多九十年代的好处，我不知道。我只知道在国外的人，更面临生存方式的挑战，所以必须学会生存，而国外的环境更容易使人困惑，你是面对西方几代人建立起来的物质文明。我记得那时在国外老会碰到一些中国艺术家喜欢吹嘘自己是"第一"，否则自己也不知道自己在干什么了。不过八十年代的出国艺术家倒是第一拨儿从国内出去做艺术的人，而不是出去学艺术回来工作的。难就难在这儿了，没有国外艺术学生的心理准备，每个人都带着一股出国代表团的劲头儿。

查建英：八十年代弄文艺还发不了财，大家还在体制内吃国家饭，九十年代弄文艺才突然能挣钱了。

刘索拉：艺术家能赚钱是好事。我记得最早的小暴发户也许就是从八十年代中期开始有的，那时候做音乐的开始做商业录音和演出了，做摄影的开始拍商业广告了，电影界更是最有油水的。我记得八十年代的时候阿城说过他写书就是为了卖钱，我更是个棚虫，不喜欢艺术家的清高，就喜欢做流行音乐唱片赚钱。我那时候有种对知识界的反叛，不愿意当艺术精英，喜欢用轻浮的物质观念来对抗沉重的文化斗争。那时什么都是一种真反抗，都不是作秀。可是后来我出国了，所有的这些反抗动作都是最没有意义的——拜物的艺术形式早就被发展到了极端，我们在国内所知道的商业音乐的知识根本是无用的，即便是做现代音乐，我们所知道的音乐形式也根本就谈不上什么现代。所以我们要学的东西太多了，从物质到精神。不懂得物质文明的发展过程也就无法懂得现代艺术的发展过程。物质和艺术的连体文化风雅潇洒如同一身，而不是有了钱就忘了自己姓什么，恨不得跳着脚走道儿，只认得钱眼子不认得艺术美学。文化人有钱是好事，可以安心做文化和把文化的美学搞得淋漓尽致，但对于很多亚洲殖民地来说文化就是娱乐，到处是暴发户。中国有那么多文化，中国不是殖民地，不怕来点儿自我否定，矫正一下对成功的态度……

查建英：不过，如果四代培养一个绅士，那也许两代、三代才能从暴发户变成一个真正富有的人……

刘索拉：关键不是富有，而是变成一个心理正常的人……

查建英：对，心理正常，有气度，物质和精神都丰富，所谓"富而好礼"的文明人……

刘索拉：变成健康、正常、明朗的人。正常人、普通人。从一个弄潮儿再变成普通正常人的过程其实是很痛苦的，但是你一旦变正常了，确实特别舒服，这是很多八十年代的人有时过不来的心理，比如说你不是个人物了，你怎么活？不是人物还能活得高兴，这个心态是最好的心态。

查建英：对。我们说了半天，其实就是说的一种时代病，因为中国社会长时期不正常：从"文革"的不正常，变成八十年代的另一种不正常，然后八九年之后下海淘金，又经历种种商业的不正常。如果老是乱哄哄你方唱罢我登场，心态怎么能稳？不只是艺术家，很多人都处在焦灼状态中，热锅上蚂蚁似的，还非上这个热锅不可，生怕给落下，烧糊了也得火一遭。如果生活变成了大赌场，人人短期行为，来得容易去得也容易，那就连牛人心里都发虚，不知他还能牛几天……

刘索拉：对，包括普通人都有一种心态，觉得不是人物没法活。其实越不是人物越可以活得更好，因为你没负担，你可以特别高兴的享受普通生活中的一点儿小乐趣。现在大家都爱算计，得有多少钱，才能达到中产阶级标准；得有多少钱才能达到大款标准，越算越没有安全感，就是一种暴发户的不安全感，必须要达到公认的水准，否则不敢直腰似的。没有一个文化基础去面对现实，其实有点儿钱就行了，有点儿快乐就行了，有点儿基本的保障让人能干愿意干的事情就行了。

查建英：然后就细细的去琢磨，怎么把我要做的那些事做好。

刘索拉：对，得干好。其实这就是一个健康的普通人心理。我觉得中国教育对这种普通人的心理训练特别少，也没准儿跟八十年代的夸张有关系，也可能干脆就跟革命的英雄主义教育有关系。

查建英：再往远扯，兴许跟科举文化都有关。"书中自有黄金屋，书中自有颜如玉"，说的可不是为读书而读书的乐趣，是功利，而且是大功利。那时候没有国际奖，但有状元有探花呀，先金榜题名，然后就是千古流芳。想想儒家学说里，有好多关于君子、小人的谈论、区分，都是激励人要当君子别当小人，当君子是比当小人好，但只有这两种选择吗？当普通人怎么样？正常的、有尊严、有品位的普通人，不好吗？

刘索拉：其实在天的面前，人人都是渺小的。甘于渺小是人会享受幸福的本质。咱们的教育弄得谁都不愿意把自己缩小了，生怕当小人物。八十年代的艺术家在中国得到了夸张式的成功之后，一出国就面临了特别实际的挑战——怎么过渺小幸福的自由日子？我回国后看到现在一些国内的成功人和不成功人对生活的反应：有些成功人士不喜欢把事情往深了想，对不懂的事坚决保持无知，似乎新信息会威胁成功的安全感；而更多不成功的人却认为只有明星名人有钱人是成功的，如果不是这种人，就诅咒世界。所有的问题在于大家不愿意把自己和人生缩小了享受。其实生活的所有乐趣就在于自己喜欢的那一点儿事情。生活的乐趣不是在于表面的成功和有钱，现在很多人都不会赞扬一般人的生活了，把一般人的生活看成失败和白活，这才真是白活了。

查建英：你说的不止是"海归"吧？

刘索拉：我说的是一种普遍的现象，是自从回来以后感到周围的一种气氛。不见得是艺术家也不见得是"海归"。现在的商业英雄和八十年代的艺术家有同样的状况，都是弄潮儿。不是承上启下的，而是半空中爆炸出来的。中国老出现这种偶然现象。于是在媒体上大肆宣扬乍富式的生活方式，全盘模仿港台，稀里糊涂的把西方一些时髦概念搬过来，把简约主义和暴发户生活方式放在一起推销，把玛丽莲·梦露和女商人放在一起媲美。

查建英：是啊，北京很多新建筑就像七色进口冰淇淋：欧陆风情、加州棕榈泉、温莎大道、后现代城……其实多元文化、异国情调都是好事美事，要不生活多单调啊，只可惜我们先革掉了自己这一元的文化传统，失了元气，还没来得及复苏，异国情调就从空而降，弄得有点喧宾夺主，我们自己倒没有根底。台湾的龙应台讲到过这个全球化浪潮中的文化问题，她问得有道理：是应该跟世界接轨，但你接上轨之后开进开出的列车里装的全是人家的货，那你自己在哪儿啊？

刘索拉：我们这一代是在没有私有财产和现代文化的社会制度下长大的，所以八十年代出来的现代艺术家和九十年代出来的商人，都是平地春雷、六月下雪。九十年代的成功人不会承认八十年代的那些人，因为八十年代的人单纯，没有商业经验，太热情，如今显得又傻又土。九十年代的很多成功是在经济上，无论是出了国的，还是回国的，还是没出国的，那种成功更是商业性的。

查建英：更精明。

刘索拉：九十年代的人物更主流——商业的成功必须是主流的，没什么可玩儿虚的。他们对八十年代的否定也是：你们不占主流我们现在占主流，代表大多数人的心态。八十年代的人，从来不敢以为中国的天下是他们的，且不说艺术从来就不是天下，一出国有个房顶是你的就不错了。而九十年代的人有占天下的气派，因为那些成功和利益是可见的。他们也不屑于出国去碰壁，他们更明白人生。八十年代人的惨状已经足以使九十年代的人嘲笑了，你们想得那么深刻，得了什么？！搞艺术？有房子吗？看不起港台音乐？不发财的音乐是音乐吗？没赚钱你还敢谈艺术？可笑！不说钱的人是人吗？你看我的房子、我的车！他们拼命的攻击深层次的文化和那些讨论文化的人，也显出另外的一种不安全感。这种不安全感对社会的影响比八十年代人的影响更大。一个人能明朗的看待自己，知道自己有什么没什么、知道什么不知道什么,就能活得坦然。活得坦然和高兴不是用钱来衡量的,也不是表面成功来衡量的。人的一生要是永远强调自己是否成功,是否在主流,就老会有非常大的不安全感,就一代一代出现精神危机。我不是反对成功,而是觉得成功是一个水到渠成的事情,你在某件事情上做好了,自然就有好的收获。会享受但不要炫耀,这是一个风范,是一种文明,更无须用自己的地位来打击别人。

查建英:对,无论主流还是另类,应该有共存、互惠的心态。前一段在北大教改的争论当中,有位朋友向我解释"海归"与"土鳖"学者的利益冲突时,用了一个词,叫"卡位",好像是从台湾传过来的。比如说工作只有十份,那么谁先把这十个占住,卡住位子,后来的人就难以竞争了,哪怕你的条件更好。在资源和空间有限而又缺少公平竞争的地方,容易发生"卡位",它触发了人狭隘排他的本能和有我没你的心态。八十年代的社会主义色彩更浓,好像还不大有这种东西。

刘索拉:八十年代有互助的精神,因为那时候大家很单纯,一起要把事情做好,总是一起探索一些艺术上的创新,也为别人的成就感动。也许是因为那时候我们的世界还很小,谁也没往太远了看。等一出国,发现有那么多国际好处等着,这些好处象征着生存质量的巨大不同,国际基金、商业合同、艺术奖等等。对于音乐家来说,每一场音乐会都意味着下一场的合同,和今后的前途。于是你说的这种卡位的事儿就有了。比如在一个国际音乐节上只能有一位中国音乐家的时候,就会有中国音乐家在下面使绊儿。经常会发现你介绍一位中国朋友进入某场合,最后你的中国朋友就把你给"㕦"了。出国以后你能感觉到中国人喜欢卡位,特别有竞争心理。所以出国以后的中国人反而危险,比外国人会算计,互相争斗,互相使坏,还非常会利用外国人,非常会吹牛。这点上说,在海外的香港人和台湾人也许比大陆人要单纯。对于他们来说可能是从小地方到了大地方,可算松了口气,用不着计较了吧?我不太了解香港人和台湾人的状态。

查建英:台湾我不了解。在香港住过两年,弹丸之地,人口密度那么高,但我感觉他们的竞争比大陆要规范,因为历史不同、体制不同,他们经过了英国人督制下的改造。而我们这边的体制还在艰难的改革过程中,走走停停,我们离开"文革"

也不过三十年，那段历史从没有真正拿到太阳底下来翻晒，很多人竞争起来还带着那股阴毒味道，拉帮派、弄权术……

刘索拉：如果说台湾地方小，必须得争夺，必须得排斥，那这种事情就不应该发生在大陆。在国内的人没有这种生存压力，国内地方大、机会多……除非还是要争着当主流，当祖师。但是社会是变动的，每一个时代会有不同的祖师出现，得学会让位给新的祖师。八十年代的人是靠名，九十年代的人是靠钱。每一个时代有一个发烧的焦点，八十年代是烧文化——因为长期的文化封锁；九十年代是烧钱，因为长期贫困。未来的风流人物将烧什么？八十年代的人认为九十年代的人俗，九十年代的人认为八十年代的人傻，将来的人肯定对我们大家都会翻白眼儿，因为将来的人会更自然，更接近二十一世纪的本质。

查建英：他们会面临新的问题和困境，但希望不再重犯我们的错误。

刘索拉：八十年代和九十年代的人两边互相看不起，是因为两边都不愿意当普通人。我们需要一种正常的心理，来享受艺术和操作艺术，享受商业和操作商业。生活就是如此平淡和有趣的，用不着干什么都想进入史册，用不着为了自己的成功和别人拼杀，更用不着拿自己家的财产和别人较劲。我们应该对过去的英雄主义教育有一个反省，因为导致悲剧的往往是野心。

查建英：一个正常社会，总会有俗有雅，有大众有小资，有新派有老派，应该各种人都有他们自己的空间，没必要非得排出个座次来，甲乙丙丁分出个高低，再互相排斥。

刘索拉：对，排座次，特可怕。只有农民起义才在乎座次。一个长期文明的社会，所有人都知道自己该在什么地方，所谓安居乐业。

查建英：我有位做房地产的朋友去美国旅行，回来之后很感叹。他说在美国海滩上观察，常有人躺在那儿长时间的看书，特别厚的书，然后戴着墨镜躺那儿想半

八十年代——访谈录　　｜刘索拉

天,再接着看。另外,每个城市都有很多一边跑步锻炼一边戴着耳机听音乐的人。他发现这种情景在中国很少能看到,于是就归纳了一句:中国人在活着,美国人在生活。我觉得他这个归纳很有意思。这个区别就是说,同样在活,中国人老在急急忙忙的赶场,生怕错过,因为这个机会今天有,明天可能就没了,过了这站就没车了,也许又天下大乱。在这种情况下,他工作起来很容易抱投机甚至赌博的心理,玩起来呢,又可能是一种昏天黑地及时行乐的放纵。这样的人没有深谋远虑,他有兴奋点、有快感,但没有境界。其实,在西方住长了,我们知道悠闲的调子在欧洲更容易看到,美国有很多工作狂,美国人生活的座右铭是 work hard, play hard——拼命工作,拼命玩,但无论工作还是玩,其中都注入着一种精神,我想这与他们长久的信仰有关。

现在的中国经济迅猛发展,但人心底还是有种不安全感。因为这个社会一百年来不断在变动,而且一变就非常剧烈,最后大家觉得什么都不可信不可靠,除了眼前看得到的利益和快乐。贫穷的乌托邦可怕,繁荣的乌有之乡也可怕。大家乐于看到中国现在是世界上最大的投资市场、消费市场,但我们是否也是世界上最大的灵魂市场?我们有十三亿人口,这十三亿人的灵魂依托在哪里?有位美国俄亥俄州的女法官来中国巡回演讲,旅行了一圈之后对我说:我这一代美国人也就赶上六十年代和越战那么一次,都觉得我们经历了很强的社会震荡。你们中国人经受了那么多次震荡,还都那么大幅度,真不能想像你们心理上是怎么适应的?我无法回答她这个问题,因为在很多事情上我觉得我自己从来没有真正适应过。在这种情况下,你看到周围人各种各样的心理扭曲、不平衡和不健康,你觉得难受,有时忍不住要冷嘲热讽,但你明白你其实无法苛责。把任何人扔到这种历史里过一遭,他／她也会得心症,是不是?九二年我去莫斯科,莫斯科和北京有某种古怪的类似,所以我与莫斯科人很容易有亲切、相通的感觉,记得当时一位莫斯科朋友喝着伏特加对我说:俄国人需要麦当劳、需要民主,可是最最需要的就是心理治疗。这朋友叫安德烈,我至今记得他长了一张像花朵一样娇嫩敏感的嘴唇。

不过呢,从乐观的角度讲,尽管我们出了种种问题,就像我,在美国住了那么多年搬回来,还会感觉到这地方一方面乱七八糟,一方面生气勃勃。它有好多地方不规范,小儿科,令人难堪,还有好多事情气得你想跳楼,可也有各种各样有趣的事情在发生,包括那些让你哭笑不得的人和事。恰恰因为变化快,有很多东西把握不住看不清，难以预卜明天，所以也许你可以做点儿事情。而且你会为在这种环境里头脑清醒坚持工作的人感动，你会特别尊敬他们。这种生活有它独特的魅力。

刘索拉：对，是，中国人经历了这么多的动荡，有一种心态是任何地方都没有的——随时可以让自己身在其外。因为我们经历了那么多失落，所以再怎么失落都不太要紧了。一方面大家都想过天堂的日子，但随时都可以马上享受地狱。前两天北京发大水，就是下大雨造成的，第二天，报纸上登的头版头条新闻就说，北京人为此太兴奋了。这种情绪要是在任何别的国家里，都是很悲伤的，房子淹了，财产没了，情绪混乱了等等，外国居民会说，这么大的雨怎么不掏沟？保险公司怎么赔偿？但是北京人说，我这辈子没有看过北京被淹成这样，下这么大的雨，我一点儿都不害怕，就是太兴奋了，觉得太好玩儿了。这真是典型的北京人心态，天塌了还得看热闹。

查建英：北京人有一种把生活当成一台大戏看的心态，他觉得这戏就得锣鼓喧天，就得出点儿事，有人得发财，有的人可能就会倒霉，然后大家摇着扇子，在那儿乘凉时都有故事可讲。也都不想下头这个孙子儿子再继承什么财产，都备好没有，这些都不太费神去想。

刘索拉：不想，没有这个计划，北京人的魅力就在于此。北京人喜欢凑合，今天高兴，大家就都高兴，明儿就不知道了。今儿就今儿了。北京城经历了多少社会的大变动呀，换了多少朝代呀，所以北京人拥有的特殊心理，是国外人不懂的，国外人看到北京人这种情况就着急，说你们怎么能这么消极呀，你们怎么不干点什么？北京人说，干什么呢？这不是挺好的吗？北京人这种反应，我觉得挺特殊，也特舒服，世间难得，挺好。

查建英：你绕不过去这个，这地方就是我们的老家，甭管好赖，它永远揪着你的心，你惦记它、盼着它更好。不像美国或者欧洲，制度全都建成，社会很成熟，而且都建成好几代了，一切在一个稳固的轨道上进行，你从生下来就知道你大概会上什么学校，上完学以后你大概会找什么工作，然后多少岁数以后你大概买什么房

八十年代——访谈录　　|　刘索拉

子,买什么车,然后开始抚养下一辈,怎么怎么样,然后养老金。倒是安心,但我觉得这要成了一种惯性也压抑、也无聊。倒是享受,但光是坐享其成也有些别扭,毕竟是别人的"成":人家几代辛苦铺了路种了大树,你搭车来乘凉了,有点占便宜的感觉。

刘索拉:所以话又说回来了,你要是心态正常的话,想想八十年代出现的事也挺好玩儿的,跟北京发大水似的,突然下了场大雨,马路上全是沟,下水道全都不通,水都积在马路上,车都不走了,白菜和西红柿都飘在水上,大家都发疯,然后又觉得特别高兴。八十年代不就是这种感觉吗?

查建英:也是一场戏。你就说刘再复,就是当年社科院文学所的所长,他那时一演讲文学主体性呀什么的,据说有上万人去听;在公园里办诗歌朗诵会,能站满了人;把尼采、海德格尔译过来,居然能成畅销书。

刘索拉:是,我们班同学的那种现代音乐会居然能够卖黑市票。所以说起来国外人都不相信,说作曲家的现代音乐会怎么能卖黑市票?跟流行音乐一样了,怎么可能呢?都觉得特别奇怪。但是这些事就是发生了,而且呢,还是一个挺好玩儿的时代。

查建英:所以人心里面本来就有一种很矛盾的东西,一方面他希望做一个正常人,另一方面太正常他又觉得很无聊,所以他又希望有一些不正常的事情发生,他能有的时候发发狂。就像理性和非理性一样,他不能永远在理性上,理性到头了他会转向非理性。

刘索拉:所以反过来咱们也不能批评八十年代太狠了,把八十年代骂了一通,批评得体无完肤……

查建英:其实它还是挺可爱的。

刘索拉：所有时代的变化，都跟那个发大水的公路似的，站在里面玩儿水，玩儿垃圾，是不是一样的感觉？

查建英：当然发大水绝对不是个常态。一年三百六十五天老发大水你绝对淹死了，但是有时候下那么一场，你觉得挺兴奋的。

刘索拉：时代的大潮也不是一年三百六十五天都来的，八十年代的风潮也不是老有的，就那么一回，以后也不会再有了。比地震还少有。回头看，只能观赏，不能把它变成负担，也不能把那种兴奋变成今后生活的焦点。生活不是必须每天都有那种偶然性的兴奋、那种光环、那种运气……

查建英：撞大运……

刘索拉：永远生活在撞大运的感觉里，其实挺没劲的。生活不是这样的。如果谁撞上了什么运气，明白那是一个偶然事件，然后就完了。

查建英：而且说实话，人的心理承受能力也有限，人其实需要生活在平缓的底子上，然后有时起来一些浪花、有时打雷闪电。

刘索拉：从偶然事件走出来的长期怀旧肯定会造成挺扭曲的心理。比如像西方的嬉皮运动，那些嬉皮士也都是弄潮儿，但在嬉皮运动过去以后，那些特别怀旧的人就找不到北了。

查建英：六十年代全世界很多地方都发生了激烈的社会运动：中国闹"文革"，东欧出现了反极权反苏联运动，西欧美国那边是反越战、女权、性解放、摇滚和大麻。看上去都在反权威，其实很不一样。中国八十年代又来了一场集体兴奋，有很多可贵的东西、令我们今天怀念的东西，可惜仍然不成熟，仍然是"青春祭"，最后家长出来拎着耳朵教训你一顿……

刘索拉：中国的"文革"不是自发的，所以不能算是真正的青春浪花。也因此八十年代的热情就特别的旺盛和真诚，像是一个饥渴的人找到了真正的爱情，干柴烈火。九十年代商业上的大派对又像是一个长期穷疯了的人突然找到了金矿，又是干柴烈火。如果社会的发展正常的话，这种干柴烈火的风潮就不会老是出现了。西方的嬉皮运动也是由于西方中产阶级社会对青少年的长期压抑而造成的一次爆发性的反抗。也许下一个浪潮就该轮着年轻人反叛我们了，反叛文化反叛物质反叛成功，那时候大家再怀旧吧。这都是有可能的。德国现在的音乐家就不追求成功，是因为德国现代主义音乐大师们曾经太成功和太有影响了，现在的音乐家就觉得那些成功毫无意思，不过他们并没有放弃，而是更纯粹的追求新意。中国离那种真正精英式的洒脱还有一段路呢，咱们要经历的各种阶段还多着呢，下回又是一台什么戏还不知道呢。我们就活吧，我们这一代注定要经历够外国人活好几代的转折。

查建英：该怎怎了。

刘索拉：可不是吗，该怎怎。

王昱 摄影

→ 田壮壮

Tianzhuangzhuang

　　一九五二年生于北京的电影世家，一九八二年毕业于北京电影学院导演系，也许从出生第一天起就注定会与电影结下一世情缘。

　　在"文革"的风雨中长成。红色梦魇结束，走进电影学院导演系求学。在这里，有了第一部胶片作品——《小院》。

　　从电影学院毕业后，作为北京电影制片厂专职导演，从《红象》《猎场札撒》《盗马贼》到《蓝风筝》，每一部影片都是缘自内心深处对于电影不灭的梦想。

　　二〇〇〇年，在沉寂十年后，再执导筒——重拍《小城之春》。明知不可为而为之，这样的举动是为了向费穆致敬，向中国电影致敬。

　　二〇〇四年的一部纪录片《茶马古道系列之德拉姆》是为寻求一个可以让心灵、梦想坦然的空间。

　　二〇〇四年底远赴日本拍摄"昭和棋圣"的传奇故事——《吴清源》。在这段创作时光中，有了对电影、对人生更为透彻的感悟……

【访谈手记】

田壮壮身披灰色外套,似乎是缩在椅子上,访谈当中烟抽得很凶,很多时候弯着腰、低着头,声音有些发囊,像是在边想边说,然后忽然抬起他那张线条分明、刻满经历的脸。二十世纪八十年代他说过一句让人印象至深的话:"我的电影是拍给二十一世纪的人看的。"多么年轻气盛!多么八十年代!那时候他怎能想到二十一世纪的中国是今天这个样子?有谁能想象得到?

以前不止一次听人讲过田壮壮尊师重友、提携后进的事情,他在电影圈里的口碑似乎像他那位著名的父亲一样好。好像是姜文有回说过:有的人号称扶助青年导演,远看他在浇花,走近一看其实他在浇开水。田壮壮不是,是真帮。于新人如此,于故人亦是。二〇〇五年正逢张暖忻辞世十周年,娜日斯便曾对我私下感叹田壮壮如何热心操办在北京电影学院纪念她母亲的活动。这次访谈我是第一次见到田壮壮,感觉得到他的诚挚,不爱拿别人说事,主要反省自己,他讲话时有一种沉思的调子,但似乎也有一丝隐约的消沉——也许是我的幻觉?访谈那天是个寒冷的冬日,北影厂外的天空阴沉肮脏。访谈录中关于中国电影体制和电影现状的讨论本来更多,后来田壮壮可能觉得太长,整理时删掉了不少,我觉得有点可惜。

日期:2004年12月30日
地点:北京电影制片厂

查建英:八十年代初北京风行看内部片,请先讲讲您上电影学院时看片的情形。

田壮壮:电影学院肯定是看片子最多的一所学校。当时我们院长有一个统计,好像看过八百部。学校给找的片子,有世界电影史上的、中国电影史上的,剩下的都是从使馆、文化交流团体那里来的过路片,经常会有,也不知道在哪儿出现,电影学院有时候会把这些片子借来,在学校食堂里挂上一块幕就放。从中国电影资料馆里也调来很多。

查建英:你是电影学院七八级,对吧?

田壮壮:对,实际上是正式恢复高考后的第一批。我当时已经在农业电影制片厂做了三年摄影助理。那时候年轻人都喜欢摄影。其实我当时对电影本身没有特别多的感觉,我不大关心社会上的事,是一个比较游离的人。电影学院招生的消息我都不知道,是我们单位一个头儿给我打了个电话,说电影学院招生呢,你应该去读读书。当时我在大寨,农影厂在那儿有个记者站,做得好的人在那里镀半年金就可以当摄影师。

我去过三次大寨。"文革"初期串联的时候去过,我们几个人一路从北京徒步走到延安。那时顶多十五岁。帮助大寨修梯田的时候,跟每个人都握过手,像贾进财、郭凤莲、陈永贵,只有陈永贵的手一个腻子都没有。当时握着这双手的时候就觉得跟宣传中的印象完全不一样。贾进财的手简直就像铁板一样。那时我带了一顶里外都是皮子的帽子,老头觉得特别新鲜,非要跟我换帽子戴,老头很可爱,陪他垒了一天的石头。当天晚上回到住处就被抓了,因为我们带着防身的刺刀(就是学校红卫兵抄的三八枪的刺刀)。当时派性斗争挺激烈的,他们以为我们是要刺杀陈永贵呢,就把我们几个给抓了。抓完了很快被放了,让我们特扫兴,就走了。

第二次去大寨是我当兵拉练,应该是一九七三年,"九一三"事件以后,部队住在大寨。陈永贵那时候已经是副总理了,跟三十八军首长见面,那个时候我在三十八军后勤做宣传干事,就是图片记者。

查建英:你在部队几年?

田壮壮:一共五年。那次印象也特别不好,觉得部队特别奢侈。原来在基层当兵,到军后勤做机关干部的时候,发现差异太大了。当兵时吃的是小米和大米混合的那种"二米饭",但在军后勤全部都吃罐头,满车的罐头。后来陈永贵来了,坐在那儿一棵一棵地抽着"大中华",我负责拍照片。因此我对大寨一点儿好感都没有。

第三次去,其实我明白如果我要在大寨坚持半年,就能回农影厂当摄影,但还是觉得坚持不下去。知道电影学院招生的消息以后,我就给厂里打了一个电话说我想考试。我考电影学院也挺奇怪,糊里糊涂的。

查建英:哦,我还以为你出生在电影世家,从小就在这个圈子里……

田壮壮:但我是一个没有什么生活目标、没有什么上进心的人,一直都是,到现在也是。

查建英:但随便一考就考上了。

田壮壮:我觉得可能什么东西都是有缘分的,需要一个时机。我先去考摄影系,年龄超了,二十五岁了,摄影系只要二十三岁以下的。

查建英:你是五几年出生的?

田壮壮:一九五二年的。考摄影不成,只有报导演系。我从小在片场跟所有的人都混过,从来没跟导演混过,是觉得那些导演每天就坐在椅子上,不知道他是干什么的;别的人都在那儿忙忙叨叨的干事,就是他坐椅子上挺威严的,也不愿意去跟他接触。但这些导演也都认识,平常叫叔叔大爷的,可就是不愿意过去。

查建英：你说的就是北影厂吗？

田壮壮：就是北影厂。所以当时根本就不知道导演是干嘛的，脑子里就没有导演的意识，报就报吧。晚上考完以后，有人给我妈妈打了个电话，然后她就找到我说："学校的老师不认识你，也不认识我，因为你父亲在电影口里口碑特别好，他们挺希望你能够入学的，但就是觉得你太吊儿郎当，不认真准备，你复试的时候能不能认真点？"我是准备复试的时候开始认真。复试也有很多奇怪的原因。比如考政治的那天，爸爸的一个老战友，塞给我一张当天的报纸，那天是五月二十三，报纸讲的是双百方针。果然，"双百方针"是一道八十分的题。考影片分析的时候，放映的是《英雄儿女》，我父亲主演的片子，导演叫武兆题，不知道为什么我居然记住了关于导演处理一场戏的想法，那时我六年级，他在我家里和剧组谈戏的时候讲到的。关于现实主义和浪漫主义的处理方法，我就分析了他的这段导演处理手法，肯定比别人分析的要贴切得多。

查建英：好像是巧合，但结局早已注定。

田壮壮：都在冥冥之中。要换别的一个影片分析，我会写得很糟糕。反正也没考几样：一个故事，一个影片，一个政治，还有一个作文。就考这么四样。作文考的是《金水桥》。当时正好是"四五"天安门事件刚过。其实每个人都会写这段，但我那时候天天在广场拍照片，一直到最后一天，这段就写得很生动。所以，考电影学院可能是冥冥之中的安排。

为什么大家当时特别爱看电影？一个是长年的文化窒息，另一个就是"文革"这十二年的大学没有新的教材，拿过来都是五十年代和六十年代教材，老师也不知道怎么教。这批学生比老师的阅历一点都不差，老师没有办法教，那么只有大家一起看电影，一起聊天，一起讨论。电影学院这一批所谓"第五代"为什么特殊？他们等于在一个完全开放、师生同教的环境下成长的。电影理念、政治理念，连同道德理念，包括弗洛伊德、萨特，每天课上课下，这些都是大家讨论的话题。

查建英：听上去比美国的研究生讨论课还活泼，老师和学生一起学。

八十年代——访谈录 | 田壮壮

田壮壮：老师只讲一些基本元素，什么叫近影，什么叫特写，剩下的就是你去做。你写东西，老师只是念，相互之间念，因为老师也没有办法明白为什么，那都是真情实感的东西，老师也会觉得很好。

查建英：你是指学生创作的剧本？

田壮壮：对，那些剧作写的几乎都是他们自己家里的事情、个人的命运，所以都很结实。

查建英：讲不讲以前的电影剧作？

田壮壮：没有，基本上没有讲过。所以在这种氛围下，其实大家都像干瘪的海绵一样，突然间放到水里，不停的吸，每个人都吸得满满的。

查建英：头一次看欧洲片的时候，特别是那些现代主义电影，会不会觉得莫名其妙，甚至很反感呢？

田壮壮：没有那么邪乎。所有的电影，应该说每个学生看得都是特别认真，因为对于他们来讲都是新鲜的。没有人说欧洲电影看不懂，就要排斥，比如说像《八又二分之一》、《去年在马里扬巴》等等。也没有人说苏联电影就一定好。老师们最推崇的就是苏联电影：《士兵之歌》、《第四十一》、《雁南飞》，因为是他们上学时候的经典之作。但这些作品融在欧洲作品里，也并不出色，你只能说社会主义国家的电影文化能到这个程度，比中国要好很多。

当时各种思潮流派很多：现代主义、结构主义、魔幻现实主义，还有以前的传统现实主义，等等，我觉得每个人实际上都不排斥，都在吸收，因为你没有力量排斥，你没有自己的东西，那时候没有主见，只有毛泽东思想，你只有这么一样东西。可能是到毕业以后。第五代电影成熟，可能是在八十年代末期。

实际上我当导演是在毕业前开始的。一个特别偶然的机会，学校电教中心进了套设备，想拍部电视剧，就是教学片，找导演系的人。那时候导演系的人都实习去了,就是我跟现在我们的一个副院长谢晓晶,还有一个叫崔晓琴的女孩,我们三人没有去。这是一九八〇年。结果毕业前我拍了四部片子。

查建英:但没公开发行?都算学生作品?

田壮壮:不是,也不知道算什么,就是你干活了。这第一部作品改编的是史铁生在《未名湖》上发表的小说《没有太阳的角落》。

查建英:哦,那是北大的学生刊物。

田壮壮:把那个短篇改成了一个电视剧,接着给"儿影"拍了一部儿童片《红象》,回过来又拍了一个叫《小院》,作为我们的毕业作业。毕业之前又去电视剧艺术中心拍了一个《夏天的经历》,单本电视剧。所以我毕业之前已经有过四部作品了,到现在电影学院也没有过这种案例,就是没毕业已经做导演了——我从没做过场记,没做过副导演。

查建英:当时对拍电影有自己的想法了吗?

田壮壮:有两点我心里是比较清楚的。一就是电影有它自己的语言,这点我非常清楚。但是那个时候比较极端,排斥剧作,排斥对白,排斥交代,排斥一切非影像化的东西。从《猎场札撒》到《盗马贼》,已经到了非常极端的程度。

查建英:哦,后来八十年代的所谓"先锋小说"也有这种倾向,把小说当做风格化的语言实践,排斥情节、故事甚至人物。看来你更早,从毕业前那四个片子已经开始了。

田壮壮:一直是这样的。对,甚至排斥无声源的音响。那个时候一直在追求真实。最喜欢的是法国的"新浪潮"电影,就是那种比较个性化的电影。

查建英:《四百下》?

田壮壮：对,《四百下》、《喘息》都是我最喜欢的电影。我不太喜欢费里尼,不太喜欢他的《八又二分之一》,但是我又特别喜欢他的《我的回忆》,特别喜欢那部电影。我更喜欢安东尼奥尼。我觉得,电影、摄影机进入人的大脑很难,表现人脑里那种意象性的东西是绘画的任务,电影更多的应该是表现看到的现象。

查建英：小说可以大段写心理,电影不太容易。

田壮壮：对,适合文字,因为它跟脑子比较同步,跟眼睛不同步。电影或者写感受,或者写一种氛围。我毕业以后第一部戏拍《九月》,是一个写幼教老师的,然后就拍了《猎场札撒》和《盗马贼》。在这个过程当中,其实我内心里还有一个根深蒂固的对"十七年"的批判。十三中全会上对"文革"全面否定,但把"十七年"保留下来了。

查建英："十七年"指的是从建国以后一直到"文革"是吧？

田壮壮：对,其实这是政治潜流、派系争斗和建国方针、经济方针争论最激烈的时候,一个长时间的斗争导致了"文化大革命"的爆发,就是诸多矛盾的总和,到了一个最后没有办法解决的时候,才会有这么一次大的爆发,这算中国的一个大摇滚吧。

查建英：走到极端了。

田壮壮：对,是一个极端的现象。也证明了治国和经济方针的严重失误,导致的结果就是"文革",再到改革开放;这个发展是个必然。我那时对"文革"中的这些事情有一些思考……我不是一个喜欢研究哲学和理论的人,也不是一个爱思考的人;是特别凭直觉办事的人。但那段时间正好是我的成长期;我是一九五二年出生的,从六七岁的时候就会观察东西、感觉事物,从儿时一直到"文革",我是实实在在经历过的。在这段成长过程中,我慢慢地消化了很多东西,感受到很多东西;这些东西会一点儿一点儿从记忆里、从印象中浮现出来的,也就会对这些东西有一种批判。

查建英：那为什么《猎场札撒》和《盗马贼》是对这个"十七年"的批判呢？

田壮壮：怎么说呢，实际上是用了一种独特的影像，叙述的其实都是很肤浅的感受。

查建英：怎么肤浅？为什么肤浅？

田壮壮：我是觉得略有一点无病呻吟；应该说句最通俗的话，是使挺大的劲放了一个小屁。

查建英：也许这挺大的劲主要是使在一种"形式的革命"上面了。

田壮壮：当然了，作为我自己来讲，比如《猎场》，其实当时是源于一种感受。看蒙古史，研究成吉思汗史的时候，我发现有一些东西对我很有启发，特别有意思，就觉得是个挺深刻的东西，非要想说给人家；但又不想直着说，就导致了《猎场》这么一种状态。

查建英：啊，起因是这样的。

田壮壮：对。什么叫札撒？札撒就是法律的意思，制度的意思。成吉思汗打到欧洲以后，看到欧洲的社会有制度，有定律，于是他就把蒙古族的和欧洲的很多东西融合在一起，制定出来很多朝令，也就是说咱们现行的法律，铸在一个生铁板上，这个铁板就叫"札撒"。当时我看到一条特别感动，是关于围猎的法令，非常有意思。蒙古人的围猎很有意思，一大群人去轰猎物，把所有的动物都轰到洼地里面，然后再射杀；但是有一个规定：谁先发现的是属于谁的，同时发现的各人一半，对小动物，就是幼儿类的动物，不准射杀。还有家里没有劳动力的，不能来参加狩猎的人，今天参加狩猎的人要分给他一部分。

查建英：挺公平的。

田壮壮：对，非常有意思。你会觉得这个法律的订立，有一个生态保护和整个群类的一种温暖在里边。但是在"文革"期间人们的那种参与和狂热是完完全全没法律和制度的。当时我觉得，在原始掠夺的过程中，还有一种温暖、一种保护，而在今天和平时期却没有这种东西。当时拍《猎场》想去表现这种东西，其实是源于对"文革"的一种感受。当时这个电影我拍来拍去，影像集中在草场和猎场这种对位的东西上。就是视觉上的东西，故事也没说清楚。

查建英：结果歪打正着，因为四九年以后的中国电影老是强调内容，所以当时有所谓"形式美学热"。大家看《猎场》这种片子兴趣就集中在画面上，认为有视觉冲击力，好像一幅幅画似的。但你心里想的这个事情当时还真的是没人看出来。当时没有评论者把这个分析出来吧？

田壮壮：我的电影没有评论者。

查建英：没有吗？对了，当时反应好像是"田壮壮的电影看不懂"。

田壮壮：没有人写评论。

查建英：晦涩嘛。但你现在这么一说，原来肚子里有这样明确的想法。

田壮壮：接着就是《盗马贼》，实际上还是对"文革"的一种感受，关于人神生死。实际上，这个藏族人物有一点借题发挥。当时不能写汉族题材，写汉族题材通不过，那只能写少数民族。

查建英：《猎场》也有这种考虑在里面。

田壮壮：对，其实都是同样的原因。我觉得《盗马贼》是对神的一个背叛。为什么呢？他要生存，只能偷马，但是他有了孩子，为了孩子的生命他放弃了偷马，他去做最劣等的职业。但活不下去的时候，他重操旧业。就这么一个简单的故事，实际上就是一个对神的皈依和背叛。其实我拍这些的原动力肯定是来自于"文革"。

查建英：真够隐晦的。看来"文革"是你成长期里最大的一个事情……

田壮壮：对，还是有"文革"情结。自己有一种潜意识的对过去生活的认知和情结，但学的是电影，又是一个影像化的东西。当时不想有故事，要极端影像化。但是又想表达内心的感受，这时候就会对某一个具体题材产生兴趣，一个可以承载你内心要宣泄的题材。至于说别人说看得懂看不懂，我觉得不重要。我从来就不愿意去跟任何人解释我的电影，因为我觉得讲了就不是电影了。看懂多少就是多少，不懂，看画面好看也可以。电影这东西就像书似的，有的人这么读，有的人那么读，干嘛非得说我写这个你没看懂，我得让你看懂。

查建英：当时你有一句名言：我的电影是为二十一世纪的观众拍的。好，现在真是二十一世纪了，你也干脆把心里这意思挑明了说出来了。

田壮壮：实际上八十年代对我的重创是在拍完《盗马贼》之后。《盗马贼》一九八四年拍完，一九八五年审查。当时我跟伊文思先生是忘年交。他看完了《猎场》以后特别高兴，但《猎场》审查没有通过。他当时是文化部的艺术顾问，那个时候电影还属文化部领导，伊文思给夏衍打了一个电话，说我看到了一个好电影。我印象特别深，伊文思看完说了这么一段话，他说："我没有见过如此美丽的地方，这里的天、太阳、人、草原都是真实的，他说我第一次看到让我觉得这么真切的人。"当时赵中天问："你能说说《黄土地》吗？"他说："那也是一个值得说的电影，但是我现在不想说，现在我只想说这部电影。"

查建英：《黄土地》也正在审查吗？

田壮壮：两部片子同时完成的。《黄土地》通过了。伊文思当天晚上给夏衍打了个电话，说我看到了一部好的电影，据说没有通过。夏衍就请丁峤和石光宇复审这部电影，其实就是批评我这部电影，他们说：你拍这电影给谁看，谁又能看得懂？

查建英：他们也并没有从政治上批评？

田壮壮：没有。然后又说：这个电影呢，现在给你通过了，但是你以后少拍这样的电影。后来，我就去拍《盗马贼》，拍出来后，正好是伊文思还在北京筹备他的那部《风》。"文革"时周恩来请伊文思来拍了《愚公移山》，我不知道你听说过没有？

查建英：听说过没看过。

田壮壮：耗资若干，结果呢，他拍的是假的。

查建英：但他是友好人士，"中国人民的朋友"嘛。

田壮壮：他跟中国共产党有一段非常奇特的渊源。中国共产党的第一台摄影机是伊文思送的。他是荷兰人，被荷兰驱逐以后，一直在外面漂泊。他在法国拍了很多东西，是早期拍纪录片那批人中的一个，他拍的《雨和桥》是唯美主义的纪录片。"二战"之后拍集中营，他拍的非常出色。四十年代抗日战争的时候，记不清是由美国还是由联合国组织的一批人来中国拍战争对中国的影响，他拍了一个叫《四万万人民站起来了》。那个时候他到了南京、上海、西安，他感觉有问题，然后到了延安，他看到了一种新景象。那时的延安确实是朝气蓬勃，他就把他的摄影机和录音机送给了共产党。这是中国共产党第一部摄影机，之后中国很多电影实际上源于他带来的这部摄影机。

查建英：你是说革命电影。伊文思这个名字耳熟，但对他具体作品实在没印象。

田壮壮：一九五七年周恩来请他来拍，他拍了一部叫《春雨》，写稻田的，就走了，一部没有什么影响的电影。"文革"的时候周恩来又请他和安东尼奥尼来拍反映中国的电影，安东尼奥尼就拍了一部《中国》。

查建英：这个倒是知道，当时被认为是反动作品。伊先生拍了一个什么呢？

田壮壮：他拍了《愚公移山》，十八集，是他筹的钱，拍星火燎原啊，大庆工人啊，赤脚医生啊，拍的非常多，都拍完了，准备发行了，中国"文化大革命"结束了。突然间，他才明白他拍到的所有都是假象，都是组织给他看的，他特别伤心。他就一直想拍反映中国政治的一部电影叫《风》。正好他来筹备这个片子的时候看了《猎场》，看了《盗马贼》，那个时候我们已经是非常好的朋友了，忘年交。

查建英：他那时候都多大岁数了？

田壮壮：七十多，他大我四十多岁。他每次来的时候都会约我到北京饭店去跟他聊天，问我你拍什么新电影了，跟我商量他那个《风》的一些结构，他说你觉得应该怎么样。看了《盗马贼》以后他没说话就走了，我觉得很奇怪，晚上给我来电话，他说你原谅我没有发表看法，我没大看懂，你能不能安排我再看一次。我又安排他看一次，是他跟阿城的爸爸钟惦棐一块儿看的。他看完了以后跟我说："这次看懂了，我觉得是一部很伟大的作品。"

查建英：他看懂你心里什么意思了吗？

田壮壮：他看懂了，因为我们俩聊的挺多的，他比较了解我。钟老在看完这部影片后还组织美学小组的人看了一次《猎场》。

查建英：美学小组？

田壮壮：当时有一个电影美学小组，是钟老在中国电影资料馆专门组织的，一直想搞一本中国电影美学，后来没有成，老先生就去世了。这本书现在整理出来了。当时李陀、倪震、钱竟，还有社科院的一批人，像郝大征，都参加了。钟老看完了《猎场》出来后就说了一句，"这两部电影，影评也没有，评论也没有，是影评界的耻辱"。后来钟老的爱人对我说钟伯伯在给你写一封信，他去世了，这封信没有寄出，我收到书里了。

查建英：最后发表了吗？

田壮壮：我不知道，我从来不关心这些事。这是拍这两部戏的一个背景。后来伊文思就把这部电影介绍给了贝特鲁奇，那已经是一九八六年了，当时贝特鲁奇在中国拍《末代皇帝》，他看完了以后说，你赶紧寄到威尼斯电影节，我是威尼斯电影节这一届的主席。那时候我不知道威尼斯电影节是干啥的。我就说我干嘛要给你寄一个电影呢。

查建英：也就是说你们这批导演到一九八六年还对国际电影节没有什么意识呢。都这样吗？还是就你这样？

田壮壮：我是这样，我不知道别人。

查建英：《红高粱》那时候还没送去威尼斯吗？那个一送出去，纯真的年代也就结束了。

田壮壮：我不清楚，但《黄土地》已经去了很多国家了。

查建英：但是还没得奖吧？

田壮壮：怎么没得奖啊，夏威夷电影节，还有南特电影节。虽然不是什么了不得的电影节，但是去了很多了，也是风靡全世界。后来他就说你给寄到威尼斯，我说，寄威尼斯寄什么地方啊，寄给谁啊？他又找了一个朋友来帮我，后来我说算了，我没有那么多钱寄这些东西。我怎么有那么多钱寄一个电影拷贝出去啊，而且还要求英文字幕什么的。我怎么可能给他寄呢，那时候我怎么可能给他做呢。那个时候，也就是在拍完《盗马贼》以后，我第一轮拍电影的激情完全被电影局给击垮了。我每部电影都是拍的时间比审查的时间要短很多很多。

查建英：最后《猎场》不是通过了嘛。《盗马贼》呢？

田壮壮：那是一外国前辈帮我通过的。《盗马贼》审查的时候在电影局，电影拷贝都做完了，陕西省委都通过了；而坐在电影局审片室的时候是这样：他们说我让你剪哪儿，你就剪哪儿。我让你剪哪个镜头你就剪哪个镜头。然后说，你要是为了通过，你就必须得剪。我说那就剪吧。因为大家劳动，花西影厂的钱，不可能不给人家完成这部电影。

查建英：明白。剪了多少？

田壮壮：也没有剪掉多少。但是我认为，把影片最主要的一些东西给剪了，就是天葬的那部分。其实天葬那部分是对人的一个肢解过程。我不是按照现在藏族人的一个方式去解释，而是表现在宗教的状态下肢解人的一个过程。按照我的主题，影片最后的一个故事和升天是在一个很庄严的宗教里边肢解的一个状态。把这一部分整个拿掉了，实际上等于是把影片的魂拿掉了，把对人的叙述拿掉了。

查建英：说法呢，是说你这个场面太暴力？

田壮壮：没有，他就说不希望天葬在电影里面出现。就是这样，反正就是剪剪剪，哦好，我记住了，这里剪剪剪，从哪到哪都要剪，包括音乐和声音都剪了。所以，当时我出来时就跟他们说了一句，我说你这儿像天葬台。我觉得我是挺纯粹的一个人，不是拿电影挣钱的人，我是跟电影一起生存的；我喜欢电影的原因是什么呢，因为它有它的叙述语言，让你着迷；把你的生命，把你的东西注入在你的电影里，它带着你的生命在社会上飘荡着流传着。挺像我这个人的，飘飘荡荡的这么一个人。而且，若干年后你不在了，也许你并不一定希望再来这个世界了，但是你的好多东西还在飘荡着。我当时就觉得中国电影好不到哪儿去，起码在我有生之年好不到哪儿去。拍《盗马贼》当中有两次差点死掉；遇到像泥石流啊什么的，拍摄地点都是在海拔三千多公尺、四千多公尺进行的，回来之后有很长一段时间心脏病特别厉害。这些都没有什么，我觉得做电影的人，这些付出太正常了，是不应该说的。你喜欢它，你就要这么去做，要尽你的全部去做。我没有想让别人夸赞我，但是我希望能让我这点心思保留下来。但是当时连这点都做不到。所以拍完了《盗马贼》

以后,大概是八十年代末的时候,我觉得就做一个职业导演算了,谁给我钱,我就给谁拍戏。

查建英:你的意思是,把拍电影当成一个谋生挣钱的手段了。

田壮壮:是啊。我就拿电影挣钱了。其实在这段时间,一直到一九九一年这段时间,我基本上是按照这个方针走的。这段时间拍了四五部戏,挺烂的,特别随意,什么《鼓书艺人》啊、《摇滚青年》啊,包括那个《李莲英》啊什么的,都完全不是自己想拍的片子。

查建英:所以并不是你有意转型。记得当时也有人认为这些片子是你在企图适应一个新时代。

田壮壮:那个时候自己觉得,胳膊拧不过大腿,拧也没有用。到了《蓝风筝》之后,我索性说:我不拍了,行吧?

查建英:我觉得《蓝风筝》倒是你的一个新阶段。

田壮壮:说起来呢,那是一个非常艰苦的操作。到了四十岁,不惑之年了,自己觉得不能再混了,要坚持做,就别为五斗米折腰。拍《蓝风筝》费了非常大的心思,从写剧本到整个操作过程中是我费了很大心计。

查建英:刚才你说,《蓝风筝》之后,我不拍行了吧。这指的是什么?

田壮壮:就是说,从《蓝风筝》之后,我十年根本没拍戏,就等于我四十岁到五十岁之间没拍戏。

查建英:沉默了很长时间。但《蓝风筝》是你真正想拍的。

田壮壮：那个时候我觉得从文坛状态、电影的趣味来讲，稍好，是有可能再拍的。另外我觉得自己还是喜欢电影的，想拍电影，那就认认真真去做一部电影。但是当准备送审剧本的时候，我就意识到要出事，可是这个剧本我跟一个朋友已经写了一年了。

查建英：是根据一个小说改编的吗？

田壮壮：没有，就是从我的一个概念开始，我们一起聊，写了一年以后，我就觉得我不能够放弃它，我得把它拍完。

查建英：有很多自传的材料吗？

田壮壮：不能算是自传，只能说我太熟悉那个四合院了，我是在那里长大的。觉得我必须把这个东西拍完。那就必须得有一个方针，就是让它活，哪怕是黑户口也得活。所以，一切完全由我操作，一切都是按照我的设计走。

查建英：它跟"第五代"前期的片子不同。以前那种叙述是民族寓言式的，很宏大，到《蓝风筝》突然有了一个比较个人的视角。想问一句，不知道你那时候对日本的一些写实风格的片子，比如小津安二郎的《东京故事》，看过没有？

田壮壮：那个时候看过。我非常喜欢他的作品。

查建英：也许和你的性格有关，你喜欢这类写实的、个人性的电影。

田壮壮：也可能还有一个原因，我们这代人受父母的教育、受党的教育，都有渗透到血液里的一种责任感，就是说可以掉脑袋，可以送命，但是一定要维护自己的尊严、正义、真理。有点古代士大夫的意思。

查建英：知识分子的忧国忧民啊，使命感啊。不少人觉得八十年代的这批人是

比较理想主义、有使命感。到九十年代，商业化的东西涌进来，政治上的禁锢也很明显，那你就知道有些东西不能追求了，去追求钱吧。我不知道你怎么看？其实这种划分挺僵硬的。一个人成长期的经历和教育不会轻易随着时代变换就随风飘散的，它已经在你血液里了。比如《蓝风筝》是九十年代的作品，但是它的意识跟你八十年代那种追求是一致的，表现手法变了而已。

田壮壮：我觉得到了九十年代以后，人反而心静了。人家说三十而立，四十不惑，真是这样。到了四十岁，突然间，心安静下来了。电影我不能拍，我看电影行了吧，我想电影行了吧，我帮别人拍电影行吧。

查建英：张艺谋比你年龄大一点，他作为电影人和你的反应很不一样。

田壮壮：其实还有一个问题就是，跟个人的前史有关系，跟你的成长期、家庭教育、生长的氛围有关系。我觉得这是人生道路上最主要的一部分，是你永远也抹杀不了、背叛不了的东西。甚至你的爷爷辈，或者你的太爷爷辈，都会有这个。这就是遗传基因，这个因子在你身上是去不掉的。我觉得我比我爸爸妈妈更过激。我不喜欢看书，也不喜欢看报，不喜欢上网。到现在也是如此。书呢，是挑我自己喜欢的看。我记不住故事，记不住作者，你说：哎，最近看什么好书了？我说不出来。我很自我，看完了，看到自己这儿来了，我不会再告诉你，我也不知道书名叫什么。看电影也是。什么电影，真好看，完了想不起来了，好像是哪个国家的。因为我不懂外语，一系列的这些事都不会弄得特别清楚。我这个人活得挺含糊，挺糊涂的，挺惰性的。我最大的特点就是我永远喜欢一个人想事情。我脑子没停过，在二十四小时里除了睡觉的时间，都在想事情。而且都在想关于电影的事。比如说，我父亲死得很早，一九七四年就去世了，自从我上了电影学院以后，我跟我母亲两个人经常为电影观念争论得一塌糊涂。但是有一次去参加我妈妈的从艺五十年纪念活动，在政协礼堂，很多共产党老干部们都在那儿，她来电话希望我去，我就去了。我买了一大束花，她特别高兴。我说你陪他们吧，别理我，我也待不住。我就在远处看着他们。当时心里突然间觉得自己挺愚昧的，挺无知的，而且挺浅薄的。

查建英：对他们那一代人缺乏一个深刻的理解。

田壮壮：我觉得他们真的是活得有信念。一个人得信点儿什么，才活得快乐，才活得扎实。他们一群人在一起的那种快乐，让人感动！风风雨雨这么多年，从延安到"整风"再到"文革"等等，他们这些人多少次被打下去又扶起来，打下去扶起来，但是依然那么快乐，那么健康。哎，我当时真的是看了心里很感动。

查建英：对比之下，你发现你这一代其实是信仰动摇了的，之后没有信仰了，变得很茫然？

田壮壮：也不是，我觉得自己始终是一个有信仰的人，但我觉得我没他们那么坚定。为什么？我放弃过电影，拿电影赚过钱。我放弃过很多我应该争取的东西。当时我就觉得自己挺让自己看不起的。这两年我总觉得我先天不好，主要是我受的教育不够系统。"文革"时我十四岁，没有正儿八经读过文学、历史，一切一切应该有的基础知识我都没有，包括古文，缺少了很多很多。因此自己并没有清楚地、清晰地了解人生存的基础：是不是相信生命是神奇的？是否应该有信仰？是否知道活着的价值？我是一个特别喜欢用眼睛、鼻子、耳朵、身体去接触外界的人。所以我老说拍电影的人，如果不接受地气，就别拍电影了。

查建英：对生活、对人没感觉了。

田壮壮：对，也许可以拍很好的商业电影，因为想像力丰富了；但是没有人气了，人已经不是真实的了。我知道自己先天差太多，所以我就说我运气特别好。为什么啊？你看我认识像伊文思、侯孝贤、马丁·斯科西斯这些电影大师，他们都是我的忘年交，我觉得他们都是我的榜样。他们对电影的态度一直在激励我。但是我没有他们那么深刻的信仰。我在四年前开始接触吴清源老先生，然后我拍《茶马古道》。《茶马古道》这个地方呢，是一个充满了信仰的地方。

查建英：这一下就说到这两年了。能不能再把前几年说说？

八十年代——访谈录　　■ 田壮壮

田壮壮：回过去说八十年代的东西，为什么那么渴望去想清楚一些东西，想闹明白生存的意义和价值。八十年代积存了很多很多问题，到了九十年代，这些东西慢慢在心里发酵；在化合过程当中，突然间就明白了。我记不住任何电影的内容和台词，但是有一句台词很打动我，就是《悲惨世界》里冉·阿让偷了神父的银器跑了，被警察抓回来，警察对神父说他拿了你的东西，神父说这是我送给他的，就把冉·阿让给放了。然后神父对冉·阿让说了一句话，说我们到这个世界上来，应该是给予。到现在我都觉得"给予"是我做人应该信奉的原则。我觉得，在一个基本的原则上，人生道路上，不能够放弃自己信奉和喜欢的东西。这个潜意识一直在心里。

查建英：这个意识什么时候比较明确了呢？

田壮壮：我觉得是一直在慢慢地找，区别在于那个时候我有怨气。遇到困难的时候有怨气。那时觉得我爱这个国家，但这个国家不爱我。《蓝风筝》那个时候呢，可能还会有一点怨气。但是到今天，我没怨气了。

查建英：那片子又没通过审查。

田壮壮：没通过。现在呢，想做的做了，至于别人怎么看已经变得不重要了。为什么？首先自己确认它是否是有价值的、有社会意义的。是完全为私利去做这件事，还是说，这部作品带社会价值和意义？比如说吴清源，我就认为他是中日的一个财富。他不仅仅是棋下得很棒，他更忠于精神的价值，他所说的各种力量要调和，要在阴阳之间调和，不是阴，也不是阳；我觉得他的这个思想特别美妙。就是说，一切东西，包括我们讲话、做事情，都要恰到好处。例如有时候会说，哎，你这电影拍得有点用力过猛啊，那就不好；但你不使劲也不好；要有一个特别好的状态，而这个调和的位置在哪儿，就是吴老师说的中间那个位置——也就是老先生说的"用中"。你可以想想做成的事情是否是这样，做得不好的，不成功是不是因为失调。从八十年代到九十年代，直至新世纪，都是这样。有人说我是孤芳自赏，但我自己觉得不是这样。我认为我的影片对社会是有意义的，也可能今天有些人不认同，但是我相信全世界会有绝大部分人认同。他不一定看这个电影，但至少我所表述的东西他是认同的。近年来我慢慢从对政治的一种批判和一种否定中走出来，就是逐渐把"文革"中那些火气去掉了；更关心人性的善恶、人的心境。反过来在艺术上，艺术的"境"到底在哪儿？其实它就应该在一个似是而非的位置上。

查建英：不要把它明确地、狭隘地固定在一个地方？

田壮壮：对，我们说来源于生活，但是要是还原于生活，肯定是有问题的。而且你也不可能还原。那么，你提炼出来的东西又不能够飘荡在生活之外，那样就变成一个没有空气、没有阳光的东西。所以对我来讲，创作过程就是去追求这个境，也是最愉快的过程。

查建英：你现在的想法跟拍完《蓝风筝》时似乎又不一样了。

田壮壮：九十年代我没拍戏，到二〇〇一年我也开始在否定我自己。比如说《蓝风筝》，我就觉得太过于写实了。它有写虚的地方，很好；但是那个时候自己并没有完全主动地意识到。从八十年代这个过程到九十年代末心态逐渐平静下来去想事情，想未来的电影，想今天的电影，想自己过去的电影，这种贯通地想，才能够逐渐地转化。到我拍《德拉姆》时已经可以做到不骄不躁。

查建英：在多大程度上你会考虑市场、票房、观众这些因素呢？

田壮壮：我只有一个最简单的考虑：用最低的钱，做到一个最好的品质。这就是我力所能及的了。至于我给你端上盘辣椒，你不能吃辣的，那这没办法了。但是就目前来讲，《小城之春》也好，《德拉姆》也好，都不赔钱。如果我是一个赔钱的导演，不会总是有人找我拍戏。人家不会因为你有点名，就可以让你随便糟蹋我的钱，这不可能。也就是说，我没赚大钱，不像艺谋的电影啊、小刚的电影啊。但这个赚大钱，实际上支出的宣传费有多少，拷贝费花了多少？回报应该是投资成本乘三。但是你要记住，电影不会在第一轮销售就收回成本来，市场第一次给你收回来百分之七十就很可以了；因为影片每年都还在卖。

查建英：这种大片模式还是从好莱坞传过来的，美国也有不少人批评它，认为是一种恶性循环。但上了套了，找不到解决办法。你对这种模式怎么看呢？"第五代"的有些导演现在也走上这条道了，最突出的就是张艺谋：大片，轰炸式的大宣传。

田壮壮：这个呢，我觉得不应该批评。人们不应该去批评这种现象，其实在中国没有电影市场，大家都在渴望有市场，因为有市场就有一个良性循环。在渴望有市场的时候呢，大家都在摸索怎么去做这个市场。

查建英：为什么没有市场呢？市场都到哪儿去了呢？

田壮壮：这个市场不稳定。为什么？举一个很简单的例子。如果《英雄》卖了两个亿票房，那至少应该有四部到五部票房一亿八、一亿五的影片，然后一亿有一两部，八九千万的都有。看好莱坞的票房收益表一定是这个样子的，它是一个金字塔。不可能这边在月亮上，那边都下地狱了，那就等于是一两部影片把所有的钱都吸走了。如果全国整体票房没有提高，那就说明市场没有良性循环。原因在于什么？算一下每年所有国产片的投入和产出是不是成正比，如果是成正比的话，就说明市场是良性的，如果不成正比，是支出多、收入少，那这个国家的电影市场一定有问题。

查建英：老听人在谈国产片危机，已经谈了很久，你觉得症结在哪儿呢？

田壮壮：没有必要谈。中国改革开放也就二十年。电影改革开放，就是说院线可以允许外国人投资实际上才几年而已。我认为，这是非常简单的一件事情：中国的电影制度还是没有适应全世界电影制度的标准。也就是说，当外面的人拿钱进来的时候，狼来了的时候，你怎么办？一个明显的问题：是保护国产电影吗？保护国产电影，关键是能保护得住吗？就像我们的汽车业，最后还不是做外国人的汽车？这里有政府的态度。另一方面来说任何一个社会主义国家的意识形态的部门都会是拒绝市场化的。中国毕竟是一个治心的国家。就是治人心，治脑子，这个是从历史上延留下来的，挺难改变的。

查建英：是国家的前史。

田壮壮：前史挺难改变的。我觉得这一点做不到，有好多事情就变得有疙瘩，不通顺。另外，一个真正的市场化，必须得从垄断开始。必须得有大型的电影公司来垄断市场，需要有几次生生死死，市场才能够存在。

查建英：你是讲大换血，外资进来整个占领了？

田壮壮：也没有那么容易，得出现垄断的时候才有可能。比如说美国八大公司垄断多长时间，后来八大公司慢慢垮了，然后又变成好多新公司；新公司又和八大公司融合在一起，包括日本的索尼公司去买美国电影公司。但是在美国电影市场坚持最长久的就是这八大公司：米高梅、帕拉蒙、哥伦比亚、环球，还有迪斯尼等等。其实这八大公司在竞争这个市场，最后有垮了的，有没垮的。还有有财力的公司不甘于垄断，打破垄断，比如米尔马克斯等等，一定是要打几回才行。但是在中国，没有一条健康的院线。现在的电影院是什么呢？很简单，就是旅店。你租房吧，今天没别的了，就是这房子，你租不租？但是真正的院线和真正所谓制片业院线，仅以美国院线分账为例，有可能第一周你才能拿电影院票房的百分之十，你想放映，百分之十票房分账你放不放？百分之十同意放；那好，到第二周的时候，你拿票房的百分之四十，到第三周你拿百分之七十。这说明你的电影强势，制作强势，和电影院产生实际利益关系。我觉得现在还根本无从谈起中国电影市场化，太早了。

查建英：那在对这个基本结构无能为力的前提之下，你觉得什么是可为的呢？毕竟你还是在做电影啊。

田壮壮：我觉得做电影很辛苦。有一个题材，有没有人喜欢，被不被支持，只要尽心尽力的把它做了，觉得问心无愧，对得起天地，对得起人，我觉得就行了，就踏实了。剩下的说是票房好坏，得奖不得奖，那都是你的运气，都是身外之物。我是一个导演，能做的就是把自己生命注入在影片里。现在喜欢电影的人那么多，想拍电影的人，想做电影的人，甚至比看电影的人还多。另外，DV这东西出来了。

你说DV这东西有什么好？也很奇怪，你说它不好吧，它普及了视觉、视听艺术。你说它好，它把所有的东西，全部就按照眼看到的东西给你展示出来，就是最简单的写实式的一种东西。有可能碰到一个好题材，谁都没拍到，你拍到了，可能你就出来了。但是呢，你这个东西对电影制作的品质来讲是整体下降。

查建英：往好处想，也可能这种技术普及造成了一个特别大的基数，为其中少数真正有才华的人提供了冒出来的机会。但如果大家都是在一个历史文化断层里生长出来的，那人数再多，基本构成是一样的。

田壮壮：其实中国人最不缺少的就是人才。中国人多啊，十三亿人，十万分之一的比例计算，比任何一个国家的人才要多吧。人才呢，我觉得是水到渠成的事。你看吴老师送我一幅字，写了一个时间的"时"。他说所有的东西到了时候了，就自然做到了，着急也没有用。我拍戏的时候，吴老师知道资金可能不够时就说：你也别急，这件事情该你做成的，你就做成；做不成你尽心了、尽力了就够了。我觉得人家这属于成仙了。吴老师现在每天都看《易经》，他自己在算一些事情，或者在算一些棋。

查建英：像一位得道真人。

田壮壮：对，他跟你说的话，听着似是而非，但是觉得只有他的话能让你有安全感，让你踏实。

查建英：他多大岁数了？

田壮壮：九十一了。回忆八十年代，我只有对我自己的一个检讨。那个时候我火气旺，很极致。惟一留下来的就是电影的财富。跟八十年代刚毕业意气风发的时候比，我现在没有那么风发，但是我觉得心比以前更沉稳了。所以好多人问：你的电影，你自己最喜欢哪一个？我说都是我的儿子，没有什么你喜欢不喜欢的。

查建英：每一个都是你某一个阶段的写照。

田壮壮：哪个都是自己的写照，自己的态度，当时的追求，当时的心态；认真与否，跑是跑不掉的。所以电影也挺残酷的，它留存在那儿，改不了了，也没有办法去解释。我觉得往后还是认认真真地和电影生活在一块儿。

查建英：嗯，你拍电影始终看重的是精神层面的东西。但九十年代以来的中国是一个特别刺激人的物欲的地方，有点像一个大赌场，让人莫名地兴奋，因为诱惑太多，而且确实有能抓到手的机会。从这个角度看八十年代初呢，没有。

田壮壮：没有，一点也没有，在七十年代的时候要想钱，那都是很有犯罪感的。到八十年代，突然间……所以我就说，中国人很有意思，中国人实际上挺喜欢被管理的。

查建英：嗯，你是说国民性。

田壮壮：对。那个被管理的心态是根深蒂固的，跟欧洲人是不一样的。比如说，大家都在学习同一个思想；现在所有的人都去想钱，你不想钱，那你就是有问题的，是一傻瓜。

查建英：其实这种爱跟别人比、爱随大流的心态，欧洲人也有，到处都有，是人性吧。但个人主义在中国不发达也是事实。为什么？有的哲学家就研究了一番，结果发现和欧洲人相比，中国人的自我意识从来就缺乏深度，因为这个自我永远是编织在一个群体的网络里边，被横向地社会化了，它就给拉得很薄弱。久而久之，也就形成了一种民族历史的无意识：单个人是不重要的，族群是重要的，潮流是重要的。潮流是什么？不就是多数人眼下认同的价值吗？

田壮壮：对，他是在一个滚着走的状态里，看见别人有钱了，眼红。

查建英：所以，八十年代的潮流是追求理想，当年就有大批理想主义者，后来消费主义变成时髦，你发现有些原来的理想主义者一下就变成彻底的消费主义者，那你就明白了：他其实也不是什么理想主义者，他是潮流主义者。明天潮流要是又变了，他肯定也会马上调整，继续如鱼得水。我觉得这是很中国式的性格，并且很多中国人会佩服这种变通能力，这不就是老话讲的"识时务者为俊杰"吗？新话讲叫"与时俱进"——其实这话也有出处，也不新。在这种情况下，你会不会觉得你属于这个时代里的少数人？

田壮壮：我觉得也不是。其实，我这是定型了：烧直了，烧弯了，烧拧了，烧焦了，改不了了。如果现在真有一人说：我给你十个亿，我买你不拍电影了。不行，我觉得我做不到。

查建英：那等于把你自己的生活给出卖了。

田壮壮：对，就等于把我的生命买走了，我就觉得我不干。但是如果人说从此以后你一分钱都没有了，拍电影白拍，我也觉得，我好像活不了。这是一个道理，因为你不能用一个特别极致的方式去设定一种东西。只能说，这么多年我这么过来了，也都做了。其实有时候也觉得挺可笑的，就是外人把你打造成为一个什么形象。

查建英：你说的是哪帮人？

田壮壮：是那个群体啊。比如说张艺谋现在搞成这样了，冯小刚是这样了，陈凯歌是这样了，田壮壮是一个惟一大旗不倒的一个艺术家。我就说：你们不是害我呢吗？万一我要拍一个我喜欢的市场电影，大旗就倒了？

查建英：可能就有一批人骂你了。

田壮壮：现在已经就有人骂。拍摄《吴清源》资金不足的时候，就有人说我花钱如流水了。这部戏成本高主要是因为日本花费太贵，我们已经竭尽一切节省开支。

但是别人要说，我也没有办法，是得花钱，不花钱拍不了电影啊！拍电影本身就是一个花钱的事。但我觉得他们把所有东西简单化了。

查建英：还有就是看你用什么标尺去看问题。如果用的是名利场上的标准，那他比的不是艺术，而是谁的观众多，谁名大利大。

田壮壮：对了，这是一个物质社会，一个利益社会。阿城曾经说过一句话我觉得特别有意思。他说：你快乐吗？快乐来源于什么，来源于自己心里。北京有些话特别好玩，说穷乐呵。穷没关系，得乐呵，快乐就行。以前我们家住四合院，边上有个小酒馆，那些蹬三轮的干了一天活儿，把车往那儿一放，八分钱一两的白薯干酒，几颗花生豆，几个人在那儿聊啊说啊。你觉得他们特快乐。

查建英：他的幸福程度和你拍了一个片子之后其实是一样的。

田壮壮：是一样的。

查建英：根本的问题是你得有一个充实的自我，否则你就老是在那个群体的价值上打滚儿。

田壮壮：我就觉得跟吴老师在一起受益特别多，能够看透好多东西。比如他说：人其实跟社会是什么关系呢，你生下来就在这社会上打滚儿，你得吃、得喝、得用；那你就得还给社会东西。每个人都拿，都不还，这社会就没了，拿没了。所以他就说，你生下来，不管是拿什么的，你实际上是从一个公共的场合里一直拿东西，你在不停的拿，你漫不经心，觉得去拿东西是很正常的。但是你应该给予的东西，你没有交，你意识到没有？

查建英：他和《悲惨世界》里面那个神父是同一个意思。

田壮壮：对，是一个道理。所以我不是要求大家都跟慈善家似的，每个人都这样；

但是每个人都应尽你的责任，尽你的态度。比如说，我们老骂日本人，从历史上就恨日本人。但是到日本拍戏会发现他们的敬业态度挺感动我的。摄制组里日本员工，任何一个部门的人，没有掉链子的。只要属于他们的事，一定给你做得百分之百。第一，我觉得这就是一个态度：他拿了你的工钱了，他是用很认真的态度来报答你这份工钱。就是说你付给他的东西，与他还回来的东西是成比例的。我觉得仅就这一点，可能你给了中国员工这个钱，获得的不是等值的东西。这是一种态度。米卢说的挺有道理，态度决定一切。

查建英：是啊，很多外国人特别反感中国人这种拆烂污不认真的态度。可咱们这儿呢，佩服的是聪明不是诚挚，好像诚挚跟傻是连在一起的。不少人觉得：老外嘛，爱较真，呆，傻。咱们是得便宜不占是傻瓜，爱耍小聪明，爱拿人开涮。这要成了咱们的国民性，那才让人悲观呢。从八十年代到九十年代到现在，无论是做电影还是做任何事，你觉得中国人在态度上有进步吗？

田壮壮：没什么进步，我觉得倒有一点退步。这还是意识里的一种风气，流失的东西特别多。举一个例子，在日本，从院子里走到办公室，所有的日本工作人员都会向你问候；走在街上，不认识的人在第一次见到你的时候也会相互问候，这是一种礼貌。我记得在中国五十年代的时候有过这种礼貌，在学校跟同学间要问好，跟老师要问好。这是基本的一个态度，一个礼仪，很简单的。但是到"文革"以后根本就没有了。我在日本跟他们聊的时候，好多日本人特别崇尚中国，认为中国是他们的母亲。

查建英：文明的源头之一。

田壮壮：他们有那么一种说法，认为韩国是他们的父亲，中国是他们的母亲。这当然是一些人的说法。但是我觉得他们太多人崇尚中国文化了。为什么呢？日本其实没有哲学，没有思想，基本就是中国的东西。相比之下，我是觉得我们失去的传统东西、美好的东西太多了。

查建英：阿城就偏重讲传统文化这个问题。它经历了一场毁灭，彻底被破坏掉了，从根底抽掉了，要能够复苏的话也得很长很长时间。我其实并不赞成复古主义，也复不回去了，但你总要有所持守，尤其是那些美好的东西。现代化应该是一个逐渐的过程，而不是在废墟上平地起高楼。我们这一代、两代人从文化上来讲早已经没有根了，虽然很多人并不自知。一个古老的礼仪之邦，连问好的习惯也给革掉了，你还能说什么呢。

田壮壮：你说这个，阿城就说这吴老师啊，你之所以会尊敬他，觉得他纯粹，永远让你觉得很钦佩，就是因为他没有受过新文化教育，他是老文化底子。他十四岁的时候带着中国四书五经的底子去日本；在日本呢，他就在围棋这个环境里生存，他能读到的中国书还是从家里带去的那些书。

查建英：所以"五四"新文化对他没影响？

田壮壮：没有影响。比如说，吴老师这么大年纪了，出门活动后回去，我送他回到家门口，他永远都说劳驾，就是您受累了。我们这些小辈的人每次敲门，他一定到门口迎接，走的时候一定送到门口。他走路已经不是很利索了。他使用的是在日本永远能够感觉到的礼仪。我有时候觉得真是太闹不清日本这个国家，他能够去打那么多国家，打那么多仗。可是这么多年多少次去日本，我发现日本人连架都不吵！你没见过说街上怎么着了怎么着了，没有。而且任何人做错事情，都会主动道歉。比如说司机赶路，为了抢拍摄时间赶一个拍摄点，开快车，到了那儿，开门之前他先说对不起，我刚才开得快了，你们可能不太舒服，因为是要赶这个拍摄点，实在抱歉，今后我会注意的。从小事就见到一种态度。所以，日本社会有秩序，有稳定感，有很多东西。我觉得，就是因为战争的原因、历史的原因，从心里头不喜欢这个国家。但是对于每个接触到的日本人，自己会觉得：挺有本事的嘛。

查建英：对，其实他们也有明治维新，也搞了改革，但不是毁灭文明。我觉得他们是认真佩服了西方人，承认自己不行了，要变法要学习，就像唐朝那时候老老实实学中国人一样。另外，日本是一个有信仰的社会，他们有神道，有武士道，有

尚武精神和荣誉感。

田壮壮：我觉得阿城说得非常有道理，他说：这几次大的毁灭，包括"五四"新文化运动，"文革"，几次这种断裂以后，今天的很多人，甚至大部分人生活挺茫然的。我老有一个感觉，这个国家一天一天繁荣起来了，一天一天富强起来了，但是老觉得没有在任何其他发达国家里的那种安全感、安定感。这是一个心理的感觉。

查建英：是，很多人都有这种感觉。

田壮壮：出国时，到机场，只要出了关，就会觉得安静，心里踏实。到欧洲也是，任何一个国家，虽然说这个国家犯罪率也挺高的，但还是觉得整个人的状态不一样。可是回到中国以后，突然间就会觉得晚上开车出去，或者说走路的时候，老有一种不安全因素在你身上。什么原因呢？就是觉得没有一个束缚力量，人的自我无束缚。而且这个社会没有一个完备的法制。再加上没有信仰。因为你有了信仰，你就有了自制，但是没有信仰，这是很悲剧的。

查建英：只能追求眼前的利益。

田壮壮：现在信佛的人、信教的人特别多。信教的人都信什么啊，祈求的是神保佑自己，什么明年能挣钱啊，发财啊，全是向神要东西，都不是给予。

查建英：你说现在的信徒？

田壮壮：对啊，现在去寺院的人很多，全都是为了保佑自己，说我明年运气好点儿，有几个说是信了教是我要给予，都找佛爷要东西，找神要东西。

查建英：连宗教都是世俗的、功利的。

田壮壮：对，所以我就说这叫迷信，不叫信仰。

查建英：和信仰不是一回事，和工作时瞎对付、拆烂污倒是一回事，都是一个不虔诚的、功利的态度。唉，这一系列访谈下来，我发现大家最后都有点悲观。信仰、文化根基、历史感、长远的追求，这些东西其实都互相连着的。结果呢，大家的基本判断都有点悲观。现在没有八十年代人那种天真了。当时还是青春期，还不太明白呢，不能跳出自己所做的那一堆事来看一个时代。现在不同了。

田壮壮：感觉现在没孩子了。

查建英：没孩子了？

田壮壮：因为孩子是最单纯的。现在连孩子都少年老成了。一上大学就开始焦虑，所有的人都变得特别的忧郁，特别有负担，觉得前途渺茫。年轻人都是这样了。

查建英：电影学院的学生也都是这样吗？

田壮壮：对啊，现在都是这种感觉：不知道毕业后会怎么样？现在是读着书呢，是最灿烂的时候，可是现在孩子脸上就不像我们那时候那种灿烂了。我们那时是完全没有顾虑的一种灿烂。现在这些孩子呢，看上去也高兴、也投入，但是更多的时候内心里边在想：我以后干什么？我能拍电影吗？

查建英：你当年肯定不会是这样的。

田壮壮：当年有理想，努力去实现。那时候杂志上都讲知识就是力量，都给你那种向上的东西。现在呢，什么杂志都往色情上走，全是男女、生肖、恋爱，全是这东西，挺奇怪的。

查建英：嗯，人要是没理想光追求这些，到了一定时候可能就会觉得挺空、挺灰的。看来你对青年一代也是比较悲观的。我觉得现在这个时代是有种高智力高速度的空心人的感觉，总围着技术、消费打转，有点像狗追着自己的尾巴疯狂地转圈儿，转到后来可能都忘了那不过就是一条尾巴，就是一个游戏。也许这就是古人说的"逐物不返"吧。不过这个题目太大了，弄不好又成了杞人忧天。还是你那位吴老师说得透：就是一个时间的"时"字。八十年代这题目也说得差不多了，咱们结束吧。谢谢。

贺延光 摄影

Lixiaobin → 李晓斌

李晓斌：男，五十岁，当过工人、当过兵。一九七五年至一九七八年在中国革命历史博物馆工作，一九七八年至一九七九年在中央实验话剧院工作。一九八〇年至一九八九年在北京《新观察》杂志任编辑、记者。一九八九年后在中国作家协会创作研究室工作。

主要专业经历及作品：

一九七六年一至四月拍摄天安门广场悼念周恩来总理的活动，一九七九年参与创办北京"四月影会"并参加一九七九年、一九八〇年、一九八一年的三届展览。代表作品《上访者》于一九九八年被中国革命历史博物馆收藏。

从事摄影三十年以来拍摄了大量社会变革中的影像，二〇〇二年出版个人摄影图文书《变革在中国——1976—1986》。

上访者

历史的审判——一九七七年一月在北京东长安街青年艺术剧院剧场前（位置在现东方广场正中）挂出的"四人帮玩偶"。

八十年代——访谈录　　　▌李晓斌

西单民主墙是在粉碎"四人帮"后出现的,"文革"中兴贴大字报的习惯,让老百姓找到一个窗口。最早期的大字报大都是要求给一九七六年天安门事件平反,要求邓小平同志出来主持工作及上访群众诉写的冤案控诉。

《星星美展》——一九七九年九月在中国美术馆外展出的来自民间的街头美术展览。此展览与同时期的"四月影会"、"无名画会"的迎春画会展,文学创作中的《班主任》等等共同构筑了新时期文化艺术的回归与觉醒。

八十代——访谈录　　　❙ 李晓斌

烫发经过十年"文革"后重新出现,一度成为街头"美的焦点"。一九七七年夏,摄于北京王府井四联理发店。

故宫、红旗轿车与初期的市场经济——市场经济的初期面对体制与权力羞答答。一九八〇年冬，摄于北京故宫。

八十年代——访谈录　　❙ 李晓斌

七十年代末八十年代初,年轻人结婚办理结婚证时,可以领取购买一件家具的票证,凭票证领号排一夜的队,就可以买到一件家具。这是一对新婚夫妇买到家具回家的情景。摄于一九八〇年夏。

一九八〇年夏游故宫的人，不看国宝、不看宫殿，围观外国游客。同年笔者在上海外滩亦见过更甚者，听说一九七八年一个外国旅游团在兰州被十万兰州人围观。

八十年代——访谈录　　　| 李晓斌

一九八五年春,法国时装大师伊夫-圣洛朗的时装展在中国美术馆展出。由于时装大师的服装理念超前,与当时的中国国情相差太远,以致参观人数寥寥,如果这个展览在今天展出,将会完全是另一种场面。

画家袁运生与小女儿——一九七八年,袁运生经过二十年右派生涯后,从云南回到母校中央美院任教授,此后在首都机场创作了当时受到争议的壁画《泼水节》。这幅画一度成为测量意识态松与紧的晴雨表,这场争议也为当代中国美术史和变革中的中国留下了记忆。一九七九至一九八〇年间摄于中央美术学院袁运生家中。

八十年代——访谈录　　┃李晓斌

一九八六年，美国《劳森柏现代艺术展》在中国美术馆展出，引起了中国美术界、新闻界、评论界的争论，更让观众们看得满头雾水。展览及争论可算当时艺术界一件大事了。尽管展览曾被否定，可一九八九年的《中国现代艺术大展》在中国美术馆展出时，还是看得出一些作品受到《劳森柏现代艺术展》的影响。

七十年代末八十年代初,羊剪绒帽子、大拉毛围巾、军大衣、进口蛤蟆镜一度是北京时尚青年的最爱。一九八〇年三月摄于北海公园。

八十年代——访谈录　　　❙ 李晓斌

化了妆的女性开始出现在街头和公园里。当时人们尽管还没有什么技巧，只是用粉在脸上擦得很白很厚，眉毛略做修整，脸与脖子肤色反差也较明显，但应称他们为追求时尚的勇敢者、今日时尚界人士的前辈。一九八〇年三月摄于北海公园。

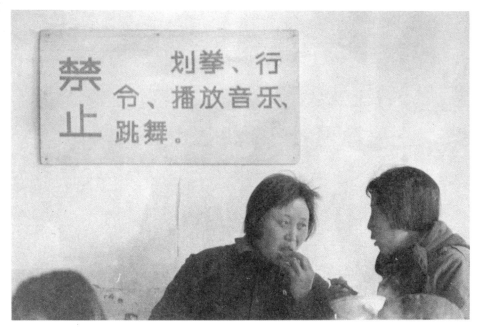

禁忌——由于"文革"禁锢的打开,人们在一些场所开始划拳、行令、放音乐,于是"禁忌"又开始回潮。一九八二年冬摄于颐和园知春亭餐厅。

八十年代——访谈录　　　 ▎李晓斌

那个时代没有今天琳琅满目的饮料,在北京前门大街卖大碗茶发家的尹盛喜先生,安排返城知青做这项工作,又解决了就业,又方便了群众。大碗茶,当年二分钱一碗,曾经是北京的街头一景。一九八一年摄于北京故宫午门前。

七十年代末八十年代初,媒体大谈妇女解放、妇女半边天,那几年北京街头公园里,男的给女的背包、打伞一度成为亮丽的风景。

八十年代——访谈录　　▎李晓斌

戴蛤蟆镜,保留镜上作为进口货标志的商标,曾是七十年代末八十年代初北京街头和公园里的一道时尚风景。当时的媒体曾加以公开批评。今天看来,它其实是品牌意识的最初觉醒。一九八〇年摄于北海公园。

八十年代中期,北京及全国女青年终于敢以夏天穿红色裙子、冬天穿红色羽绒服为时尚,曾有一部电影叫"街上流行红裙子"。

八十年代——访谈录　　　▎李晓斌

八十年代初,北京"星星美展"、"四月影会"、"今天"、"无名画会"及"第五代"导演中的一些文艺青年每到星期天经常聚集在圆明园玩。一九八一年三月初摄于圆明园。

这张"资产阶级情调"的作品曾经受到了批判。一九七七年摄于樱桃沟。

北京街头最早出现的一幅最大的美人广告,当时这幅手绘广告画的视觉冲击力极大。一九七九年冬摄于沙滩大街十字路口。

八十年代——访谈录　　李晓斌

一九八九年二月，第一个《中国现代艺术大展》在中国美术馆开展。在这次大展中，曾有行为艺术家向自己的作品"电话亭"开枪，造成"美术馆开枪"事件。这是艺术家们在"不准掉头"的标识上展示创意。